Bernd Kretschmer

**Vieweg Software-Trainer
Lotus 1-2-3 für Windows**

**Aus dem Bereich
Computerliteratur**

**Vieweg Software-Trainer
WordPerfect für Windows**
von Dagmar Sieberichs und Hans-Joachim Krüger

Vieweg Software-Trainer Word für Windows 2.0
von Michael Schwessinger, Thomas Schürmann und Karin Süßer

Word für Windows 2.0 - Einsteigen leichtgemacht
von Ernst Tiemeyer

Vieweg Software-Trainer Lotus 1-2-3 für Windows
von Bernd Kretschmer

Microsoft Publisher - Einsteigen leichtgemacht
von Dagmar Sieberichs und Hans Joachim Krüger

Works für Windows - Einsteigen leichtgemacht
von Ursula Kollar-Fiedrich

Intensivschulung Windows 3.1
von Heidi Raddatz-Löffler und Frank Tworek

Vieweg Software-Trainer Windows 3.1
von Jürgen Burberg

Vieweg Software-Trainer Excel 4.0
von Bernd Kretschmer und Uwe Grigoleit

Projektmanagement mit Excel
von Dieter Peters

Vieweg Software-Trainer Harvard Graphics 3.0
von Ernst Tiemeyer

Vieweg

Bernd Kretschmer

Vieweg Software-Trainer
Lotus 1-2-3 für Windows

Das in diesem Buch enthaltene Programm-Material ist mit keiner Verpflichtung oder Garantie irgendeiner Art verbunden: Der Autor und der Verlag übernehmen infolgedessen keine Verantwortung und werden keine daraus folgende oder sonstige Haftung übernehmen, die auf irgendeine Art aus der Benutzung dieses Programm-Materials oder Teilen davon entsteht.

Alle Rechte vorbehalten
© Friedr. Vieweg & Sohn Verlagsgesellschaft mbH, Braunschweig/Wiesbaden, 1992
Softcover reprint of the hardcover 1st edition 1992

Der Verlag Vieweg ist ein Unternehmen der Verlagsgruppe Bertelsmann International.

Das Werk einschließlich aller seiner Teile ist urheberrechtlich geschützt. Jede Verwertung außerhalb der engen Grenzen des Urheberrechtsgesetzes ist ohne Zustimmungen des Verlags unzulässig und strafbar. Das gilt insbesondere für Vervielfältigungen, Übersetzungen, Mikroverfilmungen und die Einspeicherung und Verarbeitung in elektronischen Systemen.

Umschlagsgestaltung: Schrimpf & Partner, Wiesbaden

Gedruckt auf säurefreiem Papier

ISBN 978-3-528-05250-8   ISBN 978-3-322-90608-3 (eBook)
DOI 10.1007/978-3-322-90608-3

Vorwort

Mit diesem Buch führen wir Sie in einer aufbauenden Folge von Datenreisen umfassend in die Welt der Tabellenkalkulation ein. An einfachen Beispielen wie Umsatzstatistik, Grafik, Textverarbeitung, Serienbriefen, Dateiverarbeitung und Lieferscheinschreibung erleben Sie Problemlösen mit 1-2-3 für Windows.

Umfassende Darstellung

Wir zeigen Ihnen Verbindungen zu den Nachbarwelten klassisches 1-2-3, andere Tabellenkakulationsprogramme, Datenbanken, Textverarbeitung und Grafik.

Brücken

Der einfache Einstieg in die Makroprogrammierung mit 1-2-3 für Windows wird Ihnen helfen, viele ermüdende Arbeitsschritte zu automatisieren.

Alles Automatisch?

Die zahlreichen Abbildungen von Bildschirmen und Ausdrucken vermitteln Ihnen auch schon ohne PC und 1-2-3/W jederzeit eine genaue Vorstellung von den Beispielen und Arbeitsmöglichkeiten.

Bilderbuch!

Sie finden durchweg einfache und übersichtliche Beispiele, die Sie auch noch am Feierabend bequem nachvollziehen können. Dem Buch liegt eine Diskette mit Beispieldateien bei.

Beispiele/ Diskette

Wir danken Borland, GD Gesellschaft für Datenkommunikation, Microsoft und Lotus für die Unterstützung mit Soft- und Hardware.

Danke

An diesem Fachbuch haben Frau Friedrich und die Herren Gerding, Grigoleit, Klussmeier, Kronenberg, Rennhack und Rötschke mitgewirkt. Danke für die kreative Zusammenarbeit.

Unser Team

Wir wünschen Ihnen viel Freude und Erfolg beim Lesen und Arbeiten mit diesem Buch und 1-2-3 für Windows. Über Ihre Anregungen freuen wir uns.

Viel Erfolg!

Bernd Kretschmer

- 1 Einleitung
- 2 Vorarbeiten und Vorkenntnisse
- 3 Die erste Aufgabe
- 4 Das Arbeitsblatt gestalten
- 5 Arbeitsblattinhalte ändern
- 6 Arbeiten mit Funktionen
- 7 Grafische Darstellung
- 8 Textverarbeitung
- 9 Dateiverarbeitung
- 10 Ziele, Alternativen, Optima
- 11 Datenaustausch
- 12 Datalens und dBASE IV
- 13 Ablaufprogrammierung
- 14 Organisation und Planung
- Anhang

Inhaltsverzeichnis

1.	**Einleitung**	**3**
1.1	Was können Sie mit 1-2-3/W machen?	3
1.2	Was ist das Besondere an 1-2-3 für Windows?	4
1.3	Was ist neu an Version 1.1?	5
1.4	Soft- und Hardwareausstattung	6
1.5	Ziele des Buches	6
1.6	Gliederung des Buches	7
2.	**Vorarbeiten und Vorkenntnisse**	**13**
2.1	Installation und Start	13
2.2	Die Windows-Benutzerschnittstelle	22
2.2.1	Der WINDOWS Programm-Manager	23
2.2.2	1-2-3/W einer neuen Gruppe zuordnen	24
2.2.3	Fenstergrößen	29
2.2.4	Verschieben von Fenstern	32
2.2.5	Fenster anordnen	33
2.2.6	Orientieren im Fensterdschungel	35
2.3	Die 1-2-3/W Benutzerschnittstelle	35
2.3.1	Das 1-2-3/W-Arbeitsblatt und seine Steuerung	37
2.3.2	Steuerung des 1-2-3/W-Bildschirms	39
2.4	Markieren von Arbeitsblattbereichen	41
2.5	Die 1-2-3/W Fenster und Menüs	43
2.5.1	Das Arbeitsblattfenster	43
2.5.2	Grafikfenster und -Menüs	52
2.6	Wie bekomme ich Hilfe?	53
2.7	Das 1-2-3 Classic Fenster	60
2.8	Der Umgang mit den Smart Icons	61
2.9	Beenden von 1-2-3/W	65
3.	**Die erste Aufgabe**	**69**
3.1	Eine einfache zweidimensionale Tabelle	69
3.2	Eintragen von Text, Zahlen, Datum und Zeit	71
3.2.1	Texte und Werte in ein Arbeitsblatt eintragen	71
3.2.2	Bearbeiten von Zellinhalten	76

3.3	«Taufen» von Arbeitsblattbereichen	77
3.3.1	Beliebige Namen vergeben	78
3.3.2	Namen von Überschriften übernehmen	80
3.4	**Abfragen von Namen**	**82**
3.5	**Eintragen von Formeln**	**85**
3.5.1	Formeln mit Zellnamen	86
3.5.2	Formeln mit relativen Zelladressen	87
3.5.3	Formeln mit absoluten Zelladressen	94
3.5.4	Formeln mit gemischten Adressen	96
3.6	**Drucken eines 1-2-3/W-Arbeitsblattes**	**99**
3.7	**Speichern eines 1-2-3/W-Arbeitsblattes**	**102**
3.8	**Mit mehreren Fenstern arbeiten**	**107**
3.9	**Datei schließen**	**110**
3.10	**Verabschieden von 1-2-3/W**	**111**
4.	**Das Arbeitsblatt gestalten**	**115**
4.1	**Tabelle wieder öffnen**	**115**
4.2	**Gesamtgestaltung des Arbeitsblattes**	**118**
4.2.1	Farbe auf dem Bildschirm	119
4.2.2	Die Darstellungsgröße verändern	121
4.2.3	Spaltenbreite und Zeilenhöhe	122
4.2.4	Schriftarten	124
4.2.5	Weitere Anzeigeoptionen	125
4.2.6	Die Darstellung der Null	127
4.2.7	Texte ausrichten	128
4.2.8	Gruppenmodus	128
4.2.9	Arbeitsblatt global schützen	128
4.2.10	Format festlegen	129
4.3	**Bereiche gestalten**	**129**
4.4	**Zellinhalte ausrichten**	**139**
4.5	**Gestalten von Zellinhalten**	**142**
4.5.1	Wozu die Darstellung von Zahlenzellen gestalten?	142
4.5.2	Verschiedene Schreibweisen für Zahlen	142
4.5.3	Währungen in Zahlenformaten	146
4.5.4	Farbe in der Darstellung von Zahlen	149

9.6.1	Allgemeines	324
9.6.2	Wirkungsweise	327
9.6.3	Automatischer Abruf von Anrede und Grußformel	328
9.6.4	Plausibilitätsprüfung des Datums mit einer Tabelle	330
9.7	**Abruf über ganzzahlige Schlüssel**	**336**
9.7.1	Überblick und Wirkungsweise	336
9.7.2	Abruf eines Geburtsjahres über die Kundennummer	337
9.7.3	Serienbriefe mit variablen Daten aus einer Kundendatei	339
9.8	**Arbeiten mit externen Bezügen: Lieferscheinschreibung**	**348**
9.8.1	Allgemeines	348
9.8.2	Vorbereitende Arbeiten	348
9.8.3	Abruf von Stammdaten mit Hilfe externer Bezüge	352
9.9	**Übungsaufgabe Rechnungsschreibung**	**354**
10.	**Ziele, Alternativen, Optima**	**357**
10.1	**Zinsrechnung mit Datumsfunktionen**	**358**
10.2	**Zielsuche**	**360**
10.3	**Alternativen**	**362**
10.4	**Optimieren**	**365**
11.	**Datenaustausch**	**371**
11.1	**Datenaustausch mit Tabellenkalkulationsprogrammen**	**373**
11.1.1	Datenaustausch mit anderen 1-2-3 Versionen	373
11.1.2	Datenaustausch mit Multiplan	383
11.1.3	Datenaustausch mit Microsoft EXCEL 4.0	388
11.2	**Datenaustausch zwischen Datenbanken und 1-2-3/W**	**395**
11.3	**1-2-3/W Arbeitsblätter mit Textsystemen koppeln**	**399**
11.3.1	Statischer Datenaustausch	399
11.3.2	Dynamischer Datenaustausch	406
11.4	**Datenaustausch mit Grafikanwendungen**	**411**
11.4.1	Diagramme in Grafikanwendungen verfremden	412
11.4.2	Beliebige Grafiken in 1-2-3/W Tabellen	418
11.5	**Datenaustausch mit PASCAL für WINDOWS**	**421**
11.5.1	Datenübertragung von 1-2-3/W nach PASCAL	422
11.5.2	Datenübertragung von PASCAL nach Lotus 1-2-3/W	430

7. Grafische Darstellung 245

7.1	Erstellen einer einfachen Grafik	245
7.1.1	Von der Tabelle zur Grafik	245
7.2	Gestalten einer Grafik	248
7.3	Arbeiten mit dem Tabellen- und dem Grafikfenster	260
7.4	Grafiken in Arbeitsblätter übernehmen	263
7.5	Grafiken Speichern und Drucken	268

8. Textverarbeitung 273

8.1	Erstellen und Verwenden eines Vordrucks	274
8.2	Arbeiten mit Textbausteinen	280
8.2.1	Eintragen der Textbausteine in eine Liste	281
8.2.2	Abrufen von Textbausteinen	283
8.3	Textverarbeitungsfunktionen	284
8.3.1	Serienbrief mit variablen Daten	285
8.3.2	Übertragen von Variablenwerten	287
8.3.3	Verbinden von Texten	288

9. Dateiverarbeitung 293

9.1	Erstellen einer Datei mit 1-2-3/W	293
9.2	Dateipflege	295
9.3	Ändern der Dateistruktur	297
9.4	Sortieren von Dateien	299
9.5	Dateioperationen	301
9.5.1	Allgemeines	301
9.5.2	Festlegen eines Eingabebereiches	304
9.5.3	Suchkriterien	305
9.5.4	Einrichten eines Kriterienbereiches	311
9.5.5	Suchen von Zeilen	312
9.5.6	Kopieren von Zeilen und Spalten	313
9.5.7	Kopieren von Zeilen und Spalten in dieselbe Datei	316
9.5.8	Kopieren von Zeilen und Spalten in eine andere Tabelle	319
9.5.9	Statistische Funktionen in Datenbanken	322
9.6	Abrufen von Zeilen über einen Index	324

9.6.1	Allgemeines	324
9.6.2	Wirkungsweise	327
9.6.3	Automatischer Abruf von Anrede und Grußformel	328
9.6.4	Plausibilitätsprüfung des Datums mit einer Tabelle	330
9.7	**Abruf über ganzzahlige Schlüssel**	**336**
9.7.1	Überblick und Wirkungsweise	336
9.7.2	Abruf eines Geburtsjahres über die Kundennummer	337
9.7.3	Serienbriefe mit variablen Daten aus einer Kundendatei	339
9.8	**Arbeiten mit externen Bezügen: Lieferscheinschreibung**	**348**
9.8.1	Allgemeines	348
9.8.2	Vorbereitende Arbeiten	348
9.8.3	Abruf von Stammdaten mit Hilfe externer Bezüge	352
9.9	**Übungsaufgabe Rechnungsschreibung**	**354**

10. Ziele, Alternativen, Optima 357

10.1	**Zinsrechnung mit Datumsfunktionen**	**358**
10.2	**Zielsuche**	**360**
10.3	**Alternativen**	**362**
10.4	**Optimieren**	**365**

11. Datenaustausch 371

11.1	**Datenaustausch mit Tabellenkalkulationsprogrammen**	**373**
11.1.1	Datenaustausch mit anderen 1-2-3 Versionen	373
11.1.2	Datenaustausch mit Multiplan	383
11.1.3	Datenaustausch mit Microsoft EXCEL 4.0	388
11.2	**Datenaustausch zwischen Datenbanken und 1-2-3/W**	**395**
11.3	**1-2-3/W Arbeitsblätter mit Textsystemen koppeln**	**399**
11.3.1	Statischer Datenaustausch	399
11.3.2	Dynamischer Datenaustausch	406
11.4	**Datenaustausch mit Grafikanwendungen**	**411**
11.4.1	Diagramme in Grafikanwendungen verfremden	412
11.4.2	Beliebige Grafiken in 1-2-3/W Tabellen	418
11.5	**Datenaustausch mit PASCAL für WINDOWS**	**421**
11.6	**Dateiübertragung von 1-2-3/W nach PASCAL**	**422**
11.7	**Datenübertragung von PASCAL nach Lotus 1-2-3/W**	**430**

12. Datalens und dBASE IV — 443

12.1	Was kann Datalens für dBASE IV?	443
12.2	Dateioperationen mit Datalens	445
12.3	Auswerteoperationen	447
12.3.1	Verbindung zur externen Tabelle	448
12.3.2	dBASE-Dateistruktur kopieren	451
12.3.3	Abfrage einer dBASE IV-Datei	453
12.4	Editieroperationen	459

13. Ablaufprogrammierung — 467

13.1	Funktions- und Befehlsmakros	467
13.2	Ein Funktionsmakro	469
13.2.1	Vorbemerkung	469
13.2.2	Eingabe eines Funktionsmakros	470
13.2.3	Aufruf eines Funktionsmakros	471
13.3	Makros aufzeichnen	472
13.3.1	Allgemeines	472
13.3.2	Ein Makro aufzeichnen	473
13.4	Symbole mit Makros belegen	476
13.5	Ein einfaches Ablaufprogramm	479
13.6	Autoexec-Makros	482
13.7	Übungsaufgabe	483

14. Organisation und Planung — 487

14.1	Planung von Tabellen	488
14.2	Dokumentation und Organisation	489
14.3	Rationell Arbeiten	492
14.4	Anwendungen konfektionieren	493
14.5	Speicherverwendung und Geschwindigkeit optimieren	494

Anhang — 496

Tabellen	**496**
Tabellenübersicht	496

1-2-3/W-Menüs	**507**
Tabellenmenüs	507
Grafikmenüs	510
Glossar	**513**

Index 551

1 **Einleitung**
  2 Vorarbeiten & Vorkenntnisse
    3 Die erste Aufgabe
      4 Das Arbeitsblatt gestalten
        5 Arbeitsblattinhalte ändern
          6 Arbeiten mit Funktionen
            7 Grafische Darstellung
              8   Textverarbeitung
            9 Dateiverwaltung
          10 Ziele, Alternativen, Optima
        11 Datenaustausch
      12 Datalens und dBASE
    13 Ablaufprogrammierung
  14 Organisation und Planung
Anhang

Abschnittsübersicht

1 Einleitung

      Überblick
- 1.1 Was können Sie mit 1-2-3/W machen?
- 1.2 Was ist das Besondere an 1-2-3 für Windows?
- 1.3 Was ist neu an Version 1.1?
- 1.4 Soft- und Hardwareausstattung
- 1.5 Ziele des Buches
- 1.6 Gliederung des Buches

1. Einleitung

Überblick

In diesem Kapitel bekommen Sie einen Überblick über das Arbeiten mit Tabellenkalkulationsprogrammen und die Besonderheiten von 1-2-3 für Windows. Wir stellen die Ziele dieses Buches und seine Gliederung vor. *Was steht hier?*

Wollen Sie so schnell wie möglich mit 1-2-3/W arbeiten, so können Sie dieses Kapitel überspringen oder später lesen. *Keine Zeit?*

1.1 Was können Sie mit 1-2-3/W machen?

Sie erhalten in diesem Kapitel einen Überblick über die Arbeitsmöglichkeiten mit 1-2-3/W Version 1.1.

Zahlreiche Kalkulations-, Schreib-, Präsentations- und Dateiverwaltungsarbeiten lassen sich mit Tabellenkalkulationsprogrammen lösen. *Arbeitsarten*

Statt mit einem Stapel Papier mit Tabellenfeldern, einem Bleistift, einem Radiergummi, Schere, Klebstoff und einem Taschenrechner arbeiten Sie mit einem Bildschirm, der einen Ausschnitt aus einem Stapel elektronischer Arbeitsblätter zeigt, sowie mit einem Zeigeinstrument (Maus) und einer Tastatur. Im Vergleich zu Taschenrechnern stehen Ihnen wesentlich mehr Befehle zur Verfügung. Sie können ferner mehrere Ausschnitte aus dem selben oder verschiedenen Tabellen und Grafiken oder anderen Anwendungen gleichzeitig auf dem Bildschirm sehen. *Vom karierten Zettel zum elektronischen Arbeitsblatt*

Bei 1-2-3/W können Sie die Tabelleninhalte nicht nur in Form einer typografisch gestalteten Tabelle, sondern auch als zwei- oder dreidimensionale Grafik ausgeben lassen. Sie erhalten *Was fürs Auge*

	auf diese Weise leicht einen Überblick über Größenverhältnisse zwischen den Zahlen der Tabelle.
Der Automat	1-2-3/W bietet Ihnen wie andere Tabellenkalkulationsprogramme die Möglichkeit, häufig auftretende Arbeitsabläufe durch Makros zu automatisieren. Sie können somit 1-2-3/W genau an Ihre Bedürfnisse anpassen. Die Programmerstellung mit 1-2-3/W ist mit einem wesentlich geringeren Arbeits- und Pflegeaufwand verbunden, weniger fehleranfällig und leichter erlernbar als das Programmieren mit klassischen Programmiersprachen. Die damit erstellten Lösungen sind absturzsicherer, da viele Fehlerarten erst gar nicht auftreten können.

1.2 Was ist das Besondere an 1-2-3 für Windows?

SAA-Ergonomie	1-2-3/W ist ein sorgfältig an den Benutzer angepaßtes (ergonomisches) Tabellenkalkulationsprogramm. Lotus hat das klassische zeichenorientierte 1-2-3 Version 3 recht konsequent an den SAA Standard von IBM angepaßt.
WINDOWS	Der Bildschirm und die Handhabung dieses vielseitigen Programms werden einem WINDOWS-erfahrenen PC-Anwender sofort vertraut vorkommen.
Fenster	Im Anwendungsfenster (s. 2.3) haben Menüs, Symbolleisten und Arbeitsblätter Platz.
Menüs	Die Menüs zur Steuerung von 1-2-3/W sind wie bei allen Windows Programmen am oberen Bildschirmrand in einer Menüzeile angeordnet. Die Befehle erscheinen in Aufklappmenüs, Untermenüs und Dialogfenstern.
Symbolleiste	An beliebiger Stelle können Sie eine Symbolleiste anordnen, von der aus Sie wichtige Befehle per Mausknopf auslösen können.
Die Arbeitsblätter	1-2-3/W verwaltet Dateien mit vielen Arbeitsblättern und Grafiken. Die drei Dimensionen von 1-2-3/W Dateien ermög-

lichen Ihnen ein bequemes Vergleiche von Perioden, Teilbetrieben etc.

Die Vielzahl der Menüs mit den zum Teil mehrgliedrigen Untermenüs erscheinen im ersten Moment vielleicht ein wenig verwirrend. Hier helfen schon ein ganz klein wenig Übung und die Datenreisen mit einem Reiseführer wie diesem Buch. Außerdem stellt Ihnen 1-2-3/W in jeder Lage Hilfestellungen (Hilfe-Texte) zur Verfügung. Üben!

Umsteigern vom klassischen zeichenorientiertem 1-2-3 bieten das Classic-Menü und die Hilfe vielseitige Unterstützung. Classic Menü

Mit dem Translate Dienstprogramm können Sie bequem Daten mit anderen Tabellenkalkulationsprogrammen und dBASE II bis III plus austauschen. Übersetzen

Über den Datenbanktreiber Datalens können Sie sogar direkt aus 1-2-3/W mit dBASE IV-Dateien und mit Paradox- und SQL-Server- Datenbanken arbeiten. Datenbankzugriff

Mit 1-2-3/W können Sie Daten statisch oder dynamisch austauschen. Daten und Makros der zeichenorientierten 1-2-3-Versionen kann 1-2-3/W problemlos verarbeiten. Mit den oben genannten Dienstprogrammen können Sie Daten mit anderen Programmen statisch austauschen. Bei dynamischem Datenaustausch müssen Sie Daten, die Sie in mehreren 1-2-3/W-Tabellen oder auch in anderen Anwendungen verwenden, lediglich in der Originaltabelle aktualisieren. In den entsprechenden Verknüpfungen werden alle Änderungen automatisch berücksichtigt. Datenaustausch

1.3 Was ist neu an Version 1.1?

1-2-3/W ist wesentlich schneller geworden. Insbesondere mit Windows 3.1 sind die Ladezeiten beschleunigt. Seit der Version 1.1 kann man mit 1-2-3/W richtig gut arbeiten. Geschwindigkeit

Mit OS/2 2.0 kommt erst richtig Dampf rein.

| neue Funktionen | Hinzugekommen sind neue Funktionen, insbesondere für die Auswertung von Datenbanken. Die Makrosprache ist erweitert worden. |

1.4 Soft- und Hardwareausstattung

Sie können 1-2-3/W 1.1 unter WINDOWS 3.x und OS/2 2.0 einsetzen.

Sie benötigen zur Arbeit mit 1-2-3/W

- das Programm 1-2-3 für WINDOWS,
- ein Betriebssystem
  - MS DOS oder DR DOS mit WINDOWS 3.x oder
  - OS/2 2.0,
- einen für dieses Betriebssystem geeigneten Rechner mit
  - dem Intel 80286 bis 80486 oder einem kompatiblen Prozessoren,
  - mindestens 2 MB RAM (s. unten),
  - einer Festplatte mit ca 7MB freiem Platz,
  - einer Grafikkarte (EGA, VGA,...) sowie
  - mindestens einem Diskettenlaufwerk,
  - mit Tastatur,
  - möglichst einem Zeigeinstrument,
- einen zur Bildschirmkarte passenden Bildschirm,
- möglichst auch einen Drucker.

| Windows oder OS/2 | Für 1-2-3/W in Verbindung mit WINDOWS 3.x sind mindestens 2 MB Arbeitsspeicher erforderlich, für 1-2-3/W mit OS/2 2.0 sollten Sie nicht unter 4 MB starten. Ab 8 MB kann man wirklich flott schaffen. |

1.5 Ziele des Buches

Sie als Leser können mit Hilfe dieses Buches lernen,

- zu beurteilen, ob eine Arbeitsaufgabe *sinnvoll* mit 1-2-3/W zu lösen ist,
- die Aufgabe dann in eine Tabellenform umzusetzen und schließlich
- Tabellen anzuwenden.

Sie lernen hier anhand besonders einfacher Beispiele die Idee der Tabellenkalkulation kennen und werden an die Handhabung wichtiger 1-2-3/W-Befehle herangeführt. Dieses Buch sollten Sie nicht nur lesen. Sie sollten mit Ihrem Rechner und 1-2-3/W alles sofort ausprobieren.

1.6 Gliederung des Buches

Hier finden Sie,   Kapitel 2

- was Sie vor der ersten Benutzung von 1-2-3/W tun müssen,
- wie Sie 1-2-3/W starten,
- wie der 1-2-3/W-Bildschirm und die 1-2-3/W-Tastatur aufgebaut sind,
- wie Sie ein Zeigeinstrument möglichst effektiv einsetzen,
- wie Sie 1-2-3/W Befehle erteilen und
- wie Sie sich von 1-2-3/W helfen lassen können.

Im Kapitel 3 ist beschrieben,   Kapitel 3

- wie Sie eine einfache Umsatzstatistik in eine 1-2-3/W-Tabelle umsetzen,
- Texte, Namen und Formeln eintragen,
- Daten eingeben und rechnen,
- Bereiche und Arbeitsblätter schützen und
- Formulare drucken und speichern können.

Kapitel 4 ist ganz der optischen Gestaltung von Tabellen gewidmet und   Kapitel 4

Kapitel 5 der inhaltlichen Änderung von Tabellen.   Kapitel 5

Kapitel 6	Im Kapitel 6 lernen Sie an ausgewählten Beispielen, wie Sie 1-2-3/W-Funktionen zur Verarbeitung von Zahlen und Wahrheitswerten einsetzen können.
Kapitel 6	Inhalt des Kapitels 7 sind die Darstellung von Tabellen als Grafik sowie das Erstellen einer Freihandgrafik.
Kapitel 8	Kapitel 8 behandelt ausführlich Möglichkeiten der kommerziellen Textverarbeitung (Erstellen und Verwenden von Formularen, Arbeiten mit Textbausteinen) mit 1-2-3/W.
Kapitel 9	Kapitel 9 zeigt das • Arbeiten mit Datendateien, das • Anfertigen von Serienbriefen, den • Umgang mit Datenbanken und das • Verwenden von mehreren Dateien bei einer Lieferscheinschreibung.
Kapitle 10	Kapitel 10 zeigt Ihnen die Idee und die Handhabung von • Zielwertsuche, • Alternativrechnungen und • Optimierung.
Kapitel 11	Im Kapitel 11 ist an Beispielen (Kunden- und Artikeldatei) beschrieben, wie Sie mit 1-2-3/W Brücken zu den • Tabellenkalkulationsprogrammen 1-2-3 2.x, 3.x, Multiplan und LOTUS, zu den • Textverarbeitungsprogramm MS WINWORD, zu • Datenbanken wie dBASE II, III und III plus, zu • Grafikeditoren wie Paintbrush und Corel Draw und zu • Programmiersprachen wie PASCAL fürWINDOWS schlagen können. Außerdem sehen Sie die Vorzüge des DDE, des dynamischen Datenaustausches von 1-2-3/W mit anderen WINDOWS-Anwendungsprogrammen.
Kapitel 12	Im Kapitel 12 erleben Sie den Datenbanktreiber Datalens zusammen mit dBASE IV.

1.6 Gliederung des Buches

Das Kapitel 13 beschreibt die Möglichkeiten der Ablaufprogrammierung mit 1-2-3/W-Makros. — Kapitel 13

Inhalt des Kapitels 14 ist die Planung und Dokumentation von Tabellen. — Kapitel 14

Am Ende des Buches finden Sie eine grafische Übersicht über die 1-2-3/W-Menüs, ein Glossar und Tabellen.. — Anhang

Die Beispieldateien auf der Diskette sind nach den Kapiteln geordnet, in denen Sie besprochen werden. — Diskette

1 Einleitung

2 Vorarbeiten & Vorkenntnisse

3 Die erste Aufgabe

4 Das Arbeitsblatt gestalten

5 Arbeitsblattinhalte ändern

6 Arbeiten mit Funktionen

7 Grafische Darstellung

8 Textverarbeitung

9 Dateiverwaltung

10 Ziele, Alternativen, Optima

11 Datenaustausch

12 Datalens und dBASE

13 Ablaufprogrammierung

14 Organisation und Planung

Anhang

Abschnittsübersicht

2	**Vorarbeiten und Vorkenntnisse**

	Vorbemerkung
2.1	**Installation und Start**
2.2	**Die Windows Benutzerschnittstelle**
2.3	**Die 1-2-3 /W Benutzerschnittstelle**
2.4	**Markieren von Tabellenbereichen**
2.5	**Die 1-2-3/W Fenster und Menüs**
2.6	**Wie bekomme ich Hilfe?**
2.7	**Das 1-2-3 Classic Fenster**
2.8	**Umgang mit den Smart Icons**
2.9	**Beenden von 1-2-3 für Windows**

2. Vorarbeiten und Vorkenntnisse

Vorbemerkung

1-2-3 für Windows ist eine an die Benutzeroberfläche Microsoft Windows 3.x angepaßte Version von Lotus 1-2-3 Version 3.x. Sie können 1-2-3 natürlich auch mit OS/2 2.0 verwenden.

In den folgenden Abschnitten erfahren Sie,

- wie Sie 1-2-3 für Windows unter Windows 3.x mit dem Installationsprogramm bequem menüunterstützt installieren können (Abschnitt 2.2),
- wie Sie die Benutzeroberfläche Windows handhaben,
- auf welche unterschiedlichen 1-2-3/W-Menüs Sie treffen werden und wie Sie mit diesen umgehen und
- wie Sie Hilfe bekommen.

Weiterhin sehen wir es als sehr sinnvoll an, daß Sie sich mit Windows vertraut machen. Hierzu empfehlen wir Ihnen das Buch «Schneller erfolgreich mit Windows 3.1» (B.Kretschmer und M. Gerding, Würzburg 1992).

2.1 Installation und Start

1-2-3/W umfaßt 5 Disketten. Es wird mit einem Installationsprogramm «INSTALL.EXE» ausgeliefert, das Ihnen die Installation auf der Festplatte erleichtert. Dieses Installationsprogramm finden Sie auf der ersten 1-2-3/W-Diskette (Programmdiskette). 1-2-3/W kennt zwei Installationsarten:

1-2-3/W einrichten

- mit Vorgaben
- mit Optionen.

Bei der Installation mit Vorgaben benötigen Sie nur die ersten drei Disketten, bei der Installation mit Optionen evtl. auch die vierte Diskette mit DataLens-Datenbanktreibern.

14   2 Vorarbeiten und Vorkenntnisse

Auf der fünften Diskette finden Sie den Adobe Type Manager mit seinem eigenen Installationsprogramm. Dieser stellt Ihnen weitere Fonts zur Verfügung, die Sie jedoch ab der Windows Version 3.1 oder für OS/2 nicht benötigen.

Speicherbedarf   Das Minimum für die Installation von 1-2-3/W ist 6,614 MB. Beachten Sie, daß Sie auch Platz für Daten benötigen. Bevor Sie mit der Installation starten, sollten Sie sich vergewissern, daß ausreichend Speicherplatz auf der Festplatte vorhanden ist. Prüfen Sie dies mit dem DOS-Befehlen **DIR** oder **CHKDSK**.

Vor dem Installieren von 1-2-3/W müssen Sie Windows oder OS/2 2.0 starten. Sie können das Programm nun entweder vom Windows-Dateimanager aus starten, oder einfacher noch, Sie starten die Installation direkt vom Windows-Programmanager aus. Zum Starten des Installationsprogrammes legen Sie die Programmdiskette 1 in ein Diskettenlaufwerk.

Sie können mit Maus oder Tastatur installieren:

Vorgehensweise

1. Öffnen Sie im WINDOWS-Programmanager das Menü **Datei**
2. Im Aufklapp-Menü wählen Sie **Ausführen** (Bild 2.1).
3. Windows öffnet jetzt das Dialogfeld **Ausführen**. In dem Textfeld Befehlszeile geben Sie nun das Diskettenlaufwerk der Installationsdiskette und den Namen des Installationsprogramms (INSTALL.EXE) an(Bild 2.2).
4. Schließen Sie das Dialogfeld mit der Schaltfläche OK.

Und so arbeiten Sie mit der Tastatur:

Vorgehensweise

1. Öffnen Sie im Programmanager das Menü **Datei**, indem Sie die ⎇-Taste und den Buchstaben Ⓓ für **Datei** drücken. Wählen Sie Ⓐ für **Ausführen**.

2. In dem Dialogfenster **Ausführen** geben Sie nun wie in Bild 2.2 an, in welchem Diskettenlaufwerk sich die Installationsdiskette befindet (hier:B:) und wie das Programm heißt, welches Sie ausführen möchten (INSTALL.EXE).
5. Bestätigen Sie mit der ⒺⒾⓃⒼⒶⒷⒺ-Taste.

Bild 2.1: Windows Programm-Manager: Menü Datei Ausführen

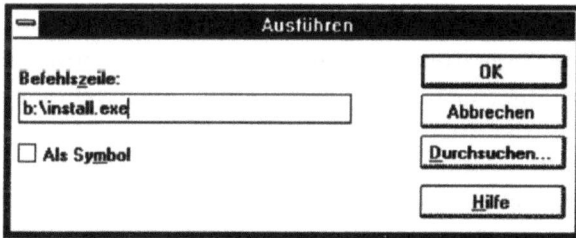

Bild 2.2: Windows Programm_Manager: Dialogfeld Ausführen

Nach einem Begrüßungsbildschirm, den Sie mit OK bestätigen, befinden Sie sich nun im Installationsprogramm von 1-2-3/W. Das Hauptmenü des Installationsprogrammes bietet Ihnen nun mehrere Optionen an (Bild 2.3).

16 2 Vorarbeiten und Vorkenntnisse

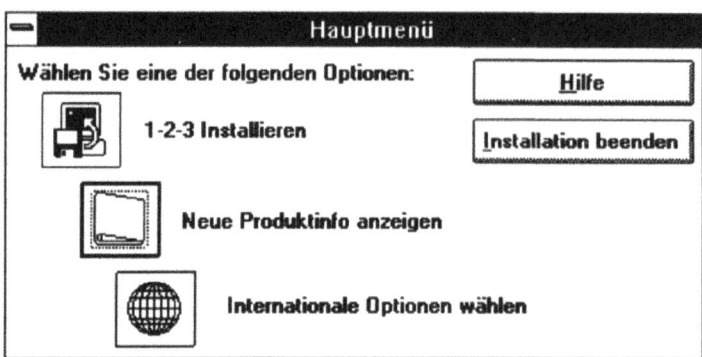

Bild 2.3: 1-2-3/W Installations-Hauptübersicht

Wir wählen hier die Option 1-2-3 installieren. Dies bestätigen wir mit der (EINGABE) -Taste.

Ebenso können Sie sich aber auch Neue **Produktinfo** anzeigen lassen, **Hilfe** anfordern oder die **Installation** beenden. Internationale Optionen wählen ist hingegen nur möglich, wenn 1-2-3/W bereits auf Ihrer Festplatte installiert worden ist.

Haben Sie den Auswahlpunkt **1-2-3 installieren** gewählt, so können Sie jetzt entscheiden, ob Sie eine **Installation mit Vorgaben** oder eine **Installation mit Optionen** durchführen wollen. Bei der **Installation mit Optionen** können Sie selber festlegen, welche zusätzlichen Programmbestandteile installiert werden sollen und legen einige Einstellungen fest. Daher müssen Sie bei der **Installation mit Optionen** drei zusätzliche Dialogfeld ausfüllen.

Einstellungen bei 1-2-3/W vornehmen

Sie wählen bei der **Installation mit Optionen** aus, ob Sie 1-2-3/W, das Translate Dienstprogramm oder Beispiel-Arbeitsblätter installieren wollen. Zusätzlich können Sie entscheiden welche(n) Datenbanktreiber installiert werden sollen. Es werden folgende Treiber angeboten: dBase, Paradox und Microsoft SQL Server (Bild 2.4). Haben Sie alle Eintragungen Ihren Wünschen gemäß vorgenommen, so können Sie die Schaltfläche **OK** betätigen oder mit der (EINGABE) Taste bestätigen.

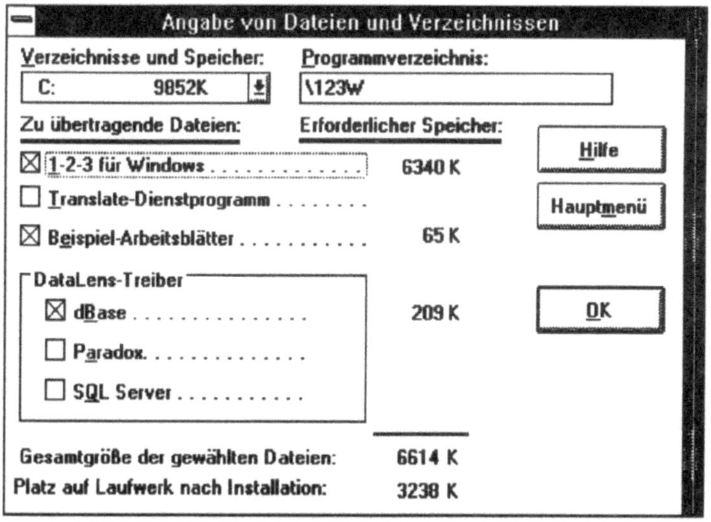

2.1 Installation und Start 17

Bild 2.4: 1-2-3/W Install: Auswahl bei der Installation

Wissen Sie jetzt schon, daß Sie den Paradox- oder SQL-Datalens-Treiber benutzen werden oder das Translate-Dienstprogramm einsetzen werden, so sollten Sie hier die **Installation mit Optionen** benutzen.

Das bei der Installation mit Optionen dann folgende Dialogfeld wird Sie fragen, welcher Gruppe Sie 1-2-3/W zuordnen wollen. Standardmäßig wird es der Gruppe Lotus-Anwendungen zugeordnet. Sie können zusätzlich auswählen, welche Programmsymbole zugefügt werden sollen (Bild 2.5).

18 2 Vorarbeiten und Vorkenntnisse

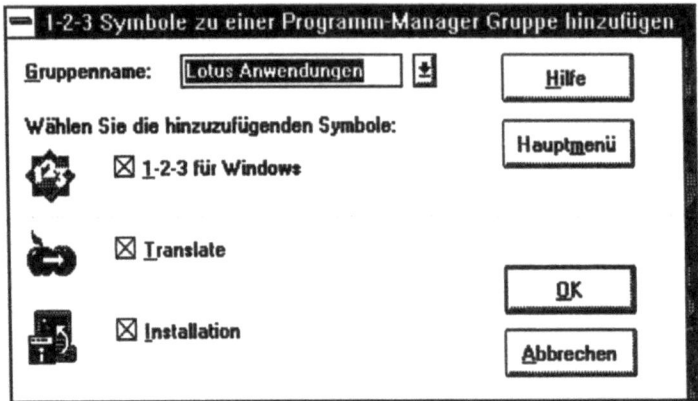

Bild 2.5: 1-2-3/W Install: Auswahl der Programmgruppe und der Programm symbole

Wie in Bild 2.6 können Sie dann bei der Installation mit Optionen wählen:

- Akustiksignal bei Fehler
- Bearbeiten Widerrufen Einschalten
- Autoexec Makros ausführen
- Uhranzeige
- Arbeitsblattverzeichnis (Bild 2.6)

 Die hier vorgenommenen Einstellungen können Sie auch in 1-2-3/W ändern, wenn Sie im Extras-Menü Benutzervorgaben wählen.

Wir empfehlen Ihnen, **Bearbeiten Widerrufen** einzuschalten. Markieren Sie dazu das zweite Kontrollkästchen.

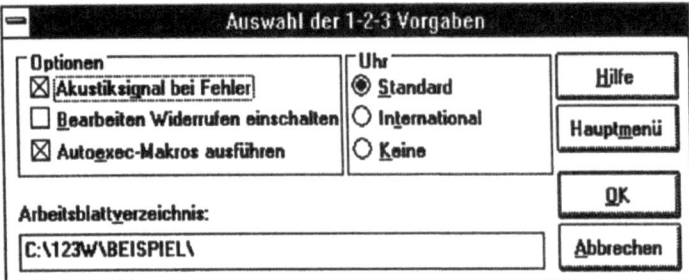

Bild 2.6: 1-2-3/W Install: Auswahl von Vorgaben

2.1 Installation und Start

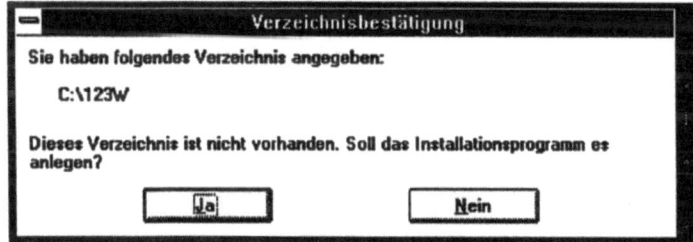

Laufwerke und Speicher: C: 70172K	Programmverzeichnis: \123W
Erforderlicher Speicher für Vorgabe-Installation:	6614 K
Verbleibender Speicher in Laufwerk:	63558 K

Bild 2.7: 1-2-3/W Install: Verzeichnisbestätigung

Sie legen bei jeder Installationsart fest, auf welchem Festplattenlaufwerk und in welchem Verzeichnis 1-2-3/W installiert werden soll. Die Standardvorgabe ist C:\123W (Bild 2.7). Es ist egal, ob das von Ihnen gewählte Verzeichnis bereits vorhanden ist, da das Installationsprogramm Verzeichnisse einrichten kann.

Installation mit Vorgaben

Haben Sie ein Verzeichnis gewählt, das noch nicht vorhanden ist, so werden Sie vom Installationsprogramm gefragt, ob es dieses Verzeichnis anlegen soll (Bild 2.8).

Bild 2.8: 1-2-3/W Install: Verzeichnisbestätigung

Die Disketten müssen der Reihe nach eingelegt werden, das Programm fordert Sie an den entsprechenden Stellen zum Wechseln auf. Aber keine Angst: Auch wenn Sie versehentlich die falsche Diskette einlegen sollten, merkt das Programm den Fehler und fordert Sie auf, die richtige Diskette einzulegen.

Zudem ist es bei jedem Diskettenwechsel möglich, weitere Informationen abzufragen, indem die entsprechende Schaltfläche aktiviert wird. Sollten Sie die Installation abbrechen wollen, so ist dies zu jedem Zeitpunkt während der Installation möglich.

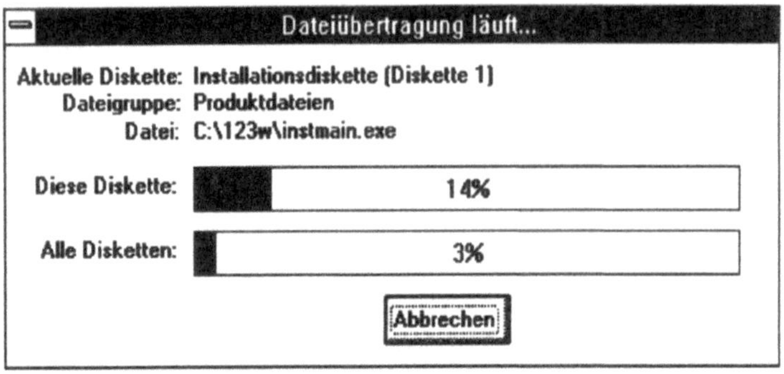

20   2 Vorarbeiten und Vorkenntnisse

Bild 2.9: 1-2-3/W Install: Fortschrittsmeldung

Sie benötigen bei der **Installation mit Vorgaben** nur die ersten drei Disketten, wenn Sie weder Datenbanktreiber noch den Adobe Type Manager installieren. Nachdem der Inhalt der dritten Diskette auf die Festplatte kopiert ist, können Sie **Installation beenden** wählen. Das Installationsprogramm erstellt abschließend ein eigenes Gruppenfenster für Lotus Anwendungen, dem zwei Symbole zugeordnet werden:

- **1-2-3 für WINDOWS** zum Starten des Programms,
- **1-2-3/W Installationsprogramm** zum Verändern der bestehenden Installation (Bild 2.12). Bei der Installation mit Optionen kann noch das 1-2-3 Translate-Dienstprogramm hinzukommen.
-

Bild 2.10: 1-2-3/W Install: Fertig!

Bild 2.11 ATM Installation: Wahl des Zielverzeichnisses

Lotus empfiehlt Ihnen, nach der Installation von 1-2-3 für Windows, auch noch den Adobe Type Manager zu installieren.

Bei OS/2 2.0 können Sie sich diesen Schritt sparen, da OS/2 2.0 schon mit dem Adobe Type Manager ausgeliefert wird. Bei Windows 3.1 sollten Sie die Entscheidung vom verbleibenden Speicherplatz abhängig machen. Bei Windows 3.0 ist die Installation wirklich dringend zu empfehlen. Die Installation des Adobe Type Managers ist genauso menügesteuert wie die von 1-2-3 für Windows (Bild 2.11).

22   2 Vorarbeiten und Vorkenntnisse

Bild 2.12: Windows Programmananger: Gruppenfenster Lotus-Anwendungen nach Installation mit Vorgaben

2.2 Die Windows-Benutzerschnittstelle

Überblick

Bevor wir mit 1-2-3/W arbeiten wollen, werden wir Ihnen zuerst einige Arbeitsschritte mit der Windows 3.x Benutzerschnittstelle zeigen. Sie werden in diesem Kapitel erfahren, wie Sie unter Windows 3.x

- mit dem Programmmananger arbeiten (2.2.1)
- 1-2-3/W einer neuen Gruppe zuordnen und alte Gruppen löschen (2.2.2),
- die Größe von Fenstern verändern (2.2.3),
- Fenster verschieben (2.2.4),
- Fenster anordnen (2.2.5) und
- sich auch in einer großen Anzahl von Fenstern zurechtfinden können (2.2.6).

2.2.1 Der WINDOWS Programm-Manager

Windows 3.x verfügt über einen Programm-Manager. Mit dem Programm-Manager starten Sie Programme, ohne den Namen oder das Verzeichnis kennen zu müssen.

Bei Windows 3.x ordnen Sie die einzelnen Programme Gruppen zu, von denen aus Sie die Programme starten können (vgl. 2.1 und 2.22). Windows hat nach der richtigen Installation eine Reihe von Programmgruppen voreingestellt, die Sie beliebig verändern können. 1-2-3/W wird von seinem Installationsprogramm standardmäßig in eine neue Programmgruppe **Lotus Anwendungen** eingeordnet (siehe 2.1). Sie können 1-2-3/W aber auch bei der Installation (siehe 2.1) oder später einer anderen Programmgruppe zuordnen, wenn Sie z.B. noch mit weiteren Tabellenkalkulationsprogrammen arbeiten und diese von einer gemeinsamen Gruppe aus starten wollen (siehe 2.22).

Windows-Programmgruppen

So starten Sie 1-2-3/W mit der Maus:

1-2-3/W starten

Vorgehensweise:

1. Klicken Sie mit der linken Maustaste in das Symbol der Programmgruppe, der 1-2-3/W zugeordnet ist (hier also die Programmgruppe Lotus Anwendungen).
2. Zeigen Sie mit dem Mauszeiger auf das Programmsymbol von 1-2-3/W (Bild 2.11).
3. Starten Sie nun 1-2-3/W, indem Sie das Programmsymbol mit der Maus doppelt anklicken.

Mit der Tastatur gehen Sie so vor:

24 2 Vorarbeiten und Vorkenntnisse

Vorgehensweise

1. Markieren Sie mit dem Tastaturschlüssel (STRG)(TAB) das Symbol der Programmgruppe, von der aus Sie 1-2-3/W starten. Sie halten dazu die (STRG)-Taste gedrückt und drücken sooft die (TAB)-Taste, bis die gewünschte Gruppe markiert ist.
2. Wählen Sie mit den Richtungstasten das gewünschte Programm aus und drücken Sie die (EINGABE)-Taste, damit Windows das Programm startet (Bild 2.12).

Sie sehen nun das 1-2-3/W Logo und dann den 1-2-3/W Startbildschirm (Bild 2.13):

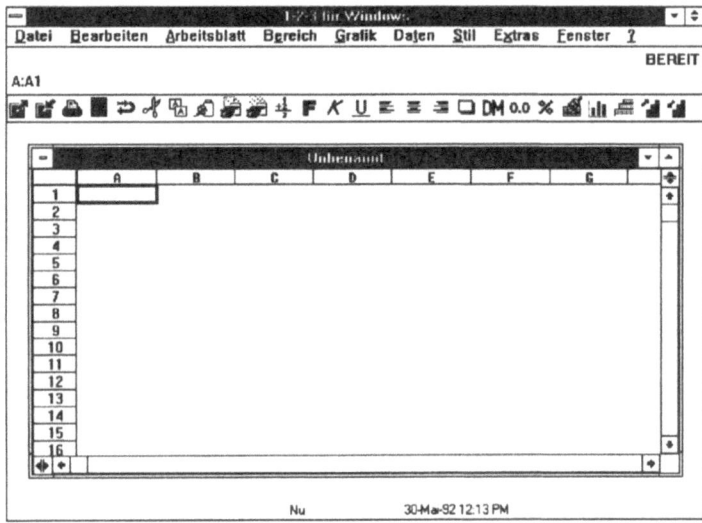

Bild 2.13 1-2-3/W Startbildschirm

2.2.2 1-2-3/W einer neuen Gruppe zuordnen

1-2-3/W wird von seinem Installations-Programm standardmäßig einer eigenen Gruppe «Lotus Anwendungen» zugeordnet. Sind Sie mit dieser Zuordnung zufrieden, so können Sie das folgende Unterkapitel überlesen.

2.2 Die Windows-Benutzerschnittstelle

Wollen Sie 1-2-3/W noch nach der Installation einer neuen Gruppe zuordnen, zum Beispiel der Gruppe «Tabellenkalkulation», so lesen Sie im folgenden, welche Schritte im einzelnen notwendig sind.

Wollen Sie das Programm einer Gruppe zuordnen, die bereits besteht, so können Sie den nächsten Schritt überspringen. Wollen Sie 1-2-3/W jedoch einer Gruppe zuordnen, die noch gar nicht vorhanden ist, so müssen Sie zunächst ein neues Gruppenfenster erstellen.

Programmgruppe erstellen

So erstellen Sie eine neue Gruppe:

Vorgehensweise

1. Öffnen Sie in Windows den Programm-Manager.
2. Geben Sie den Befehl **Datei** und den Unterbefehl **Neu** ein. Sie sehen ein Dialogfenster wie in Bild 2.14.
3. Wählen Sie die Option **Programmgruppe** aus, und geben Sie in dem sich öffnenden Dialogfeld Programmgruppeneigenschaften in dem Textfeld **Beschreibung** den Namen der neuen Programmgruppe – Tabellenkalkulation – ein (Bild 2.15).
4. Schließen Sie den Befehl mit der ⌧-Taste oder mit der Schaltfläche «OK» ab.

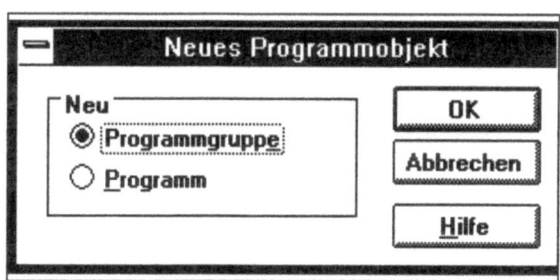

Bild 2.14: Windows Programm-Manager: Dialogfeld Neues Programmobjekt

26   2 Vorarbeiten und Vorkenntnisse

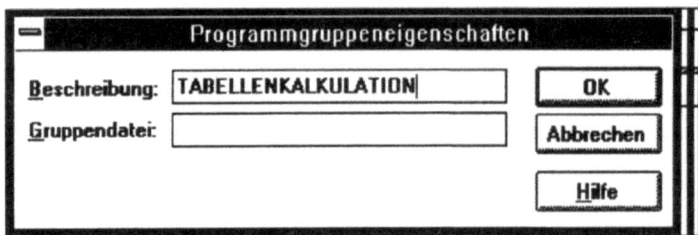

Bild 2.15: Windows Programm-Manager: Dialogfeld Programmgruppeneigenschaften

Fenster anordnen

Wenn Sie 1-2-3/W mit der Maus einer neuen Gruppe zuordnen wollen, ordnen Sie nun das Fenster der neuen Programmgruppe und das Fenster der Programmgruppe 1-2-3/W nebeneinander an (Bild 2.16). Dies erleichtert das Umordnen mit einem Zeigeinstrument.

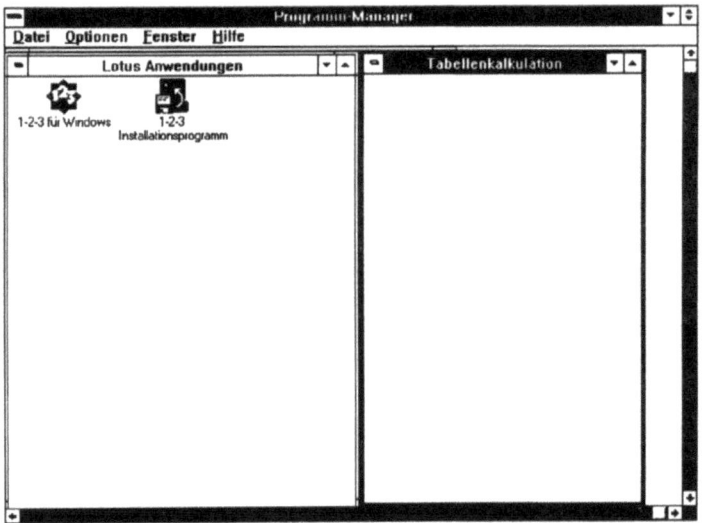

Bild 2.16: Windows Programm-Manager mit zwei Gruppenfenstern

1-2-3/W neu zuordnen

Wir wollen jetzt 1-2-3/W der neuen Programmgruppe zuordnen. Die Vorgehensweise mit der Maus ist an dieser Stelle wesentlich einfacher.

2.2 Die Windows-Benutzerschnittstelle

Vorgehensweise

- Zum Verschieben eines Programmsymbols mit der Maus zeigen Sie mit der Maus auf das Symbol, ziehen es bei gedrückter Maustaste an die gewünschte Stelle und legen es dort ab.

Die Umorganisation mittels Tastatur erfordert hier mehrere Schritte:

Vorgehensweise:

1. Geben Sie den Befehl **D**atei und den Unterbefehl **N**eu.
2. Wählen Sie die Option Programm. Sie sehen nun das Dialogfeld Programmeigenschaften wie in Bild 2.17.

Bild 2.17: Hinzufügen eines neuen Programms

3. Geben Sie in dem Dialogfeld Programmeigenschaft als Programmtitel in das Feld **B**eschreibung «1-2-3/W» ein, und geben Sie in das Feld **B**efehls**z**eile die Datei «1-2-3W.EXE» mit der vollständigen Pfadbezeichnung ein. Haben Sie 1-2-3/W z.B. in dem Verzeichnis C:\WINSTAND\1-2-3W installiert, so geben Sie hier als Befehlszeile ein: «C:\WINSTAND\1-2-3W\1-2-3W.EXE». Sind Sie nicht sicher, in welchem Verzeichnis 1-2-3/W installiert wurde, so können Sie auch die Schaltfläche Durchsuchen betätigen.
4. Schließen Sie den Befehl mit der (Eingabe)-Taste ab.

Haben Sie die neuen Programmzuordnungen mit der Tastatur erstellt, so bleiben die Programmsymbole in der alten Programmgruppe stehen.

Nicht mehr benötigte Programmgruppen können Sie löschen. Dazu müssen Sie diese Programmgruppe zuerst leeren, dann markieren und die ⊞-Taste drücken.

Mit der Maus leeren und löschen Sie eine Programmgruppe mit Hilfe der folgenden Schritte:

Vorgehensweise:

1. Zeigen Sie mit der Maus auf das Symbol der zu löschenden Programmzuordnung und betätigen Sie die linke Maustaste. Sie haben nun ein Programmsymbol markiert.
2. Drücken Sie nun die ⊞-Taste, um das markierte Programmsymbol zu löschen.
3. Dies setzen Sie solange fort, bis in dem Gruppenfenster kein Programmsymbol mehr enthalten ist. Jetzt können Sie das Gruppenfenster selber mit der ⊞-Taste entfernen.
4. Bestätigen Sie die Sicherheitsnachfrage wie in Bild 2.18.

Sie können zum Leeren und Löschen der Programmgruppe auch die Tastatur verwenden:

Vorgehensweise

1. Sie können mit der Tastatur unter Windows zwischen den Markierungen von Programmgruppen oder Fenstern umschalten, indem Sie den Tastaturschlüssel ⓢⓉⓇⒼ-ⓉⒶⒷ-Taste eingeben. Sie halten dazu die ⓢⓉⓇⒼ-Taste gedrückt und drücken sooft auf die Tabulatortaste ⓉⒶⒷ, bis das gewünschte Programmsymbol markiert bzw. das gewünschte Fenster aktiv ist.

2.2 Die Windows-Benutzerschnittstelle

2. Betätigen Sie nun die ⌅-Taste, um das markierte Programmsymbol zu löschen.
3. Danach markieren Sie das Symbol der leeren Programmgruppe und löschen dieses wie die Programmsymbole mit der ⌅-Taste.
4. Bestätigen Sie die Sicherheitsnachfrage wie in Bild 2.18.

Sie können 1-2-3/W nun nur noch aus der neuen Programmgruppe «Tabellenkalkulation» aus starten.

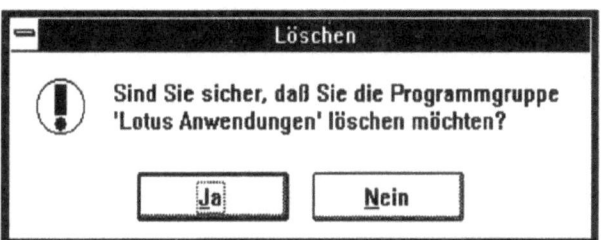

Bild 2.18: Windows: Bestätigen beim Löschen einer Programmgruppe

2.2.3 Fenstergrößen

Fenster lassen sich in der Größe verändern. Dabei haben Sie vier Fenstergrößen zur Auswahl:

- Standardfenster
- Symbol
- Vollbild
- Individuelle Fenstergröße

Einem Fenster wird bei seiner Einrichtung automatisch eine Standardgröße zugewiesen. Diese Einstellung ist abhängig vom Fensterinhalt. In den meisten Fällen ist es sinnvoll, diese vorgegebene Fenstergröße auch beizubehalten.

Standardfenster

Sie können ein Fenster unter Windows so vergrößern, daß es den gesamten Bildschirm ausfüllt (sogenanntes Vollbild). Wollen Sie die Arbeit mit einem Programm unterbrechen, so

Vollbild und Symbol

können Sie das Fenster des Programms auf ein Symbol verkleinern.

Sie können leicht zwischen diesen beiden Darstellungsweisen eines Fensters umschalten:

Sie sehen am oberen rechten Rand eines jeden Fensters zwei kleine Symbolpfeile. Nach oben zeigt die Schaltfläche Vollbild, nach unten die Schaltfläche Symbol.

Vorgehensweise:

1. Sie vergrößern ein Fenster auf das Vollbild, indem Sie den Pfeil nach oben anklicken (Schaltfläche Vollbild), (Bild 2.19).
2. Um ein Fenster auf das Symbol zu verkleinern, klicken Sie mit der Maus in den Pfeil nach unten (Schaltfläche Symbol), (Bild 2.19).

Mit der Tastatur erteilen Sie die entsprechenden Befehle mit Hilfe des Systemmenüs:

Vorgehensweise

1. Rufen Sie das Systemmenü mit dem Tastaturschlüssel (ALT)(Leer) auf.
2. Um ein Fenster auf das **Vollbild** zu vergrößern, geben Sie B ein. Um ein Fenster auf das **Symbol** zu verkleinern, geben Sie S ein (Bild 2.19).

2.2 Die Windows-Benutzerschnittstelle

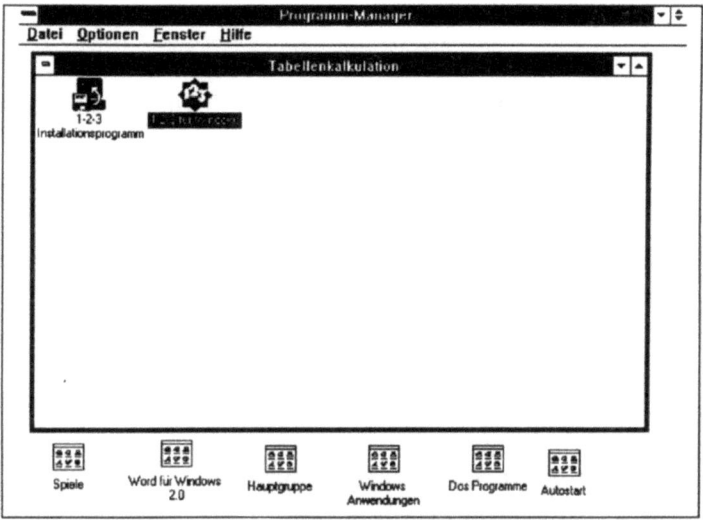

Bild 2.19: Windows: Fenster standardmäßig größer

Sie können ein Fenster aber auch auf jede beliebige Größe einstellen.

Individuelle Fenstergröße

Sie verschieben hierzu jeweils die Rahmenleisten des Fensters.

Vorgehensweise:

1. Zeigen Sie mit dem Mauszeiger auf den Rahmen des Fensters, dessen Größe Sie verändern wollen. Der Mauszeiger wird nun zu einem kleinen Doppelpfeil.
2. Ziehen Sie diesen Doppelpfeil bei gedrückter linker Maustaste soweit, bis Sie die gewünschte Fenstergröße erreicht haben.

Mit der Tastatur müssen Sie erst im Systemmenü den Befehl «Größe ändern» aufrufen, um dann mit den Richtungstasten die Größe des Fensters zu verändern.

32 2 Vorarbeiten und Vorkenntnisse

Vorgehensweise

1. Rufen Sie mit der Befehlsfolge ⟨ALT⟩-⟨Leer⟩-Taste das Systemmenü auf.
2. Markieren Sie den Befehl **Größe Ändern**, indem Sie ein ⟨G⟩ eingeben.
3. Verändern Sie nun mit den Richtungstasten die Größe des Fensters.
4. Bestätigen Sie anschließend die Größenänderung mit der ⟨Eingabe⟩-Taste.

2.2.4 Verschieben von Fenstern

Windows bietet mit seiner Fensterstruktur den Vorteil, daß Sie mehrere Anwendungen nebeneinander oder hintereinander auf dem Bildschirm sehen und mit diesen arbeiten können.

Um mehrere Fenster auf dem Bildschirm sehen zu können, müssen Sie die Fenster entsprechend verschieben und u.U. ihre Größe verändern. Wie Sie die Größe verändern können, haben Sie im vorhergehenden Abschnitt (2.2.3) bereits gesehen.

Fenster verschieben

Wir wollen jetzt das Fenster der Programmgruppe von 1-2-3/W verschieben.

Vorgehensweise:

1. Klicken Sie mit der Maus in die Titelleiste des Programmfensters von 1-2-3/W und lassen Sie die linke Maustaste gedrückt.
2. Ziehen Sie das Fenster mit der Maus an die gewünschte Stelle des Bildschirmes und lassen Sie anschließend die Maustaste wieder los, um es an der gewünschten Stelle abzulegen.

2.2 Die Windows-Benutzerschnittstelle

Mit der Tastatur verschieben Sie ein Fenster, indem Sie den Befehl **V**erschieben im Systemmenü auslösen und das Fenster mit den Richtungstasten verschieben:

Vorgehensweise

1. Geben Sie den Tastaturschlüssel (ALT)-(Leer)-Taste ein, um in das Systemmenü umzuschalten.
2. Wählen Sie nun den Befehl **V**erschieben aus, indem Sie ein (V) eingeben und anschließend die (Eingabe)-Taste drücken.
3. Bewegen Sie das Fenster mit den Richtungstasten an die gewünschte Stelle.
4. Schließen Sie den Verschieben-Befehl mit der (Eingabe)-Taste ab, damit Windows das Fenster an der ausgewählten Stelle darstellt (Bild 2.20).

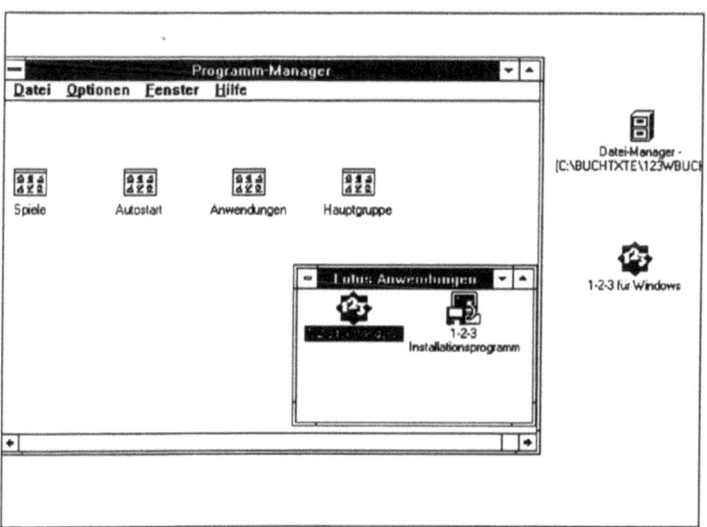

Bild 2.20: Windows Programm-Manager: nach rechts unten verschobenes Gruppenfenster Lotus Anwendungen

2.2.5 Fenster anordnen

Haben Sie mehrere Fenster auf dem Bildschirm geöffnet und wollen Sie sich diese Fenster anzeigen lassen, so können Sie sie

Fenster anordnen

34 2 Vorarbeiten und Vorkenntnisse

entweder kachelartig nebeneinander oder aber hintereinander anordnen.

Mit drei Methoden können Sie die Anzeige geöffneter Fenster festlegen:

- mit der Windows Task-Liste,
- im Windows-Programmanager und bei 1-2-3/W in dem Menü **Fenster** mit dem Befehl Nebeneinander oder **Überlappend**, im Windows-Programmanager mit den Abkürzungstasten (Umschalt)-F5 (Überlappend) oder (Umschalt)-F4 (Nebeneinander).

Wir zeigen Ihnen hier das Arbeiten mit der Task-Liste:

Task-Liste Sie öffnen die Windows Task-Liste, indem Sie an eine beliebige freie Stelle des Bildschirmes klicken oder den Tastaturschlüssel (STRG)- (ESC) eingeben. Sie sehen nun die Task-Liste wie in Bild 2.21.

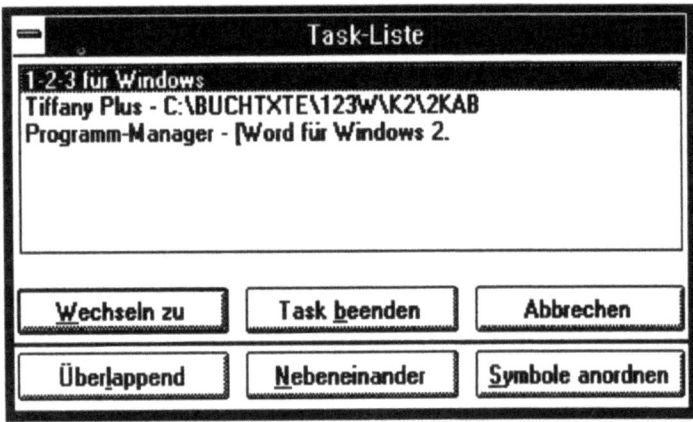

Bild 2.21: Windows: Task-Liste

Wählen Sie hier die Option **Nebeneinander**, um alle Fenster kachelförmig auf dem Bildschirm zu sehen, die Option **Überlappend**, um die Fenster hintereinandergestapelt auf dem Bildschirm zu sehen.

2.2.6 Orientieren im Fensterdschungel

Sie haben in den vorigen Abschnitten gesehen, wie Sie mehrere Fenster auf dem Bildschirm anordnen können. Wenn man viele Fenster geöffnet hat, kann man schon mal eine Orientierungshilfe brauchen. Die Task-Liste (siehe 2.2.5) bietet:

- eine Orientierung im Fensterdschungel und
- einen schnellen Zugriff auf geöffnete Windows-Anwendungen.

Sie sehen im Dialogfeld Task-Liste, wie in Bild 2.21, eine Liste aller geöffneten Anwendungsprogramme und sechs Schaltflächen, mit denen Sie die Fensteranordnung und den Task-Manager steuern können.

Sie wechseln in der Task-Liste zu einem anderen Programm, indem Sie dieses in der Liste doppelt anklicken oder mit den Richtungstasten auswählen und die ⌜Eingabe⌝-Taste drücken.   Programm wechseln

Sie können mit Hilfe der Schaltfläche **Task beenden** das in der Task-Liste gerade markierte Programm beenden.   Programm beenden

Einen Überblick über alle geöffneten Fenster verschaffen Sie sich, indem Sie diese Fenster mit der Tastenfolge ⌜ALT⌝⌜TAB⌝ durchblättern und dabei gegebenenfalls überflüssige Fenster schließen.

Schließen Sie nicht das Fenster des Windows-Programm-Managers, da Sie ansonsten Windows verlassen würden. Sie verlassen aber Windows nicht abrupt, sondern werden zunächst aufgefordert, das Verlassen zu bestätigen oder abzubrechen.

2.3 Die 1-2-3/W Benutzerschnittstelle

Der 1-2-3/W-Startbildschirm läßt sich in zwei Bereiche gliedern. Sie sehen ein Anwendungsfenster und ein Dateifenster.

36   2 Vorarbeiten und Vorkenntnisse

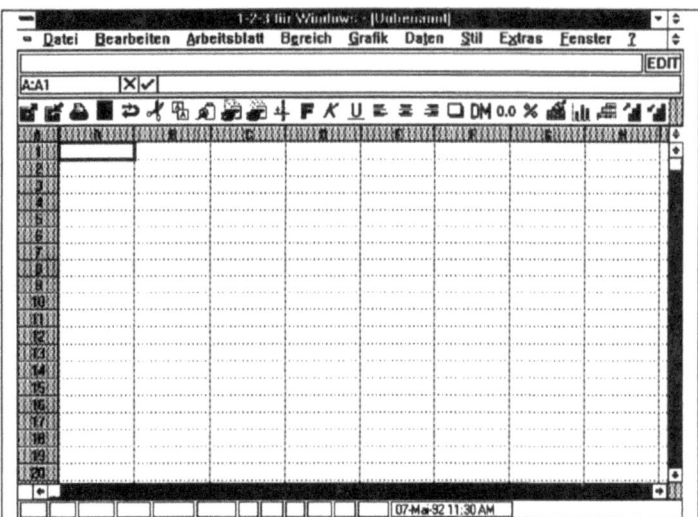

Bild 2.22: 1-2-3/W Anwendungs- und Dateifenster

1-2-3/W-Fenster   Das Anwendungsfenster beinhaltet das Dateifenster und Leisten und Menüzeilen, die der Kommunikation zwischen Anwender und Programm dienen (Bild 2.22).

Im Dateifenster sehen Sie ein oder mehrere Arbeitsblätter. In Arbeitsblätter tragen Sie Ihre Tabellen ein.

Maussteuerung   Zur Maussteuerung müssen Sie dieses Zeigeinstrument an Ihren PC angeschlossen und den Maustreiber aktiviert haben.

Nach dem Start von 1-2-3/W sehen Sie dann in der Mitte des Arbeitsblattfeldes einen kleinen Pfeil, den Mauszeiger. Diesen können Sie durch Bewegen der Maus auf dem Bildschirm verschieben: die Bewegung der Rollkugel in der Maus wird in eine Bewegung des Mauszeigers auf dem Bildschirm umgesetzt.

    Während der Arbeit mit 1-2-3/W wird Ihr Mauszeiger je nach Verwendung unterschiedliche Formen annehmen.

Tastatur   Die Verwendung der Tastatur ist in den folgenden Abschnitten ebenfalls erläutert. Ein rationeller Einsatz von 1-2-3/W ohne ein Zeigeinstrument ist kaum möglich, da sich die Befehlseingabe häufig deutlich verlängert. Mit den Abkürzungstasten von 1-2-3/W können Sie diesen Nachteil zwar manchmal ausgleichen, sie müssen diese dafür jedoch erst auswendig lernen.

2.3.1 Das 1-2-3/W-Arbeitsblatt und seine Steuerung

Das Arbeitsblatt ist zur Aufnahme der Daten (Texte, Formeln, Zahlen) bestimmt. Es ist in Ebenen, Zeilen und Spalten eingeteilt. Zeilen und Spalten sind durch Linien voneinander getrennt. Zwischen Ebenen müssen Sie umschalten. Die Ebenen und Spalten sind mit Buchstaben bezeichnet, die Zeilen mit Ziffern.

In der Bezeichnung einer Zelle werden die Ebenen als erstes genannt. Die erste Ebene wird als A: gekennzeichnet. Alle weiteren Ebenen werden entsprechend fortlaufend gekennzeichnet. Der zweite Buchstabe bezeichnet die Spalte, die anschließende Ziffer die Zeile der Zelle.

Ebene, Zeilen und Spalten

Ein Beispiel: Eine Zelle auf der dritten Ebene in der zweiten Spalte und vierten Zeile wird als C:B4 beschrieben.

Ein Arbeitsblatt läßt maximal 8192 Zeilen zu, das letzte Arbeitsblatt

und die letztmögliche Spalte werden mit IV bezeichnet, das entspricht 256.

Die Buchstaben entsprechen den Zahlen 1-26. Der Buchstabe I entspricht also der 9 und der Buchstabe V der 22. 9 * 26 + 22 ergibt dann 256 Spalten.

Als Spalten-/Zeilenbezeichnung können Sie auch Maßeinheiten wie Zoll oder Zentimeter verwenden.

Verändern der Einstellung

1. Sie öffnen das Menü **Fenster** und wählen hier **Anzeige Optionen**. Unter der Option **Ra_hmen**, die Sie mit ALT-H aktivieren, können Sie bestimmen, wie der Rahmen aussehen soll (Bild 2.23).

38 2 Vorarbeiten und Vorkenntnisse

Bild 2.23: Dialogfeld Anzeige Optionen

Mit Maßeintrag sehen die Rahmen wie in Bild 2.24 aus.

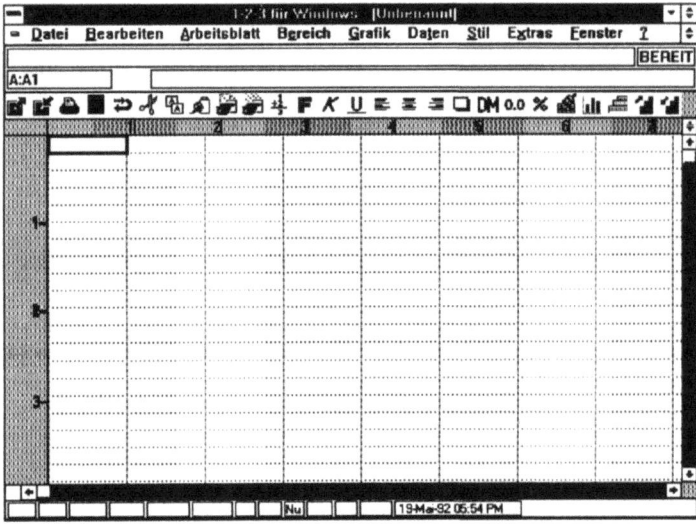

Bild 2.24: 1-2-3/W: Rahmen mit Maßeintrag statt Zellen und Spaltennummern

Wir werden in der Folge jedoch mit dem voreingestellten Standard arbeiten.

2.3.2 Steuerung des 1-2-3/W-Bildschirms

Die Arbeit mit 1-2-3/W wird es immer wieder erfordern, daß Sie den Zellzeiger auf dem Arbeitsblatt bewegen.

Wollen Sie den Zellzeiger in eine Zelle bewegen, die in relativer Nähe zur gegenwärtiger Position des Zellzeigers ist, so sollten Sie die Maus oder bei der Arbeit mit der Tastatur die Richtungstasten verwenden. Mit den Richtungstasten bewegen Sie den Zellzeiger um genau eine Zelle in die entsprechende Richtung weiter. Arbeiten Sie mit der Maus, so brauchen Sie nur in die gewünschte Zelle zu klicken und der Zellzeiger verändert sofort seine Position. — Bewegen über kurze Entfernungen

Oftmals werden Sie den Zellzeiger in einem Bereich positionieren wollen, der nicht im aktuellen Fensterausschnitt enthalten ist. Dann müssen Sie den Bildschirm "rollen" bzw einen sog. Bildlauf durchführen. — Rollen des Bildschirms

Sie können den Bildschirm in horizontaler oder vertikaler Richtung rollen. Horizontal bewegen sie sich mit der Tastatur über die Tastenkombination (STRG)-Taste und der entsprechenden Richtungstaste (←) (→). Die vertikale Bewegung führen Sie mit den Tasten (Bild↑) bzw. (Bild↓) durch. Der Bildschirm wird bei der Bedienung über die Tastatur um genau eine Bildschirmseite weitergeblättert oder -gerollt. — Rollen mit der Tastatur

Sie können mit der Maus den Bildschirm ausschnittsweise rollen: Dazu verfahren Sie wie bei anderen Anwendungen unter Windows. Sie sehen am rechten und am unteren Rand des Arbeitsblattfensters jeweils eine Bildlaufleiste, auf der Sie ein Bildlauffeld nach oben und unten bzw. nach links und rechts bewegen können. Mit der Bewegung dieses Bildlauffeldes führen Sie das entsprechende Rollen des Bildschirmes aus. Die Bewegung des Bildlauffeldes rollt den Arbeitsblattausschnitt proportional zu der Länge des Dokumentes. Das bedeutet, daß bei längeren Dokumenten eine kleine Bewegung des Bildlauffeldes auf der Bildlaufleiste ein stärkeres Rollen des Bildschirmes zur Folge hat. Die Bildlaufpfeile nach oben und unten bzw. nach rechts und links am jeweiligen Ende der Bildlaufleiste (Bild 2.19) ermöglichen es Ihnen, das Arbeits- — Rollen mit der Maus blatt mit jedem Klicken in den Pfeil um eine Zeile bzw. Spalte zu bewegen. Wenn Sie um genau eine Bildschirmseite nach oben/unten oder nach links/rechts blättern wollen klicken Sie entsprechend über/unter oder links/rechts des Bildlauffeldes.

Ende des Arbeitsblattes

Sie wollen möglichst schnell an das Ende des Arbeitsblattes gelangen? Arbeiten Sie mit der Tastatur, so betätigen Sie zunächst die Ende-Taste. In der Statuszeile wird jetzt «end» eingeblendet. Sie können jetzt auswählen, ob Sie ans Ende der Spalte oder der Zeile gelangen wollen und betätigen die entsprechende Richtungstaste. Wenn Sie mit einem Zeigeinstrument arbeiten, so bewegen Sie sich ans Ende des Arbeitsblattes mit Hilfe des Bildlauffeldes. Sie klicken das Bildlauffeld an und halten die linke Maustaste gedrückt. Sie führen das Bildlauffeld auf der Bildlaufleiste an das untere oder linke Ende und lassen die linke Maustaste wieder los. Sie befinden sich am Ende Ihres Arbeitsblattes.

Bewegen durch Ebenen

Bei vielen Anwendungen werden Sie mit mehreren Ebenen arbeiten.

Mit der Tastatur bewegen Sie sich mit Hilfe der Tastenkombinationen (STRG)-(Bild↑) oder (STRG)-(Bild↓) durch die Ebenen.

Damit Sie sich mit der Maus durch Ebenen bewegen können, müssen Sie in der SmartIcon-Leiste die Symbole zum Ebenenwechsel anklicken (s. Kap. 5.5).

Steuerung über das Menü

Mit dem 1-2-3/W Menü können Sie Zellen über ihre Adresse oder ihren Namen (siehe Kapitel 3) geziehlt anwählen.

Vorgehensweise

1. Wählen sie aus dem Menü B̲ereich den Befehl G̲ehezu.
2. In dem Dialogfenster, das sich jetzt öffnet können Sie die Adresse der Zelle eingeben, zu der sie gehen wollen (Bild 2.25)

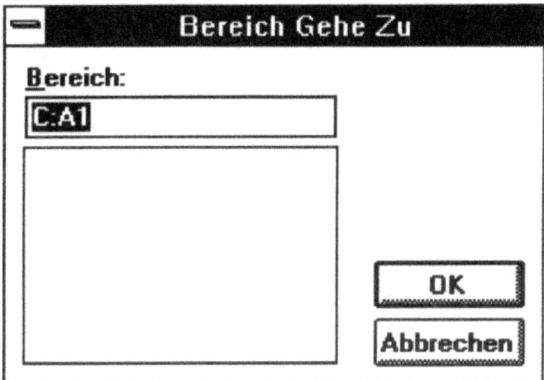

Bild 2.25: 1-2-3/W Dialogfeld Bereich Gehe Zu

Auch wenn Sie die genaue Zelladresse nicht kennen, können Sie mit diesem Menübefehl arbeiten. Geben Sie beispielsweise nur die Adresse einer Ebene an, wenn Sie in eine andere Ebene wechseln wollen, aber nicht wissen, wo Sie dort genau arbeiten wollen.

Über die Funktionstaste F5 können Sie direkt das **Gehezu**-Fenster aufrufen.

Tastaturschlüssel

2.4 Markieren von Arbeitsblattbereichen

Sie können bei 1-2-3/W viele Befehle nicht nur für eine Zelle, sondern auch für Arbeitsblattbereiche ausführen.

Wir zeigen Ihnen in diesem Anschnitt, wie Sie Arbeitsblattbereiche mit Hilfe der Maus oder der Tastatur markieren können.

Das Markieren größerer Arbeitsblattbereiche ist zum Beispiel dann sinnvoll, wenn mehrere Zellen das gleiche Format erhalten sollen und Sie den Format-Befehl nicht für jede einzelne Zelle wiederholen möchten.

Arbeitsblattbereiche markieren

Vorgehensweise

1. Zeigen Sie mit dem Mauszeiger auf eine Ecke des zu markierenden Arbeitsblattbereiches.

2. Drücken Sie die linke Maustaste und ziehen Sie den Mauszeiger mit gedrückter Maustaste auf die gegenüberliegende Ecke des zu markierenden Arbeitsblattbereiches. Sie können 1-2-3/W nun den gewünschten Befehl geben. 1-2-3/W übernimmt dabei diese Voreinstellung als Bereichsangabe.

Sie können einen Arbeitsblattbereich auch mit der Tastatur markieren. Hierfür stehen zwei Varianten zur Verfügung.

Vorgehensweise:

1. Sie markieren einen Arbeitsblattbereich mit der Tastatur, indem Sie in eine Ecke des zu markierenden Bereiches gehen.
2. Sie drücken die (Umschalt)-Taste und bewegen sich mit den Richtungstasten in die gegenüberliegende Ecke des zu markierenden Bereiches. Wollen Sie einen größeren Arbeitsblattbereich markieren, so können Sie anstatt der Richtungstasten auch die (Bild↑)- bzw. (Bild↓)-Tasten verwenden.

Oder:

Vorgehensweise:

1. Sie bewegen den Zellzeiger in eine Ecke des zu markierenden Bereiches.
2. Jetzt drücken Sie die (F4)-Taste.
3. Sie gehen mit den Richtungs-Tasten zu der diagonal gegenüberliegenden Ecke.
4. Sie schließen das Markieren mit der (Eingabe)-Taste ab.

Um einen arbeitsblattübergreifenden Bereich zu markieren, dehnen Sie einfach eine Markierung im ersten Blatt mit der

Taste [STRG]+[Bild↑] oder [STRG]+[Bild↓] auf weitere Arbeitsblätter aus und bestätigen das mit der [EINGABE]-Taste.

Mit der Maus können Sie nicht arbeitsblattübergreifend markieren.

2.5 Die 1-2-3/W Fenster und Menüs

1-2-3/W besitzt verschiedene Fenster und Menüs, deren Gestalt sich danach richtet, welche Dateien Sie im Arbeitsbereich geöffnet haben. So stehen Ihnen folgende unterschiedliche Menüvarianten zur Verfügung:

- das Arbeitsblattmenü (Abschnitt 2.5.1),
- das Grafik-Menü (Abschnitt 2.5.2),
- das Hilfe-Menü (Abschnitt 2.6),
- das Classic-Menü (Abschnitt 2.7)

2.5.1 Das Arbeitsblattfenster

Das Programmfenster gliedert sich in mehrere Teile: Bildschirmaufbau

- das Systemmenüfeld,
- die Titelleiste,
- die Menüleiste mit den Befehlen,
- die dritte und vierte Zeile des Anwendungsfensters
- die Bearbeitungszeile zum Eingeben und Verändern von Feldinhalten und zur Angabe der Position des Feldzeigers,
- die Symbolleiste mit den SmartIcons (Sie können die Position dieser Leiste verändern)
- sowie am unteren Bildschirmrand die Statuszeile.

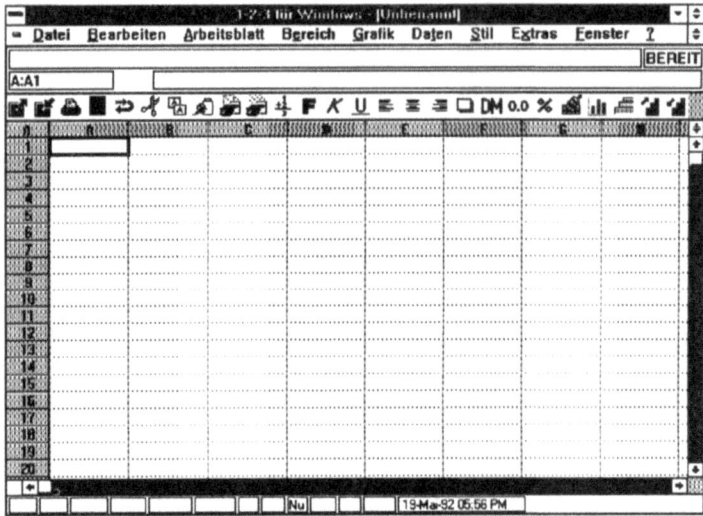

Bild 2.26: 1-2-3/W Vollbildfenster

Das System-   Das Systemmenüfeld in der oberen linken Bildschirmecke
menüfeld   ermöglicht es Ihnen, Windows-eigene Befehle, wie z.B. das
               Wechseln zu anderen Windows-Programmen durchzuführen
               (Bild 2.27).

2.5 Die 1-2-3/W Fenster und Menüs

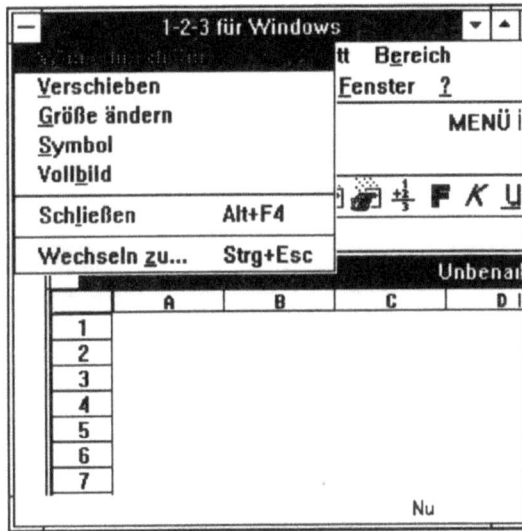

Bild 2.27 1-2-3/W Systemmenü

Die Titelleiste zeigt im Leerlauf den Namen des Programms an. Erst beim Wechsel in die Menüleiste verändert sich ihr Aussehen. In Kurzform wird jetzt in der Titelzeile eine Beschreibung des gewählten Befehls angegeben. Hier verhält sich 1-2-3/W anders als andere Windows-Programme, die dort nach SAA-Standard nur den Programm- und den Dateinamen anzeigen.

Die Titelleiste

Die Menüleiste enthält alle Befehle. Hinter diesen Befehlen verbergen sich Aufklappmenüs, die genau dann erscheinen, wenn Sie den jeweiligen Menüpunkt auswählen. In jedem der Aufklappmenüs erscheinen eine Reihe von Befehlen. Mit diesen öffnen Sie ein Dialogfeld, wenn hinter dem Unterbefehl drei Punkte stehen. In diesem Fenster geben Sie die eigentlichen Details des Befehls ein oder Sie wählen sie aus. Steht ein kleines Dreieck neben dem Befehl, so bedeutet dies, daß sie an dieser Stelle eine weitere Menüebene öffnen können.

Die Menüleiste

46 2 Vorarbeiten und Vorkenntnisse

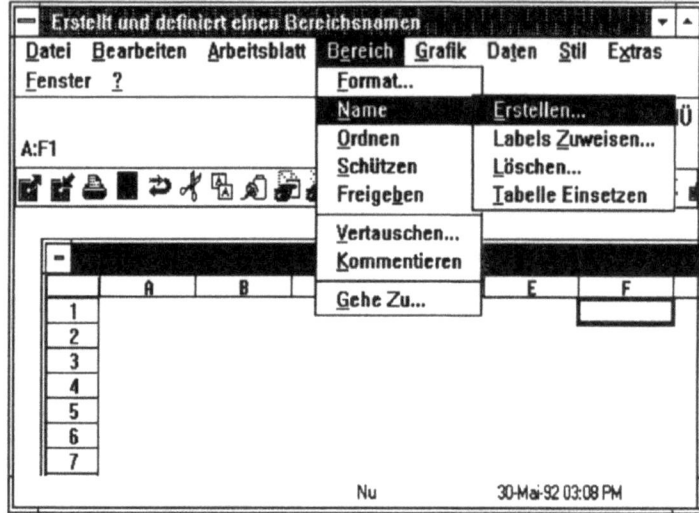

Bild 2.28: 1-2-3/W Öffnen einer weiteren Menüebene

Dritte und vierte Zeile	In der dritten Zeile des Anwendungsfensters wird der aktuelle Zustand, in dem das Programm sich befindet, angezeigt. So können die Meldungen u.a. sein: Warten, Bereit oder Edit. In der vierten Zeile wird der aktuelle Standpunkt auf dem Arbeitsblatt angezeigt. Befindet der Zellzeiger sich augenblicklich in einem markierten Bereich, so wird das Feld links oben im markierten Bereich als aktuelle Position angegeben.
Editierfeld	Rechts von der Positionsangabe befindet sich das Editierfeld. Es wird aktiviert, indem über die Tastatur eine Eingabe erfolgt oder der Mauszeiger an einer beliebigen Stelle dieses Feldes positioniert wird.
Bestätigen oder Stornieren	Am linken Rand des Editierfeldes finden sich zwei Schaltflächen: ein Kreuz und ein Haken. Während das Kreuz zum Abbrechen der Eingabe dient (Schaltfläche Abbrechen), dient der Haken der Bestätigung einer Eingabe (Schaltfläche Bestätigen). Wird der die Schaltfläche Bestätigen mit der Maus angeklickt oder die Eingabetaste gedrückt, so wird der Inhalt des Editierfeldes in den aktiven Arbeitsblattbereich übernommen.

2.5 Die 1-2-3/W Fenster und Menüs

Die Symbolleiste bietet Ihnen zahlreiche Icons an, mit denen Sie unmittelbar 1-2-3/W-Befehle ausführen können. Mit der Maus können Sie einfach auf diese Icons klicken. Sollten sie 1-2-3/W ausschließlich mit Tastatur bedienen, so stehen Ihnen diese Symbole nicht zur Verfügung, da Sie mit der Tastatur die Symbolleiste nicht erreichen.

Die Symbolleiste

Für die Anpassung an individuelle Bedürfnisse ist es zusätzlich möglich, die Position und Zusammensetzung der Symbolleiste auf dem Bildschirm zu verändern.

Symbolleiste positionieren

Vorgehensweise

1. Klicken Sie den Befehl E**x**tras an.
2. Wählen Sie die Option **S**ymbolpalette Bild 2.29).
3. Wählen Sie die für Sie günstigste Palettenposition aus und bestätigen Sie mit «OK» oder der ⸨EINGABE⸩-Taste (Bild 2.30).

Vorgehensweise:

1. Aktivieren Sie mit ⸨ALT⸩-⸨X⸩ den Befehl E**x**tras.
2. Wählen Sie mit ⸨S⸩ **S**ymbolpalette (Bild 2.29)
3. Bestimmen Sie die Palettenposition mit dem entsprechenden Anfangsbuchstaben und quittieren Sie mit der ⸨EINGABE⸩-Taste (Bild 2.30).

48 2 Vorarbeiten und Vorkenntnisse

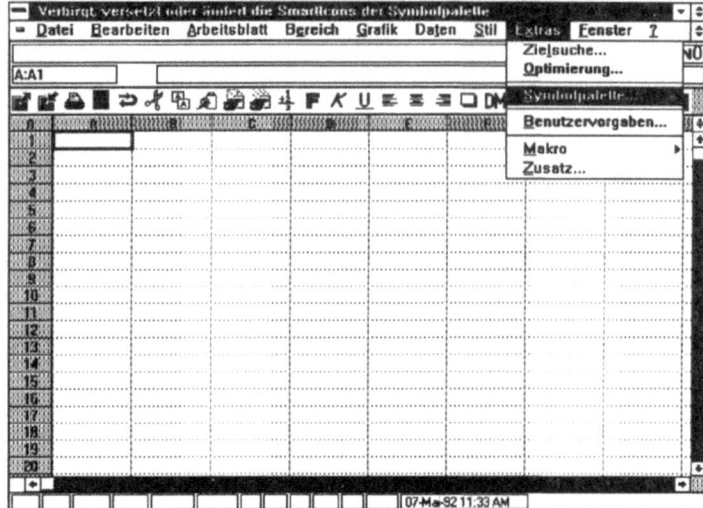

Bild 2.29: 1-2-3/W Arbeitsblattfenster: Menü Extras

Für reine Tastaturbenutzer bietet sich hier sicherlich die Option Palette verbergen an, da Sie so zusätzlichen Platz auf dem Bildschirm schaffen.

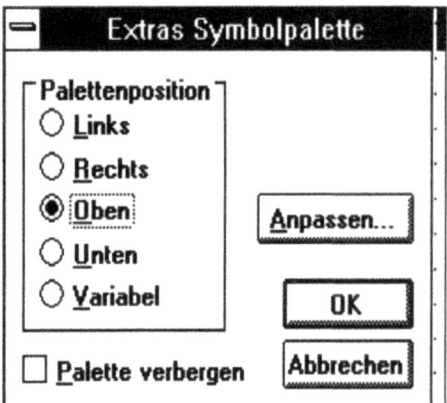

Bild 2.30: 1-2-3/W: Wahl der Palettenposition

Die Statuszeile   In der Statuszeile am unteren Bildschirmrand sehen Sie Systemzeit und Systemdatum, wenn Sie diese Anzeige nicht im Menü **Extras Benutzervorgaben** ausgestellt haben. Zusätzlich wird hier die aktuelle Einstellung der Tastatur angezeigt. NUM bedeutet, daß Sie NUM-Lock eingeschaltet haben (dies ist meist der Fall), CAPS, daß Sie CAPS-Lock eingeschaltet haben.

Am bequemsten steuern Sie 1-2-3/W mit einem Zeigeinstrument. Die Steuerung über die Tastatur stellt sich in vielen Fällen als umständlicher heraus.

Steuerung der 1-2-3/W-Menüs

Wenn Sie einen Menübefehl auswählen wollen, bewegen Sie den Mauszeiger auf den entsprechenden Befehl und klicken ihn mit der linken Maustaste an. Daraufhin wird sich ein Aufklappfenster öffnen, das weitere Befehle zur Auswahl anbietet.

Steuerung mit der Maus

Klicken sie zur Übung auf das Menü **Datei**. Sie sehen ein Aufklappmenü wie in Bild 2.31. Sie können nun einzelne Befehle dieses Befehlsmenüs wieder durch Anklicken mit der Maus auswählen. Brechen Sie die Befehlseingabe wieder ab, indem Sie mit der Maus an irgendeine Stelle des Arbeitsblattfensters klicken.

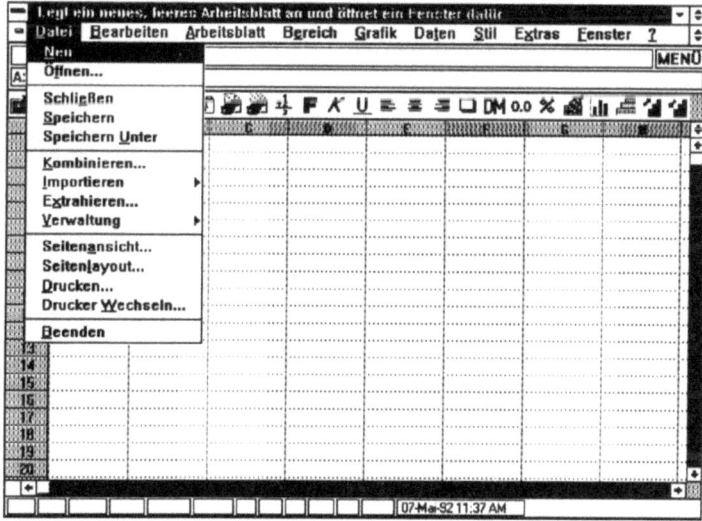

Bild 2.31: 1-2-3/W: Bildschirm mit offenem Menü Datei

50   2 Vorarbeiten und Vorkenntnisse

Die meisten Befehle müssen am Ende der Eingaben abgeschlossen werden, damit sie von 1-2-3/W ausgeführt werden. Dazu sind für die Maus in den Dialogfenstern Schaltflächen vorgesehen. Dies sind dreidimensional erscheinende «Knöpfe», die Sie mit der Maus betätigen. Zum Abschluß eines Befehls klicken Sie einfach in die Schaltfläche «Ok». Dies wird im folgenden als «Abschließen des Befehls» bezeichnet.

Sie brechen einen Befehl ohne ihn auszuführen ab, indem Sie in die Schaltfläche «Abbrechen» klicken.

Steuerung mit der Tastatur Natürlich können Sie 1-2-3/W auch mit der Tastatur Befehle erteilen. Dazu schalten Sie entweder mit Hilfe der ⒜⒧⒯-Taste oder der ⒡⒑-Taste in die Befehlseingabe um. Sie wählen hier mit den Richtungstasten das gewünschte Menü und bestätigen mit der ⒠⒤⒩⒢⒜⒝⒠-Taste oder

Abkürzungstasten verwenden Abkürzungstasten (⒜⒧⒯-Buchstabe). In 1-2-3/W Befehlsworten ist immer ein bestimmter Buchstabe unterstrichen. Sie können einen Befehl auswählen, indem Sie die ⒜⒧⒯-Taste drücken und nun diesen Buchstaben eingeben. Häufig sind die benötigten Buchstaben die Anfangsbuchstaben des jeweiligen Wortes. Manchmal ist dies jedoch wegen Überschneidungen nicht möglich.

Befehle müssen Sie bei 1-2-3/W abschließen. Sie schließen einen Befehl mit der Tastatur ab, indem Sie die ⒠⒤⒩⒢⒜⒝⒠-Taste betätigen. Wollen Sie einen Befehl abbrechen, so drücken Sie die ⒠⒮⒞-Taste mehrmals, bis Sie alle Fenster und Aufklappmenüs geschlossen haben.

Datenreise Wir wollen jetzt das Arbeiten mit der Tastatur mit einem Beispiel üben. Bei 1-2-3/W können Sie einstellen, ob Sie die letzte Befehlseingabe widerrufen können. Nach der **Installation mit Vorgaben** ist das Widerrufen nicht möglich. Dies wollen wir hier umstellen:

Vorgehensweise

1. Betätigen Sie die ⒜⒧⒯-Taste und das ⒳ für das Menü E<u>x</u>tras.

2. Wählen Sie mit ⒝ den Befehl **Benutzervorgaben** aus. Es erscheint ein Dialogfenster Extras Benutzervorgaben wie in Bild 2.32.

3. Befindet sich in den Kontrollkästchen vor der Zeile **Bearbeiten Widerrufen Einschalten** noch kein Kreuz, so ist dieser Befehl noch nicht eingeschaltet. Aktivieren Sie den Befehl mit der Eingabe eines ⒝. Das Kontrollkästchen wird dadurch angekreuzt.

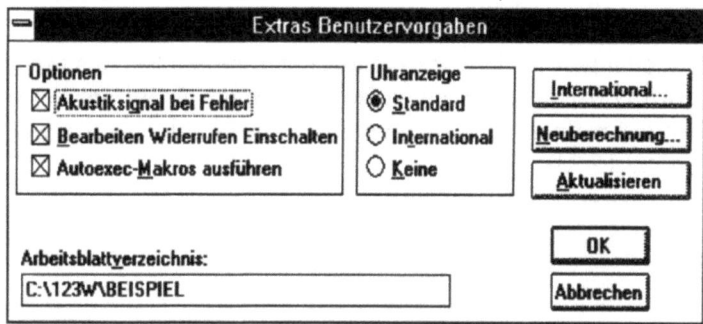

Bild 2.32: 1-2-3/W:Extras Benutzervorgaben

4. Schließen Sie das Dialogfenster, indem Sie die ⒠ᴵᴺᴳᴬᴮᴱ-Taste betätigen.

Auf einer Standard-MFII-Tastatur stehen Ihnen insgesamt 12 Funktionstasten Funktionstasten zur Verfügung. Diese Funktionstasten sind bei 1-2-3/W mehrfach mit Befehlen belegt. Durch den Tastaturschlüssel ⒜ᴸᵀ-Funktionstaste, ⒮ᵀᴿᴳ-Funktionstaste und ⒰ᵐˢᶜʰᵃˡᵗ-Funktionstaste sind alle Funktionstasten bis zu viermal belegbar. Solche Tastaturschlüssel werden auch als Abkürzungs- oder Beschleunigungstasten bezeichnet.

Es ist leicht einzusehen, daß nur der geübte 1-2-3/W-Anwender eine große Anzahl an Funktionstasten sinnvoll nutzen kann.

Wenn Sie an einer Liste aller Funktionstasten und Tastenkombinationen interessiert sind, können Sie sich am besten die entsprechenden Abschnitte der 1-2-3/W Hilfe ausdrucken oder in die Zwischenablage kopieren und bearbeiten (siehe Abschnitt 2.6).

2.5.2 Grafikfenster und -Menüs

Grafiken sind graphische Darstellungen von Zahlen, in denen jeder Zahl ein Ihrem Betrag entsprechender Teil der Grafik zugeordnet wird. Dadurch erhalten Sie leicht einen Überblick über Größenverhältnisse.

Sie gelangen in den Grafikbildschirm, indem Sie das Menü Grafik öffnen. Hier können Sie bestimmen, ob Sie eine bestehende Grafik verändern, oder eine neue Grafik erstellen wollen (Bild 2.33).

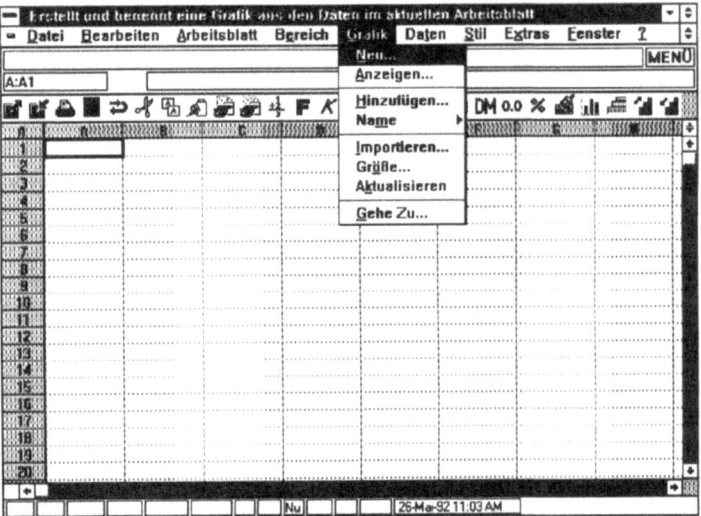

Bild 2.33: 1-2-3/W Wahl des Grafik-Fensters

Im Grafikfenster finden Sie andere Menüs und eine andere Symbolleiste als im Arbeitsblattfenster (Bild 2.34).

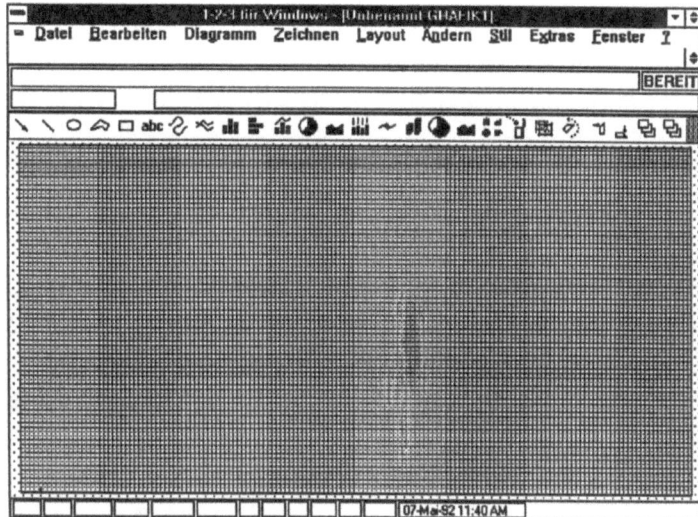

Bild 2.34: 1-2-3/W Grafik-Fenster

Einen Überblick über alle Grafik-Menüs finden Sie im Anhang. Im Kapitel 7 erstellen wir Grafiken.

2.6 Wie bekomme ich Hilfe?

1-2-3/W bietet Ihnen eine Hilfe-Funktion, mit der Sie sich sehr umfassend und gezielt helfen lassen können.

So fordern Sie von 1-2-3/W Hilfe an: Hilfe anfordern

- Mit der Maus klicken Sie das Fragezeichen in der Menüleiste an.

- Mit der Tastatur geben Sie den Befehl Hilfe, indem Sie durch (ALT)-(Umschalt)-(?) (sie halten die (ALT)- und die (Umschalt)-Taste gedrückt und geben ein (?) ein) das Fragezeichen auswählen oder die (F1)-Taste drücken.

Sie können nun aus dem Befehlsmenü auswählen, ob Sie

- im Index nach dem Hilfetext suchen wollen,
- eine Anleitung zur Benutzung der Hilfe haben möchten,

- Informationen über Tastatur-Eingaben benötigen,
- Hilfe über Formel-Funktionen benötigen,
- Informationen über Makros haben möchten,

und auch wie Sie

- bestimmte Operationen vornehmen können (Wie kann ich?),
- mit dem klassischen 1-2-3-Menü arbeiten können und
- mit welcher Version von 1-2-3/W Sie arbeiten (Bild 2.35).

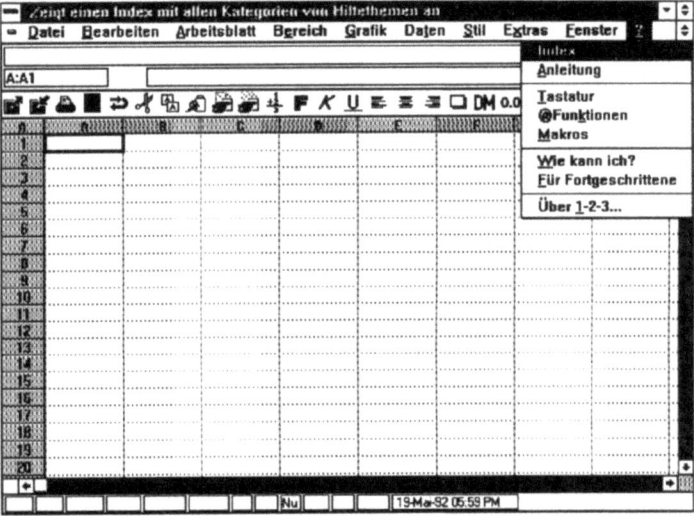

Bild 2.35: Menü ? (Hilfe)

Indexhilfe

Wir wollen Ihnen zuerst die Wirkungsweise der Indexhilfe erläutern. Bei der Indexhilfe suchen Sie sich das gewünschte Thema anhand der Gliederungsüberschriften des Index aus den Hilfetexten heraus. Eine gezieltere Suche werden Sie im nächsten Abschnitt kennenlernen. Geben Sie nun den Befehl ? und wählen Sie die Option **Index**. Sie sehen nun ein ? (Hilfe)Fenster wie in Bild 2.36.

2.6 Wie bekomme ich Hilfe?

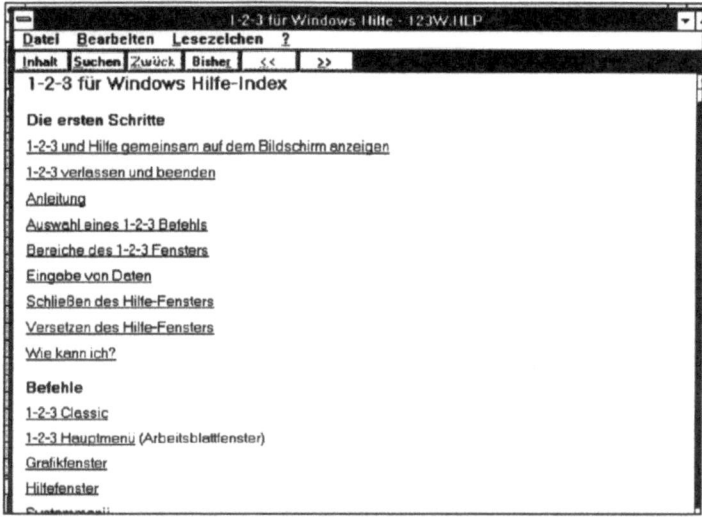

Bild 2.36: 1-2-3/W Hilfe-Index

In diesem Index ist eine Liste von Stichworten aufgeführt, hinter denen sich neue Auswahlmenüs befinden. Auf diese Weise können Sie sich genau die Informationen verschaffen, die Sie wünschen. Dieses Verfahren bietet sich immer dann an, wenn Sie ungefähr wissen, zu welchem Befehl oder welchem genauen Thema Sie Informationen erhalten wollen.

Index

Andernfalls werden Sie in dem Index sehr lange suchen müssen, bis Sie die richtige Antwort gefunden haben. Für diesen Fall bietet 1-2-3/W aber die Suchfunktion, die wir im folgenden beschreiben werden. Wenn Sie ein Stichwort im Index nicht systematisch finden und nun zu diesem Stichwort die Hilfe-Funktion befragen wollen, so bietet sich die Suche im Hilfe-Menü an. Sie wählen aus dem Hilfe-Fenster den Befehl **Suchen** aus, indem Sie mit der Maus in diese Schaltfläche klicken oder indem Sie `ALT`-`S` eingeben.

Suchen

56   2 Vorarbeiten und Vorkenntnisse

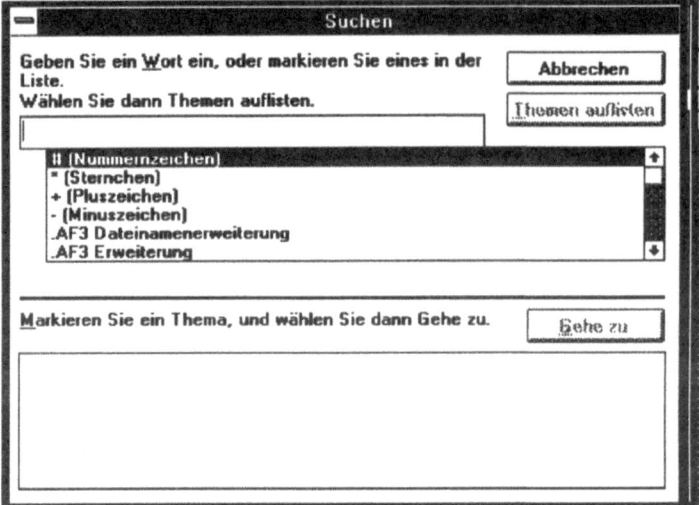

Bild 2.37: 1-2-3/w Hilfe: Dialogfeld Suchen

Sie sehen nun ein Dialogfeld wie in Bild 2.37. Dieses Dialogfeld gliedert sich in drei Teile:

- Im oberen Feld können Sie Ihr Stichwort oder auch nur seine ersten Buchstaben eingeben.
- Das darunter befindliche Feld enthält die Liste aller Stichworte von 1-2-3/W. Wenn Sie Ihr Stichwort oder seinen Anfang eingeben, erscheint gleichzeitig im darunter befindlichen Feld der entsprechende Ausschnitt der Liste. Sie können aus dieser Liste auch direkt ein Stichwort auswählen.
- Im untersten Teil wird Ihnen angezeigt, welche Unterstichworte 1-2-3/W zu dem von Ihnen eingegebenen oder ausgewählten Stichwort gefunden hat.

Geben Sie nun zum Beispiel den Suchbegriff «Fenster» ein.

Wie Sie sehen, hat 1-2-3/W zu diesem Suchbegriff mehrere Themen gefunden (Bild 2.38). Wählen Sie nun aus der Liste im unteren Teil des Fensters das Thema «Fenster teilen» aus. Sie sehen nun ein weiteres Fenster, in dem Sie die gewünschten Informationen erhalten.

2.6 Wie bekomme ich Hilfe? 57

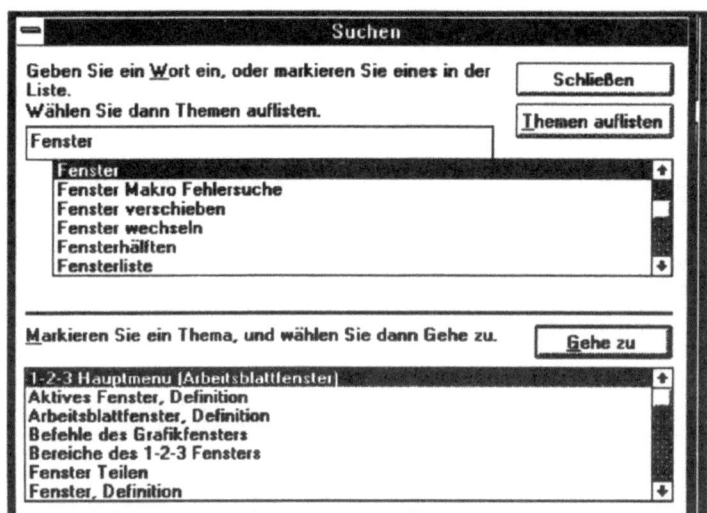

Üben!

Bild 2.38: 1-2-3/W Hilfe: Dialogfeld Suchen mit Ergebnis

Sie sollten mit diesem Suchsystem von 1-2-3/W ruhig noch ein wenig üben, damit Sie sich mit der Art und Weise der Suche und dem Aufbau der Suchbegriffe vertraut machen. Wenn Sie die Hilfe-Funktion effektiv einsetzen können, werden Sie damit oft schneller die Lösung eines bestimmten Problems finden als mit dem Handbuch, in dem Sie keine softwareunterstützte Suche haben. Da bei allen Programmen, die für Windows konzipiert worden sind, der Umgang mit der Hilfe identisch ist, wird Sie das Training mit der 1-2-3W-Hilfe auch für andere Produkte vorbereiten.

An manchen Stellen mag die Hilfe-Auskunft nicht ausführlich genug sein, oder Sie haben hier bei der Arbeit mit 1-2-3/W oder in einer Fachzeitschrift einen besonderen Trick entdeckt, den Sie nicht vergessen wollen. In diesem Fall können Sie in die Hilfe-Texte eigene Kommentare einfügen.

Einfügen von Kommentaren

1-2-3/W zeigt diese Anmerkungen nicht sofort an, sondern an der entsprechenden Stelle erschient eine kleine Büroklammer. Sie können sich Ihre Anmerkung jederzeit anzeigen lassen, indem Sie mit dem Mauszeiger in diese Büroklammer klicken.

So legen Sie eine Anmerkung an:

Vorgehensweise:

1. Wandern Sie in den Hilfetexten an die Stelle, an der Sie einen Kommentar einfügen wollen.
2. Geben Sie den Befehl Bearbeiten und den Unterbefehl **Anmerken**.
3. Tragen Sie nun den Kommentar in das Fenster **Anmerkung** ein (Bild 2.39).
4. Klicken Sie zum Abschluß in die Schaltfläche «Ok».

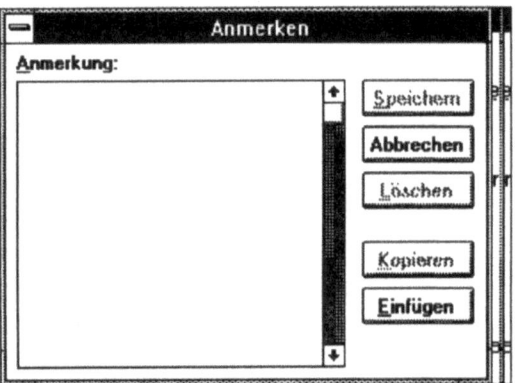

Bild 2.39: 1-2-3/W-Hilfe:Dialogfeld Anmerken

Neben der Hauptüberschrift des ausgewählten Kapitels erscheint nun eine kleine Büroklammer, die Ihnen anzeigt, daß sich hier ein Kommentar verbirgt.

Lesezeichen einrichten

Wenn Sie an einem umfangreicheren Problem arbeiten, so werden Sie wahrscheinlich häufiger an der gleichen Stelle der Hilfe-Funktion nachblättern müssen. Dazu können Sie sich diese Stellen mit einem Lesezeichen versehen. Sie brauchen dann nur noch das entsprechende Lesezeichen auszuwählen und befinden sich sofort an der gewünschten Stelle.

So richten Sie ein Lesezeichen ein:

2.6 Wie bekomme ich Hilfe?

Vorgehensweise:

1. Wählen Sie in dem 1-2-3 Hilfe Menü **Definieren** den Befehl **Lesezeichen**.
2. Geben Sie als Lesezeichen den Abschnitt Grundlagen ein (Bild 2.24).
3. Schließen Sie den Befehl ab.

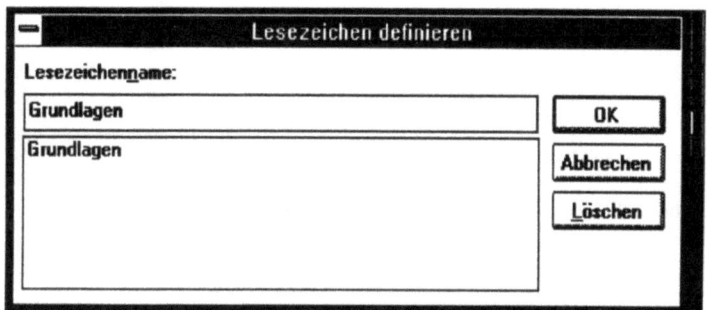

Bild 2.40: 1-2-3/W-Hilfe: Dialogfeld Lesezeichen definieren

Sie rufen ein einmal festgelegtes Lesezeichen auf, indem Sie den Befehl Lesezeichen geben und das Lesezeichen aus der unter dem Befehl Definieren angezeigten Liste auswählen. In unserem Beispiel sehen Sie ein Dialogfeld wie in Bild 2.40 mit dem Lesezeichen «Grundlagen».

Damit Sie wichtige Hilfetexte nicht immer wieder aufrufen müssen, sondern auch auf Papier vorliegen haben, können Sie sie ausdrucken. Dazu wählen Sie im 1-2-3/W Hilfe-Menü **Datei** den Befehl Erläuterung drucken. Achten Sie hierbei darauf, daß Sie Ihren Drucker vorher mit der Windows-Systemsteuerung richtig installiert haben. Wenn Sie Ihren Drucker richtig installiert haben, wird die 1-2-3/W-Hilfe nun den Inhalt des aktiven Hilfefensters ausdrucken.   Hilfe ausdrucken

Vielleicht wollen Sie Inhalte oder Teile der Hilfe selbst in einem Text verarbeiten. Wählen Sie im 1-2-3/W-Hilfe-Menü den Menüpunkt **Bearbeiten** aus und geben sie hier den Befehl Kopieren (Bild 2.41). 1-2-3 wird nun den angezeigten Hilfetext   Hilfe in die Zwischenablage kopieren

in die Windows-Zwischenablage kopieren. Sie können den Inhalt der Windows-Zwischenablage anschließend in ein Windows Textverarbeitungs- system einfügen, hier bearbeiten und dann ausdrucken.

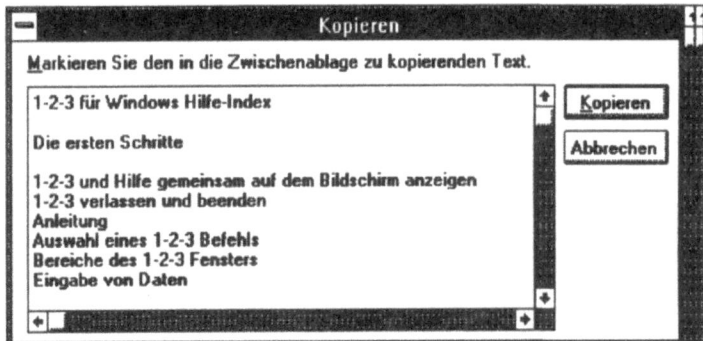

Bild 2.41: 1-2-3/W Hilfe: Dialogfeld Kopieren

2.7 Das 1-2-3 Classic Fenster

1-2-3/W Anwender, die bereits im Umgang mit einem «klassischen», zeichenorientierten 1-2-3 vertraut sind, können ein 1-2-3 Classic Fenster zu öffnen. Dort finden Sie die Ihnen vertrauten 1-2-3-Befehle.

 Es gibt auch noch 1-2-3/W-Befehle, die Sie **nur** mittels des Classic-Fensters erteilen können, wie wir Ihnen in Kapitel 12 noch zeigen werden.

Öffnen Classic Menü

Dieses Fenster können Sie öffnen, wenn 1-2-3/W sich im Bereit-Modus befindet. Sie geben einfach «/» (Schrägstrich) oder «<» ein. Daraufhin wird ein Fenster geöffnet (Bild 2.42), in dem der Befehlsvorrat des klassischen 1-2-3 Version 3.x angezeigt wird. Die normalen 1-2-3/W Menüs können nun nicht mehr angesteuert werden; ebenso steht die SmartIcon-Leiste nicht mehr zur Verfügung. Die Befehle des Classic-Fensters können Sie nur mit der Tastatur ansteuern. Das Classic-Menü steuern Sie mit den Richtungstasten oder mit den Anfangsbuchstaben der Menüpunkte und Befehle: Mit den Richtungstasten können Sie den Zeiger auf den betreffenden Befehl setzen. Den

Befehl wählen Sie durch Bestätigung mit der (EINGABE)-Taste aus. Sie können einen Befehl aber auch aktivieren, indem Sie mit der Tastatur den Anfangsbuchstaben des betreffenden Befehls eingeben.

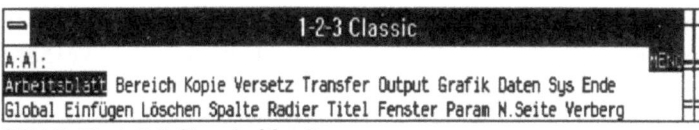

Bild 2.42: 1-2-3 Classic-Menü

Das Fenster läßt sich wie ein gewöhnliches Windows-Fenster behandeln. So kann es z.B. beliebig verschoben werden.

Wollen sie dieses Fenster wieder schließen, so müssen Sie in diesem Menü die Option Ende wählen. Hier können Sie auswählen, ob Sie 1-2-3/W völlig verlassen wollen oder in den Bereit-Modus mit der Windows-Befehlsoberfläche zurückkehren wollen.

Beenden Classic Menü

2.8 Der Umgang mit den Smart Icons

1-2-3/W stellt Ihnen im Arbeitsblattfenster und im Grafikfenster verschiedene Symbolleisten zur Verfügung. Diese Symbolleisten mit SmartIcons stellen eine sehr komfortable Hilfe im Umgang mit ständig sich wiederholenden Aufgaben dar. Sie müssen sich keine Tastenkombinationen merken oder die Aufklapp-Menüs öffnen. Sie können intuitiv bestimmte Symbole mit der linken Maustaste anklicken. Die Befehle die sich dahinter verbergen, werden unmittelbar ausgeführt.

Welcher Befehl mit welchem Symbol(Icon) verbunden ist, erfahren Sie, indem Sie den Mauszeiger auf das entsprechende Symbol bewegen und die **RECHTE** Maustaste drücken und festhalten. Der kommentierende Text wird im Systemmenüfeld angezeigt.

Wir werden in den nächsten Kapiteln zeigen, wie sie mit den Symbolen umgehen. Wie Sie die Position der SmartIcons auf

62 2 Vorarbeiten und Vorkenntnisse

dem 1-2-3/W-Bildschirm verändern können, haben Sie bereits in Abschnitt 2.25 erfahren.

Anpassung

Aber die SmartIcons bieten ihnen noch weit mehr Möglichkeiten. Sie können die Symbolleisten Ihren individuellen Bedürfnissen anpassen, indem Sie Symbole, die Sie nicht benötigen, entfernen, andere, die Sie benötigen, aber noch nicht vorhanden sind, hinzufügen.

Die Vorgehensweise hierbei ist bei den Symbolen des Arbeitsblattfensters und des Grafikfensters identisch.

Wir zeigen es hier am Beispiel des Arbeitsblattfensters.

Vorgehensweise:

1. Wählen Sie das Menü **Extras**
2. Aktivieren Sie den Befehl **Symbolpalette**
3. Betätigen sie in dem nun geöffneten Dialogfenster Extras Symbolpalette (Bild 2.43) die Schaltfläche Anpassen. Nun erscheint ein Fenster, das drei verschiedene Gruppen von Symbolen anzeigt (Bild 2.44).

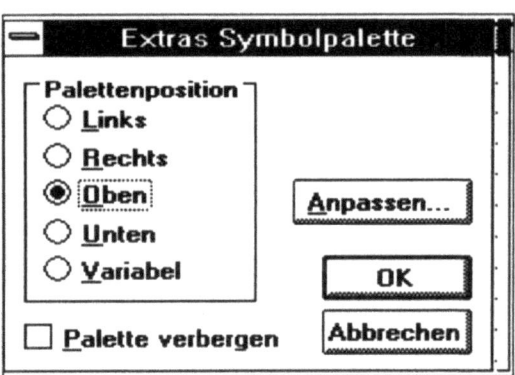

Bild 2.43: 1-2-3/W: Dialogfeld Extras Symbolpalette

1-2-3/W verwendet die folgenden drei verschiedenen Gruppen von Symbolen:

- Verfügbare Symbole

2.8 Der Umgang mit den Smart Icons

- Benutzersymbole
- Aktuelle Palette

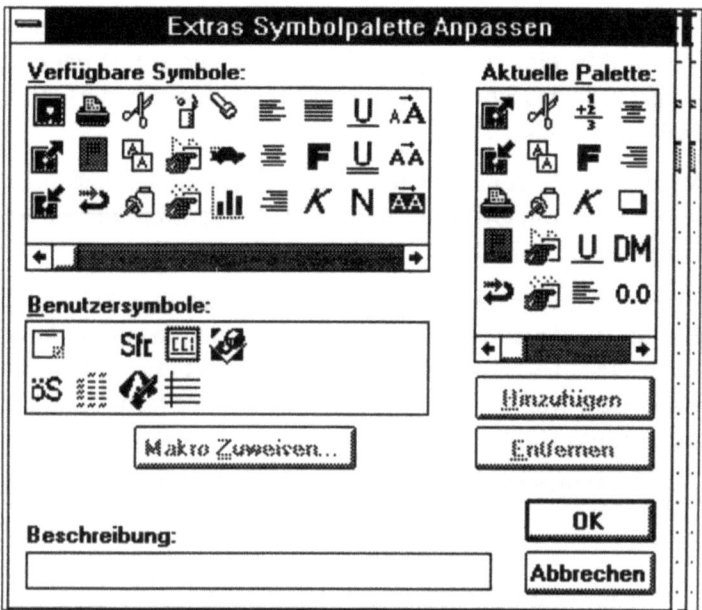

Bild 2.44: 1-2-3/W Arbeitsblattfenster Wahl der Symbole

Unter «Verfügbare Symbole» wird Ihnen die komplette Liste aller im Programm enthaltenen Symbole angezeigt. Am unteren Rand des Fensters wird eine kurze Beschreibung des sich hinter dem markierten Symbol verbergenden Befehls gegeben.

Verfügbare Symbole

Benutzersymbole sind Symbole, deren Auswirkungen Sie selber bestimmen können, indem Sie diesen Symbolen Makros zuweisen können. Wählen Sie hier die Option Makro zuweisen, wird Ihnen eine Liste aller verfügbaren Makros angezeigt (zu Makros siehe Kapitel 13).

Benutzersymbole

Verfügbare Symbole und Benutzersymbole fügen Sie der aktuellen Palette zu, indem Sie entweder mit der rechten Maustaste das entsprechende Symbol einmal anklicken. Das Symbol erhält dadurch einen blinkenden Rahmen. Wollen Sie es nun der Aktuellen Palette hinzufügen, so wählen Sie die Option hinzufügen. Der schnellere Weg ist, das entsprechende

Symbole einfügen

Symbol mit einem Doppel-Klick der linken Maustaste direkt der Aktuellen Palette zuzufügen.

Symbole aus der aktuellen Palette entfernen Sie auf die gleiche Weise. Mit einem Doppel-Klick werden sie sofort entfernt. Klicken sie das Symbol nur einmal an, können Sie die Option Entfernen wählen.

Wenn Sie alle Veränderungen hier vorgenommen haben, bestätigen Sie mit **OK** und gelangen in das Fenster **Extras Symbolpalette** (s. Abschnitt 2.5, Bilder 2.30 und 2.43).

Hier können Sie die Palettenposition wählen (s. 2. ?????). Haben sie die Anzahl der in der Aktuellen Palette vorhandenen Icons erhöht, so empfiehlt sich dort die Palettenposition «Variabel» zu wählen, da bei der absoluten Positionswahl jetzt nicht alle verfügbaren Symbole angezeigt werden.

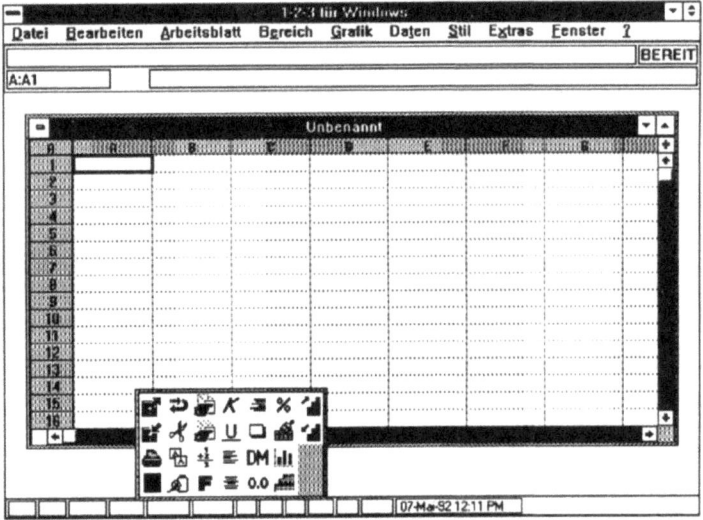

Bild 2.45: Arbeitsblattfenster mit variabler Symbolpalette

Der Umgang mit den SmartIcons ist nur mit Hilfe eines Zeigeinstrumentes möglich. Deshalb verzichten wir hier auf die Beschreibung, wie Sie mit der Tastatur eine Anpassung der Symbolpalette vornehmen können.

2.9 Beenden von 1-2-3/W

Sie beenden 1-2-3/W, indem Sie das Dateimenü **Datei** wählen. Hier wählen Sie die Option **Beenden** aus. Es ist nicht erforderlich, vor dem Beenden die bearbeiteten Dateien zu speichern, da 1-2-3/W Sie automatisch fragt, ob Sie die Änderungen speichern oder verwerfen wollen.

Sie können 1-2-3/W auch mit der Tastenkombination (ALT) (F4) beenden, die Windows-einheitlich das Beenden einer Anwendung einleitet.

1 Einleitung

2 Vorarbeiten & Vorkenntnisse

3 Die erste Aufgabe

4 Das Arbeitsblatt gestalten

5 Arbeitsblattinhalte ändern

6 Arbeiten mit Funktionen

7 Grafische Darstellung

8 Textverarbeitung

9 Dateiverwaltung

10 Ziele, Alternativen, Optima

11 Datenaustausch

12 Datalens und dBASE

13 Ablaufprogrammierung

14 Organisation und Planung

Anhang

Abschnittsübersicht

3. Die erste Aufgabe

3.1	Eine einfache zweidimensionale Tabelle
3.2	Eintragen von Text, Zahlen, Datum und Zeit
3.3	«Taufen» von Arbeitsblattbereichen
3.4	Abfragen von Namen
3.5	Eintragen von Formeln
3.6	Drucken eines 1-2-3/W-Arbeitsblattes
3.7	Speichern eines Arbeitsblattes
3.8	Mit mehreren Fenstern arbeiten
3.9	Datei schließen
3.10	Verabschieden von 1-2-3/W

3. Die erste Aufgabe

Im 3. Kapitel erstellen Sie eine einfache zweidimensionale Tabelle. Dazu tragen Sie Texte, Zahlen, Namen und Formeln in ein Arbeitsblatt ein, drucken und speichern dieses Arbeitsblatt. Danach verabschieden Sie sich von 1-2-3/W.

3.1 Eine einfache zweidimensionale Tabelle

Das erste Beispiel dieses Buches wurde sehr klein und übersichtlich gewählt, so daß Sie daran möglichst einfach die Idee und die Technik des Arbeitens mit Tabellenkalkulationsprogrammen lernen können. Etwas umfangreichere Beispiele, an denen die Leistungsfähigkeit von 1-2-3/W eher deutlich wird, finden Sie dann in den Kapiteln 6 bis 13.

Das erste Beispiel

Das Umsetzen eines Problems in eine Tabelle erfordert zum Teil ein Umdenken. Wir haben als erstes Beispiel daher eine Aufgabe gewählt, deren tabellarische Darstellung leicht nachvollziehbar sein dürfte:

Ein Reisebüro wertet seine Umsätze geordnet nach Monaten und Bereichen aus (Bild 3.1).

Das Problem

Anhand dieses einfachen Beispiels werden Sie erfahren, wie Sie mit 1-2-3/W

Texte, Zahlen, Kalenderdaten und Uhrzeiten in Ihr Arbeitsblatt eintragen (3.2),

- Namen für Arbeitsblattbereiche vergeben (3.3),
- Formeln in Ihr Arbeitsblatt eintragen (3.5),
- das fertige Formular speichern und drucken (3.6, 3.7) und
- sich in mehreren Arbeitsblattfenstern orientieren können (3.8).

3 Die erste Aufgabe

	Januar	*Februar*	*März*	*Summe*
Bahnreisen	3000	4000	5000	
Busreisen	10000	13000	12000	
Flugreisen	6000	4000	7000	
Seereisen	8000	3000	1000	
Summe				
Monatsanteil				

Umsatzauswertung
Erstellt: *Uhr*

Bild 3.1 Tabellenentwurf zur Umsatzauswertung

Arbeitsblattbereiche bezeichnen

Arbeitsblattbereiche können Sie durch Adressen oder Namen angeben.

Adressen von Zellen sind deren Arbeitsblattbuchstaben, Spaltenbuchstaben und Zeilennummern. Sie können die Adresse einer Zelle in verschiedenen Schreibweisen eingeben, z.B. die Zelle im ersten Arbeitsblatt, in der ersten Spalte, Zeile 2:

1. absolut: $A:$A$2

2. relativ: A:A2

3. gemischt: $A:$A2, $A:A$2, $A:A2, A:$A2, oder A:A$2

Wie Sie diese Adreßformen anwenden, erfahren Sie in den Kapiteln 3.5.2, 3.5.3 und 3.5.4. Ab Abschnitt 5.2 arbeiten wir mit Dateien mit mehreren Arbeitsblättern.

Anfangs werden wir hier nur ein Arbeitsblatt benutzen. Die Adresse des Arbeitsblattes muß in diesem Fall nicht angeführt werden. In unserem Beispiel kann die Adresse der Zellen auch mit $A$2 oder A2 angegeben werden.

Mit möglichst sprechenden Namen bezeichnen Sie Zellen oder Bereiche, um die Lesbarkeit von Formeln zu verbessern.

Die Zellinhalte können sein: Zellinhalte

- Texte, die aus Zeichen des Alphabets, Ziffern und Sonderzeichen bestehen,
- Zahlenwerte oder
- Verarbeitungsvorschriften (Formeln).

Auf Texte können Sie keine Rechenfunktionen, sondern nur Textverarbeitungsfunktionen anwenden. Kalenderdaten behandelt 1-2-3/W als Ganzzahlen, Uhrzeiten als Dezimalzahlen (s.4.6).

3.2 Eintragen von Text, Zahlen, Datum und Zeit

3.2.1 Texte und Werte in ein Arbeitsblatt eintragen

Sie tragen Texte in Zellen von 1-2-3/W-Arbeitsblättern ein, indem Sie mit der Maus oder mit der Tastatur jeweils eine Zelle auswählen und anschließend den Text eingeben. Ihre Eingabe erscheint dann in der Bearbeitungszeile. Sie können die Eingabe dort auch verändern oder löschen. Jede Eingabe müssen Sie abschließen.

Wir zeigen Ihnen nun, wie Sie mit der Maus oder mit der Tastatur Zellen ansteuern, Texte in Ihr Arbeitsblatt eintragen und die Eingabe abschließen.

Vorgehensweise:

1. Klicken Sie mit dem Mauszeiger in die nächste zu bearbeitende Zelle.

2. Geben Sie einen Probetext, z.B. «Test» ein. Beobachten Sie, Text eingeben
wie 1-2-3/W das Aussehen der Bearbeitungszeile verändert (Bild 3.2). Es erscheinen zwei Schaltflächen mit einem Kreuz und einem Haken. Das Kreuz wird als Schaltfläche Abbrechen oder **Stornierfeld**, der Haken als Schaltfläche Bestätigen oder- **Bestätigungsfeld** bezeichnet.

3. Bestätigen Sie Ihre Eingabe, indem Sie mit der Maus das **Bestätigungsfeld** anklicken.

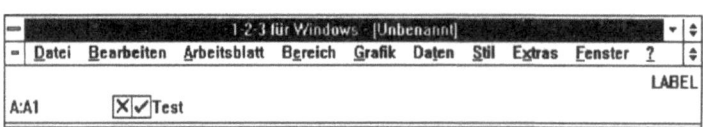

Bild 3.2 Bearbeitungszeile bei der Eingabe von Text

Vorgehensweise:

1. Markieren Sie mit den Richtungstasten die Zelle, in die Sie den Text eintragen wollen.

Text eingeben

2. Geben Sie nun mit der Tastatur den gewünschten Text ein. Beobachten Sie, wie 1-2-3/W dabei das Aussehen der Bearbeitungszeile verändert (Bild 3.2).

3. Bestätigen Sie Ihre Eingabe, indem Sie die -Taste betätigen.

Sobald Sie Ihre Eingabe abgeschlossen haben, erscheint in der ausgewählten Zelle der Text «Test» und die Schaltflächen in der Bearbeitungszeile verschwinden (s. Bild 3.3). In der Bearbeitungszeile sehen Sie noch den eingegebenen Text mit einem einfachen Anführungsstrich als Kennzeichen für Texteingabe, solange Sie keine andere Zelle ansteuern.

Wir möchten mit Ihnen nun eine Beispieltabelle wie in Bild 3.1 erstellen. An dieser Beispieltabelle werden Sie in den nächsten Kapiteln die wichtigsten Funktionen von 1-2-3/W kennenlernen.

Als erstes tragen Sie in das Arbeitsblatt die Texte ein, die zur übersichtlichen Dokumentation beitragen, und die Zahlenwerte, die Sie mit 1-2-3/W auswerten wollen.

Das Arbeitsblatt füllen...

Sie können bei 1-2-3/W zum Eintragen von Zellinhalten einfach losschreiben sobald Sie mit dem Zellzeiger auf die richtige Zelle gezeigt haben.

3.2 Eintragen von Text, Zahlen, Datum und Zeit

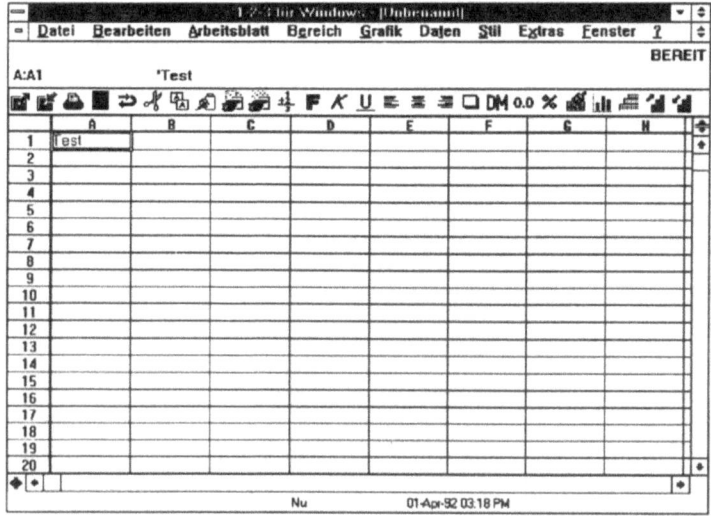

Bild 3.3 Bildschirm nach der Eingabe von Text

1-2-3/W unterscheidet hierbei, ob Sie Texte, Werte, Uhrzeiten, Kalenderdaten oder Formeln eingeben.

Zahlen, Kalenderdaten und Uhrzeiten unterscheiden sich bei 1-2-3/W intern nur durch die Formatierung (s. Abschnitt 4.6).

Die Eingabe wird als Text (Lotus-Begriff: Label) aufgefaßt, wenn Sie mit einem Buchstaben oder einem Sonderzeichen beginnen. In der Modusanzeige (das ist das rechte Feld in der Formatzeile (s. auch Abschnitt 2.5)) erscheint die Meldung LABEL. Text wird bei 1-2-3/W als Voreinstellung linksbündig in der Zelle ausgerichtet. Zahlenwerte richtet 1-2-3/W standardmäßig rechtsbündig aus. Geben Sie eine Zahl ein, so erscheint in der Modusanzeige WERT.

In den Abschnitten 4.2 und 4.4 lesen Sie, wie Sie die Ausrichtung der Zellinhalte selbst verändern können.

Als Kalenderdaten erkennt 1-2-3/W Zahlen, die Sie durch Punkte getrennt eingeben, als Uhrzeiten Zahlen, die durch Doppelpunkte getrennt sind. 1-2-3/W wandelt zur internen Speicherung Kalenderdaten in Ganzzahlen zwischen 1 und 73050 um, die die Tage ab 1.1.1900 bis maximal 31.12.2099 widerspiegeln. Uhrzeiten werden von 1-2-3/W in Dezimalzahlen im Bereich von 0,0...0,9999884 umgerechnet. Dabei entspricht 0,0 00:00:00 Uhr und 0,9999884 23:59:59 Uhr (s. 10.1).

74   3 Die erste Aufgabe

Wie sie diese Werte als Uhrzeit oder Datum formatieren können, lernen Sie in Abschnitt 4.6. Kalenderdaten und Uhrzeiten werden wie Zahlenwerte rechtsbündig ausgerichtet.
Im Abschnitt 10.1 finden Sie ein Beispiel zum Rechnen mit Kalenderdaten.

Datenreise

Sie werden nun das Grundgerüst Ihres Arbeitsblattes erstellen, indem Sie zuerst die Spalten- und Zeilenüberschriften eintragen.

Vorgehensweise:

1. Bewegen Sie den Zellzeiger mit der Maus zu der Zelle, in die Sie einen Text eintragen wollen. Klicken Sie diese Zelle mit der linken Maustaste an (hier die Zelle Spalte A, Zeile 1).

   Im weiteren Verlauf des Buches wird dieser Arbeitsschritt «Zeigen Sie mit der Maus auf...» oder «Markieren Sie die Zelle ...» genannt. Sie sehen in der Bearbeitungszeile, in welcher Zeile und Spalte sich der Zellzeiger gerade befindet (vgl. Bild 3.2).

2. Geben Sie nun den gewünschten Zellinhalt ein (hier die Überschrift «Umsatzauswertung»).

3. Schließen Sie Ihre Eingaben ab, indem Sie in der Bearbeitungszeile das Bestätigungsfeld anklicken.

Vorgehensweise:

1. Markieren Sie mit den Richtungstasten die Zelle, in die Sie den ersten Text eintragen wollen (hier die Zelle Spalte A, Zeile 1). Sie sehen in der Bearbeitungszeile, in welcher Spalte und Zeile sich der Zellzeiger gerade befindet.

2. Geben Sie nun den gewünschten Zellinhalt ein (hier die Überschrift «Umsatzauswertung»).

3. Schließen Sie den Befehl ab, indem Sie die (EINGABE)-Taste betätigen oder mit den Richtungstasten die nächste zu füllende Zelle markieren.

3.2 Eintragen von Text, Zahlen, Datum und Zeit

Sie erhalten dann einen Bildschirm wie Bild 3.4. Beachten Sie dabei, daß 1-2-3/W den Text linksbündig ausrichtet.

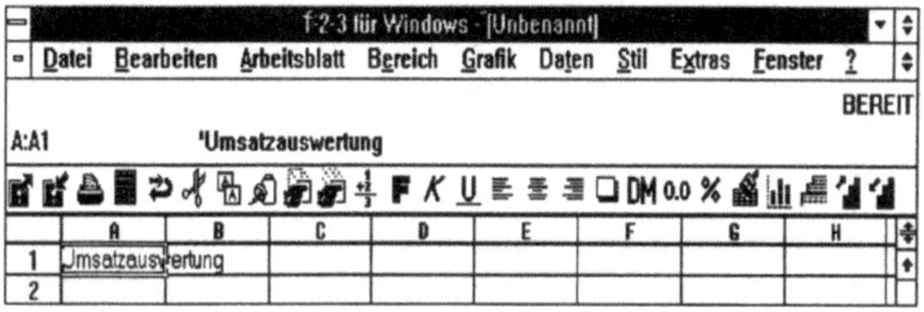

Bild 3.4 Bildschirm nach der Eingabe der Überschrift

Tragen Sie auf die gleiche Weise das Datum, die Zeit, die übrigen Texte und die Zahlenwerte in das Arbeitsblatt ein.

Seien Sie bitte nicht überrascht, daß 1-2-3/W Ihre Datums- und Zeitangaben als Ganz- und Dezimalzahlen anzeigt. Wie wir schon ankündigten, werden wir Ihnen im Abschnitt 4.6 zeigen, wie Sie dafür die Ihnen vertraute Formatierung wählen können.

Sie haben nun das Grundgerüst Ihrer Umsatzauswertung fertiggestellt.

	A	B	C	D	E
1	Umsatzauswertung				
2	Erstellt:	33708		0,4375	Uhr
3		Januar	Februar	März	Summe
4	Bahnreisen	3000	4000	5000	
5	Busreisen	10000	13000	12000	
6	Flugreisen	6000	4000	7000	
7	Seereisen	8000	3000	1000	
8	Summe				
9	Monatsanteil				

Bild 3.5 Tabelle zur Umsatzauswertung

3.2.2 Bearbeiten von Zellinhalten

Beim Eintragen von Zellinhalten kommen zwangsläufig Eingabefehler vor. Sie können bei 1-2-3/W diese Tippfehler bei der Eingabe beseitigen, wie Sie es von Textverarbeitungssystemen gewohnt sind. Benutzen Sie dazu die normalen Funktionstasten (Tabelle 3.1).

Häufig merkt man erst später, daß sich ein Fehler eingeschlichen hat. Markieren Sie dann zuerst die zu ändernde Zelle. Klicken Sie anschließend die Bearbeitungszeile an und korrigieren Sie den Zellinhalt. Schließen Sie diese Änderung ab, indem Sie mit der Maus das **Bestätigungsfeld** anklicken oder die (EINGABE)-Taste drücken.

Im folgenden werden Sie sehen, wie Sie Namen für einzelne Zellen oder für Arbeitsblattbereiche vergeben, um später *lesbare* Formeln erstellen zu können.

Editiertasten

Aufgabe	Taste	Erklärungen
Richtungstaste links	(←)	bewegt Schreibmarke nach links
Richtungstaste rechts	(→)	bewegt Schreibmarke nach rechts
Rücktaste	(←)	löscht das Zeichen, das links von der Schreibmarke steht und bewegt die Schreibmarke um eine Stelle nach links
Zeichen löschen	(ENTF)	löscht das Zeichen, auf dem die Schreibmarke gerade steht.

Tabelle 3.1 Tasten zum Ändern von Feldinhalten

3.3 «Taufen» von Arbeitsblattbereichen

Vorbemerkung

Einzelne Zellen oder Bereiche von Arbeitsblättern können Sie bei 1-2-3/W mit frei wählbaren Namen versehen. Mit Zellnamen bezeichnen wir Namen für einzelne Zellen, mit Bereichsnamen die Namen für zusammenhängende *rechteckige* Zellbereiche. Sie können diese Namen dann in Formeln verwenden.

1-2-3/W kann Bereichsnamen nur in @Funktionen verwenden, Zellnamen auch in einfachen Ausdrücken.

Sie sehen die Namen nur auf dem Bildschirm, wenn Sie sie abfragen oder von 1-2-3/W in leere Arbeitsblattbereiche eintragen lassen.

Die Zuordnung von Namen zu Bereichen erhöht die Lesbarkeit von Formeln. Vor dem Arbeiten mit Formeln werden Sie daher lernen, wie man Arbeitsblattbereiche «tauft», deren Namen abfragt und ausdruckt.

Namen für Zellen und Bereiche dürfen bei 1-2-3/W höchstens 15 Stellen lang sein. Namen müssen immer mit einem Buchstaben beginnen, auf den weiteren Stellen dürfen darauf Buchstaben, Ziffern, Punkte und Unterstreichungsstriche folgen. **Namensregeln**

Sie brauchen dabei Groß- und Kleinschreibung nicht zu beachten. 1-2-3/W wandelt alle Eingaben in Großbuchstaben um.

Sie sollten selbsterklärende Namen verwenden, die den Zeilen- und Spaltenüberschriften ähnlich sind. Solche sprechenden Namen können Sie später besser wiedererkennen als Namen wie X, Y, oder Z.

Wir werden Ihnen hier zunächst zeigen, wie Sie ganzen Bereichen beliebige Namen geben können und dann, wie Sie einzelnen Zellen die Namen benachbarter Zellen zuweisen können.

Einen Teil dieser Namen vergeben wir auf Vorrat, um sie dann später im Abschnitt 6 in Funktionen zu benutzen.

3.3.1 Beliebige Namen vergeben

Namen vergeben Dieses Verfahren können Sie immer anwenden. Sie können die Zeilen- oder Spaltenüberschrift als Namen vergeben, wenn sie noch nicht anderweitig vergeben sind.

Sie können mit diesem Verfahren aber auch Namen verwenden, die nicht im Arbeitsblatt als Text (Label) auftauchen.

Sie werden dazu Bereiche, die mit dem gewünschten Namen versehen werden sollen, markieren und im Menü Bereich den Befehl **Name** und den zusätzlichen Befehl **Erstellen** wie in Bild 3.7 verwenden.

Datenreise Wir wollen die Überschriften der Umsatzauswertung als Bereichsnamen vergeben. Die Spaltenüberschriften werden wir etwas verändern. Die Spalte mit den Werten für den Monat Januar soll jetzt «reisenjanuar» heißen.

Vorgehensweise:

1. Markieren Sie den Arbeitsblattbereich, für den Sie den Namen vergeben wollen, z.B. B4..B7 (Bild 3.6).

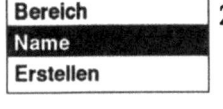

2. Wählen Sie das Menü **Bereich**, den Befehl **Name** und aus dem Aufklappmenü **Erstellen** (Bild 3.7). Jetzt zeigt 1-2-3/W ein Fenster **Bereich Name Erstellen** (Bild 3.8), in dem der Bereich schon entsprechend Ihrer Markierung voreingestellt ist.

3. Sie brauchen jetzt nur noch in das obere Dialogfeld **Bereichsname:** den gewünschten Namen (in unserem Beispiel «reisenjanuar») einzugeben.

4. Schließen Sie den Befehl ab, indem Sie mit der Maus die Schaltfläche **OK** anklicken oder die (EINGABE)-Taste betätigen.

3.3 «Taufen» von Arbeitsblattbereichen

Wiederholen Sie diesen Vorgang für die Spalten «reisenfebruar» und «reisenmärz». Vergeben Sie zusätzlich an die Zelle E8 den Namen «Gesamt1Q».

Im 6. Kapitel werden Sie diese Namen in Funktionen benutzen.

	A	B	C	D	E
1	Umsatzauswertung				
2	Erstellt:	33708		0,4375	Uhr
3		Januar	Februar	März	Summe
4	Bahnreisen	3000	4000	5000	
5	Busreisen	10000	13000	12000	
6	Flugreisen	6000	4000	7000	
7	Seereisen	8000	3000	1000	
8	Summe				
9	Monatsanteil				

Bild 3.6 Markieren von Tabellenbereichen

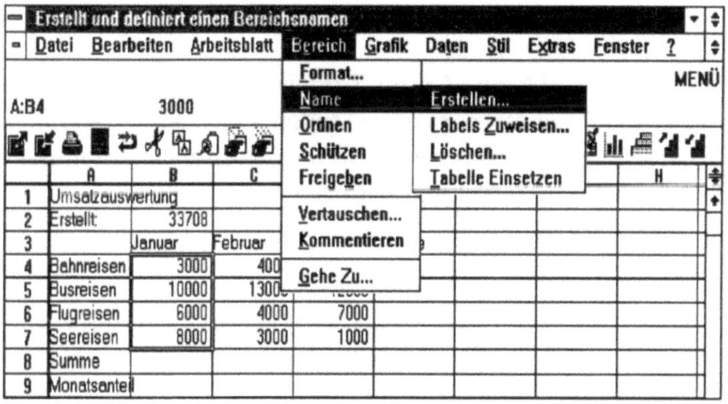

Bild 3.7 Tabelle mit dem Menü Bereich und dem Untermenü Name

3.3.2 Namen von Überschriften übernehmen

Texte (Labels), die bereits in Arbeitsblättern stehen, können Sie arbeitssparend als Namen für Zellen oder Bereiche verwenden.

Wir zeigen Ihnen hier,

- wie Sie angrenzende Zellen bequem mit dem Befehl **Name Labels Zuweisen** taufen und
- wie Sie durch geschicktes Arbeiten mit der Zwischenablage beliebige Arbeitsblattbereiche taufen.

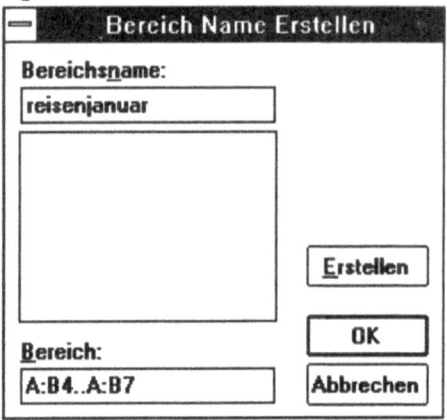

Bild 3.8 Dialogfeld Bereich Name Erstellen

Namen für angrenzende Zellen übernehmen

Mit dem Befehl **Name Labels Zuweisen** im Menü **Bereich** ist es möglich, mehreren *einzelnen* Zellen gleichzeitig den Inhalt benachbarter Zellen als Zellnamen zuzuweisen. Dafür müssen folgende Voraussetzungen erfüllt sein:

- die zu benennenden Zellen bilden einen geschlossenen Bereich in einer Zeile oder Spalte,
- der Bereich mit den Namen ist genauso groß und grenzt direkt an die zu benennenden Zellen.

Datenreise

Wir wollen hier die Monatsnamen den darunterliegenden Zellen als Zellnamen zuweisen.

Vorgehensweise:

1. Markieren Sie die Zeile oder Spalte, die die Namen enthält (in unserem Beispiel B3..D3).

3.3 «Taufen» von Arbeitsblattbereichen

2. Wählen Sie das Menü **Bereich**, dann den Befehl **Name** und den zusätzlichen Befehl **Labels Zuweisen**. Sie sehen einen Bildschirm wie Bild 3.9.

3. Sie werden gefragt, ob die Zellen, denen Sie einen Zellnamen zuweisen wollen, links, rechts, oben oder unten vom markierten Bereich liegen. Wählen Sie unten und klicken Sie auf die Schaltfläche **OK** oder drücken Sie auf die Taste (EINGABE).

Schwupp, und schon sind die Zellen B4..D4 auf die Namen «Januar», «Februar» und «März» getauft (s. Bild 3.12).

Bild 3.9 Wahl der Zellen

Jetzt wird es tricksig. Wir wollen einen Text in die Zwischenablage kopieren und dann beim Befehl **Bereich Name Erstellen** in das Eingabefeld Bereichsname kopieren. Bitte vollziehen Sie die folgenden Schritte nach:

Namen für beliebige Bereiche übernehmen

Vorgehensweise

1. Zeigen Sie mit dem Zellzeiger auf die Zelle, deren Textinhalt Sie als Namen übernehmen wollen (hier A4: «Bahnreisen»).

2. Kopieren Sie mit **Bearbeiten Kopieren** oder der Abkürzungstaste (STRG)+(Einfg) den Textinhalt in die Zwischenablage.

3. Markieren Sie den *Bereich* des Arbeitsblattes, den Sie taufen wollen (B4..D4).
4. Wählen Sie den Befehl **Bereich Name Erstellen**.
5. Fügen Sie mit der Abkürzungstaste (Umschalt)+(Einfg) den Inhalt der Zwischenablage (s. Schritt 2) in das Feld **Bereichsname** im Dialogfeld **Bereich Name Erstellen** (siehe Bild 3.8) ein.
6. Schließen Sie die Befehlsfolge mit der Schaltfläche OK oder der (EINGABE)-Taste ab.

Wiederholen Sie diese Arbeitsschritte für die Bereiche «Busreisen» (B5..D5), «Flugreisen» (B6..D6) und «Seereisen» (B7..D7) des Arbeitsblattes..

3.4 Abfragen von Namen

Namen ansehen   Wollen Sie wissen, welche Zellen mit Namen versehen sind, können Sie bei 1-2-3/W alle Namen abfragen.

Wir zeigen Ihnen hier, wie Sie

- Namen abfragen und
- in das Arbeitsblatt kopieren.

In Abschnitt 5.6 erfahren Sie, wie man Namen löscht und in Abschnitt 5.7 wie man Namen ändert.

Namen abfragen   Um Namen abzufragen, wählen Sie Bereich Name Erstellen. In einem Listfeld sehen Sie dann alle Namen. Wählen Sie einen Namen mit der Maus oder mit den Richtungstasten aus, um seinen Bereich zu sehen.

Wenn Sie nicht nur die Namen aufgelistet haben möchten, sondern auch die Zellbezüge aller Namen sehen wollen, so können Sie eine Liste mit allen Namen und den dazugehörigen Zellbezügen in Ihr Arbeitsblatt einfügen.

Sie können anschließend diesen Bereich des Arbeitsblattes ausdrucken und erhalten so die Liste der vergebenen Namen auch auf einem Ausdruck.

3.4 Abfragen von Namen

So kopieren Sie die Namensliste in das Arbeitsblatt:

Vorgehensweise:

1. Zeigen Sie mit dem Zellzeiger auf eine Zelle in einem freien Arbeitsblattbereich, ab der Sie die Namensliste in das Arbeitsblatt kopieren wollen (hier z.B. A11).
2. Wählen Sie das Menü **Bereich** und geben Sie den Befehl **Name**. Rechts vom Menü **Bereich** erscheint ein weiteres Menü auf dem Bildschirm (s. Bild 3.10).
3. Wählen Sie den Unterbefehl **Tabelle Einsetzen**. In dem Dialogfeld **Bereich Name Tabelle Einsetzen** (Bild 3.11), das Sie jetzt sehen, ist die von Ihnen markierte Zelle voreingestellt.
4. Klicken Sie auf die Schaltfläche **OK**.

Vorgehensweise:

1. Zeigen Sie mit dem Zellzeiger auf eine Zelle in einem freien Arbeitsblattbereich, ab der Sie die Namensliste in das Arbeitsblatt einfügen wollen (hier z.B. A11).
2. Wählen Sie das Menü **B̲ereich** (Tasten ALT+E) und geben Sie 1-2-3/W den Befehl **N̲ame** (Taste N). Sie sehen einen Bildschirm wie in Bild 3.10.
3. Wählen Sie den Unterbefehl **T̲abelle Einsetzen** durch Drücken der Taste T.
4. Bestätigen Sie im Dialogfeld **Bereich Name Tabelle Einsetzen** die voreingestellte Zieladresse durch Drücken der EINGABE-Taste.

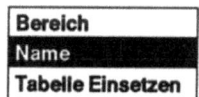

84 3 Die erste Aufgabe

Bild 3.10 Befehlsfolge zum Einsetzen einer Namenstabelle

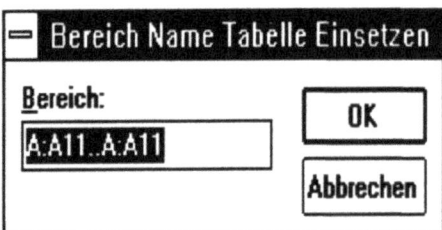

Bild 3.11 Adresse für die Namensliste

Beobachten Sie, wie 1-2-3/W nun ab der markierten Zelle in die erste Spalte alle Namen und in die zweite Spalte jeweils den dazugehörigen Bereich einträgt (Bild 3.12).

 Sie können diese Liste ausdrucken, indem Sie diesen Bereich als Druckbereich wählen und den Befehl zum Drucken erteilen. Dies wird Ihnen in Kapitel 4.9 erläutert. Sie werden dann auch Ihre Namensliste ausdrucken.

 Im Abschnitt 5.6 lernen Sie Namen zu löschen und im Abschnitt 5.7 Namen zu ändern.

	A	B	C	D	E
1	Umsatzauswertung				
2	Erstellt:	33708		0,4375	Uhr
3		Januar	Februar	März	Summe
4	Bahnreisen	3000	4000	5000	
5	Busreisen	10000	13000	12000	
6	Flugreisen	6000	4000	7000	
7	Seereisen	8000	3000	1000	
8	Summe				
9	Monatsanteil				
10					
11	BAHNREIS	B4..D4			
12	BUSREISE	B5..D5			
13	FEBRUAR	C4..C7			
14	FLUGREISE	B6..D6			
15	GESAMT1	E8..E8			
16	JANUAR	B4..B4			
17	MARZ	D4..D4			
18	REISENFE	C4..C7			
19	REISENJA	B4..B7			
20	REISENMA	D4..D7			

Bild 3.12 Bildschirm nach dem Einfügen der Namensliste

3.5 Eintragen von Formeln

Vorbemerkungen

Mit Formeln (Verarbeitungsvorschriften) können Sie bei 1-2-3/W Zahlenwerte, Uhrzeiten, Kalenderdaten und Texte verarbeiten. 1-2-3/W verwendet dabei die Werte, die Sie über Zell- namen, in Formeln auch über Bereichsnamen, oder absolute, relative oder gemischte Zelladressen kennzeichnen. *Was sind Formeln?*

Eine Formel tragen Sie in die Zelle ein, in die 1-2-3/W das Ergebnis der Berechnung ausgeben soll.

1-2-3/W benutzt in Formeln die folgenden Rechenzeichen, die Sie auch vom manuellen Rechnen kennen: *Rechenzeichen in Formeln*

- \+ Addieren
- \- Subtrahieren
- * Multiplizieren
- / Dividieren

86 3 Die erste Aufgabe

^   Potenzieren
%   mit 100 multiplizieren

Wenn Sie 1-2-3/W erklären wollen, wie es rechnen soll, können Sie die Zellen mit

- Zellnamen (Abschnitt 3.5.1),
- Bereichsnamen (Abschnitt 6.1),
- relativen Adressen (z.B. A1) (Abschnitt 3.5.2),
- absoluten Adressen (z.B. $C$4) (Abschnitt 3.5.3) oder mit
- gemischten Adressen (z.B. $B2) (Abschnitt 3.5.4)

bezeichnen.

In den folgenden Abschnitten werden Sie mit Hilfe von Formeln Bereichssummen, Monatssummen und Gesamtsummen bilden. Wir wählen in diesem Abschnitt bewußt den etwas umständlichen Weg mit Rechenzeichen, statt mit @Funktionen, damit Sie die Unterschiede zwischen Zell- und Bereichsnamen gut erkennen können.

 Im Abschnitt 3.5.2 werden Sie lernen, das Icon **Summe** der Symbolleiste zu benutzen und im 6. Kapitel werden Sie die Funktion @SUMME verwenden.

3.5.1 Formeln mit Zellnamen

Datenreise

Wir wollen nun für den Bereich «Bahnreisen» den Umsatz für das erste Quartal berechnen. Dazu verwenden wir eine Formel mit Bereichsnamen.

Sie müssen jetzt die Formel in die gewünschte Zelle eintragen.

Vorgehensweise:

1. Zeigen Sie auf die Zelle, die das Rechenergebnis aufnehmen soll, hier die Zelle E4.

Eine Formel eingeben

2. Geben Sie ein Pluszeichen ein, um die Eingabe als Formel zu kennzeichnen.

3. Tragen Sie nun die folgende Formel ein: JANUAR + FEBRUAR + MÄRZ.
4. Schließen Sie den Befehl ab, indem Sie das **Bestätigungsfeld** anklicken oder die (EINGABE)-Taste betätigen.

Beobachten Sie, wie 1-2-3/W in das Zelle E4 sofort nach Abschluß des Befehls das Ergebnis einträgt (Bild 3.13). In der Bearbeitungszeile wird weiterhin die Formel angezeigt.

1-2-3/W kann anders als Multiplan oder EXCEL *Bereichsnamen* nur in Funktionen, nicht aber in einfachen Ausdrücken verwenden.

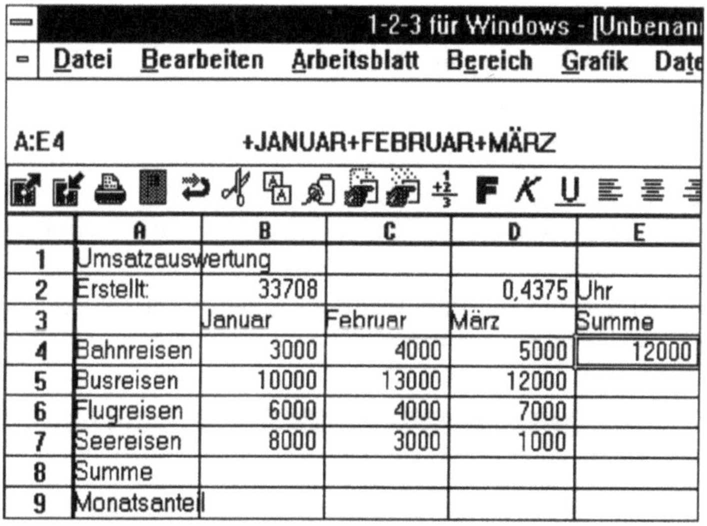

Bild 3.13 Eingabe der Formel für die Quartalssumme Bahnreisen

3.5.2 Formeln mit relativen Zelladressen

Sie können in Formeln statt der Variablennamen (Abschnitt 3.5.1) absolute (Abschnitt 3.5.3), relative oder gemischte (Abschnitt 3.5.4) Zelladressen verwenden. In 1-2-3/W sind die Adressen standardmäßig relativ. Zur Eingabe der relativen

Relative Zelladressen

88 3 Die erste Aufgabe

Zelladresse zeigen Sie am einfachsten mit dem Zellzeiger auf die gewünschte Bezugszelle. 1-2-3/W registriert nun, wie viele Zeilen höher oder tiefer oder wieviel Spalten weiter links oder weiter rechts die in den Formeln verwendeten Variablenwerte stehen.

So erstellte Formeln lassen sich zur Arbeitsvereinfachung kopieren.

Datenreise

Wir wollen hier die Quartalssumme für «Bahnreisen» über eine Formel mit relativen Zelladressen ermitteln.

Vorgehensweise

1. Zeigen Sie auf die Zelle, die das Rechenergebnis aufnehmen soll, hier Spalte E Zeile 4.

mit + addieren

2. Geben Sie ein Pluszeichen ein, um die Eingabe einer Formel anzukündigen.

3. Zeigen Sie nun jeweils auf die erste Zelle, die addiert werden soll, hier auf B4, und geben Sie danach ein Pluszeichen ein.

4. Tragen Sie auf diese Weise die gesamte Formel ein, und schließen Sie den Befehl ab.

	A	B	C	D	E
1	Umsatzauswertung				
2	Erstellt:	33708		0,4375	Uhr
3		Januar	Februar	März	Summe
4	Bahnreisen	3000	4000	5000	
5	Busreisen	10000	13000	12000	
6	Flugreisen	6000	4000	7000	
7	Seereisen	8000	3000	1000	
8	Summe				
9	Monatsanteil				

A:E4   +A:B4..A:B4+A:C4..A:C4+A:D4..A:D4

Bild 3.14 Eingabe einer relativen Formel mit Maus

3.5 Eintragen von Formeln

Sie haben nun die folgende Formel eingetragen (Bild 3.14):

+A:B4..A:B4+A:C4..A:C4+A:D4..A:D4.

Lassen Sie sich von dieser Schreibweise nicht verwirren. 1-2-3/W betrachtet bei diesem Verfahren jede einzelne Zelle als Bereich und fügt die komplette Bereichsadresse in die Formel ein. Wenn Sie die Formel über Tastatur eingeben, können Sie auch schreiben: +B4+C4+D4. Das Ergebnis ist das gleiche.

Wenn Sie nicht alle Formeln einzeln eingeben wollen, so können Sie sie auch kopieren. Sie können problemlos alle Formeln kopieren, die die gleichen Bezüge aufweisen.

Formeln kopieren

In unserem Beispiel Umsatztabelle müssen Sie somit nur zwei Formeln eingeben, nämlich für die Quartalssumme in die Zelle E4 die Formel +B4+C4+D4 und für die Bereichssumme in die Zelle B8 die Formel +B4+B5+B6+B7. In die Zellen E5..E7 bzw. C8..D8 wollen wir anschließend diese Formeln kopieren.

Datenreise

Geben Sie die Formeln in die entsprechenden Zellen ein. Füllen Sie nun die Nachbarzellen mit den gleichen Formeln aus:

Vorgehensweise:

1. Markieren Sie die Zelle, aus der Sie die Formel übernehmen wollen (hier E4).

2. Wählen Sie aus dem Menü **Bearbeiten** den Befehl **Kopieren** oder tasten Sie die Abkürzungstasten (STRG)+(Einfg). Damit wird die Formel in die Zwischenablage kopiert.

   | Bearbeiten |
   | Kopieren |

3. Markieren Sie den Bereich, in den Sie die Formel kopieren wollen (E5..E7).

4. Wählen Sie im Menü Bearbeiten den Befehl **Einfügen** oder tasten Sie (Umschalt)+(Einfg). Der Inhalt der Zwischenablage wird in die markierten Zellen eingefügt.

   | Bearbeiten |
   | Einfügen |

90 3 Die erste Aufgabe

Bearbeiten	Arbeitsblatt	Bereich	Grafi
Ausschneiden		Umsch+Entf	
Kopieren		Strg+Einfg	
Einfügen		Umsch+Einfg	
Inhalte Löschen		Entf	
Selektiv Löschen...			
Verknüpfung Optionen...			
Suchen...			
Zellen Versetzen...			
Schnellkopie...			

Bild 3.15 Menü Bearbeiten

	A	B	C	D	E
1	Umsatzauswertung				
2	Erstellt:	33708		0,4375	Uhr
3		Januar	Februar	März	Summe
4	Bahnreisen	3000	4000	5000	12000
5	Busreisen	10000	13000	12000	35000
6	Flugreisen	6000	4000	7000	17000
7	Seereisen	8000	3000	1000	12000
8	Summe				
9	Monatsanteil				

Bild 3.16 Umsatztabelle mit Summen

Eine weitere Möglichkeit, Zellinhalte zu kopieren, bietet die Symbolleiste (SmartIcons), die sich hier direkt über dem Arbeitsblattfenster befindet (s. 2.5 und 2.8).

Vorgehensweise

1. Markieren Sie auch hier die Zelle, von der Sie die Formel übernehmen wollen (B8).

2. Klicken Sie mit der Maus auf das Symbol Kopieren. Der Inhalt des markierten Bereiches wird in die Zwischenablage kopiert.
3. Markieren Sie den Bereich, in den Sie die Formel kopieren wollen (C8..D8).
4. Klicken Sie mit der Maus auf das Symbol Einfügen.

Eine weitere Möglichkeit, Zellinhalte zu kopieren, bietet der Befehl **Schnellkopie** im Menü **Bearbeiten**. Auf seine Wirkungsweise werden wir im Kapitel 5.1 eingehen.

Die Zelle E8 ist noch freigeblieben. Sie hätten natürlich die Formel aus der Zelle B8 auch in die Zelle E8 kopieren können.

Diese Zelle wollen wir mit Hilfe des Summen-Symbols in der Symbolleiste füllen. Datenreise

Vorgehensweise

1. Zeigen Sie auf die Zelle, in der das Ergebnis stehen soll (hier E8).
2. Klicken Sie mit der Maus auf das Symbol Summe. 1-2-3/W addiert jetzt alle Zellen dieser Spalte, die Werte enthalten und über der markierten Zelle liegen.

Sie sehen nun ein Arbeitsblatt wie in Bild 3.17 mit allen Monats- und Bereichssummen.

Doch zurück zu unserem Arbeitsblatt. Wir haben Formeln kopiert, in den Ergebniszellen stehen aber korrekterweise verschiedene Ergebnisse. Was ist mit den Formeln beim Kopieren geschehen? 1-2-3/W kann statt der Ergebnisse auch wieder die Formeln anzuzeigen. Dieses Verfahren ist besonders bei größeren Tabellen hilfreich, um eventuelle Fehler zu finden. Formeln anzeigen

92   3 Die erste Aufgabe

	A	B	C	D	E
1	Umsatzauswertung				
2	Erstellt:	33708		0,4375	Uhr
3		Januar	Februar	März	Summe
4	Bahnreisen	3000	4000	5000	12000
5	Busreisen	10000	13000	12000	35000
6	Flugreisen	6000	4000	7000	17000
7	Seereisen	8000	3000	1000	12000
8	Summe	27000	24000	25000	76000
9	Monatsanteil				

Bild 3.17 Umsatztabelle mit Monats- und Bereichssummen

Datenreise   Wir wollen Ihnen jetzt zeigen, wie 1-2-3/W die Formeln beim Kopieren an die neuen Verhältnisse angepaßt hat. Formeln werden im Arbeitsblatt sichtbar, wenn man diese Zellen als Text formatiert. Rechenzellen werden dabei nicht verändert. Probieren wir es einmal aus:

Vorgehensweise:

1. Markieren Sie den Bereich B4..E8.

2. Wählen Sie aus dem Menü Bereich den Befehl **Format**. Sie sehen das Dialogfenster **Bereich Format** (Bild 3.18) und werden aufgefordert, ein Format aus der Liste zu wählen.

3. Klicken Sie in die Auswahl **Text**.

4. Schließen Sie den Befehl ab, indem Sie in die Schaltfläche **OK** klicken.

Mit der Tastatur geht das fast genau so einfach:

Vorgehensweise:

1. Markieren Sie den Bereich B4..E8.

2. Wählen Sie aus dem Menü **B̲ereich** (Tasten ⎇+E) den Befehl **F̲ormat** (Taste F). Sie sehen ein Dialogfenster wie in Bild 3.18.

3. Wählen Sie die Option **T̲ext**, indem Sie ein T eingeben.

3.5 Eintragen von Formeln

4. Schließen Sie Ihre Wahl mit der (EINGABE)-Taste ab.

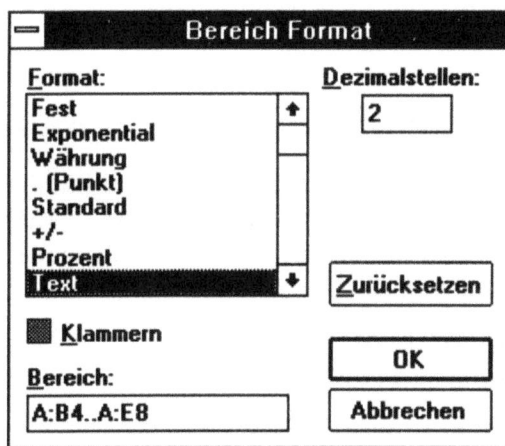

Bild 3.18 Dialogfeld Bereich Format

1-2-3/W zeigt Ihr Arbeitsblatt nun nach Bild 3.19 in Formeldarstellung. Beachten Sie, daß 1-2-3/W die Breite der Spalten nicht automatisch vergrößert, so daß oft nur ein Ausschnitt der Formel in den entsprechenden Zellen angezeigt werden kann.

Wollen Sie alle Formeln überprüfen, so müssen Sie die Spaltenbreite vergrößern. Wie Sie das machen können, wird in den Abschnitten 4.2 und 4.3 beschrieben.

	A	B	C	D	E	F
1	Umsatzauswertung					
2	Erstellt:	33708		0,4375	Uhr	
3		Januar	Februar	März	Summe	
4	Bahnreisen	3000	4000	5000	+B4..B4+C4	C4+D4..D4
5	Busreisen	10000	13000	12000	+B5..B5+C5	C5+D5..D5
6	Flugreisen	6000	4000	7000	+B6..B6+C6	C6+D6..D6
7	Seereisen	8000	3000	1000	+B7..B7+C7	C7+D7..D7
8	Summe	+B4+B5+B6	+C4+C5+C6	+D4+D5+D6	@SUMME(E4..E7)	
9	Monatsanteil					

Bild 3.19 Umsatztabelle in Formeldarstellung

Wie Sie sehen, hat 1-2-3/W die Formeln, die hier alle relative Adressen enthalten, beim Kopieren richtig angepaßt.

Wollen Sie wieder die Werte im Arbeitsblatt sehen, so markieren Sie den Bereich B4..E8 wieder, wählen anschließend den Befehl Format aus dem Menü **Bereich** und klicken auf die Schaltfläche **Zurücksetzen**.

3.5.3 Formeln mit absoluten Zelladressen

Jetzt wollen wir in unserem Arbeitsblatt noch zusätzlich angeben, welcher Anteil des Gesamtumsatzes in jedem Monat erzielt wurden. Dazu müssen wir die Monatssumme durch die Gesamtsumme teilen. Die Formel lautet

- für Januar: +(B8 / E8)
- für Februar: +(C8 / E8)
- für März: +(D8 / E8)

Wenn wir die Formel für Januar eingeben und anschließend für Februar und März kopieren, würde 1-2-3/W auch die Adresse für die Gesamtsumme in F8 und G8 ändern. Diese Berechnung wäre fehlerhaft.

Um das zu verhindern, muß für die Gesamtsumme eine absolute Adresse eingegeben werden.

Absolute Zell-
adressen

Absolute Zelladressen werden mit dem $-Zeichen notiert und haben die Form: $A:$E$8 oder $E$8. Sie ändern sich im Gegensatz zu relativen Adressen beim Kopieren nicht.

Sie haben zwei Möglichkeiten, Formeln mit absoluten Zelladressen einzugeben:

a) Sie tragen die Formel über die Tastatur ein.

b) Sie zeigen wie beim Eintragen der relativen Zelladressen (Abschnitt 3.5.3) auf die entsprechende Zelle und drücken vor der Eingabe des Rechenzeichens die Funktionstaste F4, um die relative Zelladresse in eine absolute zu verwandeln.

Das erste Verfahren ist für Tastaturanwendung am besten geeignet, das zweite bei Verwendung einer Maus.

3.5 Eintragen von Formeln

Vorgehensweise:

1. Zeigen Sie auf die Zelle, die das Rechenergebnis aufnehmen soll (hier z.B. B9).
2. Geben Sie ein Pluszeichen ein, um die Eingabe einer Formel anzukündigen.
3. Geben Sie nun eine öffnende Klammer ein, zeigen Sie auf die Bereichssumme «Januar» (B8) und geben Sie einen Schrägstrich «/» als Zeichen für die Division ein.
4. Zeigen Sie jetzt auf die Zelle mit der «Gesamtsumme» (E8). In der Bearbeitungszeile steht jetzt:

    +(A:B8..A:B8/A:E8..A:E8 .

5. Drücken Sie auf die Funktionstaste F4. Beobachten Sie, wie 1-2-3/W die relative Zelladresse A:E8..A:E8 in die absolute Zelladresse $GESAMT1Q umwandelt.
6. Geben Sie eine schließende Klammer ein.
7. Schließen Sie den Befehl ab, indem Sie das **Bestätigungsfeld** anklicken.

In der Bearbeitungszeile steht jetzt diese Formel:

+(B8..B8 / $GESAMT1Q).

Das Verfahren für die Tastatur erfolgt so:

Vorgehensweise:

1. Zeigen Sie auf die Zelle, die das Rechenergebnis aufnehmen soll (hier z.B. B9).
2. Geben Sie ein Pluszeichen ein, um die Eingabe einer Formel anzukündigen.
3. Tragen Sie die folgende Formel zur Bildung des Prozentwertes ein: + (B8 / $E$8).
4. Schließen Sie den Befehl mit der EINGABE-Taste ab.

Beobachten Sie, wie 1-2-3/W auch bei dieser Formeleingabe das entsprechende Ergebnis sofort in die Zelle einträgt.

Kopieren Sie jetzt wie in Abschnitt 3.5.2 beschrieben diese Formel in die Zellen C9 und D9.

	A	B	C	D	E
1	Umsatzauswertung				
2	Erstellt:	33708		0,4375	Uhr
3		Januar	Februar	März	Summe
4	Bahnreisen	3000	4000	5000	12000
5	Busreisen	10000	13000	12000	35000
6	Flugreisen	6000	4000	7000	17000
7	Seereisen	8000	3000	1000	12000
8	Summe	27000	24000	25000	76000
9	Monatsantei	0,355263	0,315789	0,328947	

Bild 3.20 Umsatztabelle mit Monatsanteilen

Bild 3.20 zeigt in der Eingabezeile die Formel und in den Zellen B9, C9 und D9 die soeben berechneten Monatsanteile.

1-2-3/W kann auch Namen, die einer Zelle oder einem Bereich zugeordnet wurden, wie absolute Adressen behandeln. Wählen Sie dazu die Zelle an, die die Formel mit dem Namen enthält. Bewegen Sie den Cursor in der Eingabezeile auf diesen Namen. Drücken Sie die Funktionstaste F4. Vor dem Namen erscheint ein Dollarzeichen. Damit verkörpert dieser Name eine absolute Adresse.

Sie sehen, daß die Wahl des Bezuges von Formeln entscheidend den Arbeitsaufwand beim Erstellen einer Tabelle beeinflussen kann. Denken Sie aber besonders bei längeren Tabellen an die Lesbarkeit und Dokumentation.

3.5.4 Formeln mit gemischten Adressen

Außer absoluten und relativen Adressen kennt 1-2-3/W auch noch gemischte Adressen. Eine Adresse besteht bekanntlich aus Arbeitsblattbuchstaben, Spaltenbuchstaben und Zeilennummer. Bei gemischten Adressen sind ein oder zwei Adreßelemente relativ, der Rest absolut.

3.5 Eintragen von Formeln

Ein kleines Beispiel soll das verdeutlichen. Schauen Sie es sich hier nur an. Im folgenden Kapitel wird wieder die Umsatztabelle benötigt.

Das kleine Einmaleins soll auf dem Bildschirm dargestellt werden. In die erste Zeile (Zellen A1..J1) werden die Zahlen 1-10 eingegeben, in die erste Spalte (Zellen A1..A10) erfolgt die gleiche Eingabe.

Wenn Sie keine Lust haben, 10 Zahlen einzutippen, verwenden Sie den Befehl **Daten Füllen** (s. 10.3).

Würde wir für die Berechnung der Werte in der zweiten Zeile Formeln eingeben, so müßten diese folgendermaßen lauten

B2: + A2 * B1

C2: + A2 * C1

D2: + A2 * D1

...

Der erste Faktor ist konstant, der zweite enthält einen relativen Spaltenadreßteil und einen absoluten Zeilenadreßteil. Demzufolge könnten wir in B2 auch schreiben: + A2 * B$1 und diese Formel dann auf den Bereich C2..J2 kopieren.

Wir können uns die Arbeit aber noch weiter vereinfachen. Die Formeleinträge in der Spalte B müßten lauten:

B2: + A2 * B$1

B3: + A3 * B$1

B4: + A4 * B$1

...

Hier enthält der erste Faktor einen absoluten Spaltenadreßteil und einen relativen Zeilenadreßteil. In die Zelle B2 kann also die Formel + $A2 * B$1 geschrieben werden. Bild 3.21 zeigt diesen Eintrag in der Bearbeitungszeile.

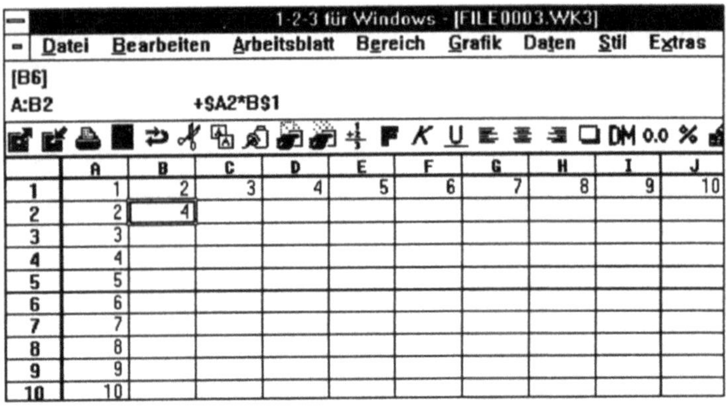

	A	B	C	D	E	F	G	H	I	J
1	1	2	3	4	5	6	7	8	9	10
2	2	4								
3	3									
4	4									
5	5									
6	6									
7	7									
8	8									
9	9									
10	10									

Bild 3.21 Kleines Einmaleins mit einer Formeleingabe

Kopieren Sie diese Formel (siehe Kapitel 3.5.2) in den gesamten Bereich B2..J10, so erhalten Sie ein komplettes kleines Einmaleins (Bild 3.22).

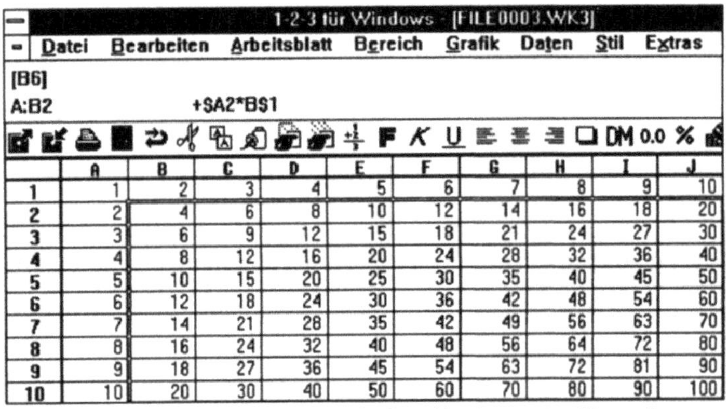

	A	B	C	D	E	F	G	H	I	J
1	1	2	3	4	5	6	7	8	9	10
2	2	4	6	8	10	12	14	16	18	20
3	3	6	9	12	15	18	21	24	27	30
4	4	8	12	16	20	24	28	32	36	40
5	5	10	15	20	25	30	35	40	45	50
6	6	12	18	24	30	36	42	48	54	60
7	7	14	21	28	35	42	49	56	63	70
8	8	16	24	32	40	48	56	64	72	80
9	9	18	27	36	45	54	63	72	81	90
10	10	20	30	40	50	60	70	80	90	100

Bild 3.22 Kleines Einmaleins nach dem Kopieren der Formel

Umwandlung von Adressen

Wollen Sie absolute oder relative Adressen in gemischte Adressen ändern oder umgekehrt, so markieren Sie zuerst die Zelle in der diese Adresse steht. Der Inhalt dieser Zelle erscheint in der Eingabezeile. Zeigen Sie mit der Schreibmarke auf die Adresse, die Sie ändern wollen. Drücken Sie ein- oder mehrmals auf die Funktionstaste F4 , bis die Adresse die gewünschte Form angenommen hat.

3.6 Drucken eines 1-2-3/W-Arbeitsblattes

Um Ihre Berechnung auch ohne Computer zu betrachten, müssen Sie sie ausdrucken. Dafür können Sie bei 1-2-3/W verschiedene Optionen einstellen, welche wir Ihnen in Abschnitt 4.8 erläutern werden. Hier sollen Sie wenigstens einen ersten Ausdruck probieren. *Der erste Ausdruck*

Dazu müssen Sie

- Ihren Drucker einschalten und richtig einstellen
- überprüfen, ob Sie den richtigen Drucker und die richtige Druckerschnittstelle installiert haben
- den Druck auslösen

An dieser Stelle erhalten Sie nur einen kurzen Einblick, wie Sie Ihr erstes Dokument ausdrucken können. Details zum Drucken sowie die Gestaltung der Druckausgabe werden Sie in den Abschnitten 4.8 und 4.9 kennenlernen.

Vorgehensweise

1. Markieren Sie den Bereich des Arbeitsblattes, den Sie drucken wollen (z.B. A1..E9).

2. Wählen Sie aus dem Menü Datei den Befehl **Drucken**. Es erscheint das Dialogfeld **Datei Drucken** auf dem Bildschirm (Bild 3.23).

3. Klicken Sie auf die Schaltfläche **OK** oder betätigen Sie die (EINGABE)-Taste.

Wenn Sie beim ersten Druckversuch keinen Bereich markieren, dann druckt 1-2-3/W nur den Inhalt der Zelle, auf der der Zellzeiger steht.
Auftretende Druckprobleme können Sie mit dem WINDOWS-Druckmanager beheben.

Bild 3.25 zeigt eine erste Druckausgabe der Umsatztabelle.

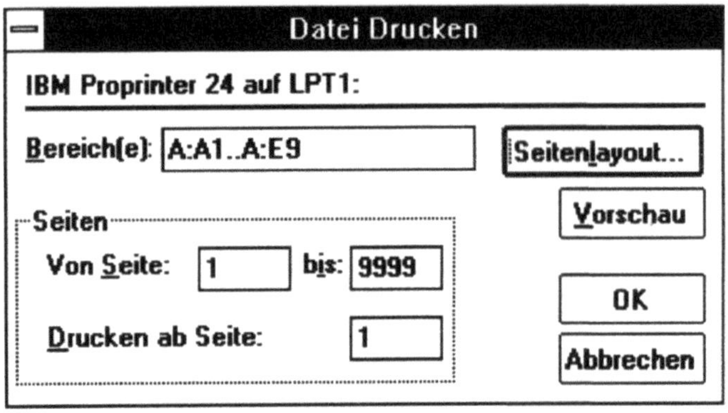

100   3 Die erste Aufgabe

Bild 3.23 Dialogfeld Datei Drucken

Eine schnelle Möglichkeit, einen markierten Bereich zu drukken, bietet 1-2-3/W Ihnen mit dem Symbol Drucken in der Symbolleiste.

Vorgehensweise

1. Markieren Sie den Bereich Ihres Arbeitsblattes, den Sie ausdrucken wollen.

2. Klicken Sie mit der Maus auf das Symbol **Drucken** in der Symbolleiste. Damit wird der Druckvorgang gestartet.

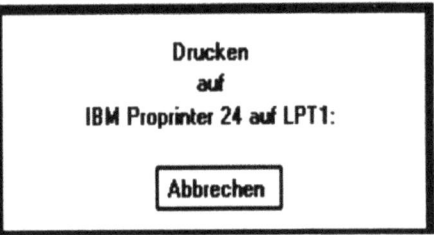

Bild 3.24 Fenster Drucken

Es erscheint sofort ein Fenster **Drucken** (Bild 3.24), das Ihnen den aktiven Drucker mitteilt. Durch Klicken auf die Schaltfläche **Abbrechen** können Sie den Druck beenden.

3.6 Drucken eines 1-2-3/W-Arbeitsblattes 101

Umsatzauswertung				
Erstellt:	33708		0,4375	Uhr
	Januar	Februar	März	Summe
Bahnreisen	3000	4000	5000	12000
Busreisen	10000	13000	12000	35000
Flugreisen	6000	4000	7000	17000
Seereisen	8000	3000	1000	12000
Summe	27000	24000	25000	76000
Monatsanteil	0,355263	0,315789	0,328947	

Bild 3.25 Erste Druckausgabe der Tabelle

Druckbereich Der von Ihnen markierte Druckbereich wird jetzt zusätzlich von einer gestrichelten Linie eingerahmt.

- Ist beim nächsten Druckvorgang nur eine Zelle markiert, wird der alte Druckbereich ausgedruckt,
- sind mehrere Zellen markiert, so wird dieser neue Bereich ausgedruckt.

3.7 Speichern eines Arbeitsblattes

Das Arbeitsblatt speichern

Wenn Sie ein 1-2-3/W-Arbeitsblatt nach dem Ausschalten Ihres PC weiter nutzen wollen, müssen Sie es speichern, das heißt, es aus dem flüchtigen RAM-Speicher auf einen externen Datenträger (Festplatte oder Diskette) schreiben.

Speichern gehört bei 1-2-3/W zur Gruppe der Datei-Befehle. Daher müssen Sie aus dem Menü zuerst **Datei** auswählen, bevor Sie den Speicherbefehl geben können.

1-2-3/W zeigt das Dateimenü wie in Bild 3.26.

Datei
Speichern Unter

Wenn Sie Ihr Dokument zum ersten Mal speichern wollen und somit noch keinen Namen dafür vergeben haben, wählen Sie den Befehl Speichern Unter. 1-2-3/W zeigt nun das Dialogfeld **Speichern Unter** (Bild 3.27) und bietet Ihnen ein voreingestelltes Laufwerk, einen Pfad und den Dateinamen file0001.wk3 an.

Die Versionen von Lotus 1-2-3/W haben diese Dateierweiterungen:
Version 1A - .WKS,
Version 2 - .WK1,
Version 3 - .WK3.

Wollen Sie das Laufwerk ändern, so klicken Sie im Listfeld **Laufw** auf die Schaltfläche mit dem nach unten zeigenden Pfeil und wählen aus der Liste das Laufwerk Ihrer Wahl durch Doppelklick. Sie können beobachten, wie sich die Anzeige im Feld **Dateiname** verändert.

3.7 Speichern eines Arbeitsblattes

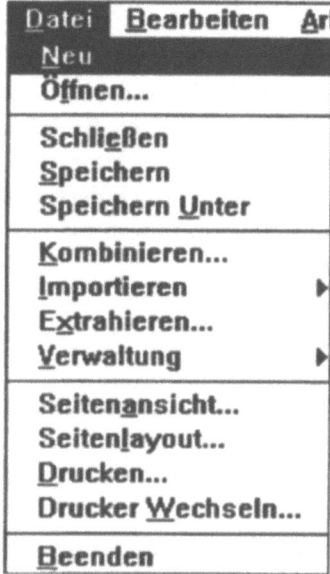

Bild 3.26 Menü Datei

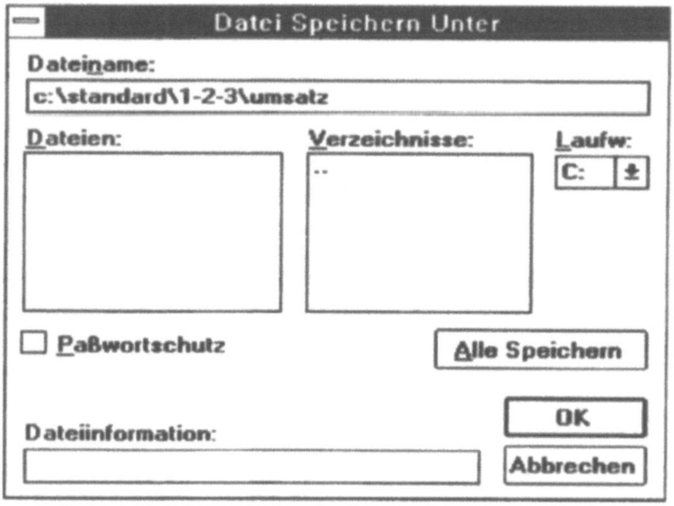

Bild 3.27 Dialogfeld Datei Speichern Unter

Als nächstes müssen Sie einen Pfad festlegen.

Pfade können Sie bei 1-2-3/W als Zeichenfolge vor den Dateinamen schreiben oder aus der Liste **Verzeichnisse** auswählen. Bei der Auswahl des Pfades müssen Sie den Aufbau von Pfaden unter DOS berücksichtigen. Sie können über das Listfeld **Verzeichnisse** von einem Unterverzeichnis eines Verzeichnisses nur in Unterverzeichnisse des jeweils aktiven Verzeichnisses umschalten, indem Sie den entsprechenden Namen anwählen.

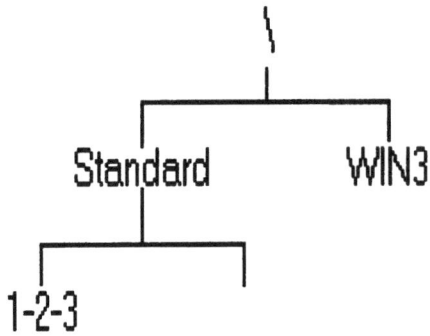

Bild 3.28 Beispiel einer Pfadstruktur

[..]   Wollen Sie in ein Verzeichnis umschalten, das Unterverzeichnis eines nicht aktiven Pfades ist, so müssen Sie erst in das entsprechende Wurzelverzeichnis durch Anklicken von «[..]» im Listfeld **Verzeichnisse** umschalten.(Bild 3.27)

Ein Beispiel   Ein Beispiel: Sie haben auf Ihrer Festplatte die Verzeichnisse Standard und WIN3. Das Verzeichnis Standard hat ein Unterverzeichnis 1-2-3, in das Sie Ihre Arbeitsblattdatei speichern wollen. 1-2-3/W hat aber zum Speichern den Pfad C:\WIN3 voreingestellt.

Sie können nun über das Verzeichnislistenfeld von diesem Pfad aus nicht direkt in das Unterverzeichnis C:\STANDARD\1-2-3 umschalten, sondern müssen erst in das Wurzelverzeichnis «\» von C: umschalten, um von dort aus in das Unterverzeichnis STANDARD und dann in das Unterverzeichnis 1-2-3 umschalten zu können. Sie klicken hierzu einmal das Symbol «[..]» an, um ins Wurzelverzeichnis «\» zu

3.7 Speichern eines Arbeitsblattes

gelangen und wählen danach den Pfad \STANDARD\1-2-3 aus. Dazu klicken Sie die Pfadnamen STANDARD und 1-2-3 nacheinander jeweils doppelt an.

Wenn Ihnen das Verzeichniseinstellen zu lästig ist, geben Sie den Pfad doch über die Tastatur komplett ein.

Jetzt sollen Sie einen möglichst selbsterklärenden Dateinamen eingeben. Geben Sie als Dateinamen beispielsweise UMSATZ ein. Die Namenserweiterung «**.WK3**» ergänzt 1-2-3/W bei allen Arbeitsblattdateien automatisch. Zusätzlich speichert 1-2-3/W noch eine Formatdatei mit dem gleichen Namen, aber der Erweiterung «**.FM3**» ab.

Dateinamen eingeben

Dateinamen können bei DOS/WINDOWS 8+3 Stellen lang sein, bei OS/2 2.0 auch länger..

1-2-3/W erkennt Namenskonflikte. Verwenden Sie zum Speichern einer Datei einen Namen, der in dem gleichen Verzeichnis schon existiert, so wird 1-2-3/W Sie fragen, ob Sie die alte Version überschreiben möchten (Bild 3.29).

Namenskonflikte

Bild 3.29 Kontrollfrage bei Namenskonflikten

Wenn Sie eine alte Version eines Arbeitsblattes mit diesem Namen nicht mehr benötigen, so wählen Sie **Ersetzen**. Sie können aber auch **Sicherung** wählen. In diesem Fall wird die alte Datei ebenfalls überschrieben, aber 1-2-3/W legt zuvor eine Sicherungskopie mit der Erweiterung «**.BAK**» an.

.BAK

Bei 1-2-3/W können Sie jedes Arbeitsblatt durch ein Paßwort schützen. Sie wählen dazu vor dem Abschluß des Befehls **Datei Speichern Unter** die Option **Paßwortschutz**. Nachdem Sie auf **OK** geklickt haben, sehen Sie ein Fenster wie in Bild 3.30.

Paßworte

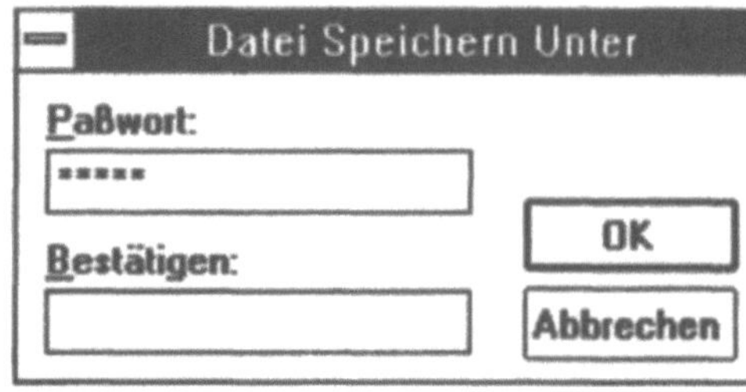

106 3 Die erste Aufgabe

Bild 3.30 Dialogfeld zur Eingabe des Paßwortes

Sie werden aufgefordert, ein Paßwort einzugeben. Bei 1-2-3/W darf ein Paßwort maximal 15 Zeichen lang sein.

Hier möchten wir Sie aber warnen: Wenn Sie Ihr Paßwort vergessen, haben Sie keine Chance mehr, Ihr Arbeitsblatt weiter zu bearbeiten! Achten Sie bei der Eingabe des Paßwortes auf Groß- und Kleinschreibung, da diese anders als bei DOS-Dateinamen hier unterschieden wird.

Geben Sie nun als Paßwort eine Zeichenfolge Ihrer Wahl ein. Zum Schutz vor neugierigen Blicken sehen Sie das geschriebene Paßwort nicht, sondern nur eine Sternchenreihe.

Wenn Sie Ihr Paßwort eingegeben haben, schließen Sie den Befehl ab. Sie werden nun aufgefordert, Ihr Paßwort erneut einzugeben, damit Sie sich nicht durch einen Tippfehler selbst austricksen. Schließen den Befehl wiederum ab.

Beachten Sie bei wichtigen Dateien bei der Wahl des Paßwortes, daß Ihr Name oder der Ihres Freundes/Ihrer Freundin oder Ihr Geburtsdatum zu leicht erraten werden können.

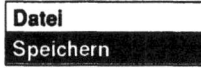

Haben Sie bereits einen Dateinamen vergeben, so können Sie Ihre Datei auch mit dem Befehl Speichern aus dem Menü **Datei** (siehe Bild 3.26) oder durch Anklicken des Symbols Speichern in der Symbolleiste speichern.

In diesen beiden Fällen haben Sie keine Möglichkeit, den voreingestellten Pfad zu ändern.

3.8 Mit mehreren Fenstern arbeiten

Wenn Sie zu einer anderen Arbeit mit 1-2-3/W übergehen wollen, öffnen Sie einfach diese Datei. 1-2-3/W wird das bisher offene Fenster überdecken und Sie werden nur das neue Arbeitsblatt auf dem Bildschirm sehen.  Mehrere Fenster auf dem Bildschirm

Um Arbeitsblatteintragungen zu vergleichen, können Sie auch mehrere Arbeitsblattfenster auf dem Bildschirm darstellen.

Sie geben dazu nach dem Öffnen des neuen Formulars den Befehl Nebeneinander aus dem Menü **Fenster** (Bild 3.31) (s. auch 2.2).

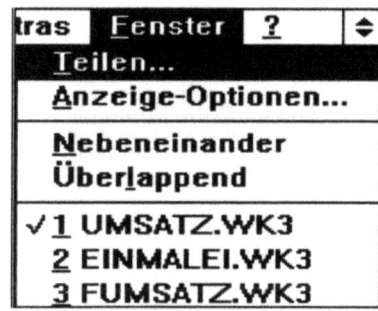
Bild 3.31 Menü Fenster

1-2-3/W wird nun alle offenen Dateien in Fenstern auf dem Bildschirm anzeigen. Hatten Sie zusätzlich zu der Datei UMSATZ die Datei FUMSATZ (Umsatztabelle in Formeldarstellung) und die Datei EINMALEI (kleines Einmaleins) geöffnet, so können Sie alle drei Dateien gleichzeitig auf dem Bildschirm anzeigen.

Dazu gehen Sie folgendermaßen vor:

Vorgehensweise

1. Wählen Sie das Menü **Fenster** durch Anklicken mit der Maus oder durch Drücken der Tasten ALT+F. Es erscheint ein Aufklappmenü.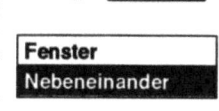

108 3 Die erste Aufgabe

    2. Wählen Sie daraus den Befehl **N**ebeneinander durch Anklicken mit der Maus oder durch Drücken der Taste [N] (siehe Bild 3.31).

Sie sehen jetzt drei verschiedene Fenster auf Ihrem Bildschirm (Bild 3.32).

Um die für Sie interessanten Arbeitsblattbereiche deutlicher sichtbar zu machen, können Sie die Größe der Fenster verändern und die Fenstern Ihren persönlichen Wünschen entsprechend anordnen (s. auch 2.2).

Bild 3.32 Drei Tabellen nebeneinander

Fenster anordnen

Vorgehensweise

1. Bewegen Sie die Maus zur Mitte der Seitenbegrenzung, die Sie verschieben wollen. Suchen Sie genau die Stelle, an der sich der Mauspfeil in einen Zweifachpfeil verwandelt.

2. Drücken Sie die linke Maustaste und halten Sie diese gedrückt. Bewegen Sie die Maus. Sie sehen, daß die Seitenbegrenzung der Mausbewegung folgt.

3. Hat die Seitenbegrenzung die richtige Position erreicht, lassen Sie die Maustaste einfach los.

Wiederholen Sie dieses Vorgehen für alle Seitenbegrenzungen, die Sie verschieben wollen.

Sie können bei 1-2-3/W Fenster auch im Ganzen verschieben (s. 2.2).

Vorgehensweise

1. Klicken Sie mit der Maus in die Titelzeile und halten Sie die linke Maustaste gedrückt.
2. Bewegen Sie die Maus. Sie sehen, daß das gesamte Fenster den Mausbewegungen folgt. Verschieben Sie das Fenster an die gewünschte Position.
3. Lassen Sie die Maustaste los. Das Fenster ist damit neu angeordnet.

Wiederholen Sie diese Arbeitsschritte, bis Sie die Fenster Ihren Wünschen entsprechend angeordnet haben. Bild 3.33 zeigt eine so veränderte Fensteranordnung.

Wenn Sie nur noch ein Arbeitsblatt auf Ihrem Bildschirm sehen wollen, so haben Sie zwei Möglichkeiten dazu:

a) Schließen Sie alle anderen Dateien außer der, die Sie als einzige auf dem Bildschirm sehen wollen.

   Das Schließen von Dateien wird im folgenden Abschnitt erläutert.

b) Klicken Sie in dem Fenster, das Sie ganz auf dem Bildschirm sehen wollen, rechts oben die Schaltfläche Vollbild (Pfeil nach oben) an.

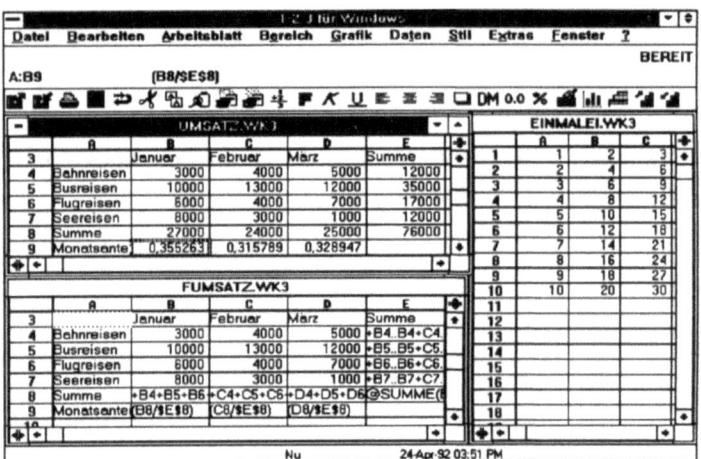

Bild 3.33 Veränderte Fensteranordnung

Im Abschnitt 5.1 lesen Sie, wie Sie mehrere Arbeitsblätter einer Datei auf dem Bildschirm anordnen und im Abschnitt 6.5, wie Sie mehrere Ausschnitte eines Arbeitsblattes sichtbar machen können.

Sie können aber auch mehrere Anwendungen (z.B. 1-2-3/W, Winword, Excel) gleichzeitig auf den Bildschirm bringen. Lesen Sie dazu «Schneller erfolgreich mit WINDOWS 3.0» (B.Kretschmer und M.Gerding, Würzburg 1991).

3.9 Datei schließen

Wollen Sie die Arbeit mit einem beliebigen Fenster beenden, so wählen Sie den Befehl **Schließen** aus dem Menü Datei (Bild 3.26). Es erscheint das Dialogfeld **Datei Schließen** auf dem Bildschirm (Bild 3.34).

Wollen Sie die Datei speichern, so wählen Sie die Schaltfläche «**Ja**». Haben Sie diese Datei noch nicht gespeichert oder haben Sie seit der letzten Speicherung Änderungen vorgenommen, so erscheint das **Dialogfenster Speichern Unter** (Bild 3.27). Wählen Sie Laufwerk, Pfad und Dateiname (Abschnitt 3.7) und schließen Sie die Eingabe ab.

Wollen Sie die Datei verwerfen, so wählen Sie die Schaltfläche «**Nein**». Die Datei ist anschließend von Ihrem Arbeitsblatt verschwunden.

Mit der Schaltfläche «**Abbrechen**» können Sie die Arbeit mit der Datei fortsetzen.

Bild 3.34 Dialogfeld Datei Schließen

3.10 Verabschieden von 1-2-3/W

Sie verabschieden sich von 1-2-3/W, indem Sie den Befehl Beenden aus dem Menü **Datei** wählen. 1-2-3/W wird dann beginnen, seine Anwendungsfenster zu schließen.

Die erste Sitzung beenden

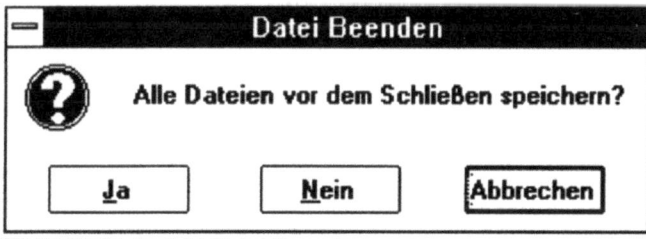

Bild 3.35 Dialogfeld Datei Beenden

Haben Sie noch Dateien geöffnet, in denen Sie Änderungen noch nicht gespeichert haben, so werden Sie nun gefragt, ob Sie die Änderungen speichern, nicht speichern oder den Befehl abbrechen wollen (Bild 3.35). Geben Sie jeweils ein, ob Sie die Datei speichern wollen oder nicht. Haben Sie dies erledigt, so ist die 1-2-3/W-Sitzung beendet.

1 Einleitung

2 Vorarbeiten & Vorkenntnisse

3 Die erste Aufgabe

4 Das Arbeitsblatt gestalten

5 Arbeitsblattinhalte ändern

6 Arbeiten mit Funktionen

7 Grafische Darstellung

8 Textverarbeitung

9 Dateiverwaltung

10 Ziele, Alternativen, Optima

11 Datenaustausch

12 Datalens und dBASE

13 Ablaufprogrammierung

14 Organisation und Planung

Anhang

Abschnittsübersicht

4. Das Arbeitsblatt gestalten

	Überblick
4.1	Tabelle wieder öffnen
4.2	Gesamtgestaltung des Arbeitsblattes
4.3	Bereiche gestalten
4.4	Zellinhalte ausrichten
4.5	Gestalten von Zellinhalten
4.6	Kalenderdaten und Uhrzeiten
4.7	Schützen von Tabellen und Formelzellen
4.8	Gestalten der Druckausgabe
4.9	Druck auf voreingestellten Drucker
4.10	Ausgabe in eine Textdatei
4.11	Löschen von 1-2-3/W-Dateien
4.12	Übungsaufgabe

4. Das Arbeitsblatt gestalten

Überblick

Sowohl die Bildschirmausgabe als auch das Druckbild lassen in der bisherigen Gestaltung noch Wünsche offen.

In diesem Kapitel lesen Sie, wie Sie

- die Tabell wieder öffnen (Abschnitt 4.1),
- globale Einstellungen für Ihr Arbeitsblatt vornehmen (Abschnitt 4.2),
- die Spaltenbreite, Zeilenhöhe, Bildschirmfarbe und die Schrift ändern (Abschnitt 4.3),
- Zellinhalte innerhalb der Zelle ausrichten (Abschnitt 4.4),
- Zahlen, Kalenderdaten und Uhrzeiten darstellen (Abschnitte 4.5 und 4.6),
- Formeln schützen (Abschnitt 4.7),
- Druckbilder und Bildschirme gestalten (Abschnitt 4.8),
- auf dem voreingestellten Drucker drucken (Abschnitt 4.9),
- Daten in einer Textdatei speichern (Abschnitt 4.10) und
- Tabellen löschen können (Abschnitt 4.11).

4.1 Tabelle wieder öffnen

Falls Sie nach einer Arbeitspause ein bereits vorhandenes 1-2-3/W-Formular weiterbearbeiten wollen, können Sie es öffnen und so von einer Diskette oder Festplatte in den Hauptspeicher Ihres PC laden.

Öffnen gehört bei 1-2-3/W zu der Gruppe der Datei-Befehle. Daher müssen Sie aus der Menüleiste zuerst Datei und aus dem aufklappenden Menü **Öffnen** auswählen. Es erscheint ein Dialogfeld **Datei Öffnen** auf dem Bildschirm (Bild 4.1).

116   4 Das Arbeitsblatt gestalten

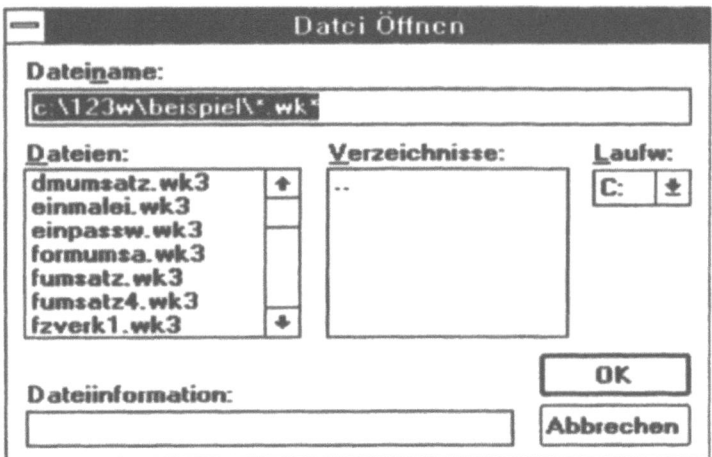

Bild 4.1 Dialogfeld zur Auswahl der zu öffnenden Datei

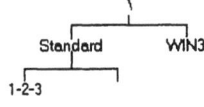

In dem Dialogfeld **Datei Öffnen** können Sie nun, wie beim Speichern, das Laufwerk und den Pfad auswählen, aus dem Sie das gewünschte Arbeitsblatt laden wollen (siehe Abschnitt 3.7). Beachten Sie dabei wie beim Speichern, wie Ihre Verzeichnisse aufgebaut sind.

Mit der Maus klicken Sie einfach das gewünschte Feld an.

Im Dialogfeld wandern

Auch mit der Tastatur können Sie sich im Dialogfeld **Datei Öffnen** vornehmen bewegen. Dazu müssen Sie das Eingabefeld zwischen den Textfeldern **Dateiname**, den Listenfeldern **Dateien, Verzeichnisse, Laufw.** und den Schaltflächen **OK** und **Abbrechen** bewegen können. Dazu haben Sie zwei Möglichkeiten:

- mit der Tabulatortaste (TAB),
- mit der (ALT)-Taste und dem unterstrichenen Buchstaben des Feldnamens, also z.B. (ALT)+(D) für das Listenfeld **Dateien**.

1-2-3/W hebt das aktive Fenster hervor.

Haben Sie das richtige Laufwerk und den richtigen Pfad ausgewählt, so zeigt Ihnen 1-2-3/W alle 1-2-3/W-Dateien an, die im ausgewählten Verzeichnis gespeichert sind. Der Laufwerksbuchstabe und der gewählte Pfad wurden bereits in das Textfeld **Dateiname** übertragen.

Um eine Datei auszuwählen, gehen Sie wie folgt vor:

Vorgehensweise

1. Klicken Sie mit der Maus den Dateinamen der gewünschten Datei in der Liste an (hier UMSATZ.WK3). Die gewählte Datei wird in das Textfeld **Dateiname** übertragen.

   Befinden sich mehr als sieben 1-2-3/W-Dateien in dem ausgewählten Verzeichnis, sehen Sie Ihre gesuchte Datei vielleicht nicht in der Dateiliste. 1-2-3/W stellt dann am rechten Rand der Dateiliste eine Bildlaufleiste dar. Rollen Sie die Dateiliste durch Klicken auf die Bildlaufpfeile oder durch Ziehen des Bildlauffeldes vor oder zurück.

2. Bestätigen Sie Ihre Auswahl durch Klicken auf die Schaltfläche **OK**.

Mit der Tastatur wählen Sie eine Datei so aus:

Vorgehensweise

1. Markieren Sie den gewünschten Dateinamen in der Liste mit den Richtungstasten (hier UMSATZ.WK3) und beobachten Sie, wie 1-2-3/W diesen Dateinamen in das Textfeld **Dateiname** überträgt.

2. Schließen Sie Ihre Auswahl mit der (EINGABE)-Taste ab.

Die Symbolleiste bietet eine schnelle Möglichkeit zum Dateiöffnen. Klicken Sie dazu mit der Maus auf das Symbol **Datei Öffnen**. Es erscheint auch bei dieser Variante das Dialogfeld **Datei Öffnen** (Bild 4.1). Die weitere Vorgehensweise ist wie oben beschrieben.

Wollen Sie sich über die Funktion eines Symbols in der Symbolleiste informieren, so klicken Sie es mit der *rechten* Maustaste an. In der obersten Bildschirmzeile, der Titelzeile, erscheint eine Kurzbeschreibung zu diesem Symbol.

1-2-3/W wird nun die angegebene Tabelle in das leere Dateifenster laden.

Wenn Sie bei 1-2-3/W Ihre Tabelle beim Speichern durch ein Paßwort geschützt haben, fordert Sie 1-2-3/W beim Öffnen wie in Bild 4.2 auf, das Paßwort einzugeben. Unterläuft Ihnen hier auch nur in der Groß- und Kleinschreibung der kleinste Fehler, werden Sie darauf hingewiesen, daß Sie das falsche Paßwort eingegeben haben. Sie müssen dann die Befehlsfolge **Datei Öffnen** nochmals eingeben. Wenn Sie das Paßwort vergessen haben, haben Sie absolut keine Chance mehr, Ihre Datei wieder zu laden.

Bild 4.2 Eingabefeld für Paßwort

4.2 Gesamtgestaltung des Arbeitsblattes

Überblick

Hier lesen Sie, wie Sie für das gesamte Arbeitsblatt

- die Farben der Koordinaten, des Zellhintergrundes, des Zellinhaltes und anderer Arbeitsblattelemente verändern (4.2.1),
- die Darstellungsgröße (Zoom) einstellen (4.2.2),
- die Spaltenbreite und Zeilenhöhe vergrößern und verkleinern(4.2.3),
- einen Schriftartensatz zusammenstellen (4.2.4),
- Rasterlinien ein- oder ausblenden (4.2.5),

- eine Mono- oder Farb-Bildschirmanzeige wählen (4.2.5),
- die Anzeige der Null festlegen (4.2.6),
- die Labelausrichtung verändern (4.2.7),
- Zahlen-, Datums- und Zeitformate global festlegen (4.2.8) und
- den Gruppenmodus und Schutz einschalten können.

4.2.1 Farbe auf dem Bildschirm

Wenn Sie Ihren PC mit einem Farbbildschirm betreiben, werden Sie statt der schwarzen Schrift auf weißem Grund vielleicht lieber eine farbige Schrift auf farbigem Hintergrund sehen wollen.

1-2-3/W bietet Ihnen vielfältige Möglichkeiten, um generell für alle aktiven Dateien Farbeinstellungen für Koordinaten (Spaltenbuchstaben, Zeilennummern), Zellhintergrund und -inhalt, negative Werte, Schatteneffekt, Rasterlinien, Bereichseinrahmungen, gewählte Bereiche und ungeschützte Zellen festzulegen.

Um Farbeinstellungen für alle Arbeitsblätter in allen aktiven, d.h. allen geöffneten Dateien, zu verändern, gehen Sie wie folgt vor: **Farben einstellen**

Vorgehensweise

1. Wählen Sie den Befehl Anzeige-Optionen aus dem Menü Fenster. Es erscheint ein Dialogfeld **Fenster Anzeige Optionen** auf dem Bildschirm (Bild 4.3). `Fenster Anzeige-Optionen`

2. Suchen Sie sich in dieser Liste die Arbeitsblatteinstellung, die Sie verändern wollen und klicken Sie auf den nach unten zeigenden Pfeil in dieser Zeile. 1-2-3/W klappt eine Farbliste auf.

3. Wählen Sie daraus eine Farbe durch Anklicken aus.

4. Wiederholen Sie Schritt 2 und 3 für andere Teile des Arbeitsblattes, deren Farbe Sie verändern wollen.

5. Schließen Sie Ihre Auswahl durch Klicken auf **OK** ab.

120 4 Das Arbeitsblatt gestalten

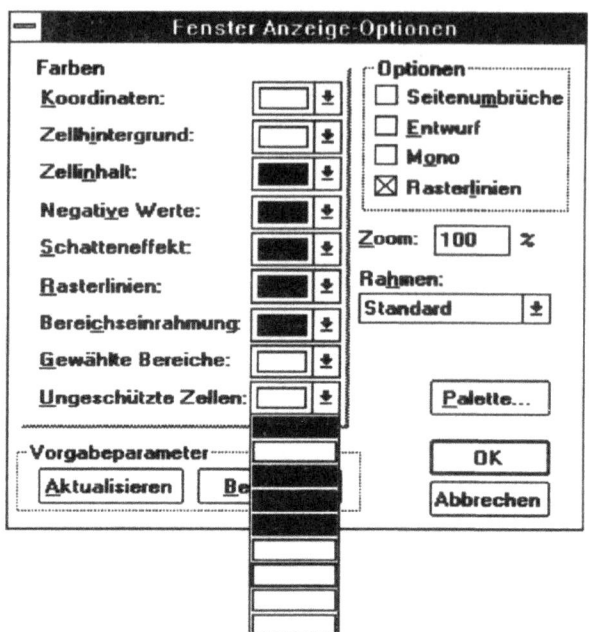

Bild 4.3 Dialogfeld Fenster Anzeige-Optionen

Mit der Tastatur ist die Vorgehensweise etwas anders:

Vorgehensweise

1. Wählen Sie mit der Tastenkombination (ALT) +(F) das Menü **Fenster** und daraus mit der Taste (A) den Befehl **Anzeige-Optionen**. Es erscheint das Dialogfeld **Fenster Anzeige-Optionen** (Bild 4.3).
2. Bewegen Sie mit der Tabulatortaste (TAB) oder mit der (ALT)-Taste und dem unterstrichenen Buchstaben die Markierung auf die Zeile, in der Sie die Farbeinstellung verändern möchten.
3. Wählen Sie mit den Richtungstasten eine Farbe aus.
4. Wiederholen Sie Schritt 2 und 3 für andere Teile des Arbeitsblattes.

5. Schließen Sie Ihre Auswahl mit der (EINGABE)-Taste ab.

In der Farbleiste können Sie aus 8 Farben wählen. Doch 1-2-3/W unterstützt insgesamt 256 Farben. Sie können sich ganz nach Ihrem Geschmack diese 8 Farben aus der Gesamtpalette auswählen:

Farben aus Palette auswählen

Vorgehensweise

1. Gehen Sie in das Dialogfeld **Fenster Anzeige-Optionen**.
2. Klicken Sie auf die Schaltfläche **P̲alette...** bzw. verschieben Sie die Markierung mit der Tabulatortaste (TAB) auf diese Schaltfläche und drücken Sie die (EINGABE)-Taste.
3. Markieren Sie im Dialogfeld **Fenster Anzeige-Optionen Palette** (Bild 4.4) das Farbfeld in der Liste **Palette**, das Sie ersetzen wollen.
4. Markieren Sie das Feld in **F̲arben**, das Sie in die Liste **P̲alette** einsetzen wollen. Es wird sofort in die Palette übertragen.
5. Bestätigen Sie Ihre Auswahl.

4.2.2 Die Darstellungsgröße verändern

Vielleicht fällt es Ihnen schwer, die kleine Schrift auf dem Bildschirm zu lesen. Oder Ihre Tabelle ist etwas größer, als der Bildschirm und Sie möchten sie trotzdem im Ganzen sehen.

Um den Maßstab der Tabellendarstellung, das heißt die Spaltenbreite, Zeilenhöhe und Schriftgröße, zu verändern, bietet 1-2-3/W Ihnen die Zoom-Funktion an.

122 4 Das Arbeitsblatt gestalten

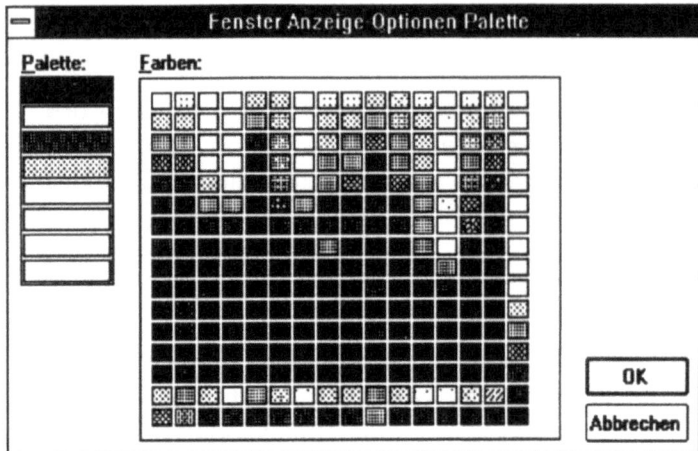

Bild 4.4 Fenster Anzeige-Optionen Palette

Und so gehen Sie vor:

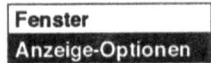

Vorgehensweise

1. Wählen Sie aus dem Menü **Fenster** den Befehl **Anzeige-Optionen**. Es erscheint ein Dialogfeld **Fenster Anzeige-Optionen** (Bild 4.3).

2. Geben Sie eine Zahl zwischen 25 und 400 in das Textfeld **Zoom** ein (z.B. 150).

3. Schließen Sie die Eingabe ab.

Die Umsatztabelle sieht bei einer Zoom-Einstellung von 150% dann so wie Bild 4.5 aus.

4.2.3 Spaltenbreite und Zeilenhöhe

Spaltenbreite erhöhen

Wollen Sie im Arbeitsblatt überwiegend große Zahlen oder lange Texte eingeben oder lange Formeln als Text betrachten (s. 3.5), so ist es sinnvoll, die Spaltenbreite für das gesamte Arbeitsblatt zu erhöhen.

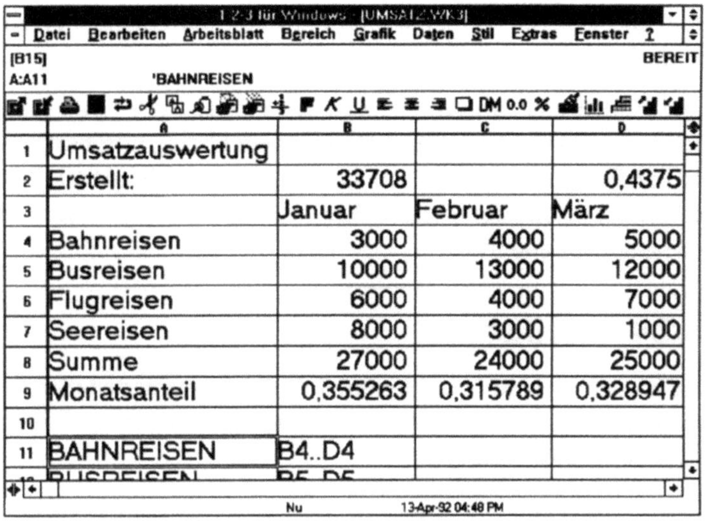

4.2 Gesamtgestaltung des Arbeitsblattes 123

Bild 4.5 Umsatztabelle mit Zoom = 150 %

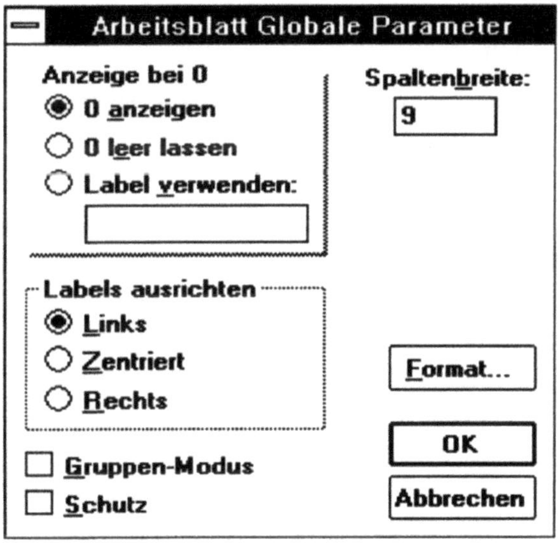

Bild 4.6 Dialogfeld Arbeitsblatt Globale Parameter

Mit dem Befehl Globale Parameter aus dem Menü **Arbeitsblatt** erhalten Sie ein Dialogfeld **Arbeitsblatt Globale Parame-**

124 4 Das Arbeitsblatt gestalten

ter (Bild 4.6). Sie können in das Textfeld **Spaltenbreite** Werte zwischen 1 und 240 eintragen.

Zeilenhöhe verändern

Die Zeilenhöhe im Arbeitsblatt wird durch die Größe der Vorgabeschriftart bestimmt. Den aktuellen Schriftartensatz erhalten Sie durch den Befehl Schriftart aus dem Menü **Stil** (Bild 4.16). Die Größe der ersten Schriftart in dieser Liste bestimmt die globale Zeilenhöhe.

4.2.4 Schriftarten

Schriftartensatz ändern

Sie können sich für verschiedene Tabellen verschiedene Schriftartensätze zusammenstellen, unter einem Namen speichern und bei Bedarf wieder laden.

Vorgehensweise

1. Wählen Sie im Dialogfeld **Stil Schriftart** die Option **Ersetzen**. Es erscheint ein Dialogfeld **Stil Schriftart Ersetzen** (Bild 4.7).

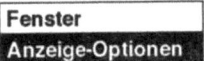

2. Wählen Sie eine Schrift aus **Aktuelle Schriftarten** an, die Sie ersetzen wollen.

3. Markieren Sie in der Liste **Verfügbare Schriftarten** die Schriftart, die Sie neu einfügen wollen und wählen Sie aus der Liste **Größe** eine Zeichengröße in Punkten für die neue Schrift.

4. Klicken Sie auf **Ersetzen** bzw. wählen Sie **Ersetzen** mit der Tabulatortaste (TAB) an und bestätigen Sie mit der (EINGABE) -Taste.

5. Wollen Sie den jetzt angezeigten aktuellen Schriftartensatz zum Vorgabe-Schriftartensatz machen, so klicken Sie auf **Aktualisieren**. Wollen Sie doch lieber den bisherigen Vorgabe-Schriftartensatz behalten, so klicken Sie auf **Behalten**.

6. Wollen Sie den aktuellen Schriftartensatz speichern, so klicken Sie auf **Speichern**.
   Es erscheint ein Dialogfeld **Stil Schriftart Ersetzen Speichern**. Genau wie bei Datei Speichern wählen Sie Laufwerk, Pfad und Dateinamen. Schriftartensätze erhalten beim Speichern die Erweiterung «.AF3» (s. Tabelle 10 im Anhang).
7. Schließen Sie diese Eingabe ab.

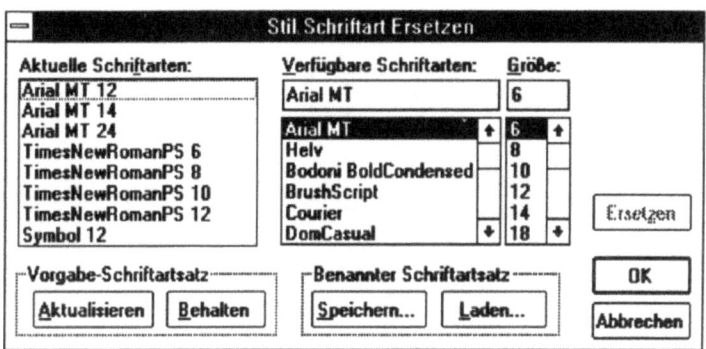

Bild 4.7 Dialogfeld Stil Schriftart Ersetzen

4.2.5 Weitere Anzeigeoptionen

Im Dialogfeld **Fenster Anzeige-Optionen** (Bild 4.8) werden Ihnen noch weitere Möglichkeiten zur Gestaltung Ihres Arbeitsblattes angeboten.

Ist die Option Seitenumbrüche markiert, so sehen Sie die Seitenumbrüche im Arbeitsblatt als gestrichelte Linie. 1-2-3/W erzeugt Seitenumbrüche, wenn Ihre Tabelle größer als eine Bildschirmseite ist. Sie können Seitenumbrüche aber auch mit dem Befehl **Seitenumbruch** im Menü **Arbeitsblatt** manuell erzeugen. — Seitenumbrüche anzeigen

Markieren Sie das Kontrollfeld Entwurf, so erfolgt die Anzeige auf dem Bildschirm unformatiert. Es werden keine Einrahmungen angezeigt und 1-2-3/W benutzt eine Schrift mit fester Zeichenbreite. Bei der Druckausgabe werden die vorgenom- — Anzeige im Entwurfs- oder Grafikmodus menen Formatierungen berücksichtigt. Ist dieses Kontrollfeld nicht markiert, so ist der Grafikmodus aktiv. Die Bildschirmanzeige entspricht weitestgehend der Druckausgabe.

Bild 4.8 Dialogfeld Fenster Anzeige-Optionen

Umschalten Mono- / Farbbildschirmanzeige	Ein markiertes Kontrollfeld **Mono** bewirkt, daß die Anzeige auf dem Bildschirm schwarz-weiß erfolgt. Dieser Modus empfiehlt sich, wenn Sie keinen Farbdrucker haben und sehen wollen, wie die Graustufen beim Ausdrucken aussehen.
Rasterlinien	Markieren Sie das Kontrollfeld Rasterlinien, so erhalten Sie auf dem Bildschirm ein Rasternetz mit Zeilen und Spaltenunterteilung. Für den Entwurf einer Tabelle ist diese Darstellungsform zu empfehlen.
Rahmenart festlegen	Im Listenfeld Rahmen können Sie das Aussehen der Rahmenleisten bestimmen. In der Standardeinstellung benutzt 1-2-3/W Rahmenleisten mit Spaltenbuchstaben und Zeilennummern. Sie können aber auch Rahmenleisten mit 10-Punkt-Zeichen, mit Zolleinteilung, Zentimetereinteilung, mit Punkt- bzw. Pica-Einteilung oder ganz ohne Einteilung wählen (s. 2.3.1).

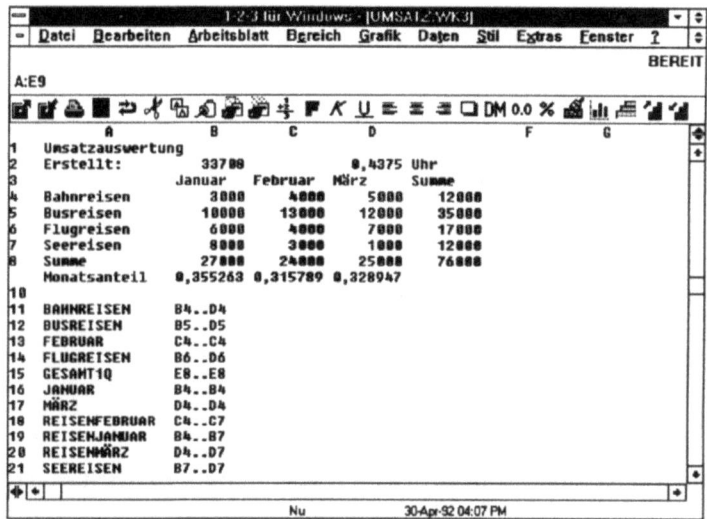

Bild 4.9 Umsatztabelle in Entwurfsdarstellung

4.2.6 Die Darstellung der Null

Sie können 1-2-3/W mitteilen, in welcher Form der Wert 0 angezeigt werden soll. Der Wert 0 kann angezeigt werden, die Zelle kann leer bleiben oder Sie können bei der Option **Label verwenden** selbst einen Text eingeben, der bei 0 angezeigt werden soll. Um die Darstellungsform der Null festzulegen, wählen Sie den Befehl Globale Parameter aus dem Menü **Arbeitsblatt** und wählen eine der Optionsschaltflächen im Dialogfeld **Arbeitsblatt Globale Parameter** (siehe Bild 4.6).

Wie soll 0 angezeigt werden?

Wenn Sie z.B. in das Textfeld **Label verwenden** «Leider nix» eingeben, erhalten Sie für den Wert 0 eine Anzeige wie in Bild 4.10.

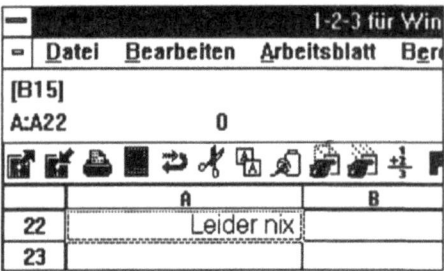

Bild 4.10 Darstellung der 0 durch Text

4.2.7 Texte ausrichten

Im allgemeinen werden Texte linksbündig ausgerichtet. Sie können aber auch die globale Festlegung zentriert oder rechts wählen. Markieren Sie dazu eine der Optionsschaltflächen Labels ausrichten im Dialogfeld **Arbeitsblatt Globale Parameter** (Bild 4.6).

 Labels ausrichten wirkt nur auf neue Texteingaben.

4.2.8 Gruppenmodus

Im Dialogfeld **Arbeitsblatt Globale Parameter** befinden sich weitere Kontrollfelder. Markieren Sie Gruppen-Modus, so werden die Zellformate und Parameter des aktuellen Arbeitsblattes allen Arbeitsblättern der aktuellen Datei zugewiesen.

 Bei Ausschalten des Gruppenmodus werden diese Änderungen nicht rückgängig gemacht.

4.2.9 Arbeitsblatt global schützen

Mit Schutz ein, werden Eingaben in Ihr Arbeitsblatt verhindert. In Abschnitt 4.7 werden die Schutzverfahren von 1-2-3/W ausführlicher behandelt.

4.2.10 Format festlegen

Betätigen Sie im Dialogfeld **Arbeitsblatt Globale Parameter** die Schaltfläche Format, so können Sie im Dialogfeld **Arbeitsblatt Globale Parameter Format** ein Format für das gesamte Arbeitsblatt auswählen. Näheres zu den Formaten erfahren Sie in den Abschnitten 4.6 und 4.7.

4.3 Bereiche gestalten

Hier lesen Sie, wie Sie in ausgewählten Bereichen Ihres Arbeitsblattes

- die Spaltenbreite und Zeilenhöhe verändern,
- die Farbe des Zellinhaltes, des Hintergrundes und die Farbe negativer Werte einstellen und
- eine Schriftart und Schriftgröße wählen können.

Einige der Tabelleneinträge ragen über die voreingestellten Spaltenbreite hinaus («Umsatzauswertung» in A1 und «Monatsanteil» in A9). Wenn Sie genau hinschauen, werden Sie feststellen, daß das Wort «Umsatzauswertung» trotzdem in voller Länge auf dem Bildschirm und auch auf dem Ausdruck erscheint.

Wozu die Spaltenbreite verändern?

1-2-3/W benutzt für Einträge, die länger sind als die Breite der Spalte, leere rechte Nachbarzellen automatisch mit. Die Zelle A9 jedoch, in die wir das Wort «Monatsanteil» eingetragen haben, hat keine leere rechte Nachbarzelle. Hier sieht man von dem Zellinhalt nur soviel, wie in die Zelle paßt.

Sie können dies ändern, indem Sie die Breite der Spalte so vergrößern, daß das gesamte Wort hineinpaßt.

Setzen Sie die Breite einer Spalte hingegen auf Null, so können Sie in dieser Spalte Berechnungen ausführen, die weder auf dem Bildschirm noch auf dem Druck erscheinen.

Sie geben 1-2-3/W die Breite der Spalte in der Einheit Zeichen an. Diese Angabe bezieht sich auf die Schriftart Helvetica 10 Punkt. Wählen Sie eine andere Schriftart oder Schriftgröße, so ändert sich auch die Anzahl der Zeichen, die in diese Spalte paßt.

Als Vorgabewert stellt 1-2-3/W die Spaltenbreite auf 9 Zeichen ein. Sie können diesen Vorgabewert im Dialogfeld **Arbeitsblatt Globale Parameter** verändern (vergl. 4.2).

Datenreise

Wir wollen jetzt die Spalte A so verbreitern, daß das Wort «Umsatzauswertung» ganz hineinpaßt.

Vorgehensweise:

1. Zeigen Sie mit dem Mauszeiger in der Leiste mit den Spaltenbuchstaben auf den rechten Rand der Spalte, deren Breite Sie verändern wollen (hier auf den rechten Rand der Spalte A).
   Der Mauszeiger ist richtig positioniert, wenn er sich von einem Pfeil zu einem senkrechten Strich mit je einem Pfeil nach rechts und links verwandelt hat.

Spalten mit der Maus verbreitern

2. Ziehen Sie jetzt bei gedrückter Maustaste soweit nach rechts, bis das Wort «Umsatzauswertung» ganz in die Spalte A paßt.
3. Lassen Sie anschließend einfach die Maustaste wieder los.

In Bild 4.13 sehen Sie die Tabelle mit so vergrößerter Spaltenbreite.

 Wollen Sie die Spalte verbergen, so ziehen Sie ihre Breite auf Null.

So können Sie die Breite der Spalten mit der Tastatur verändern:

Vorgehensweise:

1. Zeigen Sie auf eine Zelle der ersten Spalte.

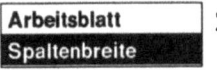

2. Wählen Sie mit der Taste Ⓐ das Menü **Arbeitsblatt** und daraus mit der Taste Ⓢ den Befehl **Spaltenbreite** (Bild 4.11). Sie sehen ein Dialogfeld wie in Bild 4.12.

4.3 Bereiche gestalten

3. Geben Sie in das Textfeld als Breite 15 ein, damit Sie die Tabelleneintragungen in voller Länge sehen.
4. Schließen Sie den Befehl mit der (EINGABE)-Taste ab.

Die mit der Tastatur einstellbare Spaltenbreite kann zwischen 1 und 240 Zeichen liegen.

Versuchen Sie «0» einzugeben, um die Spalte zu verbergen, so bringt 1-2-3/W die Fehlermeldung «Zahl zu klein» und fordert Sie auf, nach Bestätigung dieser Meldung eine größere Spaltenbreite einzugeben.

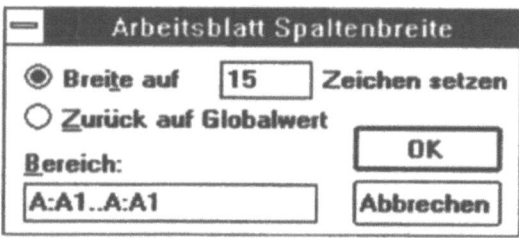

Bild 4.11 Menü Arbeitsblatt

Bild 4.12 Dialogfeld Arbeitsblatt Spaltenbreite

Sie sehen nun einen Bildschirm wie Bild 4.13 mit der verbreiterten Spalte A.

132 4 Das Arbeitsblatt gestalten

	A	B	C	D	E
1	Umsatzauswertung				
2	Erstellt:	33708		0,4375	Uhr
3		Januar	Februar	März	Summe
4	Bahnreisen	3000	4000	5000	12000
5	Busreisen	10000	13000	12000	35000
6	Flugreisen	6000	4000	7000	17000
7	Seereisen	8000	3000	1000	12000
8	Summe	27000	24000	25000	76000
9	Monatsanteil	0,355263	0,315789	0,328947	

Bild 4.13 Arbeitsblatt nach dem Verändern der Spaltenbreite

Zeilenhöhe 1-2-3/W paßt die Höhe einer Zeile automatisch entsprechend der größten Schriftart der Zeile an. Sie können die Höhe der Zeilen Ihrer Tabelle aber auch unabhängig von der Schriftgröße verändern.

Ferner können Sie Zeilen genauso wie Spalten verbergen.

Sie geben 1-2-3/W die Höhe der Zeile in der Einheit Punkt an. Diese amerikanische typografische Einheit Punkt entspricht 1/72 Zoll, das sind 0,351 mm. Die Zeilenhöhe kann bei 1-2-3/W zwischen 1 und 255 Punkten liegen. Als Vorgabe ist die Zeilenhöhe auf 14 Punkte eingestellt (s. 4.2.4, Vorgabeschrift).

Datenreise Wir wollen jetzt die Höhe der Zeile 1 verdoppeln. Mit der Maus gehen wir folgendermaßen vor:

Vorgehensweise:

Zeilenhöhen mit der Maus verändern

1. Zeigen Sie in der Leiste mit den Zeilennummern auf den unteren Rand der zu verändernden Zeile (hier auf den unteren Rand der Zeile 1). Dabei nimmt der Mauszeiger die Form eines waagerechten Striches mit je einem Pfeil nach oben und nach unten an.
2. Ziehen Sie bei gedrückter Maustaste die Zeile so hoch oder flach, wie Sie es wünschen, hier etwa auf die bisherige Trennlinie der Zeilen 2 und 3.
3. Lassen Sie die Maustaste los, wenn Sie die gewünschte Zeilenhöhe erreicht haben.

Wollen Sie eine ganze Zeile verbergen, so ziehen Sie ihre Höhe einfach auf Null.

Mit der Tastatur können Sie die Zeilenhöhe nur über ein Dialogfeld verändern. Sie geben dann die gewünschte Zeilenhöhe in dem erscheinenden Dialogfeld ein

Dazu verfahren Sie im einzelnen wie folgt:

Vorgehensweise:

1. Wählen Sie aus dem Menü **Arbeitsblatt** (Taste (ALT)+(A)) den Befehl **Zeilenhöhe** (Taste (Z)) (Bild 4.11).

2. 1-2-3/W fordert Sie in einem Dialogfeld (Bild 4.14) auf, die Zeilenhöhe zu verändern, zurückzusetzen bzw. den voreingestellten Bereich zu verändern. Sie können mit der Tabulatortaste (TAB) bzw. der Taste (ALT) und dem unterstrichenen Buchstaben zwischen den Eingabefeldern wechseln. Geben Sie die gewünschte Zeilenhöhe in das Textfeld **Höhe auf ... Punkte setzen** ein (z.B. 28).

3. Schließen Sie den Befehl mit der (EINGABE)-Taste ab.

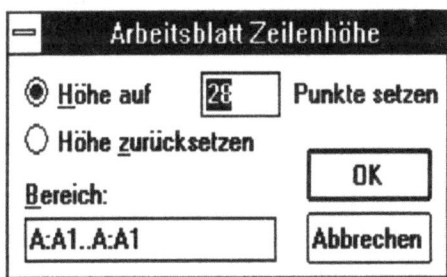

Bild 4.14 Dialogfeld Arbeitsblatt Zeilenhöhe

Wollen Sie eine ganze Zeile verbergen, so wählen Sie in diesem Dialogfeld die Höhe «1». Geben Sie «0» ein, so bringt 1-2-3/W die Fehlermeldung «Zahl zu klein».

Im Abschnitt 4.7 werden Sie weitere Möglichkeiten kennenlernen, Ihre Daten vor neugierigen Blicken und unbefugtem Überschreiben zu schützen.

Farbe von Bereichen verändern   In einer Tabelle ist es oft sinnvoll, bestimmte Bereiche oder Zellinhalte farblich hervorzuheben, damit sie dem Betrachter gleich ins Auge fallen.

Sie können hierzu mit dem Befehl Farbe im Menü **Stil** die Farbe des Zellinhaltes und des Zellhintergrundes sowie die Farbe negativer Werte für einen markierten Tabellenbereich verändern.

Datenreise   Wir wollen jetzt den Datenbereich unserer Umsatztabelle hell hinterlegen und eine dunkle Schrift wählen.

Vorgehensweise:

1. Markieren Sie den Tabellenbereich, in dem Sie die Farbe der Schrift verändern wollen (hier A1..E9).

 2. Geben Sie 1-2-3/W den Befehl **Farbe** aus dem Menü **Stil** (Bild 4.15) und Sie sehen ein Dialogfeld Stil Farbe wie in Bild 4.16.

3. Klicken Sie den Pfeil der Liste **Zellinhalt** an. 1-2-3/W klappt eine Farbauswahlliste auf. Wählen Sie eine Farbe durch Doppelklick aus der Liste aus (Bild 4.16), z.B. blau. Bei einem Mono-Bildschirm sehen Sie diese Farbe als dunkelgrau.

4. Markieren Sie jetzt den Datenbereich (B4..D7).

5. Zum Verändern des Hintergrundes klicken Sie auf den Pfeil der Liste **Hintergrund** und wählen aus dieser Auswahlleiste eine Farbe aus. Bei monochromer Widergabe sehen Sie diese Farbe als hellgrau.

6. Schließen Sie diesen Arbeitsschritt ab, indem Sie auf die Schaltfläche **OK** klicken.

4.3 Bereiche gestalten 135

Bild 4.15 Menü Stil

Bild 4.16 Dialogfeld Stil Farbe

Sie können die Farbe der Schrift und des Hintergrundes auch mit der Tastatur verändern:

Vorgehensweise:

1. Markieren Sie den Tabellenbereich, in dem Sie die Farbe der Schrift verändern wollen (A1..E9).

2. Wählen Sie aus dem Menü **S**til (Taste ⒜+Ⓢ) den Befehl **F**arbe (Taste Ⓕ). Sie sehen ein Auswahlfenster wie in Bild 4.16.

136   4 Das Arbeitsblatt gestalten

Farbe der Schrift
3. Sie können sich jetzt die gewünschte Farbe für die Schrift in dem Feld **Z̲ellinhalt** mit den Richtungstasten auswählen (z.B. blau).
4. Markieren Sie den Datenbereich(B4..D7).
5. Drücken Sie auf die Tabulatortaste , wählen Sie aus dem Feld **H̲intergrund** die gewünschte Farbe (z.B. gelb) mit den Richtungstasten.
6. Sie schließen den Befehl mit der ⌦-Taste ab.

> **X** Bei VGA monochrom Bildschirmen sehen Sie anstatt der Farben nur Schraffuren und Graustufen.
> In den folgenden Bildern haben wir auf die farbliche Gestaltung des Hintergrundes verzichtet, damit die Zellinhalte auch bei dieser Druckwiedergabe lesbar bleiben.

Schriftart und Schriftgröße wählen
Zu einer Tabelle gehört eine gut lesbare Überschrift. 1-2-3/W bietet Ihnen die Möglichkeit, die Schriftart, das Schriftattribut (normal, fett, kursiv, unterstrichen) und die Schriftgröße für ausgewählte Bereiche zu verändern.

Datenreise
Wir wollen jetzt die Überschrift vergrößern und doppelt unterstreichen.

Vorgehensweise

1. Markieren Sie den Bereich, in dem Sie die Schriftart ändern wollen (A1).

2. Wählen Sie den Befehl **Schriftart** aus dem Menü **S̲til**. Es erscheint ein Dialogfeld **Stil Schriftart**, wie Sie es in Bild 4.17 sehen.

3. Klicken Sie auf eine der angezeigten Schriftarten oder wählen Sie eine Schriftart mit den Richtungstasten an (z.B. Arial MT 24).

4. Wählen Sie dazu noch ein oder mehrere Schriftattribute (hier alle) durch Klicken mit der Maus auf das entsprechende Kontrollfeld oder durch Anwählen mit der Tabulatortaste (TAB) und Bestätigen mit der (EINGABE)-Taste.
Ein Schriftattribut ist gewählt, wenn in dem Kontrollfeld ein Kreuz zu sehen ist.
5. Klicken Sie auf den Pfeil unter **Unterstreichen** und markieren Sie in der aufklappenden Liste den doppelten Unterstrich
Arbeiten Sie mit der Tastatur, so verschieben Sie mit der Tabulatortaste (TAB) die Markierung auf das grafische Auswahlfeld direkt unter dem Kontrollfeld **Unterstreichen** und wählen mit den Richtungstasten den doppelten Unterstrich.
6. Bestätigen Sie Ihre Auswahl durch Klicken auf **OK** oder durch Drücken der (EINGABE)-Taste.

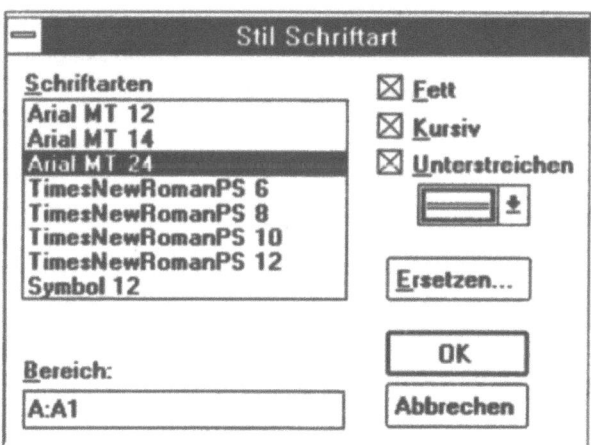

Bild 4.17 Dialogfeld Stil Schriftart

Sie haben jetzt gelernt, die Spaltenbreite und Zeilenhöhe zu verändern, die Farbe für Zellinhalt und Zellhintergrund zu variieren und die Schriftart, Schriftgröße und Schriftattribute einzustellen.

Wir haben noch einige zusätzliche Formatierungen vorgenommen. Diese sind in Tabelle 4.1 aufgeführt. Die so veränderte Umsatztabelle sehen Sie dann in Bild 4.18.

Tabellen-überschrift	Schriftart: Schriftgröße: Format:	Arial MT 28 fett, kursiv, doppelt unterstrichen
Datum-/Zeitzeile	Schriftart: Schriftgröße: Format:	Arial MT 14 kursiv
Tabelle	Schriftart: Schriftgrad: Zeilen-/Spalten-überschriften	Arial MT 10 fett
Vordergrund:	dunklere Graustufe	
Hintergrund:	weiß Datenbereich:	 gelb/hellgrau

Tabelle 4.1 Formatierungen für Umsatztabelle

Umsatzauswertung

Erstellt:	33708		0,4375	Uhr
	Januar	Februar	März	Summe
Bahnreisen	3000	4000	5000	12000
Busreisen	10000	13000	12000	35000
Flugreisen	6000	4000	7000	17000
Seereisen	8000	3000	1000	12000
Summe	27000	24000	25000	76000
Monatsanteil	0,355263	0,315789	0,328947	

Bild 4.18 Gestaltete Umsatztabelle

Seien Sie zurückhaltender als wir bei der Wahl der Schrift- und Darstellungsattribute, damit die klare Darstellungslinie nicht leidet.

4.4 Zellinhalte ausrichten

Wenn Sie keine andere Wahl treffen, trägt 1-2-3/W Zahlen, Kalenderdaten und Uhrzeiten rechtsbündig und Texte linksbündig in die Zellen ein.

Zellinhalte ausrichten

Sie können die Ausrichtung der Zellinhalte bei 1-2-3/W jedoch auch selber bestimmen.

Vor der Eingabe eines Textes (Labels) können Sie durch die Eingabe eines Justierungs- oder Ausrichtungszeichens festlegen, ob dieser linksbündig, zentriert oder rechtsbündig ausgerichtet werden soll.

Durch Justierungszeichen

Weitere Justierungszeichen ermöglichen die Wiederholung einer Zeichenfolge bis zum Spaltenende bzw. verhindern eine Ausgabe auf den Drucker.

Tabelle 4.2 zeigt eine Übersicht über die Justierungszeichen und ihre Wirkungsweise.

Zeichen	Auswirkung
'	Richtet Text linksbündig aus
"	Richtet Text rechtsbündig aus
^	Zentriert Texte
\	Wiederholt Texte Wiederholt Texte Wie
|	Diese Zeile wird nicht gedruckt

Tabelle 4.2 Justierungszeichen

Bei der Verwendung einer Maus können Sie die Ausrichtung von Zellinhalten bequemer verändern. Sie haben hierzu in der Symbolleiste entsprechende Schaltflächen. Sie müssen jetzt nur noch den Bereich markieren, in dem Sie die Ausrichtung

140   4 Das Arbeitsblatt gestalten

der Zellinhalte ändern wollen und anschließend die Schaltfläche mit der richtigen Ausrichtung in der Symbolleiste anklikken.

 Sie können die Ausrichtung von Zellinhalten aber auch mit der Befehlsfolge Stil Ausrichtung verändern.

Datenreise   Sie werden im folgenden erleben, wie Sie die Spaltenüberschriften unserer Tabelle zentriert ausrichten können.

Mit der Maus verfahren Sie dazu wie folgt:

Vorgehensweise:

1. Markieren Sie mit der Maus den Tabellenbereich, in dem Sie die Ausrichtung der Inhalte ändern wollen (hier z.B. B3..E3).

 2. Klicken Sie nun in der Symbolleiste das Symbol Zentriert an.

Mit der Tastatur müssen Sie die Ausrichtung der Zellinhalte über ein Befehlsmenü ändern.

Vorgehensweise:

1. Markieren Sie den Tabellenbereich, in dem Sie die Ausrichtung der Zellinhalte ändern wollen (hier B3..E3).

 2. Wählen Sie mit den Tasten ⒜+Ⓢ das Menü S̲til und mit der Taste Ⓡ daraus den Befehl Aus̲richtung. Sie sehen nun ein Dialogfeld wie in Bild 4.19.

3. Wählen Sie die gewünschte Ausrichtung aus der Liste aus (hier z̲entriert), indem Sie die ⒜-Taste drücken und den zugehörigen Buchstaben eintasten (hier Ⓩ).

4. Schließen Sie den Befehl mit der ⒠-Taste ab.

4.4 Zellinhalte ausrichten

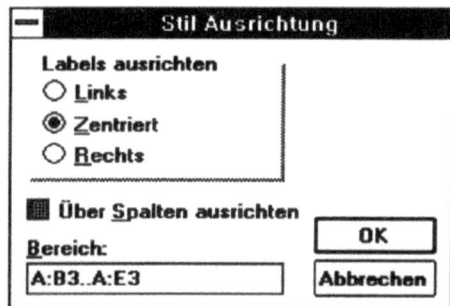

Bild 4.19 Dialogfeld Stil Ausrichtung

Sofort richtet 1-2-3/W im Tabellenfenster die Spaltenüberschriften zentriert aus.

Markieren Sie im Dialogfeld Stil Ausrichtung **Über Spalten ausrichten**, so erscheint als vierte Ausrichtungsart Blocksatz. In der erweiterten Symbolleiste existiert auch ein Symbol **Blocksatz**.

Im Kapitel 8 werden Sie lernen, Texte mit Blocksatz zu gestalten.

Wiederholen Sie diese Schritte mit der Überschrift «Umsatzauswertung». Markieren Sie dazu den gesamten Bereich A1..E1 und klicken Sie zusätzlich auf das Kontrollfeld **Über Spalten ausrichten**. Die Umsatztabelle hat dann dieses Aussehen:

	Umsatzauswertung			
Erstellt:	33708		0,4375	Uhr
	Januar	Februar	März	Summe
Bahnreisen	3000	4000	5000	12000
Busreisen	10000	13000	12000	35000
Flugreisen	6000	4000	7000	17000
Seereisen	8000	3000	1000	12000
Summe	27000	24000	25000	76000
Monatsanteil	0,355263	0,315789	0,328947	

Bild 4.20 Umsatzauswertung mit zentrierten Überschriften

4.5 Gestalten von Zellinhalten

4.5.1 Wozu die Darstellung von Zahlenzellen gestalten?

Zahlenzellen gestalten

Die Übersicht in einer Tabelle erhöhen Sie, indem Sie die Zahlen formatieren. In einer mathematischen Anwendung ist es vielleicht nicht sinnvoll, sich Zahlen mit mehr als 6 Vorkommastellen als Dezimalzahl anzeigen zu lassen, sondern in Exponentialschreibweise, während in einer kaufmännischen Anwendung Millionenbeträge mit Tausenderpunkten besser lesbar sind.

Ebenso kann es vorteilhaft sein, die Ausgabe einer Zahl von ihrem Wert abhängig zu machen, zum Beispiel, um Verluste in einer Erfolgsauswertung schnell zu erkennen.

Mit 1-2-3/W haben Sie viele Möglichkeiten. Sie verändern das Format einer Zahl mit dem Befehl Format aus dem Menü **Bereich** und wählen aus der Formatliste das entsprechende Format aus.

Sie werden in den nächsten Abschnitten erfahren, wie Sie

- verschiedene Darstellungsformen für Zahlen wählen,
- Zahlen farbig gestalten und
- die Darstellung der Zahlen von Ihren Werten abhängig machen.

4.5.2 Verschiedene Schreibweisen für Zahlen

Die Darstellung von Zahlen hängt von der Spaltenbreite und der Formatierung ab. Wenn Sie kein Zahlenformat festlegen, wird 1-2-3/W immer das Zahlenformat einstellen, mit dem die meisten Stellen der eingegebenen Zahl angezeigt werden können.

Standardformat

1-2-3/W wählt als Standardformat zur Darstellung von Zahlen die Gleitkommaschreibweise, das heißt, Sie haben keine feste Anzahl von Nachkommastellen. Es werden immer soviel Stellen angezeigt, wie die Spaltenbreite zuläßt.

4.5 Gestalten von Zellinhalten

Jede Zahl, die Sie eingeben, wird bei ausreichender Spaltenbreite (s. Abschnitte 4.2 und 4.3) mit soviel Nachkommastellen angezeigt, wie Sie eingegeben haben.

Die Breite einer Tabellenspalte ist bei 1-2-3/W auf 9 Zeichen voreingestellt. Dies reicht aus, um eine achtstellige Zahl mit Vorzeichen anzuzeigen.

Exponentialschreibweise

Geben Sie bei dieser Spaltenbreite eine Zahl mit mehr als acht Vorkommastellen ein, so stellt 1-2-3/W sie automatisch in Exponentialschreibweise mit einer Nachkommastellen dar. Geben Sie eine Zahl ein, die weniger als acht Vorkommastellen, aber soviel Nachkommastellen hat, daß sie insgesamt länger als acht Zeichen ist, so rundet 1-2-3/W automatisch auf acht Ziffern.

Bei der Exponentialschreibweise zeigt 1-2-3/W von jeder Zahl

- eine Vorkommastelle
- ein Komma
- voreingestellt zwei Nachkommastellen,
- ein E als Zeichen für die Basis 10 und
- den Exponenten an.

Diese Schreibweise empfiehlt sich, wenn Sie sehr große Zahlen darstellen müssen. Sie stellen sie per Hand ein, indem Sie aus der Formatliste **Exponential** auswählen.

Festkommadarstellung

Wollen Sie die eingegebenen Zahlen immer auf eine von Ihnen vorher festgelegte Zahl an Nachkomastellen gerundet haben, so müssen Sie die Festkommadarstellung wählen.

Bei der Festkommadarstellung stellt 1-2-3/W jede Zahl mit genau soviel Nachkommastellen dar, wie Sie eingestellt haben (maximal 15).

Wählen Sie für die Festkommadarstellung **Fest** aus der Formatliste und geben Sie die Dezimalstellen ein.

Tausenderpunkt

Große Zahlen lassen sich leichter überblicken, wenn Sie einen Tausenderpunkt enthalten. Um Ihre Zahlen mit diesem Punkt zu versehen, wählen Sie das . (Punkt) - Format aus der Liste.

Prozentangaben Auch die Darstellung von Prozentzahlen wird Ihnen von 1-2-3/W erleichtert. Mit Prozent formatierte Werte werden mit 100 multipliziert und es wird das Prozentzeichen angefügt. Die Zahl der Nachkommastellen ist zwischen 0 und 15 frei wählbar.

Achten Sie darauf, Prozentzahlen als Dezimalzahlen einzugeben, also z.B. 0,12 für 12%.

Datenreise Wir wollen jetzt den Monatsanteil in der Umsatztabelle als Prozentzahlen mit 2 Nachkommastellen darstellen.

Vorgehensweise:

1. Markieren Sie den Tabellenbereich, in dem Sie ein neues Format festlegen wollen (hier B9..D9).

2. Wählen Sie aus dem Menü **Bereich** den Befehl **Format**. Es erscheint ein Dialogfeld **Bereich Format** (Bild 4.21).

3. Wählen Sie aus dem Listenfeld Ihr gewünschtes Format (z.B. Prozent) und geben Sie die Zahl der Dezimalstellen ein (hier 2).

4. Schließen Sie den Befehl ab.

Mit der Maus können Sie bei der Formatierung in **Prozent**, als **Währung** und in das **. (Punkt)**-Format die Symbolleiste benutzen.

Vorgehensweise

1. Markieren Sie den Tabellenbereich, den Sie mit einem dieser Formate gestalten wollen (hier B9..D9).

2. Klicken Sie mit der Maus auf das % - Symbol in der Symbolleiste.

4.5 Gestalten von Zellinhalten

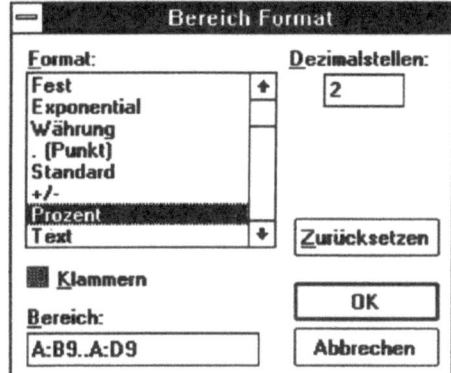

Bild 4.21 Dialogfeld Bereich Format

In der Umsatztabelle sind jetzt die Monatsanteile in Prozent dargestellt (Bild 4.22).

	Umsatzauswertung			
Erstellt:	33708		0,4375	Uhr
	Januar	Februar	März	Summe
Bahnreisen	3000	4000	5000	12000
Busreisen	10000	13000	12000	35000
Flugreisen	6000	4000	7000	17000
Seereisen	8000	3000	1000	12000
Summe	27000	24000	25000	76000
Monatsanteil	35,53%	31,58%	32,89%	

Bild 4.22 Umsatztabelle mit Monatsanteil in Prozent

In Tabelle 4.3 sind einige Beispiel für Zahlenformate dargestellt.

Format	Anzeige
Fest, 1 Dezimalstelle	2401,8
Fest, 2 Dezimalstellen	2401,84
Exponential, 5 Dezimalstellen	2,40184E+03
Exponential, 3 Dezimalstellen	2,402E+03
. (Punkt), 1 Dezimalstelle	2.401,8
Standard	2401,837
Prozent, 1 Dezimalstelle	240183,7%

Tabelle 4.3 Beispiel für Darstellungen der Zahl 2401,837

4.5.3 Währungen in Zahlenformaten

Häufig werden in Tabellen Geldbeträge angezeigt. 1-2-3/W kann diese Werte als Währung darstellen. Dabei werden die Zahlen mit einem Tausenderpunkt versehen und das Währungssymbol wird hinzugefügt. Die Vorgabe ist so gewählt, daß das deutsche Währungssymbol (DM) an die Zahlen angefügt wird.

Sie können diese Vorgabe mit **Extras Benutzervorgaben International** (Bild 4.24) verändern. Zu diesem Dialogfeld gelangen Sie über das Menü E**x**tras, den Befehl **Benutzervorgaben** und die Taste **International** im Auswahlfeld **Extras Benutzervorgaben** (Bild 4.23).

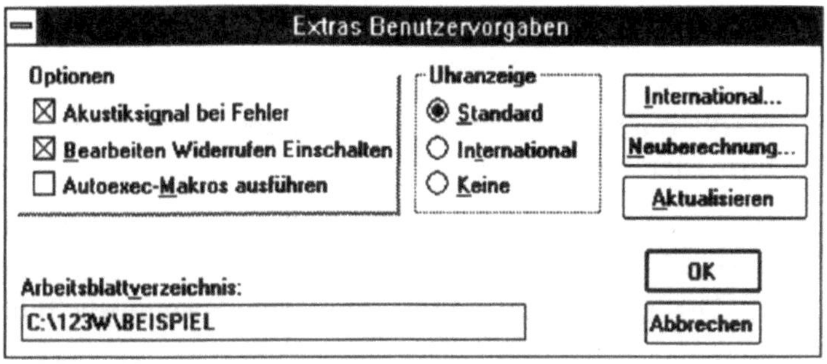

4.5 Gestalten von Zellinhalten 147

Bild 4.23 Auswahlfeld Extras Benutzervorgaben

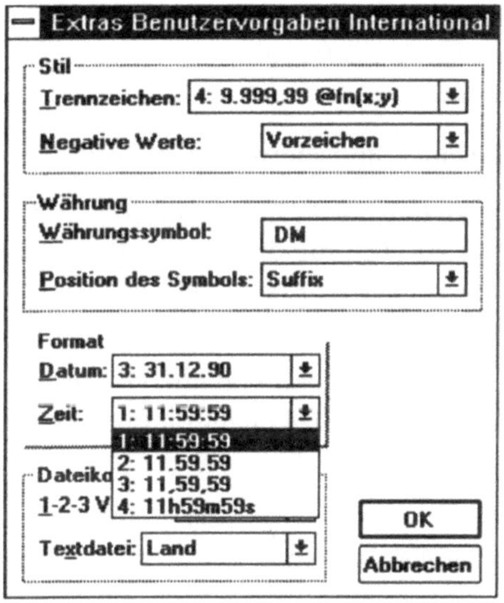

Bild 4.24 Benutzervorgaben International

In das Textfeld Währungssymbol können Sie den Text für Ihr Währungssymbol eingeben (z.B. $, Dollar, Franc). Anschließend können Sie noch auswählen, ob die Angabe der Währung vor oder hinter der Zahl erfolgen soll.

Wir wollen nun im folgenden erreichen, daß hinter den Um- Datenreise sätzen unserer Tabelle die Währung erscheint und daß wir zwei Nachkommastellen und Tausenderpunkte erhalten.

148   4 Das Arbeitsblatt gestalten

Vorgehensweise:

1. Markieren Sie den Tabellenbereich, den Sie als Währung formatieren wollen (hier B4..E8).

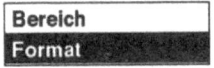

2. Wählen Sie mit den Tasten (ALT) +E das Menü B_ereich und daraus mit der Taste F den Befehl _Format. Es erscheint das Dialogfeld **Bereich Format** mit einer Formatliste (Bild 4.21).

3. Wählen Sie aus dieser Liste mit den Richtungstasten das Format **Währung** und geben Sie in das Eingabefeld **Dezimalstellen** eine 2 ein.

4. Schließen Sie den Befehl ab.

Sie sehen nun einen Bildschirm wie Bild 4.25.

Die Werte sind mit der Währungsangabe DM und in dem Schriftgrad 10 zu lang für die eingestellte Spaltenbreite. In solchen Fällen zeigt 1-2-3/W in den entsprechenden Zellen nur Sternchen an.

Verbreitern Sie die Spaltenbreite auf 12 Zeichen (vergleiche Abschnitt 4.3), um die Tabelleneintragungen wieder auf dem Bildschirm zu sehen (Bild 4.26).

Arbeiten Sie mit Maus, so erleichtert 1-2-3/W Ihnen das Formatieren in das Währungsformat.

Vorgehensweise

1. Markieren Sie den Bereich, für den Sie das Währungsformat vergeben wollen (hier B4..E8).

2. Klicken Sie auf das **DM**-Symbol in der Symbolleiste. Beobachten Sie, wie 1-2-3/W die Werte in dem markierten Bereich in das Währungsformat umwandelt.

4.5 Gestalten von Zellinhalten 149

	Umsatzauswertung					
Erstellt:	33708		0,4375	Uhr		
	Januar	Februar	März	Summe		
Bahnreisen	×××××××××	×××××××××	×××××××××	×××××××××		
Busreisen	×××××××××	×××××××××	×××××××××	×××××××××		
Flugreisen	×××××××××	×××××××××	×××××××××	×××××××××		
Seereisen	×××××××××	×××××××××	×××××××××	×××××××××		
Summe	×××××××××	×××××××××	×××××××××	×××××××××		
Monatsanteil	35,53%	31,58%	32,89%			

Bild 4.25 Umsatztabelle mit zu kleiner Spaltenbreite

	Umsatzauswertung			
Erstellt:	33708		0,4375	Uhr
	Januar	Februar	März	Summe
Bahnreisen	3.000,00 DM	4.000,00 DM	5.000,00 DM	12.000,00 DM
Busreisen	10.000,00 DM	13.000,00 DM	12.000,00 DM	35.000,00 DM
Flugreisen	6.000,00 DM	4.000,00 DM	7.000,00 DM	17.000,00 DM
Seereisen	8.000,00 DM	3.000,00 DM	1.000,00 DM	12.000,00 DM
Summe	27.000,00 DM	24.000,00 DM	25.000,00 DM	76.000,00 DM
Monatsanteil	35,53%	31,58%	32,89%	

Bild 4.26 Tabelle mit Umsätzen in DM, Spaltenbreite 12 Zeichen

4.5.4 Farbe in der Darstellung von Zahlen

Auf Farbbildschirmen können Sie bei 1-2-3/W Farbe als Gestaltungsmittel für Ihre Tabelle einsetzen. In Abschnitt 4.4 wurde beschrieben, wie Sie ganze Tabellenbereiche färben können. «Rote Zahlen schreiben...»

Neben der generellen farblichen Gestaltung einer Zelle können Sie bei 1-2-3/W Zellen noch weiter gestalten. So können Sie zum Beispiel negative Zahlen zur besseren Übersicht in einer Erfolgsauswertung rot darstellen, um sofort zu sehen, ob eine der Bereiche Verlust gemacht hat.

In dem Dialogfeld **Fenster Anzeige-Optionen** (Bild 4.8) können Sie global (d.h. für alle Arbeitsblätter aller geöffneten Dateien) die Farbe für negative Werte festlegen.

Datenreise

Darüber hinaus haben Sie die Möglichkeit, in einzelnen Bereichen negative Zahlen rot darzustellen. Das wollen wir jetzt in unserer Tabelle ausprobieren:

Vorgehensweise:

1. Markieren Sie den Tabellenbereich, für den Sie den neuen Formatcode festlegen wollen (hier B4..E8).
2. Wählen Sie den Befehl **Farbe** aus dem Menü **S̲til**. Sie sehen das Dialogfeld **Stil Farbe** (Bild 4.16), das Sie von der Wahl des Zellinhaltes und Hintergrundes schon kennen.
3. Markieren Sie das Kontrollfeld **N̲egative Werte rot**.
4. Schließen Sie den Befehl ab.

Um die Auswirkung des neuen Formatcodes auch auf dem Bildschirm zu sehen, müssen wir nun in die Tabelle einen negativen Umsatzwert eintragen. Geben Sie zum Beispiel als Bahnreisen-Umsatz im Monat Januar -3000 ein.

Sie können 1-2-3/W eine negative Zahl auch eingeben, indem Sie die entsprechende Zahl in Klammern einschließen. Dies entspricht der amerikanischen Notierung. Beobachten Sie außerdem, daß 1-2-3/W den neuen Umsatz gleich in den Bereichs- und Monatssummen berücksichtigt hat.

4.6 Kalenderdaten und Uhrzeiten

4.6.1 Formate für Kalenderdaten

Bei 1-2-3/W werden Kalenderdaten als Datumsseriennummern (1 für den 1. Januar 1900 und 73050 für den 31. Dezember 2099) dargestellt. Sie können das Datum in den Zellen nach Ihren Wünschen formatieren, in der Eingabezeile wird weiter die Datumsseriennummer angezeigt.

In Bild 4.27 sehen Sie die 5 Datumsformate, die 1-2-3/W bietet.

4.6 Kalenderdaten und Uhrzeiten

Außerdem können Sie noch Automatisch wählen. Dabei übernehmen die Zellen das Format, mit dem Sie das Datum eingeben.

Bild 4.27 Datums- und Zeitformate

In Tabelle 4.4 sehen Sie einige Beispiele für Datumsformate und deren Wirkungen.

Format	Anzeige
1: 31-Dez 90	14-Apr-92
2: 31-Dez	14-Apr
3: Dez-90	Apr-92
4: Datum Lang Intern'l	14.04.92
5: Datum Kurz Intern'l	14.04

Tabelle 4.4 Datumsformate

Mit **Extras Benutzervorgaben International** (Bild 4.24) können Sie das lange und das kurze internationale Datums- und Zeitformat ändern.

Datum Datenreise

Jetzt wollen wir das Datum in der Umsatztabelle als **Datum Lang International** formatieren.

152   4 Das Arbeitsblatt gestalten

Vorgehensweise:

1. Markieren Sie den Tabellenbereich, in dem Sie Daten formatieren wollen (hier B2).

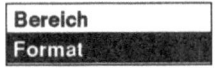

2. Wählen Sie aus dem Menü **Bereich** den Befehl **Format**. Sie sehen das Dialogfeld **Bereich Format** mit der Formatliste.

3. Wählen Sie das Format **4: Datum Lang Intern'l**.
4. Schließen Sie den Befehl ab.

4.6.2 Zeitformate

Auch die Uhrzeit wird bei 1-2-3/W intern als Seriennummer gespeichert. Diese liegt zwischen 0,00 für 00:00:00 Uhr und 0,99998843 für 23:59:59 Uhr. In der Formatliste (Bild 4.27) werden Ihnen 4 Zeitformate und das Format **Automatisch** angeboten.

Format	Anzeige
6: 11:59:59 AM	10:30:00 AM
7: 11:59 AM	10:30 AM
8: Zeit Lang Intern'l	10:30:00
9: Zeit Kurz Intern'l	10:30

Tabelle 4.5 Zeitformate

Geben Sie als Format **Automatisch** an, so übernimmt 1-2-3/W das Format, wie Sie die Zeit eingeben.

Datenreise   In der Umsatztabelle ist nur noch die Uhrzeit unformatiert. Wir wollen sie jetzt im kurzen internationalen Zeitformat darstellen.

Vorgehensweise

1. Markieren Sie die Zelle mit der Zeitseriennummer (D2).
2. Wählen Sie den Befehl **Format** aus dem Menü **Bereich**. Sie sehen das bekannte Dialogfeld **Bereich Format** mit der Formatliste.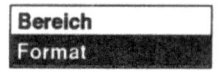
3. Wählen Sie aus der Formatliste das kurze internationale Zeitformat.
4. Beenden Sie den Befehl.

Sie haben jetzt das Datum und die Uhrzeit in der Umsatztabelle formatiert. Schauen Sie sich das Ergebnis in Bild 4.28 an. Sieht die Tabelle jetzt nicht schon recht ansprechend aus?

	Umsatzauswertung			
Erstellt:	14.04.92		10:30	Uhr
	Januar	Februar	März	Summe
Bahnreisen	3.000,00 DM	4.000,00 DM	5.000,00 DM	12.000,00 DM
Busreisen	10.000,00 DM	13.000,00 DM	12.000,00 DM	35.000,00 DM
Flugreisen	6.000,00 DM	4.000,00 DM	7.000,00 DM	17.000,00 DM
Seereisen	8.000,00 DM	3.000,00 DM	1.000,00 DM	12.000,00 DM
Summe	27.000,00 DM	24.000,00 DM	25.000,00 DM	76.000,00 DM
Monatsanteil	35,53%	31,58%	32,89%	

Bild 4.28 Umsatztabelle mit Datum und Uhrzeit

4.7 Schützen von Formelzellen

Durch Fehlbedienung können Sie versehentlich die Formeln in Rechenzellen zerstören, zum Beispiel, indem Sie mit dem Zellzeiger auf eine Zelle zeigen, die Formeln enthält, und etwas eingeben. Außerdem gibt es vielleicht Tabellen, die Sie nicht von anderen bearbeitet haben möchten.

1-2-3/W bietet Ihnen einen mehrstufigen Datenschutz.

Sie können:

- Daten verbergen,
- einen globalen Schreibschutz einschalten und nur in bestimmten Bereichen die Eingabe erlauben,
- eine Datei durch ein Paßwort gegen alle Anweisungen sperren, die den Schutzstatus oder das Format ändern,
- die Datei durch ein Paßwort völlig vor unbefugtem Zugriff schützen.

Daten verbergen In Abschnitt 4.3 haben Sie bereits gelernt, Daten zu verbergen, indem Sie die Spaltenbreite oder die Zeilenhöhe auf 0 setzen.

Farbtricks Eine weitere Möglichkeit besteht darin, für den Zellinhalt die gleiche Farbe wie für den Zellhintergrund zu wählen. Setzen Sie bei dieser Variante den Zellzeiger wieder auf eine verborgene Zelle, so erscheint der Zellinhalt in der Bearbeitungszeile.

Format Verborgen Sie können den Inhalt von Zellen oder Bereichen auch verbergen, indem Sie diese Bereiche zunächst markieren und anschließend im Dialogfeld **Bereich Format** das Format **Verborgen** wählen. Aber auch hier erscheint der Zellinhalt in der Bearbeitungszeile, wenn Sie diese Zelle ansteuern.

Arbeitsblatt Verbergen Etwas sicherer sind Ihre Daten, wenn Sie mit mit dem Befehl Verbergen im Menü **Arbeitsblatt** (Bild 4.29) ganze Spalten oder Arbeitsblätter verbergen.

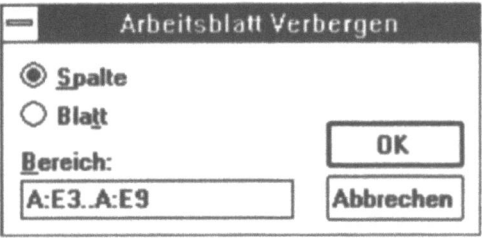

Bild 4.29 Dialogfeld Arbeitsblatt Verbergen

Diese Daten sind in der Bearbeitungszeile nicht mehr sichtbar. Verborgene Spalten oder Arbeitsblätter können mit dem Befehl Wiederanzeigen im **Menü Arbeitsblatt** wieder sichtbar gemacht werden.

4.7 Schützen von Formelzellen

Globalen Schreibschutz setzen

Einen besseren Schutz erreichen Sie, wenn Sie als ersten Schritt im Dialogfeld **Arbeitsblatt Globale Parameter** das Kontrollfeld Schutz markieren.

Dieser Schutz bewirkt, das Sie in keine einzige Zelle eines Arbeitsblattes einer geöffneten Datei mehr Daten eintragen können. Versuchen Sie es trotzdem, so erhalten Sie eine Meldung wie in Bild 4.30.

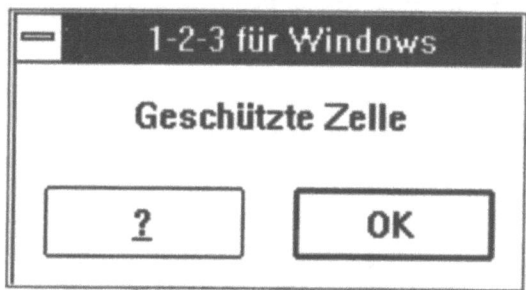

Bild 4.30 Keine Eingabe in geschützte Zellen

Einen Bereich freigeben

Um mit einer Tabelle weiter arbeiten zu können, müssen Sie einen Bereich innerhalb des globalen Schutzes wieder freigeben. Dazu markieren Sie den Bereich, in den Sie Eingaben erlauben wollen. Wählen Sie dann den Befehl **Freigeben** im Menü **Bereich** und bestätigen Sie die Bereichseinstellung.

Daten in freigegeben Bereichen können in einer anderen Farbe dargestellt werden (siehe Abschnitt 4.2). Sie sehen dann sofort, in welche Zellen Sie Daten eingeben können.

Dieser Schutz wirkt schon recht effektiv. Es ist aber auch kein Problem, ihn wieder aufzuheben. Im Dialogfeld **Arbeitsblatt Globale Parameter** muß nur das Kontrollfeld **Schutz** wieder freigegeben werde.

Datei mit Paßwort sperren

1-2-3/W bietet Ihnen die Möglichkeit, den von Ihnen eingestellten Schutz und die Dateiformate durch ein Paßwort zu schützen. Der Benutzer kann ganz normal mit der Datei arbeiten. Er kann Daten in freigegebene Bereiche eingeben. Er hat aber keine Chance, das Format oder den Schutz zu ändern, wenn er das Paßwort nicht kennt.

Diesen Schutz können Sie über die Befehlsfolge Datei Verwaltung Datei sperren anwählen. Sie werden aufgefordert, ein Paßwort einzugeben (zweimal). Kennen Sie das Paßwort, so können Sie diesen Schutz über **Datei Verwaltung** Alle Beschränkungen aufheben wieder entfernen.

Zugriff auf Datei verhindern

In Abschnitt 3.7 haben Sie bereits gelernt, wie man eine Datei beim Speichern durch ein Paßwort vor unerlaubtem Zugriff schützen kann. Wer dieses Paßwort nicht kennt, kann die Datei nicht öffnen. Er kann in ihr weder lesen noch schreiben.

Datenreise

Wir wollen jetzt unsere Datei «UMSATZ» global schützen und anschließend den Datenbereich wieder freigeben.

Vorgehensweise:

1. Wählen Sie im Menü **Arbeitsblatt** den Befehl **Globale Parameter**. Sie sehen das Dialogfeld **Arbeitsblatt Globale Parameter** (Bild 4.6).

2. Markieren Sie das Kontrollfeld **Schutz**.

3. Schließen Sie den Befehl ab.
   Sie haben jetzt Ihre gesamte Tabelle schreibgeschützt.

4. Markieren Sie die erste Zelle des Datenbereiches, in den Sie auch weiterhin Eingaben erlauben wollen (hier B4).

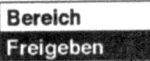

5. Wählen Sie den Befehl **Freigeben** aus dem Menü **Bereich** und ergänzen Sie im Textfeld **Bereich** die Bereichsadresse (A:B4..A:D7).

6. Schließen Sie den Befehl ab.

Der Datenbereich erscheint jetzt in einer anderen Farbe. Versuchen Sie, Daten in den freigegebenen Bereich und in den Datenbereich einzugeben.

Bei dem Versuch Daten in den Bereich B4..D7 einzugeben, meldet 1-2-3/W: «Geschützte Zelle» (s. Bild 4.30). Sie sehen, der Schutz funktioniert.

4.8 Gestalten der Druckausgabe

Überblick

Mit 1-2-3/W können Sie die Druckausgabe Ihrer Tabelle vielfältig gestalten. Sie können zwischen unterschiedlichen Formaten und Schriftarten wählen, ihre Zellen mit verschiedenen Mustern hinterlegen und vieles mehr. Die Gestaltungsmöglichkeiten sind dabei wesentlich von Ihrem Drucker abhängig.

In Abschnitt 4.8.1 erfahren Sie, wie Sie Ihren Drucker einrichten. Das Gestalten der Blattgröße und der Ränder zeigt Abschnitt 4.8.2. Abschnitt 4.8.3 zeigt das Einfügen von Einrahmungen.

4.8.1 Druckereinrichtung

Bevor Sie Ihre Tabelle auf dem angeschlossenen Drucker ausgeben können, müssen Sie diesen Drucker, falls noch nicht geschehen, einrichten. 1-2-3/W benutzt wie alle WINDOWS 3.x Anwendungen die Druckereinrichtung von WINDOWS mit. Dies bedeutet, daß 1-2-3/W den/die Drucker als eingerichtet voreingestellt hat, den/die Sie bei der Installation von WINDOWS eingerichtet haben.

Drucker anmelden und einrichten

Greifen Sie bei Schwierigkeiten mit der Druckerinstallation auf die umfangreiche WINDOWS Hilfe zurück, die nach dem gleichen Prinzip aufgebaut ist wie die Hilfe von 1-2-3/W.

Mit der Einrichtung eines Druckers teilen Sie WINDOWS mit,

- welche Papiergröße Sie verwenden,
- ob Sie im Hoch- oder Querformat drucken wollen,
- die Textqualität und
- bei einigen Druckern weitere druckerabhängige Einzelheiten wie Graphikauflösung u.ä..

Beachten Sie, daß Sie mit 1-2-3/W immer nur die unter WINDOWS aktiven Drucker einrichten können. Wollen Sie Ihre

Tabelle auf einem nicht aktiven Drucker ausgeben, so müssen Sie diesen erst unter WINDOWS aktivieren.

Sie aktivieren einen Drucker unter WINDOWS mit Hilfe der **Systemsteuerung**. Sie rufen dazu den **Programm-Manager** auf und öffnen das Fenster der **Hauptgruppen**-Programme.

WINDOWS-Systemsteuerung

Wählen Sie hier das Programm **Systemsteuerung** und daraus das Menü **Drucker**. Sie sehen ein Fenster wie in Bild 4.31. Markieren Sie nun den Drucker, der aktiviert werden soll und wählen Sie anschließend in dem Auswahlfeld **Status** die Option **aktiv** aus. Schließen Sie den Befehl ab und kehren Sie zu 1-2-3/W zurück. Sie werden feststellen, daß 1-2-3/W die Änderung, die Sie mit der Systemsteuerung von WINDOWS vorgenommen haben, schon übernommen hat.

Achten Sie darauf, daß der Druckmanager aktiv ist, damit Sie nicht ewig auf den Ausdruck warten müssen.

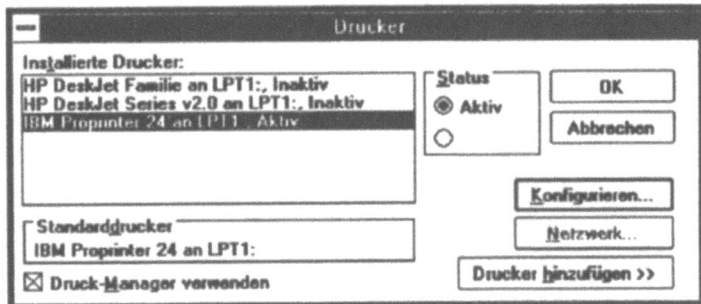

Bild 4.31 Druckereinrichtung unter WINDOWS

Zum Einrichten Ihres Druckers verwenden Sie den Befehl Drucker Wechseln aus dem Menü **Datei** von 1-2-3/W.

Es erscheint ein Listenfeld **Datei Drucker Wechseln** mit allen unter WINDOWS installierten Druckern.

Wollen Sie den Drucker wechseln oder bestimmte Druckereinstellungen (Format, Textqualität) ändern, so betätigen Sie die Schaltfläche **Drucker...** (Bild 4.32).

In dem Fenster zum Einrichten des Druckers können Sie verschiedene Parameter festlegen. Art und Umfang der mögli-

4.8 Gestalten der Druckausgabe 159

chen Einstellungen hängen stark von dem installierten Drucker ab. Wir zeigen Ihnen im folgenden das Bild und die Optionen eines Druckers IBM Proprinter 24.

Vorgehensweise:

1. Wählen Sie im Menü **D̲atei** den Befehl **Drucker W̲echseln**. Sie sehen dann eine Auswahl der unter WINDOWS installierten Drucker, wobei der zur Zeit aktive Drucker markiert ist (Bild 4.32).
2. Sie können diese Einstellung hier ändern. Betätigen Sie anschließend die Schaltfläche **Drucker...** .
Sie erhalten das Druckereinrichtungsfenster von WINDOWS für den von Ihnen gewählten Drucker. In Bild 4.33 ist das Einrichtungsfenster für den Drucker IBM Proprinter 24 zu sehen.
3. Sie können nun das Papierformat, die Orientierung der Druckausgabe sowie je nach Drucker noch weitere Optionen einstellen.
4. Schließen Sie nach Eingabe der Druckereinstellungen den Befehl ab.

Bild 4.32 1-2-3/W Listenfeld Datei Drucker Wechseln

160   4 Das Arbeitsblatt gestalten

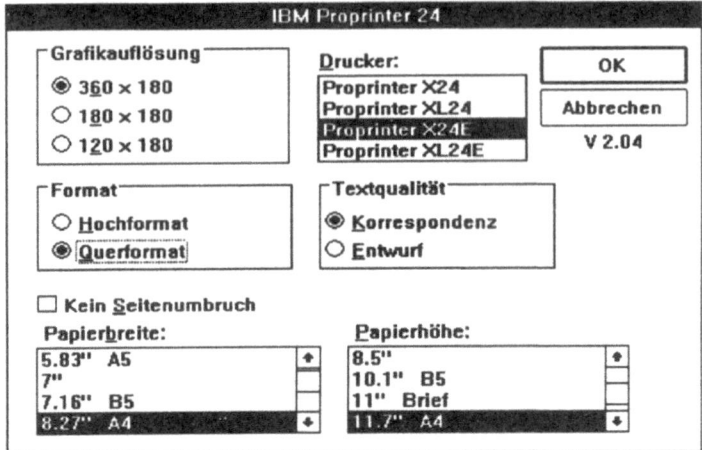

Bild 4.33 WINDOWS-Druckereinrichtung für IBM Proprinter 24

4.8.2 Gestalten der Druckseite

Das Layout

Sie können mit 1-2-3/W das Format Ihrer Druckseite auf vielfältige Art und Weise gestalten. Dazu können Sie

- die Blattgröße und die Ränder verändern,
- wählen, ob Sie im Hoch- oder Querformat ausdrucken wollen,
- Ihre Tabelle auf dem Blatt verkleinern oder vergrößern,
- Kopf- und/oder Fußzeilen einfügen oder
- entscheiden, ob Sie die Zeilennummern, die Spaltenbuchstaben und die Rasterlinien ausdrucken wollen.

Wir werden im folgenden nicht jede einzelne Auswahl an unserem Beispiel erläutern, da sie sich von der Befehlsausführung her nicht voneinander unterscheiden.

Datenreise

Die Umsatzauswertungstabelle soll nun im Querformat mit einem linken Rand von 13 mm, einem rechten Rand von 13 mm, einem oberen Rand von 20 mm und einem unteren Rand von 10 mm ausgegeben werden.

4.8 Gestalten der Druckausgabe

Beachten Sie bei der Wahl des Formates die Einstellung des Druckers. Ungleiche Formate im Seitenlayout und in der Druckereinrichtung können zu unerwarteten Ergebnissen führen.

Stellen Sie deshalb zunächst in der WINDOWS-Druckereinrichtung Querformat ein (s. 4.8.1).

So verändern Sie das Seitenlayout mit der Maus:

Vorgehensweise:

1. Geben Sie den Befehl Seitenlayout aus dem Menü **Datei**. Sie sehen nun das Dialogfeld **Datei Seitenlayout** wie in Bild 4.34.

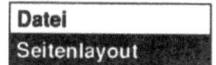

2. Wählen Sie das Querformat aus, indem Sie das Wort **Querformat** anklicken.

3. Klicken Sie im Bereich **Ränder** nacheinander auf **Oben, Unten, Links** und **Rechts** oder auf die dazugehörigen Eingabefelder und geben Sie 20 mm, 10 mm und zweimal 13 mm ein.

4. Schließen Sie den Befehl ab.

Mit der Tastatur verändern Sie das Seitenlayout wie folgt:

Vorgehensweise:

1. Wählen Sie mit den Tasten (ALT)+(D) das Menü **Datei** und daraus mit der Taste (L) den Befehl **Seitenlayout**.

2. Wählen Sie anschließend mit den Tasten (ALT)+ (Q) das **Querformat** aus.

3. Aktivieren Sie durch die Tasten (ALT)+(R) bzw. (ALT)+(I) die Felder zur Eingabe des rechten und linken Randes und tragen Sie jeweils 13 mm ein. Öffnen Sie die Eingabefelder **Oben** mit (ALT)+(O) und **Unten** mit (ALT) +(U) und geben Sie 20 mm bzw. 10 mm ein.

4. Schließen Sie den Befehl mit der (EINGABE)-Taste ab.

162   4 Das Arbeitsblatt gestalten

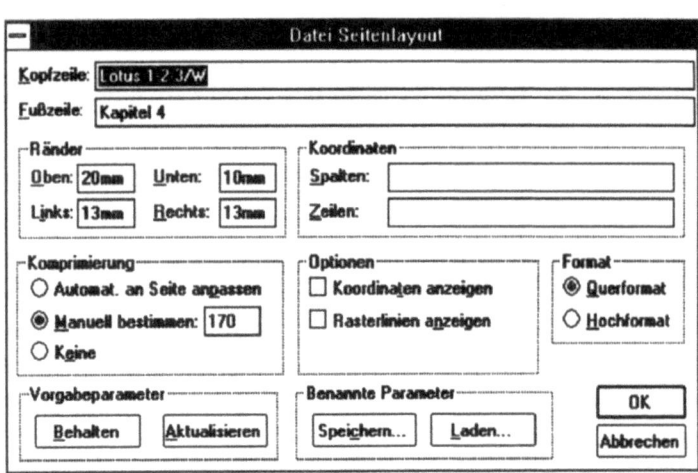

Bild 4.34 Dialogfeld zur Seitenlayout-Gestaltung

Kontrollieren des Seitenlayouts

Das Ergebnis dieser Einstellungen können Sie in der normalen Darstellung der Tabelle nicht nachvollziehen. Um nicht jedesmal zur Kontrolle der Einstellungen des Layouts einen ganzen Ausdruck zu verschwenden, können Sie sich jede Seite Ihres Ausdrucks auf dem Bildschirm vollständig anzeigen lassen.

Sie verwenden dazu den Befehl Seitenansicht aus dem Menü **Datei** oder klicken einfach mit der Maus auf das Symbol **Seitenansicht**.

Vorgehensweise:

1. Wählen Sie den Befehl **Seitenansicht** aus dem Menü **Datei**. Sie sehen jetzt ein Dialogfeld **Datei Seitenansicht**.

2. Kontrollieren Sie den eingestellten Bereich, korrigieren Sie ihn, wenn erforderlich, und bestätigen Sie diese Einstellung.

3. Umfaßt Ihre Tabelle mehrere Seiten, so können Sie mit den Tasten (Bild↑) und (Bild↓) vor- und zurückblättern.

4.8 Gestalten der Druckausgabe 163

4. Klicken Sie zum Abschluß der Kontrolle einfach auf eine Stelle des Blattes oder auch daneben bzw. drücken Sie die (EINGABE)-Taste.

Bild 4.35 zeigt Ihnen die Tabelle Umsatzauswertung in der Seitenvorschau.

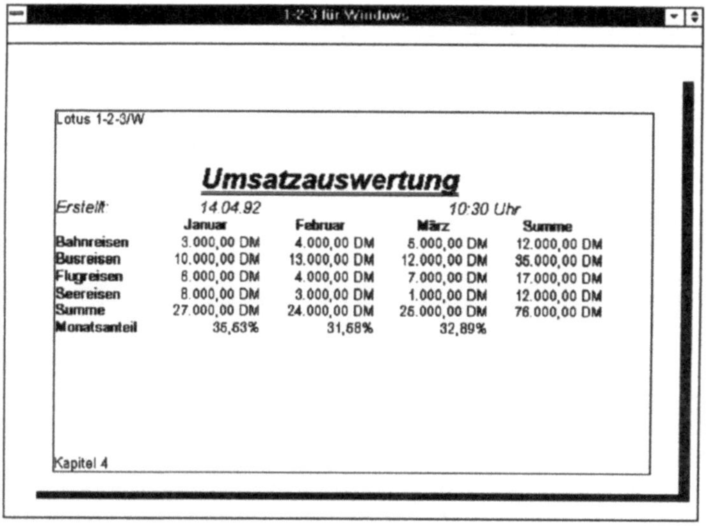

Bild 4.35 Seitenvorschau

Beachten Sie, daß 1-2-3/W automatisch eine Kopf- und eine Fußzeile einfügt.

Kopf- und Fußzeilen

Sie können in dem Dialogfeld **Seitenlayout** (Bild 4.34) in die entsprechenden Befehlsfelder Texte eintragen, die in der Kopf- oder Fußzeile erscheinen sollen.

Durch Codes können Sie in diese Zeilen bestimmte Einträge, wie das Tagesdatum, aufnehmen

Die Wirkungen der Codes können Sie der Tabelle 1 im Anhang entnehmen.

4.8.3 Gestalten der Tabelle

So wird Ihre Tabelle schöner

Sie haben gerade gesehen, wie Sie die Druckseite durch Verändern der Ränder und Wahl des Formates gestalten können.

Wir wollen die Tabelle nun für den Ausdruck etwas übersichtlicher gestalten, indem wir die Rahmen verändern. Dadurch können die Zeilen- und Spaltenüberschriften noch besser von den Tabelleneintragungen abgehoben werden. Anschließend soll die Tabelle dann ohne Gitternetzlinien ausgedruckt werden.

Datenreise

Sie verändern die Rahmenart bei 1-2-3/W mit dem Befehl Einrahmung im Menü **Stil**. Legen Sie nun eine doppelte Linie unter die Spaltenüberschriften:

Vorgehensweise:

1. Markieren Sie den Tabellenbereich mit den Spaltenüberschriften (A3..E3).

2. Wählen Sie den Befehl **Einrahmung** aus dem Menü **Stil**. Sie sehen das Dialogfeld **Stil Einrahmung** (Bild 4.36) mit Kontrollfeldern für die einzelnen Seiten und Listfeldern für die Linienarten.

3. Klicken Sie das Kontrollfeld **Unten** an und anschließend auf den dazugehörigen Pfeil. 1-2-3/W öffnet eine Liste mit den Linienarten einfach, doppelt und fett.

4. Klicken Sie auf die doppelte Linie.

5. Schließen Sie den Befehl ab.

4.8 Gestalten der Druckausgabe

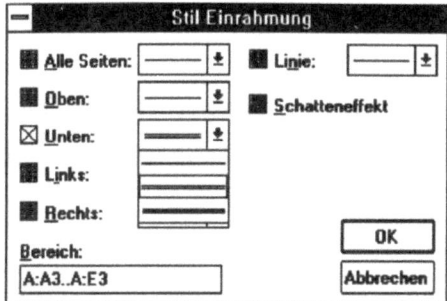

Bild 4.36 Dialogfeld Stil Einrahmung

Vorgehensweise:

1. Markieren Sie den Tabellenbereich mit den Spaltenüberschriften (A3..E3).

2. Wählen Sie mit den Tasten  das Menü **S**til und anschließend mit der Taste E den Befehl **E**inrahmung. Sie sehen das Dialogfeld **Stil Einrahmung** (Bild 4.36).

3. Wählen Sie mit den Tasten  die Option **U**nten und anschließend mit der Tabulatortaste TAB und den Richtungstasten die Rahmenart doppelt.

4. Schließen Sie den Befehl mit der EINGABE-Taste ab.

Geben Sie anschließend noch die folgenden Einstellungen ein:

Bereich	Rahmen	Rahmenart
A3..A9	Rechts	doppelt
C3..C9	Links	einfach
	Rechts	einfach
D3..D9	Rechts	einfach

Tabelle 4.6 Zusätzliche Formatierungen

Wählen Sie nun noch im Dialogfeld **Datei Seitenlayout** eine Druckausgabe ohne Gitternetzlinien.

Sie erhalten dann eine Seitenvorschau wie in Bild 4.37.

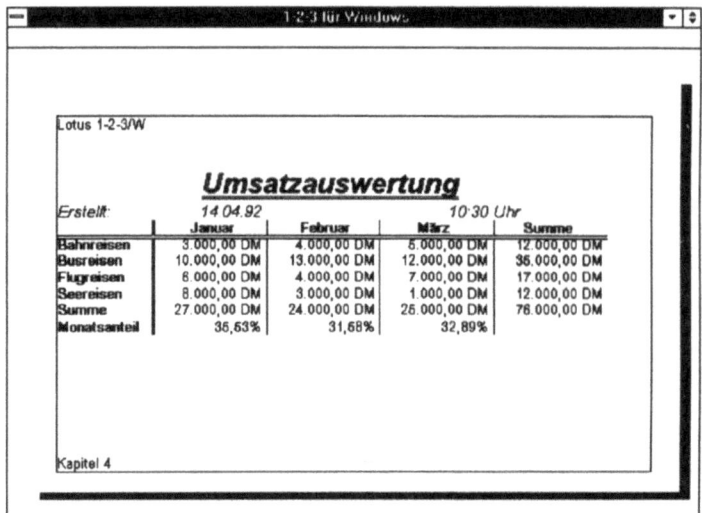

Bild 4.37 Seitenansicht der gestalteten Umsatzauswertung

4.9 Druck auf voreingestellten Drucker

Die Tabelle drucken

Wenn Sie alle Schritte nachvollzogen haben, so haben Sie Ihren Drucker richtig installiert, die Ränder Ihrer Druckseite gestaltet und Ihre Tabelle optisch ein wenig aufgewertet. Wir wollen diese Tabelle nun ausdrucken.

Vor dem Ausdruck einer Tabelle müssen Sie 1-2-3/W mitteilen, welchen Bereich der Tabelle es drucken soll. Sie tun dies, indem Sie den Bereich vor Erteilen des Druckbefehls markieren oder danach im Dialogfeld Datei Drucken einen Bereich eingeben.

4.9 Druck auf voreingestellten Drucker

Vorgehensweise:

1. Markieren Sie die Umsatztabelle außer der Namensliste, also hier den Tabellenbereich A1..E9.

2. Wählen Sie den Befehl **Drucken** aus dem Menü **Datei**. Es erscheint das Dialogfeld **Datei Drucken**. Prüfen Sie den voreingestellten Tabellenbereich und korrigieren Sie ihn falls erforderlich.

3. Sie können hier bei mehrseitigen Dokumenten noch die erste und die letzte zu druckende Seite festlegen. Übernehmen Sie hier einfach die Voreinstellungen von 1-2-3/W, um unsere Tabelle in einfacher Ausfertigung zu drucken.

4. Klicken Sie auf **OK** bzw. drücken Sie die (EINGABE)-Taste.

Der markierte Bereich bleibt auch nach dem Drucken und Verschieben des Zellzeigers durch eine gestrichelte Linie eingerahmt. Wenn Sie vor dem nächsten Druckbefehl keinen neuen Bereich festlegen, d.h. wenn nur eine einzelne Zelle markiert ist, so druckt 1-2-3/W den alten Bereich.

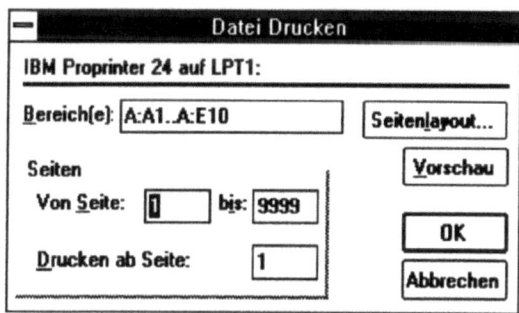

Bild 4.38 Dialogfeld Datei Drucken

Sie erhalten dann eine Druckausgabe wie in Bild 4.39.

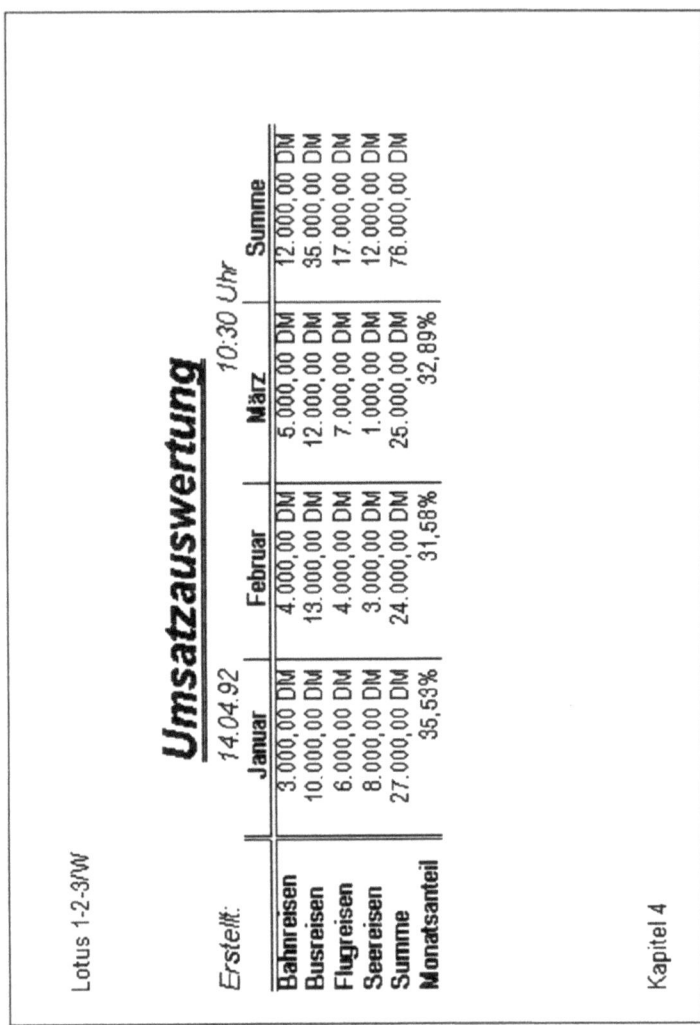

Bild 4.39 Druckausgabe der Umsatzauswertung

Wenn Ihr Drucker nicht druckt, prüfen Sie, ob

- Ihr Drucker eingeschaltet und ON LINE ist,
- das Druckerkabel am richtigen Port angeschlossenen ist,
- bei seriellen Druckern der MODE Befehl die richtigen Parameter enthält,

4.9 Druck auf voreingestellten Drucker

- Sie den richtigen Drucker und die richtige Druckerschnittstelle eingestellt haben (Kapitel 4.8.1) oder
- der Druckmanager angehalten wurde.

Wenn die Darstellung nicht wie erwartet ist, prüfen Sie, ob Sie den richtigen Druckertyp und das richtige Druckermodell installiert (4.8.1) und die Seite richtig formatiert haben.

Sie haben im 3. Kapitel unterhalb der eigentlichen Tabelle eine Namensliste eingefügt, in der die in der Umsatztabelle vergebenen Zell- und Bereichsnamen und die entsprechenden Bezüge aufgelistet sind.

Wir wollen nun nur diese Namensliste im Hochformat ausdrucken. Dazu müssen Sie vor dem Erteilen des Druckbefehls erst im Dialogfeld Druckereinrichtung (s. Abschnitt 4.8) und dann im Seitenlayout **Hochformat** wählen und anschließend den Bereich mit der Namensliste markieren, damit Sie nicht wieder die gleiche Druckausgabe erhalten wie eben.

Datenreise Namensliste drucken

Vorgehensweise

1. Wählen Sie den Befehl **Datei Drucker Wechseln**. Es erscheint ein Listfeld **Datei Drucker Wechseln**.

2. Betätigen Sie die Schaltfläche **Drucker**. Es erscheint das Einrichtungsfenster Ihres Druckers.
3. Wählen Sie die Option **Hochformat**.
4. Schließen Sie diese Eingabe ab.
5. Wählen Sie den Befehl **Datei Seitenlayout**. 1-2-3/W zeigt ein Dialogfeld zur Seitenlayoutgestaltung.

| Datei |
| Seitenlayout |

6. Markieren Sie im Feld **Komprimierung** die Option **Manuell bestimmen** und geben Sie 250 zur Vergrößerung der Ausgabe auf das 2,5-fache ein.
7. Markieren Sie jetzt im Bereich **Format** die Option **Hochformat**.
8. Schließen Sie diese Eingabe ebenfalls ab.

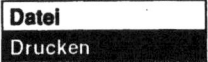

9. Markieren Sie den Druckbereich (A11..B20).

10. Wählen Sie jetzt den Befehl **Drucken** aus dem **Datei**-Menü. Sie erhalten das bereits bekannte Dialogfeld **Datei Drucken** mit dem voreingestellten Bereich.

11. Bestätigen Sie die Einstellung im Dialogfeld **Datei Drucken.**

Sie erhalten ein Druckbild der Namensliste wie in Bild 4.40.

Speichern Sie anschließend die bearbeitete Tabelle unter dem Namen «UMSATZ1.WK3», damit Sie die nicht formatierte Tabelle für spätere Arbeitsschritte mit diesem Buch erhalten.

1-2-3/W legt, wenn Sie diese Option in **Speichern Unter** einer Datei festlegen, Sicherungskopien an. Diese Sicherungskopien werden dann unter dem Dateinamen der Tabelle oder des Diagramms gespeichert und mit der Erweiterung **.BAK»** versehen. Die Formatdatei erhält die Erweiterung **.FMB**.

```
Lotus 1-2-3/W

| BAHNREISEN   | B4..D4 |
| BUSREISEN    | B5..D5 |
| FEBRUAR      | C4..C4 |
| FLUGREISEN   | B6..D6 |
| GESAMT1Q     | E8..E8 |
| JANUAR       | B4..B4 |
| MÄRZ         | D4..D4 |
| REISENFEBRU  | C4..C7 |
| REISENJANUA  | B4..B7 |
| REISENMÄRZ   | D4..D7 |
| SEEREISEN    | B7..D7 |

Kapitel 4
```

Bild 4.40 Druckausgabe der Namensliste

4.10 Ausgabe in eine Textdatei

Sie können Tabellen, die Sie mit 1-2-3/W erstellt haben, mit Textverarbeitungsprogrammen weiterverarbeiten.

Dabei gibt es zwei verschiedenen Möglichkeiten:

4 Das Arbeitsblatt gestalten

Sie können Tabellen statisch oder dynamisch mit anderen Programmen weiterverarbeiten (s. Kap. 11).

Statischer Datenaustausch
Wenn Sie eine 1-2-3/W- Tabelle mit einem Textverarbeitungsprogramm als Text und nicht als Tabelle weiterbearbeiten wollen, müssen Sie ihre Tabelle zunächst als Textdatei speichern. Diese enthält dann nicht mehr die Steuerinformationen, die 1-2-3/W zur Bearbeitung der Tabelle benötigt. Sie übertragen die Tabelle dann statisch, das heißt, Änderungen, die Sie später in der 1-2-3/W Tabelle vornehmen, werden nicht mehr in der Version, die Sie mit dem Textverarbeitungsprogramm verarbeiten, berücksichtigt.

Dynamischer Datenaustausch
Sie können bei 1-2-3/W mit Hilfe des DDE (dynamic-data-exchange) 1-2-3/W Tabellen, die Sie mit anderen Programmen weiterbearbeiten wollen, auch mit der Ursprungstabelle unter 1-2-3/W verbinden. Nehmen Sie dann später eine Änderung in der Tabelle vor, so wird diese Änderung auch entsprechend in den verbundenen Tabellen vorgenommen. Näheres zum DDE finden Sie zusammen mit einigen einfachen Beispielen in Kapitel 11.

Das Speichern als Textdatei kann mit dem Befehl Extrahieren aus dem Menü **Datei** aufgerufen werden.

Dateiformate
Sollen Daten einer 1-2-3/W-Datei in andere Tabellenkalkulationsprogramme oder in dBASE-Datenbanken übertragen werden, so müssen sie vorher mit dem Umwandlungsprogramm Translate (s. Kap. 11) in das Datenformat der Zielanwendung konvertiert werden.

Translate bietet die Umwandlung mit den folgenden Formaten an:

- 1-2-3 Version 1A
- 1-2-3 Version 2
- dBASE II
- dBASE III und III+
- DIF
- Enable Version 2.0
- Multiplan 4.2

4.10 Ausgabe in eine Textdatei

- SuperCalc 4
- Symphony 1 und 1.01
- Symphony 1.1, 1.2 und 2.

Die Tabelle 10 im Anhang gibt Ihnen einen Überblick über die verschiedenen Dateiformate und ihre Verwendung.

Wir wollen nun die Tabelle «UMSATZ1» als Textdatei speichern. Datenreise

Vergrößern Sie zuvor die Spaltenbreite um 1 bis 2 Zeichen.

Vorgehensweise:

1. Markieren Sie den Arbeitsblattbereich, den Sie in der Textdatei abspeichern wollen (hier A1..E9).

2. Wählen Sie aus dem Menü **Datei** den Befehl **Extrahieren**. Sie sehen ein Dialogfeld **Datei Extrahieren** (Bild 4.41), das ähnlich wie das Dialogfeld **Datei Speichern** aufgebaut ist. Zusätzlich verfügt dieses Dialogfeld über einen Bereich mit Speicheroptionen. Sie können eine Datei als Formeln, Werte oder Text speichern.

2. Geben Sie nun einen neuen Dateinamen ein (z.B. UMSATZ1) oder übernehmen Sie den von 1-2-3/W vorgeschlagenen.

3. Wählen Sie anschließend die Option **Text**.
   Beobachten Sie, wie 1-2-3/W in das Textfeld **Dateiname** automatisch als Erweiterung des Dateinamens .PRN einfügt.

4. Schließen Sie den Befehl ab.

174 4 Das Arbeitsblatt gestalten

Bild 4.41 Dialogfeld Datei Extrahieren

In Kapitel 11 zeigen wir die Verarbeitung solcher Textdateien mit WINWORD und Pascal für WINDOWS.

4.11 Löschen von 1-2-3/W-Dateien

Tabellen löschen

Wenn Sie es sehr eilig haben, können Sie diesen Abschnitt überschlagen, um schnell zur nächsten Aufgabe weiterzukommen. Im Abschnitt 3.7 haben Sie gelesen, wie Sie 1-2-3/W-Formulare als Dateien auf Datenträgern speichern können, und in Abschnitt 4.1 haben Sie erfahren, wie Sie diese Dateien wieder laden können.

Datenträger neigen dazu, sich zu füllen. Wenn Sie sich dazu durchgerungen haben, einzelne Dateien von Datenträgern zu löschen, können Sie dies

- im DOS-Fenster mit dem Befehl DEL oder ab DOS 4 mit dem Shell-Menü oder
- unter WINDOWS mit Hilfe des Dateimanagers

erledigen.

4.11 Löschen von 1-2-3/W-Dateien

Um eine Datei unter WINDOWS zu löschen, müssen Sie zuerst zum WINDOWS-Programm-Manager wechseln und anschließend den WINDOWS-Datei-Manager aufrufen. Im Fenster Verzeichnisstruktur wählen Sie die zu löschende Datei aus.

Löschen mit dem WINDOWS-Dateimanager

Vorgehensweise:

1. Klicken Sie mit der Maus in die Schaltfläche **Symbol** rechts oben im 1-2-3/W-Fenster. 1-2-3/W verkleinert sich zum Symbol und Sie befinden sich im **Programm-Manager** von **WINDOWS**.

2. Wählen Sie in der **Hauptgruppe** den **Datei-Manager**. Das Fenster **Verzeichnisstruktur** wird zum aktiven Fenster.

3. Wählen Sie das Laufwerk und das Verzeichnis, in dem die zu löschenden Dateien stehen jeweils durch Doppelklick aus, und markieren Sie die Dateien.

4. Wählen Sie aus dem WINDOWS-Menü **Datei** den Befehl **Löschen**. Es erscheint das Dialogfeld **Löschen**.

5. Klicken Sie auf **Löschen**, um die Datei im Textfeld **Löschen** zu löschen, oder geben Sie den Namen einer anderen Datei ein. Wenn Sie auf **Abbrechen** klicken, brechen Sie den Löschvorgang ab.

6. Sie werden noch einmal gefragt, ob Sie diese Datei wirklich löschen wollen. Klicken Sie auf die Schaltfläche **Ja**, um die Datei zu löschen.

Wollen Sie zu 1-2-3/W zurückkehren, so klicken Sie doppelt auf das 1-2-3/W-Symbol.

Haben Sie eine wichtige Datei versehentlich gelöscht, so können Sie sie sofort danach noch mit Utilities zum Editieren des Inhaltsverzeichnisses oder mit DOS ab Version 5.0 mit dem Befehl **undelete** wiederherstellen.

4.12 Übungsaufgabe

Ein weiteres Beispiel... Sie können nun anhand einer Tabelle zur Auswertung des Fahrzeugverkaufs das Erstellen und anschließende Formatieren einer Tabelle üben.

In der Übung zum Kapitel 5 werden Sie die Struktur dieser Tabelle dann verändern.

Die Aufgabe: Ein Autohaus möchte seine Verkaufsumsätze wie folgt auswerten:

- Der Verkauf von Gebrauchtfahrzeugen und von Neuwagen soll getrennt aufgelistet werden,
- bei jeder dieser Kategorie soll unterschieden werden, ob es sich bei dem verkauften Fahrzeug um einen PKW oder einen LKW handelte und
- die Verkäufe sollen für jeden Verkäufer einzeln aufgelistet sein, damit Provisionen berechnet werden können.

Die Tabelle: Die oben aufgezeigte Aufgabe kann mit Hilfe einer Tabelle wie in Bild 4.42 gelöst werden. Sie sehen in diesem Bild die Tabelle mit Beispieldaten. Die Werte der Zeile Gesamt können berechnet werden, indem die darüberliegenden Werte addiert werden (vgl. Abschnitt 3 und 6).

	A	B	C	D	E	F	G
1	Fahrzeugverkauf (Umsatz)						
2							
3		Neuwagen		Gebrauchtwagen			
4		PKW	LKW	PKW	LKW		
5	Meier	100000	500000	30000	60000		
6	Müller	120000	250000	20000	40000		
7	Schulz	150000	300000	20000	50000		
8	Schmidt	180000	400000	10000	50000		
9	Gesamt	550000	1450000	80000	200000		
10							

Bild 4.42 Tabelle zur Auswertung des Fahrzeugverkaufs

4.12 Übungsaufgabe

Sie haben nun das Grundgerüst einer Tabelle zur Auswertung der Umsätze eines Autohauses erstellt. Sie können diese Tabelle nun noch gestalten, um die Formatierungen, die Sie in diesem Abschnitt kennengelernt haben, etwas zu üben.

Die Tabelle gestalten

Legen Sie als erstes für die Zeilen- und Spaltenüberschriften sowie für die Tabellenüberschrift größere Schriftgrade und das Zeichenformat fett fest. Mit Hilfe dieser einfachen Maßnahme wird die Tabelle schon erheblich übersichtlicher (Bild 4.43).

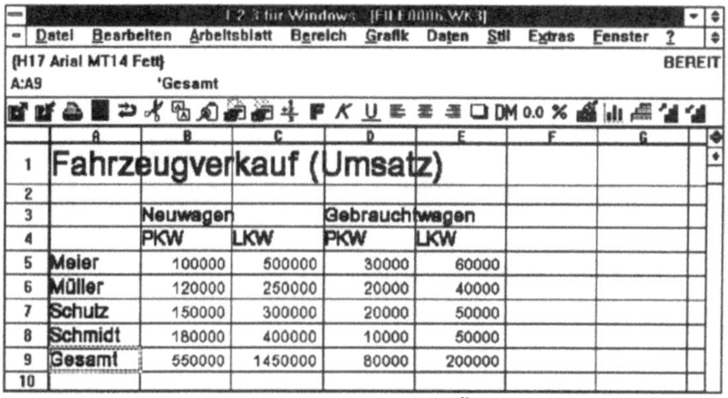

Bild 4.43 Tabelle nach dem Gestalten der Überschriften

Für die Arbeit mit der Tabelle reichte diese Gestaltung prinzipiell aus. Wenn Sie Ihre Ergebnisse aber präsentieren oder in dieser Form in einen Text einbinden (vgl. Abschnitt 11) wollen, so sollten Sie noch die weiteren Gestaltungsmöglichkeiten von 1-2-3/W nutzen.

Sie können nun die Gitternetzlinien löschen, die Spaltenüberschriften zentrieren, die gesamte Tabelle mit einem neuen Hintergrund versehen und die Zeilen- und Spaltenüberschriften der Tabelle noch von den Eintragungen durch einen doppelten Rahmen abgrenzen.

Sie haben nun aus der schlichten Umsatzauswertung am Anfang dieser Aufgabe eine erste präsentationsfähige Tabelle erstellt (Bild 4.44).

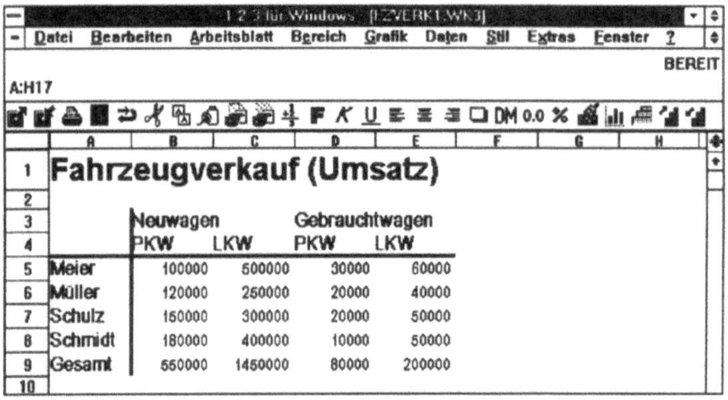

	Neuwagen		Gebrauchtwagen	
	PKW	LKW	PKW	LKW
Meier	100000	600000	30000	60000
Müller	120000	250000	20000	40000
Schulz	150000	300000	20000	50000
Schmidt	180000	400000	10000	50000
Gesamt	550000	1450000	80000	200000

Bild 4.44 Tabelle nach Einfügen von Rahmenlinien

Speichern Sie die Tabelle unter dem Namen FZVERK1.WK3, um sie am Ende des nächsten Kapitels weiter verwenden zu können.

1 Einleitung

2 Vorarbeiten & Vorkenntnisse

3 Die erste Aufgabe

4 Das Arbeitsblatt gestalten

5 Arbeitsblattinhalte ändern

6 Arbeiten mit Funktionen

7 Grafische Darstellung

8 Textverarbeitung

9 Dateiverwaltung

10 Ziele, Alternativen, Optima

11 Datenaustausch

12 Datalens und dBASE

13 Ablaufprogrammierung

14 Organisation und Planung

Anhang

Abschnittsübersicht

5. Arbeitsblattinhalte ändern

	Vorbemerkung
5.1	Einfügen von Zeilen, Spalten und Blättern
5.2	Verschieben von Datenbereichen
5.3	Löschen von Zeilen, Spalten und Blättern
5.4	Löschen von Zellinhalten
5.5	Verändern von Zellinhalten
5.6	Löschen von Namen
5.7	Ändern von Namen
5.8	Transponieren des Arbeitsblattes
5.9	Übungsaufgabe

5. Arbeitsblattinhalte ändern

Vorbemerkung

Mit Tabellenkalkulationsprogrammen können Sie Arbeitsblattinhalte leichter verändern als mit Papier, Bleistift und Radiergummi.

In diesem Kapitel erfahren Sie, wie Sie

- Zeilen, Spalten und Blätter einfügen (Abschnitt 5.1),
- Datenbereiche verschieben (Abschnitt 5.2),
- Zeilen, Spalten und Blätter löschen (Abschnitt 5.3),
- Zellinhalte löschen (Abschnitt 5.4),
- Zellinhalte verändern (Abschnitt 5.5),
- Namen löschen (Abschnitt 5.6),
- Namen ändern (Abschnitt 5.7) und
- Arbeitsblattbereiche transponieren (Abschnitt 5.8).

5.1 Einfügen von Zeilen, Spalten und Blättern

1-2-3/W erlaubt Ihnen, leicht zusätzliche Zeilen, Spalten oder Blätter einzufügen. Sie finden die Befehle zum Einfügen von Spalten, Zeilen und Arbeitsblättern im Menü Arbeitsblatt.

Zeilen, Spalten und Blätter einfügen

Wir wollen nun in unserer Umsatzauswertung vor dem Bereich Bahnreisen eine neue Zeile einfügen. Im nächsten Abschnitt werden wir dann die Zeile Flugreisen dorthin verschieben.

Genausogut können Sie aber in diese Zeile auch Werte für einen neuen Bereich (z.B. Pauschalreisen) einfügen.

5 Arbeitsblattinhalte ändern

Sie können festlegen, ob Sie die Spalte, die Zeile oder das Arbeitsblatt vor oder hinter dem markierten Bereich einfügen wollen.

Vorgehensweise

1. Zeigen Sie mit dem Zellzeiger auf eine Zelle der Zeile Bahnreisen, um über dieser Zeile eine Zeile einzufügen.

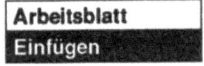

2. Wählen Sie aus dem Menü **Arbeitsblatt** den Befehl **Einfügen**. Sie sehen ein Dialogfeld wie in Bild 5.1.

3. Wählen Sie die Optionen **Zeile** und **Vor**.

4. Schließen Sie den Befehl ab.

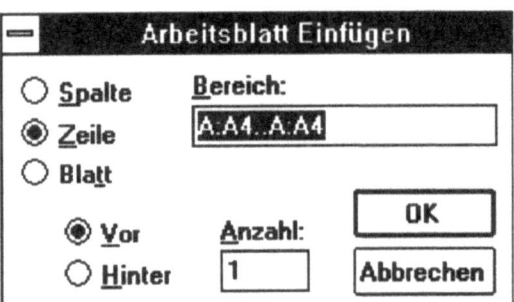

Bild 5.1 Dialogfeld Arbeitsblatt Einfügen

Sie sehen nun einen Bildschirm wie in Bild 5.2. Vor der Zeile Bahnreisen wurde eine Leerzeile eingefügt.

Beachten Sie, daß 1-2-3/W diese Formeln automatisch anpaßt. Vergleichen Sie Ihre Formeln mit denen in Bild 5.3.

Arbeiten mit mehreren Arbeitsblättern

Unser Reisebüro hat sich erweitert. Es verfügt jetzt über 3 Filialen in Hannover, München und Dresden. Für alle drei Standorte soll eine Umsatzauswertung erstellt werden.

Um uns die Arbeit zu erleichtern, werden wir in diesem Abschnitt zwei neue Arbeitsblätter einfügen und in diese die Umsatztabelle des Arbeitsblattes A kopieren.

5.1 Einfügen von Zeilen, Spalten und Blättern 183

In den Abschnitten 5.5 werden wir nicht mehr benötigte Daten selektiv löschen und in Abschnitt 5.6 die Überschriften ergänzen.

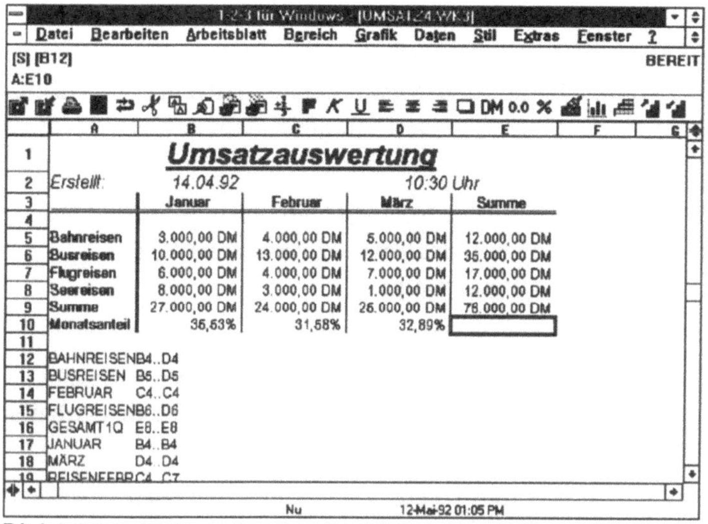

Bild 5.2 Tabelle Umsatzauswertung mit eingeschobener Zeile

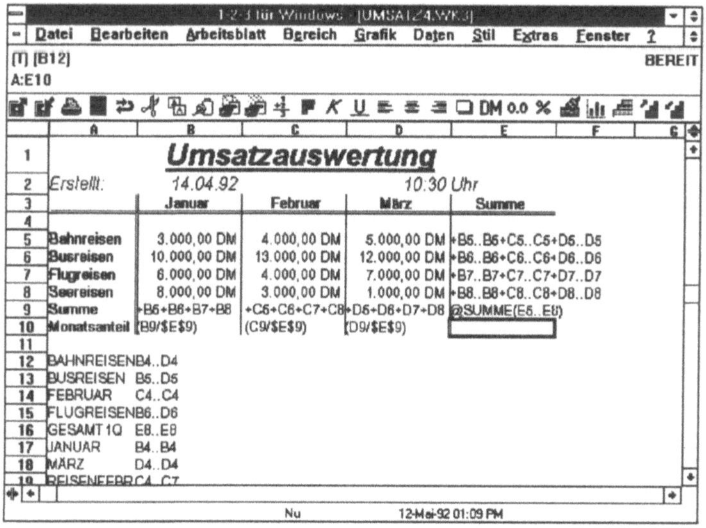

Bild 5.3 Geänderte Umsatzauswertung in Formeldarstellung

184 5 Arbeitsblattinhalte ändern

Um zuerst zwei neue Arbeitsblätter einzufügen, gehen Sie wie folgt vor:

Vorgehensweise

1. Wählen Sie aus dem Menü **Arbeitsblatt** den Befehl **Einfügen**. Es erscheint das Dialogfeld **Arbeitsblatt Einfügen** (Bild 5.1).

2. Markieren Sie die Optionsschaltflächen **Blatt** und **Hinter** und tragen Sie in das Textfeld **Anzahl** eine 2 ein.

3. Schließen Sie den Befehl ab.

Sie sehen sofort das neue leere Arbeitsblatt B. Den Arbeitsblattbuchstaben sehen Sie in der linken oberen Ecke des Arbeitsblattrahmens.

Wollen Sie alle drei Arbeitsblätter gleichzeitig sehen, klicken Sie einfach mit der Maus in das Symbol **Perspektive**. Schon sehen Sie Ihre 3 Arbeitsblätter wie in Bild 5.4.

Bild 5.4 Perspektivische Ansicht von 3 Arbeitsblättern

5.1 Einfügen von Zeilen, Spalten und Blättern

Als nächsten Arbeitsgang wollen wir die Umsatztabelle aus dem Arbeitsblatt A mit dem Befehl **Bearbeiten Schnellkopie** in die Arbeitsblätter B und C kopieren.

Durch den Befehl **Schnellkopie** wird ein Datenbereich, einschließlich seiner Zellformate, seines Schutzstatus und von Formatierungsangaben, in einen Bereich derselben oder einer anderen Datei kopiert. 1-2-3/W bietet Ihnen die Möglichkeit, den Datenbereich unverändert zu übertragen, Formeln durch Werte zu ersetzen, nur Stile oder Werte und Stile zu übertragen.

Schnellkopie

Der Befehl **Schnellkopie** benutzt im Gegensatz zu den Befehlen **Kopieren** und **Einfügen** *nicht* die Zwischenablage.

Um die Blätter B und C zu bearbeiten, müssen wir zwischen den Arbeitsblättern hin- und herwechseln können.

Wenn Sie mit der Tastatur arbeiten, können Sie vorwärts blättern mit den Tasten (STRG) + (Bild↓) und rückwärts mit den Tasten (STRG) + (Bild↑).

Zwischen Arbeitsblättern wandern

Arbeiten Sie lieber mit der Maus, so können Sie die Symbole **Nächstes Arbeitsblatt** und **Vorhergehendes Arbeitsblatt** der Symbolleiste nutzen. Klicken Sie das gewünschte Symbol einfach an.

Um die Umsatztabelle mit dem Befehl **Schnellkopie** in die Arbeitsblätter B und C zu übertragen, gehen Sie wie folgt vor:

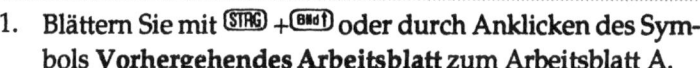

1. Blättern Sie mit (STRG) +(Bild↑) oder durch Anklicken des Symbols **Vorhergehendes Arbeitsblatt** zum Arbeitsblatt A.

2. Markieren Sie jetzt die gesamte Umsatztabelle, d.h. den Bereich A:A1.. A:E10.

3. Wählen Sie aus dem Menü **Bearbeiten** den Befehl **Schnellkopie**. 1-2-3/W zeigt Ihnen ein Dialogfeld **Bearbeiten Schnellkopie** (Bild 5.5). Der von Ihnen markierte Bereich ist im Textfeld **Von** bereits voreingestellt.

186 5 Arbeitsblattinhalte ändern

4. Tragen Sie in das Textfeld **N**ach die Adresse der ersten Zelle des Zielbereiches ein (hier B:A1..C:A1).
5. Klicken Sie auf die Schaltfläche **OK** oder drücken Sie die (EINGABE)-Taste.
6. Schließen Sie den Befehl ab.

Bild 5.5 Dialogfeld Bearbeiten Schnellkopie

Klicken Sie auf das Symbol **Perspektive**, so können Sie die drei Arbeitsblätter wie in Bild 5.6 sehen.

Bild 5.6 Perspektivische Ansicht der drei Arbeitsblätter

Die Spaltenbreite hatten wir im Arbeitsblatt A auf 12 Zeichen gesetzt. Beim Kopieren ist die Spaltenbreite in den Arbeitsblättern B und C auf den globalen Wert von 9 Zeichen gesetzt worden. Korrigieren Sie bitte diese Einstellungen.

5.2 Verschieben von Datenbereichen

Mit 1-2-3/W können Sie Datenbereiche Ihres Arbeitsblattes leicht verschieben. Ein Datenbereich kann Teil einer Zeile oder Teil einer Spalte sein. Er kann aber auch einen Bereich mit mehreren Zeilen und Spalten umfassen.

Zeilen und Spalten verschieben

Sie haben zwei Möglichkeiten, Daten zu verschieben:

- Mit dem Befehl **Zellen Versetzen** aus dem Menü **Bearbeiten** können Sie einen Datenbereich einschließlich seiner Zellformate, seines Schutzstatus und von Formatierungsangaben in einen anderen Bereich derselben Datei verschieben ohne die Zwischenablage zu benutzen. Wenn Sie das Kontrollfeld **Nur Stile** markieren, werden nur die Stile, keine Daten versetzt.

- Wählen Sie den Befehl **Ausschneiden** aus dem Menü **Bearbeiten**, so schneidet 1-2-3/W Daten (Text, Werte, Formeln, Zellformate und Grafiken) und zugehörige Formatierungsangaben aus und legt sie in der Zwischenablage ab. Mit dem Befehl **Einfügen** des gleichen Menüs werden diese Daten ab der Position des Zellzeigers wieder in das Arbeitsblatt eingefügt.

Die Symbole **Ausschneiden** und **Einfügen** der Symbolleiste haben dieselbe Wirkung wie die gleichnamigen Befehle.

Die ausgeschnittenen Daten bleiben in der Zwischenablage, bis sie mit dem Befehl **Bearbeiten Kopieren** oder mit **Bearbeiten Ausschneiden** überschrieben werden.
Beachten Sie, daß auch andere WINDOWS-Anwendungen diese Zwischenablage benutzen. Um hier Pannen zu vermeiden, speichern Sie ggf. den Inhalt der Zwischenablage ab. Wechseln Sie dazu in die WINDOWS-Hauptgruppe. Starten Sie das Programm Zwischenablage. Dort sehen Sie im Dokumentenfenster den aktuellen Inhalt der Zwischenablage. Speichern Sie ihn mit **Datei Speichern Unter**.

Datenreise   Wir wollen nun in unserem Beispiel die Zeile «Flugreisen» mit dem Befehl **Bereich Zellen Versetzen** in die oberste Datenzeile der Umsatztabelle verschieben.

Vorgehensweise

1. Markieren Sie die Zeile «Flugreisen» (A7..E7).
2. Wählen Sie den Befehl **Zellen Versetzen** aus dem Menü **Bearbeiten**. Sie sehen nun ein Dialogfeld **Bearbeiten Zellen Versetzen** (Bild 5.7). Im Textfeld **Von** ist der markierte Bereich eingetragen. Sie können diese Vorgabe falls notwendig korrigieren.
3. Tragen Sie in das Textfeld **Nach** die Adresse der ersten Zelle des Zielbereiches ein (hier A4).
4. Schließen Sie den Befehl ab.

Bild 5.7 Dialogfeld Bearbeiten Zellen Versetzen

Mit der Tastatur gehen Sie wie folgt vor:

Vorgehensweise

1. Markieren Sie mit den Richungstasten die Zeile «Flugreisen» (A7..E7).

5.2 Verschieben von Datenbereichen

2. Wählen Sie mit den Tasten ALT+B das Menü **Bearbeiten** und mit der Taste Z den Befehl **Zellen Versetzen**. Es erscheint das Dialogfeld **Bearbeiten Zellen Versetzen** (Bild 5.7). Der markierte Bereich wird im Textfeld **Von** angezeigt. Mit den Tasten ALT+V können Sie dieses Textfeld anwählen, um eventuelle Änderungen vorzunehmen.

3. Mit den Tasten ALT+N steuern Sie das Textfeld **Nach** an. Geben Sie die Adresse der ersten Zelle des Zielbereiches ein (A4).

4. Beenden Sie den Befehl mit der EINGABE-Taste.

```
┌─────────────────────────────────────────────────────────┐
│              1-2-3 für Windows - [UMSATZ4.WK3]          │
│ Datei Bearbeiten Arbeitsblatt Bereich Grafik Daten Stil Extras Fenster ? │
│ {Umbruch} [B10]                                   BEREIT │
│ A:A7                                                     │
│                                                          │
│         A         B          C          D         E    F │
│  1              Umsatzauswertung                         │
│  2  Erstellt:  14.04.92               10:30 Uhr          │
│  3             Januar     Februar     März      Summe    │
│  4  Flugreisen 6.000,00 DM 4.000,00 DM 7.000,00 DM 17.000,00 DM │
│  5  Bahnreisen 3.000,00 DM 4.000,00 DM 5.000,00 DM 12.000,00 DM │
│  6  Busreisen 10.000,00 DM 13.000,00 DM 12.000,00 DM 35.000,00 DM │
│  7                                                       │
│  8  Seereisen  8.000,00 DM 3.000,00 DM 1.000,00 DM 12.000,00 DM │
│  9  Summe     27.000,00 DM 24.000,00 DM 26.000,00 DM 89.000,00 DM │
│ 10  Monatsanteil  45,76%    40,68%    42,37%            │
│ 11                                                       │
│ 12  BAHNREISEN B4..D4                                    │
│ 13  BUSREISEN  B5..D5                                    │
│ 14  FEBRUAR    C4..C4                                    │
│ 15  FLUGREISEN B6..D6                                    │
│ 16  GESAMT 1Q  E8..E8                                    │
│ 17  JANUAR     B4..B4                                    │
│ 18  MÄRZ       D4..D4                                    │
│ 19  REISENEBB  C4..C7                                    │
│                                                          │
│                Nu      12-Mai-92 01:18 PM               │
└─────────────────────────────────────────────────────────┘
```

Bild 5.8 Umsatztabelle mit verschobner Zeile «Flugreisen»

Beobachten Sie, wie 1-2-3/W die Zeile «Flugreisen» in die Zeile 4 verschiebt. Die Zeile 7, auf der die Zeile «Flugreisen» vorher stand, ist jetzt leer. Im nächsten Abschnitt werden wir diese Zeile wieder löschen.

Aber diese Verschiebung hat auch zu unverhofften, ja falschen Ergebnissen geführt. Die Gesamtsumme und die Monatsanteile haben sich verändert. Im nächsten Abschnitt werden wir diese Fehler korrigieren.

Beim Verschieben von Datenbereichen werden Adreßbezüge in einfachen Formeln angepaßt.
Bereichsbezüge von Namen und Bereiche in Funktionen werden nicht verändert. Sie müssen diese nachträglich anpassen.

5.3 Löschen von Zeilen, Spalten und Blättern

Zeilen und Spalten löschen

Arbeitsblattstrukturen müssen manchmal neuen Erfordernissen angepaßt werden. Dazu kann es nötig sein, einzelne Zeilen, Spalten, Blätter oder Arbeitsblattbereiche zu löschen.

Im nächsten Abschnitt zeigen wir Ihnen, wie Sie ausgewählte Datentypen, Zellinhalte oder Formate löschen können.

Beachten Sie, daß Sie lediglich nicht geschützte Arbeitsblattbereiche löschen können. Haben Sie einen Bereich wie in Abschnitt 4.7 beschrieben geschützt, so müssen Sie diesen Schutz erst aufheben, bevor Sie den Arbeitsblattbereich löschen können.

Datenreise

Wir wollen nun die Zeile «Busreisen» löschen. Danach werden Sie sehen, wie Sie eine so gelöschte Zeile mit dem Befehl **Bearbeiten Widerrufen** wiederherstellen können. Das ist eine sehr nützliche Funktion, da es schon einmal passieren kann, daß man eine Zeile oder Spalte versehentlich löscht.

Beachten Sie jedoch, daß dies nur unmittelbar nach der Befehlsausführung möglich ist. Haben Sie inzwischen schon einen anderen Befehl ausgeführt, so kann 1-2-3/W den Löschvorgang nicht wieder rückgängig machen und Sie müssen die Daten wieder neu eingeben!

So löschen Sie Bereiche:

Vorgehensweise

1. Markieren Sie den Bereich oder die Zeile/Spalte, die Sie löschen wollen (hier A6..E6).

5.3 Löschen von Zeilen, Spalten und Blättern

2. Wählen Sie aus dem Menü **Arbeitsblatt** den Befehl **Löschen**. Auf dem Bildschirm erscheint ein Dialogfeld **Arbeitsblatt Löschen** (Bild 5.9).
3. Kontrollieren Sie den angegeben Bereich und markieren Sie die Auswahl **Zeile** (um hier die Zeile 6 zu löschen).
4. Schließen Sie den Befehl ab.

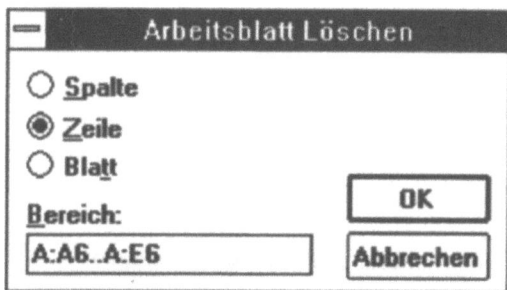

Bild 5.9 Dialogfeld Arbeitsblatt Löschen

Mit dem Befehl **Arbeitsblatt Löschen** werden ganze Zeilen, Spalten oder Arbeitsblätter und nicht nur der Bereich, den Sie markiert haben, gelöscht.

Sie sehen in Bild 5.10 die Umsatztabelle ohne die Zeile «Busreisen». In den Zellen, in denen Formeln für die Monatssumme und den Monatsanteil stehen, erscheint jetzt FEHLER. 1-2-3/W ist nicht in der Lage, diese Formeln wie beim Versetzen von Zellen anzupassen.

Sie müßten die Formeln korrigieren.

192   5 Arbeitsblattinhalte ändern

Bild 5.10 Umsatztabelle, Zeile Busreisen gelöscht

Widerrufen

Da wir die Umsatztabelle noch weiter mit der Zeile «Busreisen» benötigen, sollten Sie mit dem Widerrufen-Befehl die eben gelöschte Zeile wiederherstellen. Andernfalls müßten Sie sie wieder neu eingeben.

Durch das Widerrufen sparen wir uns in diesem Fall auch die Korrektur der Formeln.

Mit der Maus widerrufen Sie einen einmal ausgeführten Befehl, indem Sie auf das Symbol **Widerrufen** der Symbolleiste klicken.

Mit der Tastatur widerrufen Sie einen ausgeführten Befehl wie folgt:

Vorgehensweise

1. Wählen Sie mit den Tasten (ALT)+B das Menü **Bearbeiten** und daraus mit der Taste W den Befehl **Widerrufen**.

Ist dieser Befehl normal und nicht in einer anderen Farbe dargestellt, so wird der letzte ausgeführte Befehl widerrufen. Andernfalls ist Widerrufen unmöglich.

Prüfen Sie in diesem Fall, ob die Funktion Widerrufen in Extras Benutzervorgaben eingeschaltet wurde.

Jetzt wollen wir noch die Leerzeile unter «Busreisen» löschen und unsere Rechenergebnisse korrigieren.

Vorgehensweise

1. Markieren Sie einen Bereich in der Zeile 7 und löschen Sie diese Zeile mit dem Befehl **Arbeitsblatt Löschen**.
2. Markieren Sie die Zelle mit der Gesamtsumme (E8).
3. Klicken Sie mit der Maus auf das Summensymbol. 1-2-3/W berechnet aus den darüber liegenden Zellen die Summe. Mit der Tastatur müssen Sie die Formel: +E4+E5+E6+E7 eingeben

Damit haben wir die Summe korrigiert. Unser Arbeitsblatt zeigt wieder die richtigen Werte an.

5.4 Löschen von Zellinhalten

Im vorhergehenden Abschnitt haben Sie gelernt, wie Sie ganze Arbeitsblattbereiche löschen und gleichzeitig die anderen Daten entsprechend verschieben können, so daß Sie keine Leerzellen erhalten.

Wenn Sie etwas löschen wollen...

Manchmal wollen Sie jedoch nur Zellinhalte löschen, ohne die Struktur des Arbeitsblattes zu verändern. Sie können bei 1-2-3/W unterscheiden, ob Sie alle Zellinhalte, alle Zahlenformate, alle Stile oder Grafiken des markierten Bereiches des Arbeitsblattes löschen wollen.

Wir wollen nun den Zellinhalt der Datenbereiche der Arbeitsblätter B und C löschen, um Platz für neue Eintragungen zu schaffen.

Datenreise

194   5 Arbeitsblattinhalte ändern

Vorgehensweise

1. Wechseln Sie mit den Tasten (STRG)+(Bild↓), (STRG)+(Bild↑) oder durch Klicken in eins der «Blätter»-Symbole zum Arbeitsblatt B.

2. Markieren Sie in diesem Arbeitsblatt den Datenbereich B4..D7.

Bearbeiten
Selektiv Löschen

3. Wählen Sie aus dem Menü **Bearbeiten** den Befehl **Selektiv Löschen**. Es erscheint das Dialogfeld **Bearbeiten Selektiv Löschen** (Bild 5.11).

4. Markieren Sie in diesem Dialogfeld das Kontrollfeld **Zellinhalt**.

5. Schließen Sie den Befehl ab.

6. Wechseln Sie zu Arbeitsblatt C und wiederholen Sie die Arbeitsschritte 2 - 5.

Bild 5.11 Dialogfeld Bearbeiten Selektiv Löschen

Im Arbeitsblatt B sehen Sie jetzt eine Umsatztabelle wie in Bild 5.12.

Leider mußten Sie bei Version 1.1 die o.g. Arbeitsschritte wiederholen, da das arbeitsblattübergreifende Markieren nicht immer verfügbar ist.

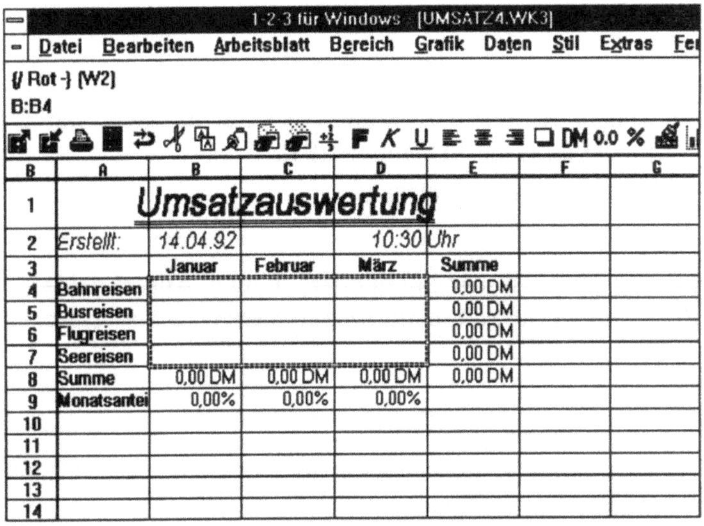

5.4 Löschen von Zellinhalten 195

Bild 5.12 Arbeitsblatt B mit Umsatztabelle, Datenbereich gelöscht

1-2-3/W verfügt darüber hinaus über weitere Möglichkeiten, Zellinhalte zu löschen.

Wenn Sie nur Daten, aber keine Formatierungsangaben löschen wollen, so wählen Sie

- den Befehl **Bearbeiten Inhalte Löschen** oder
- die Taste **ENTF**.

Wollen Sie die Zellinhalte mit allen Formatierungsangaben vollständig löschen, so können Sie das

- mit dem Befehl **Ausschneiden** im Menü **Bearbeiten** oder
- durch Anklicken des Symbols **Ausschneiden** in der Symbolleiste.

Entscheiden Sie von Fall zu Fall, welche Informationen Sie löschen und mit welchen Sie weiter arbeiten wollen.

Mit der Tastatur können Daten mit der **ENTF**-Taste löschen.

196   5 Arbeitsblattinhalte ändern

Vorgehensweise

1. Zeigen Sie mit dem Mauszeiger auf die Zelle mit der Spaltenüberschrift «Januar» (B3).
2. Drücken Sie die (ENTF)-Taste.

Mit der Maus können Sie mit dem Symbol **Ausschneiden** in der Symbolleiste Zellinhalte sehr bequem vollständig löschen.

Vorgehensweise

1. Markieren Sie den Bereich, dessen Zellinhalte Sie vollständig löschen wollen.
2. Klicken Sie auf das Symbol **Ausschneiden** in der Symbolleiste.

Geben Sie anschließend die Spaltenüberschrift «Januar» wieder ein und vergeben Sie an die Spaltenüberschriften wieder das Schriftattribut **Fett** (im Dialogfeld **Stil Schriftarten**), da wir das Arbeitsblatt im folgenden noch benötigen.

5.5 Verändern von Zellinhalten

Wenn Sie etwas verändern wollen... Sie ändern und bearbeiten Zellinhalte bei 1-2-3/W nicht in dem entsprechenden Zellen, sondern in der Bearbeitungszeile. In diesem Abschnitt wird Ihnen an der Arbeitsblattüberschrift (Spalte A, Zeile 1) gezeigt, wie Sie Zellinhalte mit 1-2-3/W arbeitssparend ändern können.

Sie können in der Bearbeitungszeile ganz leicht mit der Maus oder mit den Richtungstasten sowie der (ENTF)-Taste oder den Tasten zum Löschen von Zeichen Zellinhalte bearbeiten.

Datenreise Wir wollen in allen drei Arbeitsblättern die Überschrift um den Standort erweitern. Dazu müssen Sie nicht die gesamte

Überschrift neu eingeben, sondern Sie können sie um den neuen Zusatz ergänzen.

Vorgehensweise

1. Wechseln Sie durch Anklicken des Symbols **Vorheriges Arbeitsblatt** zum Arbeitsblatt A.
2. Zeigen Sie mit dem Mauszeiger auf die Zelle mit der Überschrift (A1).
3. Führen Sie den Mauszeiger in der Bearbeitungszeile an das Ende des Wortes «Umsatzauswertung», so daß der Mauszeiger zu einem senkrechten Strich wird.
4. Betätigen Sie nun die Maustaste. In der Zelle neben dem Bearbeitungsfeld erscheinen die Schaltflächen **Stornierfeld** (Kreuz) und **Bestätigungsfeld** (Haken), die Ihnen zeigen, daß Sie nun Zellinhalte bearbeiten können.
5. Geben Sie jetzt die Erweiterung der Überschrift ein («Hannover»). — Die Überschrift erweitern
6. Schließen Sie Ihre Eingabe ab, indem Sie mit dem Mauszeiger in das **Bestätigungsfeld** klicken.
7. Wechseln Sie nacheinander zu den Arbeitsblättern B und C und erweitern Sie dort die Überschriften um die Zusätze «München» bzw. «Dresden».

Mit der Tastatur bearbeiten Sie Zellinhalte mit Funktionstasten.

Vorgehensweise

1. Wechseln Sie mit den Tasten (STRG) + (Bild↑) zum Arbeitsblatt A.
2. Zeigen Sie mit dem Zellzeiger auf die Zelle mit der Überschrift (A1).

198 5 Arbeitsblattinhalte ändern

Die Überschrift erweitern

3. Kündigen Sie 1-2-3/W das Bearbeiten eines Zellinhaltes durch Drücken der Funktionstaste F2 an. Die Schreibmarke befindet sich dann am Ende des Wortes «Umsatzauswertung» in der Bearbeitungszeile und hat die Form eines senkrechten Striches.
4. Sie können nun mit den Richtungstasten an die gewünschte Stelle der Bearbeitungszeile wandern.
5. Geben Sie als Veränderung die Erweiterung «Hannover» ein.
6. Schließen Sie die Eingabe mit der EINGABE-Taste ab.
7. Wechseln Sie zu den Arbeitsblättern B und C und erweitern Sie dort die Überschriften um «München» bzw. «Dresden».

Drücken Sie noch auf das Symbol **Perspektive**, dann erhalten Sie eine Darstellung wie in Bild 5.13.

Bild 5.13 Tabelle mit erweiterter Überschrift

5.6 Löschen von Namen

Eine saubere Dokumentation der Variablennamen verlangt, **Namen löschen**
daß Sie überflüssige Namen löschen.

Sie löschen Namen mit der Befehlsfolge **Bereich Name Löschen**.

Vorgehensweise

1. Wählen Sie das Menü **Bereich**, den Befehl **Name** und aus dem Aufklappmenü **Löschen**. Sie sehen ein Dialogfeld wie in Bild 5.14.

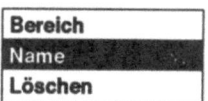

2. Markieren Sie den zu löschenden Namen in der Liste. Er wird sofort in das Textfeld **Bereichsname** übertragen.
3. Klicken Sie mit dem Mauszeiger in die Schaltfläche **Löschen**.
   Vorsicht! Zielen Sie gut! Wenn Sie in die Schaltfläche **Alle Löschen** klicken, so werden alle Namen in der Liste und ihre Zellbezüge gelöscht.
4. Schließen Sie den Befehl ab, indem Sie in die Schaltfläche **OK** klicken.

Bild 5.14 Dialogfeld Bereich Name Löschen

200 5 Arbeitsblattinhalte ändern

Mit der Tastatur löschen Sie Bereichsnamen folgendermaßen:

Vorgehensweise

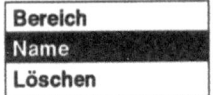

1. Wählen Sie mit den Tasten (ALT) +(E) das Menü **Bereich**. Drücken Sie auf die Taste (N) für **Name**, es öffnet sich ein Aufklappmenü. Geben Sie mit der Taste (L) den Befehl **Löschen**. Es erscheint ein Dialogfeld **Bereich Name Löschen** (Bild 5.14).

2. Verschieben Sie mit der Taste (TAB) die Markierung auf das Listenfeld.

3. Bewegen Sie mit den Richtungstasten die Markierung auf den Namen, den Sie löschen wollen.

4. Löschen Sie den Namen mit den Tasten (ALT) +(L).
   Sie können aber auch alle Namen der Liste mit den Tasten (ALT) +(A) löschen.

   Um weitere Bereichsnamen zu löschen, wiederholen Sie die Schritte 3 und 4.

5. Schließen Sie den Befehl mit der (EINGABE)-Taste ab.

Sie können auch hier den letzten ausgeführten Befehl widerrufen.

 Beim Löschen von Bereichsnamen, die in Formeln verwendet werden, ersetzt 1-2-3/W den gelöschten Bereichsnamen durch die Bereichsadresse. Heben Sie den Zellbezug eines Namens auf, indem Sie statt Löschen Aufheben wählen, so ist dieser Bereichsname weiter vorhanden, aber undefiniert.
Wird er in Formeln verwendet, so wird FEHLER angezeigt.

5.7 Ändern von Namen

Namen verändern

Im Laufe Ihrer Arbeit wollen Sie sicher auch Namen oder deren Bezüge verändern. Auch diese Arbeit erledigen Sie mit dem Befehl **Bereich Name**.

5.7 Ändern von Namen

Vorgehensweise

1. Wählen Sie den Befehl **Name** aus dem Menü **Bereich** und aus dem Aufklappmenü den Befehl **Erstellen**. Sie sehen ein Dialogfeld wie in Bild 5.15.

2. Markieren Sie den zu ändernden Namen in der Liste. Er wird sofort in das Textfeld **Bereichsname** übertragen.

3. Wollen Sie den Namen ändern, so zeigen Sie mit dem Mauszeiger auf den Namen im Textfeld **Bereichsname** (der Mauszeiger wird zu einem senkrechten Strich) und ändern den Namen.
Den Bezug können Sie im Textfeld **Bereich** ändern.

4. Schließen Sie den Befehl nach Beendigung der Eingabe ab.

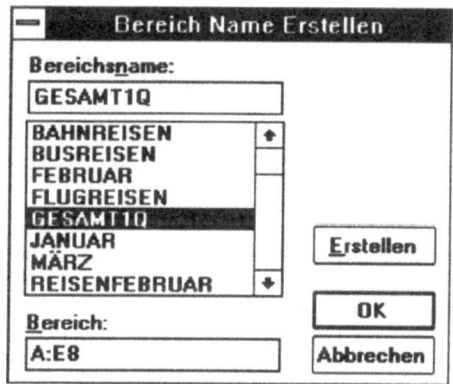

Bild 5.15 Dialogfeld Bereich Name Erstellen

Mit der Tastatur verändern Sie Namen wie folgt:

Vorgehensweise

1. Wählen Sie mit den Tasten ⟨ALT⟩+⟨E⟩ das Menü **Bereich**, daraus mit der Taste ⟨N⟩ den Befehl **Name** und aus dem Aufklappmenü mit der Taste ⟨E⟩ den Befehl **Erstellen**. Sie sehen ein Dialogfeld wie in Bild 5.15.

2. Bewegen Sie die Markierung mit der Tabulatortaste (TAB) in das Listenfeld und wählen Sie mit den Richtungstasten die Zeile aus, in der Sie einen Namen oder dessen Bezug ändern wollen.
3. Wollen Sie den Namen ändern, so wählen Sie das Textfeld **Bereichsname** durch Eingabe von (ALT)+(N) aus und verändern den Namen nach Ihren Wünschen.
Wenn Sie den Bezug des Namens ändern wollen, so wählen Sie das Textfeld **Bereich** durch Eingabe von (ALT)+(B) aus und geben den neuen Bezug ein.
4. Schließen Sie den Befehl mit der (EINGABE)-Taste ab.

5.8 Transponieren des Arbeitsblattes

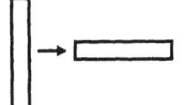

Sie können mit 1-2-3/W Arbeitsblätter transponieren, d.h. die Zeilen- und Spaltendarstellung vertauschen.
Das Transponieren eines Arbeitblattes erfolgt mit dem Befehl **Vertauschen** aus dem Menü **Bereich**.

Achten Sie beim Transponieren darauf, daß Sie den transponierten Bereich nur in leere Arbeitsblattbereiche einfügen. Eventuell noch vorhandene Daten im Zielbereich werden bedingungslos überschrieben.
Überschneiden sich Quell- und Zielbereich, kann es zu Datenverlusten kommen.

Datenreise

Wir wollen jetzt bei der Namensliste Zeilen und Spalten vertauschen (A11..A21 -> A23..E23).

Vorgehensweise

1. Markieren Sie die Namensliste (A11..A21).

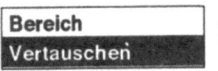

2. Wählen Sie den Befehl **Vertauschen** aus dem Menü **Bereich**. Sie sehen nun ein Dialogfeld **Bereich Vertauschen** (Bild 5.16).

5.8 Transponieren des Arbeitsblattes

3. Kontrollieren Sie den **Von**- oder Quellbereich und korrigieren Sie diese Angaben falls erforderlich.
4. Geben Sie nun den **Nach**- oder Zielbereich ein. Sie brauchen dabei nur die Adresse der ersten Zelle dieses Bereiches einzugeben (hier A:23).
5. Schließen Sie den Befehl ab.

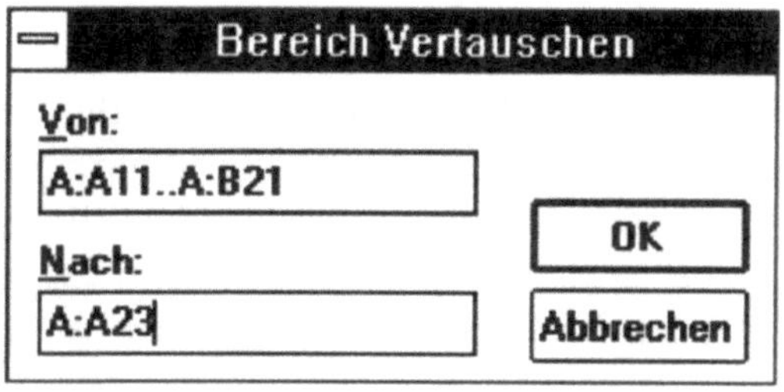

Bild 5.16 Dialogfeld Bereich Vertauschen

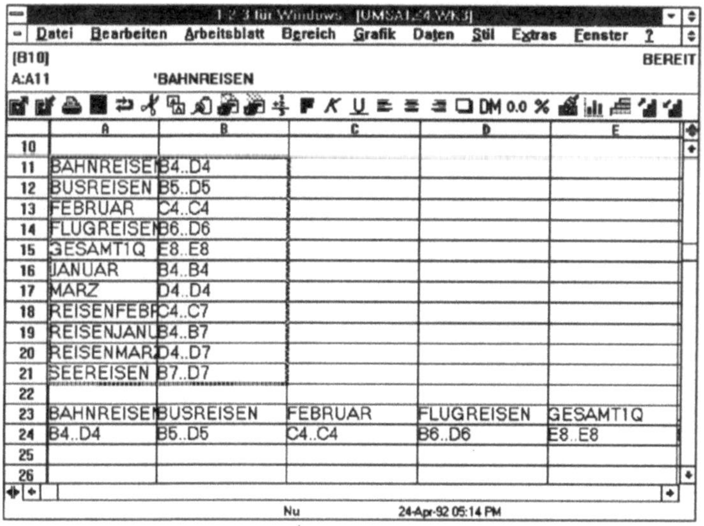

Bild 5.17 Namensliste nach Vertauschen von Zeilen und Spalten

In Bild 5.17 sehen Sie jetzt zwei Namenslisten, die ursprüngliche Liste mit den Bereichsnamen in den Spalten A und B, Zeilen 11-21 und die transponierte Liste mit den Bereichsnamen in den Zeilen 23 und 24.

Entscheiden Sie von Fall zu Fall, welche Darstellungsweise informativer und übersichtlicher ist.

5.9 Übungsaufgabe

Ein weiteres Beispiel...

Sie können nun anhand der Beispieltabelle aus der Übungsaufgabe des Kapitels 4 (vgl. Bild 4.44) das Verändern eines Arbeitsblattes noch einmal üben.

Das Arbeitsblatt FZVERK1 (Bild 5.18) stellt die Umsatzauswertung eines Autohauses dar. Die Strukturen solcher Arbeitsbltter müssen manchmal neuen Gegebenheiten angepaßt werden. Dabei ist es in aller Regel günstiger, das schon vorhandene Arbeitsblatt zu bearbeiten, anstatt ein ganz neues zu erstellen.

	A	B	C	D	E	F
1	Fahrzeugverkauf (Umsatz)					
2						
3		Neuwagen		Gebrauchtwagen		
4		PKW	LKW	PKW	LKW	
5	Meier	100000	500000	30000	60000	
6	Müller	120000	250000	20000	40000	
7	Schulz	150000	300000	20000	50000	
8	Schmidt	180000	400000	10000	50000	
9	Gesamt	550000	1450000	80000	200000	
10						

Bild 5.18 Tabelle Fahrzeugverkauf

Zeilen löschen

In dem Autohaus hat sich eine personelle Veränderung ergeben. Der Mitarbeiter Müller wurde pensioniert. Seine Stelle wird vorerst nicht wieder besetzt. Daher soll diese Zeile aus dem Arbeitsblatt gelöscht werden. Dabei sollen aber die Einträge der anderen Mitarbeiter nicht verloren gehen.

Sie erreichen dies, indem Sie die Zeile 6, in der die Verkäufe von Herrn Müller verzeichnet sind, löschen. 1-2-3/W verschiebt dann automatisch die anderen Zeilen entsprechend nach oben, damit das Arbeitsblatt keine unnötigen Leerzeilen behält.

In dem Autohaus aus unserem Beispiel hat sich noch eine weitere Veränderung ergeben. Es wurden Busse in das Programm aufgenommen. Um den Verkauf der Busse von dem der LKW zu unterscheiden und so zu beurteilen, ob sich der Verkauf von Bussen lohnt, sollen diese Umsätze in eine separate Spalte aufgenommen werden.

Spalten einfügen

Fügen Sie nun nach der Spalte «LKW» unter der Rubrik «Neuwagen» eine Spalte ein (Bild 5.19).

	A	B	C	D	E	F
1	Fahrzeugverkauf (Umsatz)					
2						
3		Neuwagen			Gebrauchtwagen	
4		PKW	LKW		PKW	LKW
5	Meier	100000	500000		30000	60000
6	Schulz	150000	300000		20000	50000
7	Schmidt	180000	400000		10000	50000
8	Gesamt	430000	1200000		60000	160000
9						
10						

Bild 5.19 Tabelle Fahrzeugverkauf nach Löschen der Zeile Müller und Einfügen einer Leerspalte

Tragen Sie in diese Spalte die Spaltenüberschrift «Busse» sowie einige Testwerte ein.

Anschließend müssen Sie noch für diese Spalte eine Formel zur Berechnung des Gesamtumsatzes eingeben, da dies beim Einfügen der Zeile nicht automatisch geschieht (Bild 5.20).

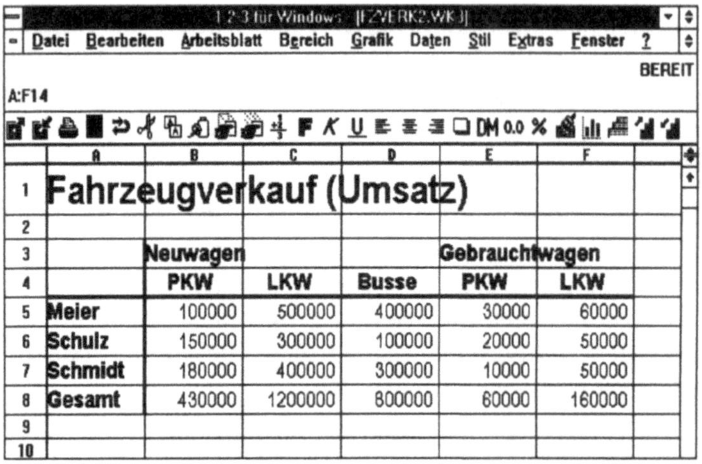

5 Arbeitsblattinhalte ändern

	A	B	C	D	E	F
1	Fahrzeugverkauf (Umsatz)					
2						
3		Neuwagen			Gebrauchtwagen	
4		PKW	LKW	Busse	PKW	LKW
5	Meier	100000	500000	400000	30000	60000
6	Schulz	150000	300000	100000	20000	50000
7	Schmidt	180000	400000	300000	10000	50000
8	Gesamt	430000	1200000	800000	60000	160000

Bild 5.20 Geänderte Tabelle Fahrzeugverkauf

- 1 Einleitung
- 2 Vorarbeiten & Vorkenntnisse
- 3 Die erste Aufgabe
- 4 Das Arbeitsblatt gestalten
- 5 Arbeitsblattinhalte ändern
- **6 Arbeiten mit Funktionen**
- 7 Grafische Darstellung
- 8 Textverarbeitung
- 9 Dateiverwaltung
- 10 Ziele, Alternativen, Optima
- 11 Datenaustausch
- 12 Datalens und dBASE
- 13 Ablaufprogrammierung
- 14 Organisation und Planung
- Anhang

Abschnittsübersicht

6. Arbeiten mit Funktionen

Überblick
6.1 Statistische Funktionen
6.2 Finanz- Funktionen
6.3 Mathematische Funktionen
6.4 Logische Funktionen
6.5 Aufgaben

6. Arbeiten mit Funktionen

Überblick

1-2-3/W stellt Ihnen zusätzlich zu den Rechenzeichen +, -, *, /, ^ (siehe Abschnitt 3.5) weitere Funktionen zur Verfügung:

- statistische Funktionen (Abschnitt 6.1),
- Finanz-Funktionen (Abschnitt 6.2),
- mathematische Funktionen (Abschnitt 6.3),
- logische Funktionen (Abschnitt 6.4),
- Textverarbeitungsfunktionen (Abschnitt 8.3),
- Datums- und Zeitfunktionen (Kapitel 10) und
- Datenbankfunktionen (Kapitel 9).

Da der Einsatz der meisten Rechenfunktionen sehr anwendungsspezifisch ist, liegt der Schwerpunkt der folgenden Darstellung auf statistischen, logischen und Finanzfunktionen. — Gruppen von Funktionen

Parallel zu dem Lesen dieses Abschnittes sollten Sie aus dem 1-2-3/W-Hilfe-Menü den Unterpunkt @Funktionen aufsuchen und sich über die aktuellen Funktionen Ihrer 1-2-3/W-Version informieren. Dies ist auch sinnvoll, wenn Sie sich während der Eingabe von Argumenten Informationen über die Syntax der verwendeten Formel verschaffen wollen.

Eine Funktion beginnt immer mit dem @Symbol, gefolgt vom Namen der Funktion und den in runden Klammern eingeschlossenen Argumenten. — Funktionsregeln

Geben Sie **keine** Leerstellen zwischen das @Symbol und den Funktionsnamen, sowie zwischen diesen und die öffnende Klammer ein.

6.1 Statistische Funktionen

Vorbemerkungen

Statistischen Funktionen

1-2-3/W kennt eine Vielzahl statistischer Funktionen, die in der Tabelle 3 im Anhang zusammengestellt sind. Im folgenden werden Sie mit der praktischen Anwendung von drei statistischen Funktionen anhand des Beispiels Umsatzauswertung für ein Reisebüro vertraut gemacht. Für dieses Beispiel sollen jetzt

- die Zeilen- und Spaltensummen mit der Summenfunktion @SUMME (Abschnitt 6.1.1),
- die durchschnittlichen monatlichen Bereichs- und Gesamtumsätze im ersten Vierteljahr mit der Funktion @MITTELWERT (Abschnitt 6.1.2) und
- die Standardabweichung der monatlichen Bereichs- und Gesamtumsätze im ersten Quartal (Funktion @STDABWP bzw. @STDABW) ermittelt werden (Abschnitt 6.1.3).

Laden Sie zur Vorbereitung die Tabelle UMSATZ1.

6.1.1 Bereichssummen mit @SUMME

Die @SUMME-Funktion

1-2-3/W besitzt eine Summenfunktion **@SUMME**, mit der Sie Zahlenwerte oder Tabellenbereiche addieren können.

Tabellenbereiche können Sie dabei wie sonst auch mit Bereichsnamen, absoluten, relativen oder gemischten Bereichsadressen ansprechen (vgl. Abschnitt 3.5). Sie können diese Funktion sehr bequem mit Hilfe des Summensymbols eingeben, falls Sie über ein Zeigeinstrument verfügen.

Das Summensymbol bietet folgende Vorteile:

- Sie sparen sich das Aufrufen des Befehlsmenüs zur Eingabe von Funktionen.
- Sie markieren nur die Zelle, die die Funktion @SUMME aufnehmen soll, und schon werden die Zellinhalte eines

6.1 Statistische Funktionen

angrenzenden Bereiches addiert und die Summe in die markierte Zelle eingetragen.

Dabei kann der angrenzende Bereich eine Zeile oder Spalte sein.

Grenzen sowohl in der Zeile als auch in der Spalte Wertebereiche an die markierte Zelle, so berechnet 1-2-3/W die Summe der Spaltenwerte. Die Summenfunktion funktioniert auch, wenn sich zwischen der markierten Zelle und dem Wertebereich eine oder auch mehrere Leerzellen befinden.

Statt wie in Abschnitt 3.5 durch Addition mit dem Rechenzeichen «+» sollen in diesem Abschnitt die Summen der Umsatzauswertung des Reisebüros mit der Summenfunktion berechnet werden. Die **@SUMME**-Funktion der Symbolleiste verwendet relative Zeilen- und Spaltenadressen. — Datenreise

Vorgehensweise:

1. Wählen Sie als erstes die Zelle aus, in die das Ergebnis eingetragen werden soll (B8).
2. Klicken jetzt Sie einfach auf das Summensymbol. 1-2-3/W addiert nun alle Zellinhalte des angrenzenden Bereiches, hier also B4..B7. — Eingabe der @SUMME-Funktion
3. Markieren Sie jetzt den Bereich C8..E8.
4. Klicken Sie wieder auf das Summensymbol. 1-2-3/W addiert **gleichzeitig** die Werte in den 3 markierten Spalten.

Das ist ganz einfach. Bedenken Sie aber, daß Sie mit der @SUMME-Funktion relative Bereichsadressen erhalten. Dies liefert eine schlechte und nur schwer nachvollziehbare Dokumentation der Ergebnisse.

Wenn Sie erst die Funktionen eintragen und dann die Namen vergeben, ersetzt 1-2-3/W in den Funktionen die relativen Adressen durch die Namen.

Mit der Tastatur können Sie nicht auf das Summensymbol zurückgreifen. Sie können die Summenfunktion aber über die Tastatur eingeben und dabei die von Ihnen festgelegten selbstdokumentierenden Namen verwenden. — Tastatur und @SUMME-Funktion

6 Arbeiten mit Funktionen

Wir zeigen Ihnen an dieser Stelle erst, wie Sie eine Funktion direkt über die Tastatur eingeben. Im folgenden Abschnitt sehen Sie dann, wie Sie eine Funktion aus der Liste der Funktionen auswählen und an der gewünschten Stelle einfügen können.

Datenreise

Jetzt wollen wir die Bereichssummen unserer Umsatztabelle bilden und dabei die in Abschnitt 3.3 vergebenen, selbstdokumentierenden Namen verwenden.

Vorgehensweise

1. Wählen Sie als erstes die Zelle E4 aus.

Summe bilden

2. Geben Sie das Zeichen @ ((ALT) + 64) ein, um die Eingabe einer Funktion anzukündigen.
3. Tippen Sie nun **SUMME** ein. Sie brauchen dabei nicht auf Groß-oder Kleinschreibung zu achten, da 1-2-3/W die Eingabe als Funktion erkennen und nach Abschluß der Eingabe in Großbuchstaben ausgeben wird.
4. Öffnen Sie eine Klammer, um in die Klammer die Argumente der Funktion einzutragen.
5. Geben Sie nun den Bezug an, indem Sie den entsprechenden Bereichsnamen (hier «Bahnreisen») eintragen.
6. Schließen Sie die Klammer und bestätigen Sie Ihren Eintrag mit der (EINGABE)-Taste.
7. Tragen Sie entsprechend die Formeln für die anderen Zellen ein. Verwenden Sie die Bereichsnamen «Busreisen», «Flugreisen» und «Seereisen» und kopieren Sie eine der Formeln in die Zelle E8.

Beachten Sie, wie 1-2-3/W in die Zellen die richtigen Bereichs- und Monatssummen einträgt.

Um sich Arbeit zu sparen, hätten Sie aber die Funktion nur in die Zelle E4 eingeben brauchen und sie dann in den Bereich E5..E8 kopieren können.

6.1 Statistische Funktionen

Bild 6.1 Umsatztabelle mit @SUMME-Funktion

Lassen Sie sich nun zur Kontrolle auf dem Bildschirm die Formeln anzeigen.

Vorgehensweise

1. Markieren Sie im Menü **Bereich** den Befehl **Format**. Es erschein das Dialogfeld **Datei Format** mit der Formatliste.

2. Wählen Sie das Format **Text** und schließen Sie den Befehl ab.

1-2-3/W vergrößert die Spaltenbreite nicht automatisch. Um die Formeln in voller Länge sehen zu können, müssen Sie die Spaltenbreite vergrößern.

Drucken Sie nun die Tabelle mit dem Befehl **Datei Drucken** aus. Achten Sie beim Markieren des Druckbereiches darauf, daß sich die Formeln vollständig im markierten Bereich befinden.

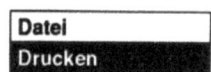

Speichern Sie nun die neue Tabelle wieder unter dem Namen UMSATZ1. Sie überschreiben nun die alte Version, die wir aber im folgenden auch nicht mehr benötigen.

214 6 Arbeiten mit Funktionen

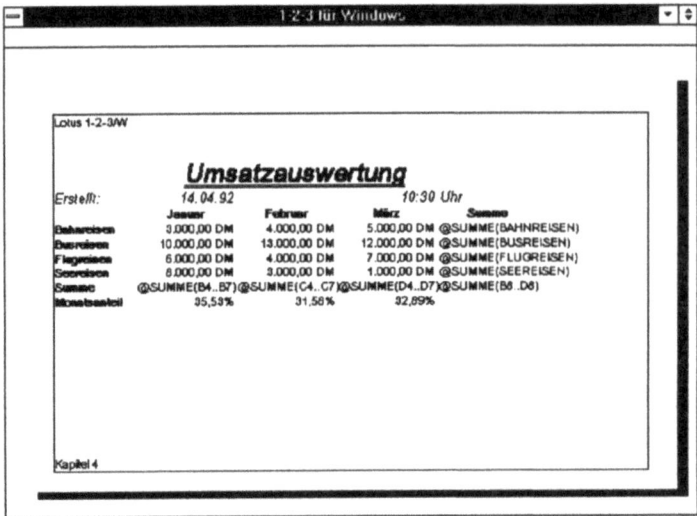

Bild 6.2 Seitenansicht der Formeldarstellung

Funktionen über mehrere Arbeitsblätter

Jetzt wollen wir für das gesamte Reisebüro eine Umsatzauswertung durchführen. Sie werden sehen, daß in den Funktionen auch arbeitsblattübergreifende Bereiche angegeben werden können.

Laden Sie dazu die Datei UMSATZ2. Sie enthält in den Arbeitsblättern A, B und C die Umsatzauswertung der Standorte «Hannover», «München» und «Dresden».

Datenreise

Wir wollen jetzt ein Arbeitsblatt D für den Gesamtumsatz einfügen. In dieses kopieren wir das Arbeitsblatt C, ändern die Überschrift und löschen den Inhalt (nicht das Format) des Datenbereiches. Anschließend werden wir in eine Zelle die Formel für die Summe eingeben und dann in den gesamten Datenbereich kopieren. Die Formeln für die Bereichs- und Monatssummen brauchen wir dabei nicht zu verändern.

6.1 Statistische Funktionen 215

Vorgehensweise

1. Markieren Sie eine Zelle oder einen Bereich im Arbeitsblatt C.

2. Wählen Sie den Befehl **Einfügen** aus dem Menü **Arbeitsblatt**. Markieren Sie in dem Dialogfeld **Arbeitsblatt Einfügen** die Optionen **Blatt** und **Hinter**. Schließen Sie diesen Befehl ab.

Arbeitsblatt
Einfügen

3. Wechseln Sie zum Arbeitsblatt C und markieren Sie den gesamten Tabellenbereich (C:A1..C:E9).

4. Wählen Sie den Befehl **Schnellkopie** aus dem Menü **Bearbeiten**. Übernehmen Sie den voreingestellten **Von**-Bereich und geben Sie in das Textfeld **Nach** die Anfangsadresse im Zielbereich (hier D:A1) ein. Schließen Sie den Befehl ab.

Bearbeiten
Schnellkopie

5. Wechseln Sie zum Arbeitsblatt D. Markieren Sie den Datenbereich (B4..D7). Wählen Sie den Befehl **Bearbeiten Selektiv Löschen**. Markieren Sie im Dialogfeld **Bearbeiten Selektiv Löschen** nur das Kontrollfeld **Zellinhalt**. Schließen Sie den Befehl ab.

Bearbeiten
Selektiv Löschen

6. Setzen Sie den Zellzeiger auf die Zelle A1. Gehen Sie mit der Schreibmarke hinter «Umsatzauswertung» und löschen Sie den Standort. Ergänzen Sie die Überschrift um den Eintrag «Gesamt».

7. Tragen Sie in die Zelle B4 folgende Formel ein: @SUMME(A:B4;B:B4;C:B4). Sie erhalten eine Tabelle wie in Bild 6.3. Kopieren Sie jetzt diese Formel auf den Bereich B4..D7.

Wenn Sie die Arbeitsblätter der Standorte in getrennten Dateien gespeichert hätten, könnten Sie sie mit dem Befehl **Datei Kombinieren** addieren.

X

Sie erhalten eine Tabelle «Umsatzauswertung Gesamt» wie in Bild 6.4.

Bild 6.3 Formeleintrag in Gesamtauswertung

Bild 6.4 Vollständige Gesamtumsatzauswertung

6.1.2 Bilden von Bereichsdurchschnitten

Die Funktion @MITTELWERT
Die Durchschnittsfunktion bildet das arithmetische Mittel nach der üblichen Formel

Summe der Werte / Anzahl der Werte

Zur Bildung des Mittelwertes können Sie die Funktion direkt eingeben oder den Funktionsnamen aus einer Liste auswählen.

Funktion aus Liste auswählen
Um eine Funktion aus der Funktionsliste auszuwählen, geben Sie wie sonst auch zuerst das Zeichen @ ein. Anschließend drücken Sie auf die Funktionstaste F3. 1-2-3/W zeigt ein Dialogfeld mit allen @Funktionen an (Bild 6.5). Sie wählen die

Formel nun aus dieser Liste aus und geben dazu die Argumente über die Tastatur ein.

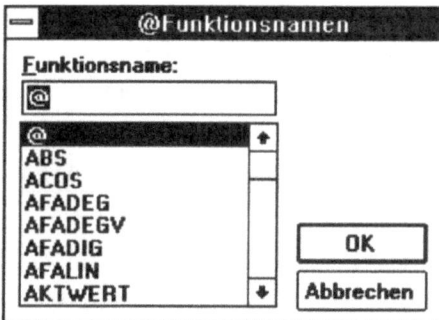

Bild 6.5 Dialogfeld @Funktionsnamen

Wir wollen jetzt im Arbeitsblatt A die Mittelwerte der Umsätze mit der Funktion **@MITTELWERT** bilden. Zuerst erweitern wir unsere Tabelle um Überschriften, da wir in diesem Abschnitt und im folgenden insgesamt drei Formeln eingeben wollen. Dazu benötigen wir drei neue Spalten. Die etwas zerstückelten Namen der Überschriften der Standardabweichung werden Sie verstehen, wenn wir Ihnen gleich die Unterschiede der zwei verschiedenen Standardabweichungen erläutern werden.

Argumente einfügen

Im Bild 6.6 haben wir die Überschriften mit dem Schriftattribut fett versehen und zentriert ausgerichtet.

Zelle	Spalte	Überschrift
3	F	Mittelwert
3	G	St.Abw.1
3	H	St.Abw.2

Tabelle 6.1 Zusätzliche Spalten zur Tabelle Umsatzauswertung

Wir wollen in diesen Funktionen die Bereichsnamen zur Angabe der Bezüge verwenden.

Bereichsnamen als Bezüge

6 Arbeiten mit Funktionen

Vorgehensweise

1. Markieren Sie die erste Zelle der Spalte F, die die Formel aufnehmen soll, also die Zelle F4.
2. Geben Sie das Zeichen @ ein, um eine Funktion anzukündigen.
3. Drücken Sie auf die Funktionstaste F3. Es erscheint ein Dialogfeld **@Funktionsnamen** (Bild 6.5).

Funktionsnamen aus Listen übernehmen

4. Blättern Sie in der Liste, bis die Funktion **@MITTELWERT** erscheint, markieren Sie diese und schließen Sie diese Auswahl ab. Der gewählte Funktionsname wird zusammen mit einer öffnenden Klammer in die Bearbeitungszeile übertragen.
5. Drücken Sie wiederum die Funktionstaste F3. Es erscheint das Dialogfeld **Bereich Namen** (Bild 6.8) mit allen bisher vergebenen Bereichsnamen.

Bereichsnamen aus Liste auswählen

6. Wählen Sie einen Bereichsnamen aus der Namensliste aus («Bahnreisen»).
7. Drücken Sie zweimal die EINGABE-Taste. Damit wird der gewählte Bereichsname in die Bearbeitungszeile übertragen, die schließende Klammer eingefügt und die Formel in die anfangs markierte Zelle übertragen.
   Sie sehen gleich das Ergebnis.

Sie sehen nun in der ersten Zelle der neuen Spalte den Mittelwert des Bereichs «Bahnreisen».

6.1 Statistische Funktionen 219

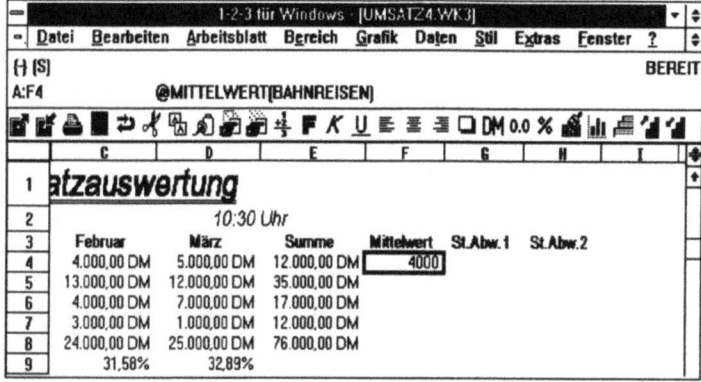

Bild 6.6 Umsatztabelle mit erstem Mittelwert

Um auch die anderen Mittelwerte zu erhalten, kopieren Sie die Formel in die noch freien Zellen der Spalte Mittelwert.

Vorgehensweise

1. Markieren Sie die Zelle mit der Formel (F4).

2. Klicken Sie auf das Symbol **Kopieren** in der Symbolleiste. Die Formel wird in die Zwischenablage kopiert.

3. Markieren Sie den Bereich, in den Sie die Formel einfügen wollen (F5..F8).

4. Klicken Sie zum Abschluß auf das Symbol **Einfügen**. Die Formeln werden sofort kopiert und Sie sehen in der Tabelle die richtigen Mittelwerte.

Beim Kopieren wurden die Bereichsnamen durch relative Bereichsadressen ersetzt und an die neue Zelladresse angepaßt.

Wollen Sie zur besseren Dokumentation in allen Formeln Bereichsnamen verwenden, so können Sie die Bezüge ändern bzw. alle Formeln vollständig mit der Tastatur eingeben.

So verändern Sie den Bezug einer Formel:

220 6 Arbeiten mit Funktionen

Vorgehensweise

1. Klicken Sie zweimal mit der Maus in die entsprechende Zelle oder markieren Sie die Zelle und drücken die Taste F2. Der Zellinhalt erscheint in der Bearbeitungszeile.

Zellbezüge korrigieren

2. Löschen Sie in der Bearbeitungszeile den Teil nach der öffnenden Klammer.

3. Drücken Sie die Taste F3. Es erscheint das Dialogfeld **Bereich Name**.

4. Markieren Sie den gewünschten Bereichsnamen.

5. Drücken Sie zweimal die EINGABE-Taste.

Bild 6.7 Umsatztabelle mit allen Bereichsmittelwerten

Wenn Sie im Dialogfeld Bereich Name Erstellen die entsprechenden Bereichsnamen anwählen und ohne eine Änderung an Namen oder den Bezügen die Schaltfläche Erstellen betätigen, so ersetzt 1-2-3/W die relativen Adressen durch die Bereichsnamen.

6.1.3 Ermitteln der Standardabweichung

Zur Ermittlung der Standardabweichung bietet 1-2-3/W Ihnen vier verschiedene Funktionen:

@STDABWP
@STDABW
@DSTDABWP
@DSTDABW.

Die Standardabweichung

Alle Funktionen geben an, wie stark die einzelnen Werte voneinander abweichen.

Sie müssen je nach dem Zweck der Bildung der Standardabweichung entscheiden, welche Formel Sie verwenden.

Die Funktion **@STDABWP** schätzt die Standardabweichung des Einzelwertes in einem von Ihnen festgelegten Tabellenbereich ab. Benutzen Sie diese Formel am besten, wenn Sie die Standardabweichung einer Stichprobe Ihrer Tabelle berechnen wollen.

Die Funktion @STDABWP für Stichproben

Die Funktion **@STDABW** berechnet die Standardabweichung des Mittelwertes des von Ihnen festgelegten Tabellenbereiches.

Die Funktion @STDABW für eine Gesamtheit

Diese Funktion liefert etwas kleinere Ergebnisse als die erste.

Diese Funktion ist sinnvoll, wenn Sie die Standardabweichung einer Grundgesamtheit der Tabelle berechnen wollen.

Wollen Sie die Standardabweichung eines Tabellenbereiches berechnen, der bestimmte von Ihnen vorher festgelegte Kriterien erfüllt, so verwenden Sie die Datenbankfunktionen **@DSTDABW** und **@DSTDABWP**. Sie berechnen dann die Standardabweichung wie die Funktionen **@STDABW** und **@STDABWP**.

An unserem Beispiel erläutern wir die Anwendung und die Unterschiede der Funktionen **@STDABWP** und **@STDABW**.

Die Funktion **@STDABWP** zur Ermittlung der Standardabweichung verwendet die Formel

$$\sqrt{\frac{n*\sum (x^2)-(\sum x)^2}{n*(n-1)}}$$

Mit Hilfe der Funktion **@STDABWP** soll jetzt ermittelt werden, wie weit die Bereichsumsätze und der Gesamtumsatz im Monatsablauf schwanken.

Datenreise Ermitteln Sie für die Tabelle aus dem Abschnitt 6.1.1 die Standardabweichung der Umsätze der «Bahnreisen».

Vorgehensweise

1. Zeigen Sie auf die Zelle, die das Ergebnis der Berechnung aufnehmen soll (hier G4).
2. Geben Sie das Zeichen @ ein und drücken Sie auf die Taste [F3]. Es erscheint das Listenfeld **@Funktionen**.
3. Wählen Sie aus dieser Liste (Bild 6.5) **STDABWP** aus und schließen Sie diese Wahl ab. Der Funktionsname wird zusammen mit einer öffnenden Klammer in die markierte Zelle übertragen.
4. Drücken Sie erneut die Taste [F3]. Es erscheint das Dialogfeld **Bereich Namen** (Bild 6.8).
5. Markieren Sie jetzt den gewünschten Bereichsnamen (hier «Bahnreisen»).
6. Drücken Sie zweimal die [EINGABE]-Taste.

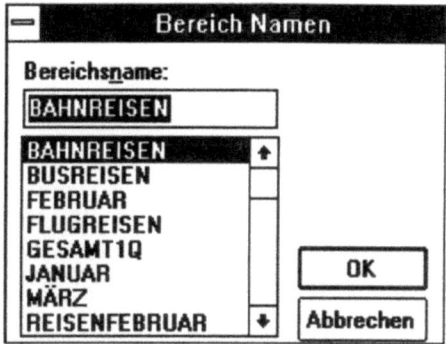

Bild 6.8 Dialogfeld Bereich Namen

1-2-3/W trägt nun die erste Standardabweichung ein (Bild 6.9).

	D	E	F	G	H
1					
2		10:30 Uhr			
3	März	Summe	Mittelwert	St.Abw.1	St.Abw.2
4	5.000,00 DM	12.000,00 DM	4000	1000	
5	12.000,00 DM	35.000,00 DM	11666,67		
6	7.000,00 DM	17.000,00 DM	5666,667		
7	1.000,00 DM	12.000,00 DM	4000		
8	25.000,00 DM	76.000,00 DM	25333,33		
9	32,89%				
10					

Bild 6.9 Umsatztabelle mit der ersten Standardabweichung

Kopieren Sie nun wie im vorigen Abschnitt die Formel in die übrigen Zellen der Spalte und passen Sie die Argumente entsprechend an. Sie sehen dann einen Bildschirm wie in Bild 6.10.

224   6 Arbeiten mit Funktionen

	D	E	F	G	H	I
1						
2		10:30 Uhr				
3	März	Summe	Mittelwert	St.Abw.1	St.Abw.2	
4	5.000,00 DM	12.000,00 DM	4000	1000		
5	12.000,00 DM	35.000,00 DM	11666,67	1527,525		
6	7.000,00 DM	17.000,00 DM	6666,667	1527,525		
7	1.000,00 DM	12.000,00 DM	4000	3605,551		
8	25.000,00 DM	76.000,00 DM	25333,33	1527,525		
9	32,89%					
10						

Bild 6.10 Umsatztabelle mit Standardabweichungen, berechnet mit der Funktion @STDABWP

Im folgenden sehen Sie den Unterschied zwischen den Funktionen **@STDABWP** und **@STDABW**.

Die Funktion @STDABW

Die Funktion **@STDABW** berechnet die Standardabweichung Ihrer Grundgesamtheit nach der folgenden Formel:

$$\sqrt{\frac{n * \sum (x^2) - (\sum x)^2}{n^2}}$$

Diese Funktion stellt die Standardabweichung des Mittelwertes fest und besitzt somit einen kleineren Betrag als die erste.

Weichen Ihre Werte kaum voneinander ab, so ist diese Formel zur Beschreibung der Standardabweichung ungeeignet, da die Ergebnisse zu klein werden, um noch aussagekräftig zu sein.

Geben Sie nun wie oben beschrieben die Formel **@STDABW** ein. Sie erhalten dann einen Bildschirm wie in Bild 6.11. Beachten Sie die Unterschiede in den Ergebnissen der beiden Funktionen.

6.1 Statistische Funktionen

A	D	E	F	G	H	I
1						
2	10:30	Uhr				
3	März	Summe	Mittelwert	St.Abw.1	St.Abw.2	
4	5.000,00 DM	12.000,00 DM	4000	1000	816,4966	
5	12.000,00 DM	35.000,00 DM	11666,67	1527,525	1247,219	
6	7.000,00 DM	17.000,00 DM	5666,667	1527,525	1247,219	
7	1.000,00 DM	12.000,00 DM	4000	3605,551	2943,92	
8	25.000,00 DM	76.000,00 DM	25333,33	1527,525	1247,219	
9	32,89%					
10						

Bild 6.11 Umsatztabelle mit allen Standardabweichungen

Das Bild 6.12 zeigt Ihnen zur Kontrolle Ihrer Formeln den entsprechenden Ausschnitt der Tabelle in Textdarstellung.

Hierzu haben Sie in dem Dialogfeld **Bereich Format** in die Textdarstellung umgeschaltet.

A	F	G	H	
1				
2				
3	Mittelwert	St.Abw.1	St.Abw.2	
4	@MITTELWERT(BAHNREISEN)	@STDABWP(BAHNREISEN)	@STDABW(BAHNREISEN)	
5	@MITTELWERT(BUSREISEN)	@STDABWP(BUSREISEN)	@STDABW(BUSREISEN)	
6	@MITTELWERT(FLUGREISEN)	@STDABWP(FLUGREISEN)	@STDABW(FLUGREISEN)	
7	@MITTELWERT(SEEREISEN)	@STDABWP(SEEREISEN)	@STDABW(SEEREISEN)	
8	@MITTELWERT(B8..D8)	@STDABWP(B8..D8)	@STDABW(B8..D8)	
9				

Bild 6.12 Alle eingegebenen und kopierten Formeln

Passen Sie Ihre Formeln an, falls hier Unterschiede auftreten sollten, da wir weiterhin mit dieser Tabelle arbeiten werden.

Mit neu gestalteten Spalten sieht Ihre Tabelle aus wie in Bild 6.13.

226 6 Arbeiten mit Funktionen

	D	E	F	G	H
1					
2	10:30	Uhr			
3	März	Summe	Mittelwert	St.Abw.1	St.Abw.2
4	5.000,00 DM	12.000,00 DM	4.000,00 DM	1.000,00 DM	816,50 DM
5	12.000,00 DM	35.000,00 DM	11.666,67 DM	1.527,53 DM	1.247,22 DM
6	7.000,00 DM	17.000,00 DM	5.666,67 DM	1.527,53 DM	1.247,22 DM
7	1.000,00 DM	12.000,00 DM	4.000,00 DM	3.605,55 DM	2.943,92 DM
8	25.000,00 DM	76.000,00 DM	25.333,33 DM	1.527,53 DM	1.247,22 DM
9	32,89%				
10					

Bild 6.13 Tabellenzusätze neu gestaltet

6.2 Finanz-Funktionen

Finanz-Funktionen

1-2-3/W bietet Ihnen eine große Auswahl finanzmathematischer Funktionen. Eine Übersicht dieser Funktionen sehen Sie im Anhang in Tabelle 4.

Mit der 1-2-3/W-Hilfe-Funktion können Sie jederzeit Detailerklärungen zu diesen Funktionen abrufen.

Datenreise

Wir wollen Ihnen hier anhand der @NETAKTWERT-Funktion zeigen, wie Sie finanzmathematische Funktionen einsetzen können. Mit dieser Funktion

@NETAKTWERT(Zins;Wert)

bietet Ihnen 1-2-3/W die Möglichkeit, den aktuellen Nettowert einer Zahlungsreihe (auch Barwert) bei gegebenem Zinssatz zu ermitteln. Der aktuelle Nettowert einer Zahlungsreihe gibt an, wie groß die Summe der abgezinsten Zahlungen der nächsten Jahre ist.

Eine Beispieltabelle

Um diese Funktion auszuprobieren, richten Sie bitte die folgende Tabelle zur Ermittlung des *Barwertes 1992* von 3 Zahlungen in den Jahren 1993 bis 1995 ein:

6.2 Finanz-Funktionen

Überschriften	Bereich
Ermittlung des Barwertes einer Zahlungsreihe	A1
Jahr	A2
Zahlungen	B2
1993	A3
1994	A4
1995	A5
Barwert	A6
Zinssatz	B6

Tabelle 6.2 Überschriften für Tabelle Barwert

Name	Bereich
Zahlungen	B3..B5
Zinssatz	B7

Tabelle 6.3 Zu vereinbarende Bereichsnamen und deren Bezüge

Formel	Bereich
@NETAKTWERT(Zinssatz;Zahlungen)	B6

Tabelle 6.4 Einzugebende Formeln

Verbreitern Sie die Spalte 2 auf 15 Zeichen, legen Sie die Höhe der Zeilen 1,2,6 und 7 auf 16 Punkt und für den Bereich B3..B6 das Format Währung fest. Die Zelle B7 soll das Format Prozent mit 2 Dezimalstellen erhalten. Richten Sie alle Überschriften rechtsbündig aus.

Mit den Testdaten 1000, 2000 und 3000 DM als Zahlungen und 0,12 als Zinssatz müssen Sie einen Bildschirm wie in Bild 6.14 erhalten.

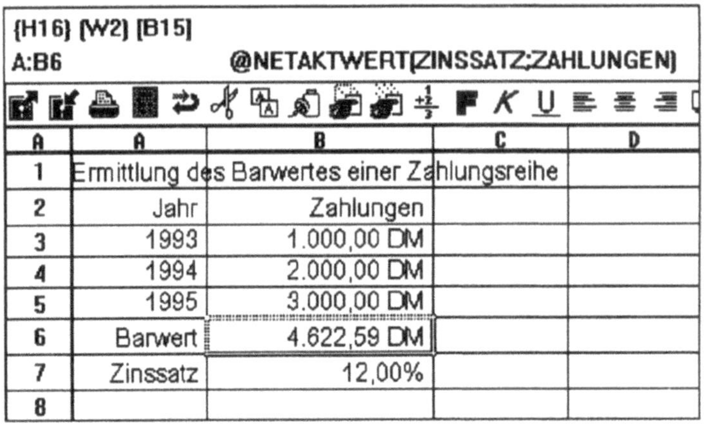

```
{H16} [W2] [B15]
A:B6                    @NETAKTWERT[ZINSSATZ;ZAHLUNGEN]
```

	A	B	C	D
1	Ermittlung des Barwertes einer Zahlungsreihe			
2	Jahr	Zahlungen		
3	1993	1.000,00 DM		
4	1994	2.000,00 DM		
5	1995	3.000,00 DM		
6	Barwert	4.622,59 DM		
7	Zinssatz	12,00%		
8				

Bild 6.14 Berechnung des aktuellen Nettowertes einer Zahlungsreihe

6.3 Mathematische Funktionen

Rechenfunktionen

Über die oben beschriebenen Funktionen hinaus stellt 1-2-3/W die folgenden Rechenfunktionen zur Verfügung:

1. trigonometrische Funktionen,
2. logarithmische und Exponentialfunktionen und
3. sonstige Funktionen.

Diese Funktionen finden Sie im Anhang des Buches in der Tabelle 5.

6.4 Logische Funktionen

Wozu logische Funktionen?

Mit logischen Funktionen und Verknüpfungen können Sie den Inhalt von Zellen in Abhängigkeit von anderen Zellen gestalten. Eine Übersicht über die logischen Funktionen von 1-2-3/W zeigt die Tabelle 6 im Anhang.

Die Einsatzmöglichkeiten von 1-2-3/W werden durch bedingungsabhängige Zellinhalte erheblich erweitert. Eine solche Fallunterscheidung kann mit der @WENN-Funktion realisiert werden. Sie hat folgende Syntax:

@WENN(Bedingung;Dannwert;Sonstwert).

Die Funktion @WENN

Ist die Bedingung wahr, wird der Dannwert eingefügt, ist die Bedingung falsch, der Sonstwert.

Bedingungen können logischen Operatoren (=, <, >, <=, >=, <>, #UND#, #NICHT#, #ODER#) enthalten.

Hier soll ein Beispiel für Fallunterscheidungen entwickelt werden.

Um Gigo-EDV (garbage in, garbage out - Mist rein, Mist raus) zu vermeiden, werden in kommerziellen Dialogprogrammen möglichst alle Eingaben Plausibilitätsprüfungen unterzogen. Hier kann je nach der Art der Daten und Prüfungen die Wahrscheinlichkeit von Fehlern bei den Eingabedaten meist deutlich gesenkt werden.

In dem folgenden vereinfachten Beispiel soll bei der Eingabe des Datums zunächst lediglich geprüft werden, ob

Datumsprüfung

1. der Tag im Bereich 1 bis 31,
2. der Monat im Bereich 1 bis 12 und
3. das Jahr im Bereich 1990 bis 2000

liegen.

Im Abschnitt 9.7.4 wird diese Plausibilitätsprüfung verfeinert.

Wenn die Bereiche überschritten werden, soll jeweils die Fehlermeldung «Bereichsüberschreitung» in Spalte 3 ausgegeben werden, sonst soll jeweils der Eingabewert in die Spalte 5 übertragen werden. Die Formulierung von Fallunterscheidungen bei 1-2-3/W ist etwas gewöhnungsbedürftig, insbesondere, wenn in der Bedingung noch zwei Alternativen mit ODER verknüpft werden. Achten Sie daher besonders auf die richtige Klammerung und die richtige Verwendung des Semikolons als Trenner.

Wenn Sie das Beispiel im Detail nachvollziehen wollen, tragen Sie bitte die folgenden Überschriften, Namen und Formeln in eine Tabelle ein:

Überschrift	Bereich
Plausibilitätsprüfung bei der Eingabe	A1
Datumseingabe	A2
Datumsprüfung	C2
Prüfergebnis	D2
Tag:	A3 und D3
Monat:	A4 und D4
Jahr:	A5 und D5

Tabelle 6.5 Überschriften für Tabelle Plausibilitätsprüfung

Name	Bereich
Tag	B3
Monat	B4
Jahr	B5

Tabelle 6.6 Bereichsnamen für die Tabelle Plausibilitätsprüfung

6.4 Logische Funktionen

Formel	Zelle(Erklärung)
@WENN((Tag<1#ODER#Tag>31); "Bereichsüberschreitung";"")	C3 (Ausgabe einer Meldung)
@WENN((Monat<1#ODER#Monat >12);"Bereichsüberschreitung";"")	C4 (Ausgabe einer Meldung)
@WENN((Jahr<1990#ODER#Jahr >2000);"Bereichsüberschreitung";"")	C5 (Ausgabe einer Meldung)
@WENN((Tag<1#ODER#Tag>31); "";Tag)	E3 (Ausgabe eines Wertes)
@WENN((Monat<1#ODER#Monat >12); "";Monat)	E4 (Ausgabe eines Wertes)
@WENN((Jahr<1990#ODER#Jahr >2000); "";Jahr)	E5 (Ausgabe eines Wertes)

Tabelle 6.7 Formeln für Tabelle Plausibilitätsprüfung

Legen Sie die folgenden Zeilenhöhen und Spaltenbreiten fest: Spaltenbreiten und Zeilenhöhen:

Feld	Höhe/Breite
Zeile 1	Höhe: 16
Zeile 2	Höhe: 14
Zeilen 3 bis 5	Standardhöhe
Spalte 1	Breite: 14
Spalten 2 und 5	Breite: 5
Spalte 3	Breite: 21
Spalte 4	Breite: 11

Tabelle 6.8 Einzustellende Spaltenbreiten und Zeilenhöhen für die Tabelle Plausibilitätsprüfung

Testen Sie danach Ihr Arbeitsblatt mit zulässigen und unzulässigen Werten. Für den 32.10.1991 müssen Sie einen Bildschirm wie in Bild 6.15 sehen, wenn Sie alle Eintragungen wie oben beschrieben vorgenommen haben.

Bild 6.15 Bildschirmanzeige bei Eingabe von 32.10.1991

Lassen Sie sich auf dem Bildschirm die Formeln anzeigen, vergleichen Sie diese mit denen in den Bildern 6.16 und 6.17.

Bild 6.16 Formeln für Datumsprüfung, Spalte Fehlermeldung

Bild 6.17 Formeln für Datumsprüfung, Spalte Prüfergebnis

 Speichern Sie dieses Arbeitsblatt unter dem Namen **PLAUSPR**.

6.5 Aufgaben

6.5.1 Erstellen einer ANSI-Zeichensatztabelle mit 1-2-3/W

WINDOWS und alle Anwendungen, die Sie als WINDOWS-Anwendungen betreiben, arbeiten mit dem ANSI-Zeichensatz.

Ein praktisches Anwendungsbeispiel

Erstellen Sie sich mit Hilfe der Funktion **@ZEICHEN** (siehe Anhang, Tabelle 2) eine ANSI-Tabelle und lassen Sie sich diese Tabelle auf Ihrem Drucker ausdrucken.

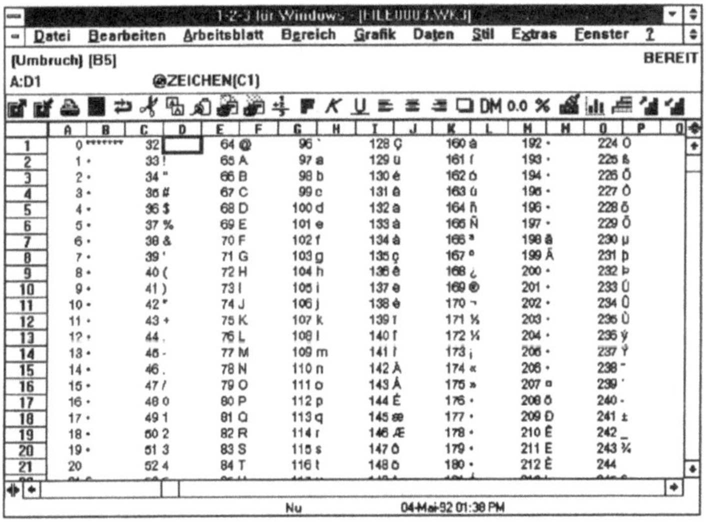

Bild 6.18 ANSI-Zeichensatztabelle

Setzen Sie die Zeilenbreite auf 4 Zeichen und den Zoom auf 80%.

Hinweise

Benutzen Sie zum Eintragen der fortlaufenden Nummer den Befehl **Füllen** aus dem Menü **Daten**.

Schreiben Sie die Funktion nur in eine Zelle, kopieren Sie diese dann auf eine Tabellenspalte und diese Spalte dann auf die anderen Tabellenspalten.

Die Zeichen 0 - 31 sollten Sie nicht ausdrucken, da Ihr Drucker einige dieser Zeichen als Steuerzeichen verstehen könnte.

 Speichern Sie dieses Arbeitsblatt als ANSI.WK3. Sie finden diese Datei auf der Beispieldiskette im Verzeichnis K6.

6.5.2 Journalbuchführung

Vorbemerkung

Die Idee

Im folgenden können Sie in einem ersten Schritt die Idee einer einfachen tabellarischen Buchführung mit Summen und Salden erleben. Im zweiten Schritt sehen Sie, wie Sie automatisch die Summen und Salden des Vortages auf den nächsten Tag übertragen können. Sie verwenden dazu

- Formeln mit externem Bezug,
- mehrblättrige Tabellen oder
- mehrere Dateien.

Datenreise

In dieser Übungsaufgabe entwerfen Sie einen Vordruck, der alle notwendigen Zellen und Zellbezüge aufweist. In diesen Vordruck tragen Sie die entsprechenden Daten des jeweiligen Tages ein und speichern dieses Arbeitsblatt unter einem den Tag kennzeichnenden Namen (z.B. 92_05_16). Die erste Zeile der Tabelle ist für den Übertrag reserviert.

Beispiel einer einfachen Journalbuchführung

Die Vorarbeiten

Die Vorarbeiten zum Erstellen dieser Tabelle sind ein wenig aufwendiger als bei den letzten Beispielen, da Sie einige Formeln und Überschriften eintragen müssen.

Erstellen Sie eine Tabelle wie in Bild 6.19.

Stellen Sie die Zeilenhöhe auf 17 Punkte und den Zoom auf 66% ein. Geben Sie dazu für die Spalten A, H und O die Spaltenbreite 2 und für die Spalte C 12 ein.

Die folgende Tabelle zeigt Ihnen, welche Texte, Werte oder Formeln Sie eintragen und welche Namen Sie vergeben sollen.

6.5 Aufgaben

Z.	Spalte	Text/Wert/Formel	Name
1	A	Journalbuchführung für Freiberufler	
3	A	Nr	
	B	Datum	
	C	Text	
	D	Kasse	
	F	Bank	
	H	Nr	
	I	Pers.-Kost.	
	J	Bürokosten	
	K	Reisekosten	
	L	Beratung	
	M	Vorsteuer	
	N	Umsatzsteuer	
	O	Nr	
4	D	Einnahmen	
	E	Ausgaben	
	F	Einnahmen	
	G	Ausgaben	
5-26	A	lfd. Nr. (0-21)	
	B-O		Vortag
5-26	D		Einnahmen
	E		Ausgaben
	F		Einnahmen_Bank
	G		Ausgaben_Bank
	H	lfd. Nr. (0-21)	
	I		Persko
	J		Büroko
	K		Reiseko
	L		Beratung
	M		Vorst
	N		Umsst

Z.	Spalte	Text/Wert/Formel	Name
	O	lfd. Nr. (0-21)	
27	C	Summe	
	D	@SUMME($Einnahmen)	
	E	@SUMME($Ausgaben)	
	F	@SUMME($Einnahmen_Bank)	
	G	@SUMME($Ausgaben_Bank)	
	I	@SUMME($Persko)	
	J	@SUMME($Büroko)	
	K	@SUMME($Reiseko)	
	L	@SUMME($Beratung)	
	M	@SUMME($Vorst)	
	N	@SUMME($Umsst)	
32	A	Übertrag für den folgenden Tag	
34	C	Übertrag	
	C..O		Übertrag

Die Formeln der Zeile 27 (D27..N27) kopieren Sie nun noch mit dem Befehl **Bearbeiten Schnellkopie** in die Zeile 34 ab der Adresse D34. Diese beiden Zeilen stimmen dann bis auf den Eintrag im Textfeld überein.

Der Saldo der Bank soll auf der richtigen Seite ausgewiesen werden, je nachdem, ob es sich um einen positiven Betrag handelt oder nicht.

Den Saldo der Kasse bilden wir auf die Einnahmenseite.

6.5 Aufgaben

In Zeile 29 tragen Sie in Spalte 4 als Text ein: «Saldo».

Nun folgen drei etwas umfangreichere Formeln:

A:F29:

@WENN((@SUMME(Einnahmen_Bank)-@SUMME (Ausgaben_Bank))>=0;@SUMME(Einnahmen_ Bank)- @SUMME(Ausgaben_Bank);"")

Formeln zur Salden- und Kassenausgabe

A:G29:

@WENN((@SUMME(Einnahmen_Bank)-@SUMME (Ausgaben_Bank))<0;@SUMME(Ausgaben_Bank)- @SUMME(Einnahmen_Bank);"")

A:D29:

@SUMME(Einnahmen)-@SUMME(Ausgaben)

Sie haben jetzt das Grundgerüst einer Tabelle zur Erfassung der Umsätze erstellt. Teilen Sie das Bild mit dem Befehl **Fenster Teilen** oder ziehen Sie den horizontalen Fensterteiler (Symbol rechts oben im Arbeitsblattfenster) nach unten, damit Sie auch den unteren Teil der Tabelle sehen können (Bild 6.19).

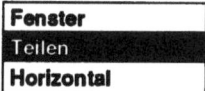

Bild 6.19 Entwurf einer einfachen Journalbuchführung

Speichern Sie diese Tabelle nun schon einmal unter dem Namen «JOURVOR», da Sie im folgenden als Vordruck für die Journalbuchführung dienen soll.

Beispieldaten eingeben

Sie können nun wie in Bild 6.20 Beispieldaten in diesen Vordruck eintragen.

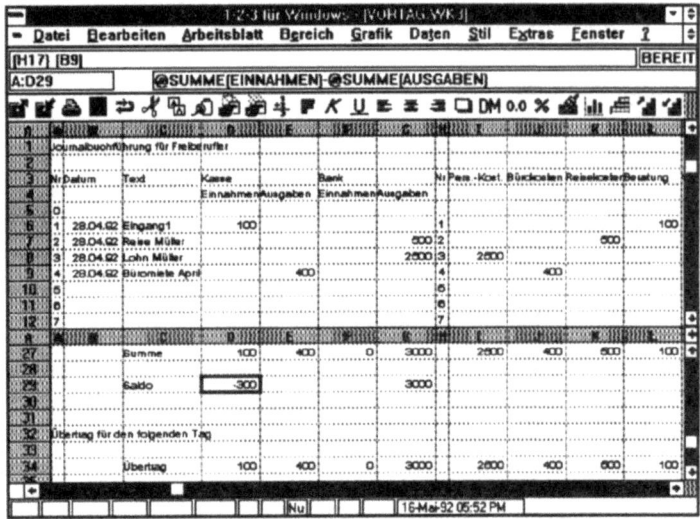

Bild 6.20 Vordruck mit Beispieldaten

 Speichern Sie diese Tabelle nun unter dem Namen «VORTAG» ab.

 Wir wollen nun in der Tabelle «JOURVOR» auf diese Daten zurückgreifen.

Übertrag vom Vortag

Journalbuchführung mit mehreren Dateien

Sie werden nun die Daten des Übertrages aus der Tabelle «VORTAG» in den Vordruck kopieren. Dazu tragen Sie in die Zeile «Übertrag» eine Formel mit externem Bezug ein.

Formeln mit externem Bezug enthalten vor der Angabe des Tabellenbereiches, auf den Sie sich beziehen, den Namen der Tabelle, in der dieser Tabellenbereich zu finden ist. Ist die Datei mit der Bezugstabelle nicht im aktuellen Verzeichnis, so

6.5 Aufgaben

müssen Sie vor dem Dateinamen noch die volle Pfadangabe eintragen.

1-2-3/W kann in einfachen Formeln nur einzelne Zellen verarbeiten, Bereiche nur in Funktionen.

Wir werden in Abschnitt 9.8 dieses Buches noch einmal etwas genauer auf diese Art von Bezügen zurückkommen.

Geben Sie nun in das Zelle C5 die folgende Formel ein (Bild 6.21):

+<<VORTAG.WK3>>A:C34.

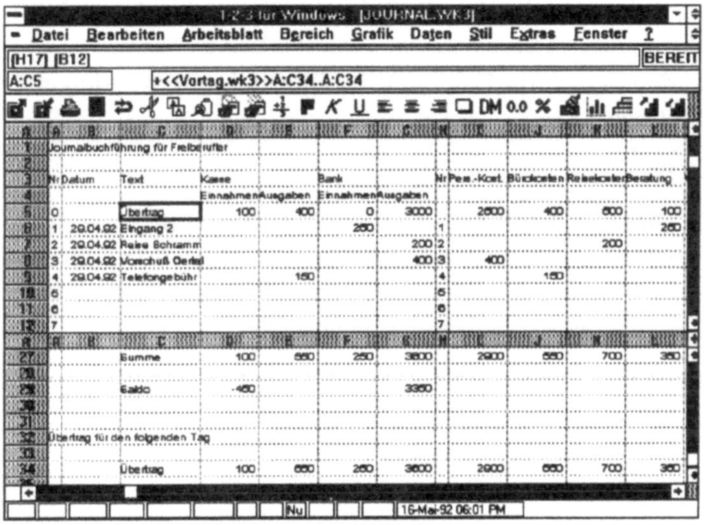

Bild 6.21 Tabelle mit Übertrag vom Vortag

Kopieren Sie diese Formel anschließend in die Zellen D5..O5 und ändern Sie die Zelladresse in A:D34, A:E34 bis A:O34. 1-2-3/W trägt sofort die ermittelten Werte ein.

Vergleichen Sie Ihre Tabelle mit dem Bild 6.21. In diesem Bild wurde das Arbeitsblattfenster wiederum horizontal geteilt, damit Sie auch die unteren Zeilen sehen können.

Speichern Sie dieses Arbeitsblatt unter dem Namen **JOURNAL**.

| Mehrere Arbeits- | Sie können diese einfache Journalbuchhaltung aber auch in |
| blätter | einer Datei mit mehreren Arbeitsblättern durchführen. |

Für jeden Arbeitstag wird ein neues Arbeitsblatt angelegt. In der letzten Zeile der Tabelle werden alle Ein- und Ausgaben spaltenweise für alle bisherigen Arbeitsblätter addiert. Die Gesamteinnahmen im Arbeitsblatt C setzen sich z.B. korrekterweise aus den Einnahmen in den Arbeitsblättern A, B und C zusammen.

Wir werden nun unseren Vordruck «JOURVOR» im Arbeitsblatt A etwas verändern und anschließend mit dem Befehl **Bearbeiten Schnellkopie** in alle anderen Arbeitsblätter kopieren.

Laden Sie bitte die Datei «JOURVOR» und ändern Sie folgende Einträge:

Zeile 27:

In allen @SUMME-Funktionen dieser Zeile muß das $-Zeichen vor den Bereichsnamen entfernt werden. Diese Adressen müssen relativ werden, da sie sich nach dem Kopieren jeweils auf das aktuelle Arbeitsblatt beziehen sollen.

Zeile 32:

Diese Zeile kann gelöscht werden.

Zeile 34:

In die Zelle A34 tragen wir neu ein: «Ein-/Ausgaben Gesamt».

In die Zelle D:34 tragen wir eine Formel ein, die die Einträge in der Zelle D27 in allen bisherigen Arbeitsblättern addiert:

@SUMME($A:D27..A:D27).

Die Anfangsadresse bleibt beim Kopieren in ein anderes Arbeitsblatt unverändert, die Endadresse bekommt den Arbeitsblattbuchstaben des aktuellen Blattes.

Diese Formel kopieren wir jetzt in die Zellen E27..G27 und I27..N27. Sie erhalten ein Arbeitsblatt wie in Bild 6.22.

6.5 Aufgaben

Fügen Sie jetzt mit dem Befehl **Arbeitsblatt Einfügen** so viele Arbeitsblätter ein, wie Sie vorbereiten möchten (z.B. 5).

Markieren Sie jetzt den gesamten Tabellenbereich A1..O34.

Wählen Sie den Befehl **Bearbeiten_Schnellkopie**. Übernehmen Sie den Eintrag im Textfeld **Von** des Dialogfeldes **Bearbeiten Schnellkopie** und tragen Sie in das Textfeld **Nach** die Anfangsadressen des ersten und letzten Arbeitsblattes ein (z.B. B:A1..F:A1).

Füllen Sie jetzt Beispieldaten in die Arbeitsblätter ein.

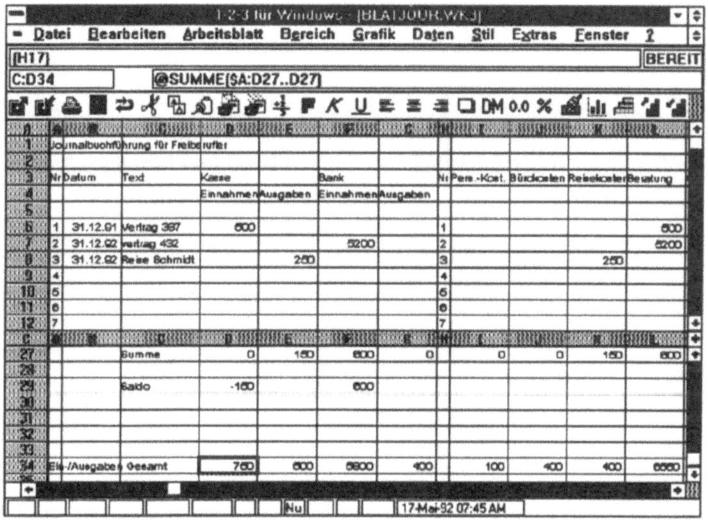

Bild 6.22 Einträge Arbeitsblatt A, Gesamtsummen Arbeitsblatt A..C

In den drei Bildern 6.22, 6.23 und 6.24 können Sie die Einträge in die aufeinanderfolgenden Arbeitsblättern A, B und C und ihre Auswirkungen auf die Gesamtsummen verfolgen.

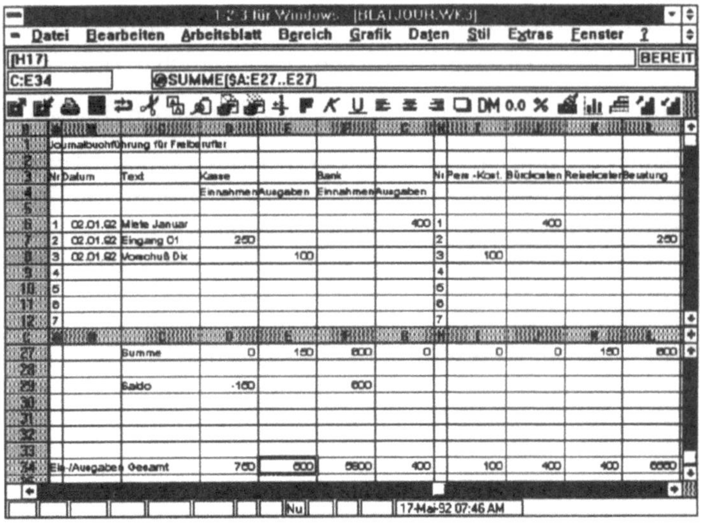

242 6 Arbeiten mit Funktionen

Bild 6.23 Einträge Arbeitsblatt B, Gesamtsummen Arbeitsblatt A..C

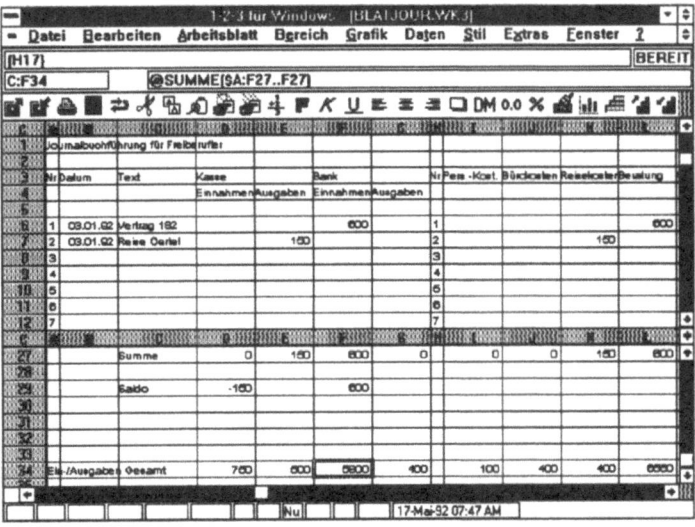

Bild 6.24 Einträge Arbeitsblatt C, Gesamtsummen Arbeitsblatt A..C

1 Einleitung

2 Vorarbeiten & Vorkenntnisse

3 Die erste Aufgabe

4 Das Arbeitsblatt gestalten

5 Arbeitsblattinhalte ändern

6 Arbeiten mit Funktionen

7 Grafische Darstellung

8 Textverarbeitung

9 Dateiverwaltung

10 Ziele, Alternativen, Optima

11 Datenaustausch

12 Datalens und dBASE

13 Ablaufprogrammierung

14 Organisation und Planung

Anhang

Abschnittsübersicht

7. Grafische Darstellung

Vorbemerkungen
7.1 Erstellen einer einfachen Grafik
7.2 Gestalten einer Grafik
7.3 Arbeiten mit Arbeitsblatt- und Grafikfenstern
7.4 Grafiken in Tabellen übernehmen
7.5 Grafiken Speichern und Drucken

7. Grafische Darstellung

Vorbemerkungen

Mit Hilfe einer Grafik können Sie sich und anderen leicht einen Überblick über die Größenverhältnisse der Tabellenwerte verschaffen oder diese für Präsentationen optisch attraktiv aufbereiten. Tabellen können Sie mit Grafiken eine persönliche Note geben.

1-2-3/W bietet Ihnen umfangreiche Grafikmöglichkeiten. Sie können Ihre Tabelleninhalte in Form eines Diagramms darstellen, das Diagramm mit Freihand-Grafiken ergänzen und Diagramme und beliebige Grafiken in die Tabelle übernehmen. Mit Grafikprogrammen wie Paintbrush (im Lieferumfang von Windows enthalten) oder Corel DRAW! können Sie da aber noch viel mehr tun. Schauen Sie doch mal in Kapitel 11.4!

7.1 Erstellen einer einfachen Grafik

7.1.1 Von der Tabelle zur Grafik

Mit 1-2-3/W können Sie aus markierten Tabellenbereichen über das Menü **Grafik Neu** bequem aus Tabellen Grafiken erzeugen. 1-2-3/W erstellt die Grafik dann zunächst in einem gesonderten Grafikfenster. In diesem Grafikfenster können Sie die Grafik dann auch gestalten und im Aussehen verändern. Sobald Sie mit der Gestaltung zufrieden sind, können Sie die Grafik an eine beliebige Stelle des Arbeitsblatts oder einer anderen Windows Anwendung übernehmen. In diesem Abschnitt 7.1 zeigen wir, wie Sie eine einfache Grafik aus einer Tabelle erstellen. Im nächsten Abschnitt 7.2 gestalten wir dann die Grafik.

7 Grafische Darstellung

Datenreise: die erste Grafik

Wir wollen nun die Monatsumsätze des Beispiels Reisebüroumsatz (s. Kapitel 3.7) grafisch darstellen und dabei die Voreinstellung von 1-2-3/W nutzen. Öffnen Sie also bitte zur Vorbereitung die Tabelle «UMSATZ.WK3» aus dem Verzeichnis K3 Ihrer Beispieldiskette und speichern Sie sie als «UMSATZ1.WK3» in Ihrem Arbeitsverzeichnis. Wir haben in diesem Arbeitsblatt wie im Kapitel 4.6 noch das Datum formatiert, bevor wir es hier verwendet haben.

Erstellen Sie nun eine Grafik zu der Beispieltabelle:

Vorgehensweise:

1. Markieren Sie den Tabellenbereich, der in Form einer Grafik dargestellt werden soll (hier die Umsatzwerte und die Zeilenüberschriften A:A4..A:D7) (Bild 7.1).

2. Wählen Sie im Menü **Grafik** den Befehl **Neu**.

3. Geben Sie im Dialogfeld Grafik Neu der Grafik einen Namen, hier «Umsatzgrafik» oder «Umsatzgrafik1» und bestätigen Sie mit «OK» (Bild 7.2).

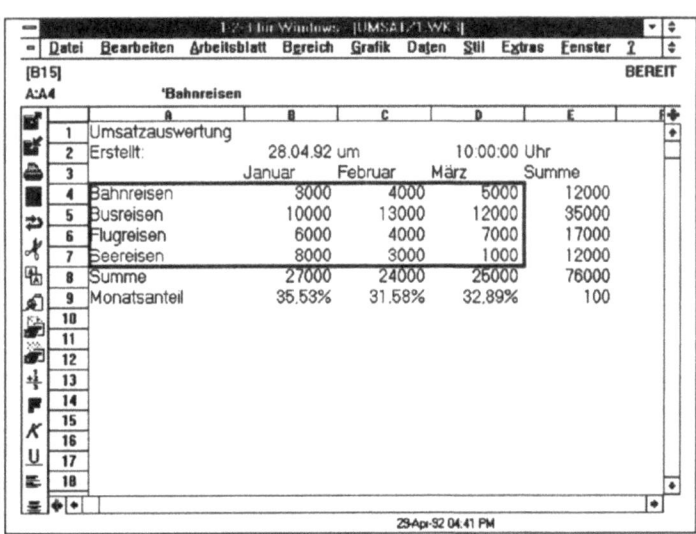

Bild 7.1: Umsatztabelle mit Markierung

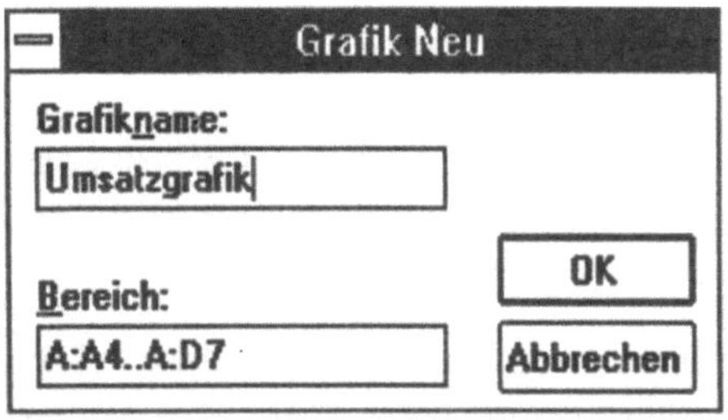

7.1 Erstellen einer einfachen Grafik

Bild 7.2: Dialogfeld **Grafik Neu**

Beobachten Sie, wie 1-2-3/W sofort eine Grafik in einem kleineren neuen Fenster aufbaut. Sie sehen die voreingestellte Standardgrafik, in der 1-2-3/W alle Datenreihen zuerst ausgibt. In der kleinen Standarddarstellung als Liniendiagramm können Sie noch nicht allzu viel erkennen. Vergrößern Sie mit der Schaltfläche Vollbild jetzt das Grafikfenster zum Vollbild (Bild 7.3), damit Sie im nächsten Abschnitt besser sehen können, wie Sie die Grafik gestalten.

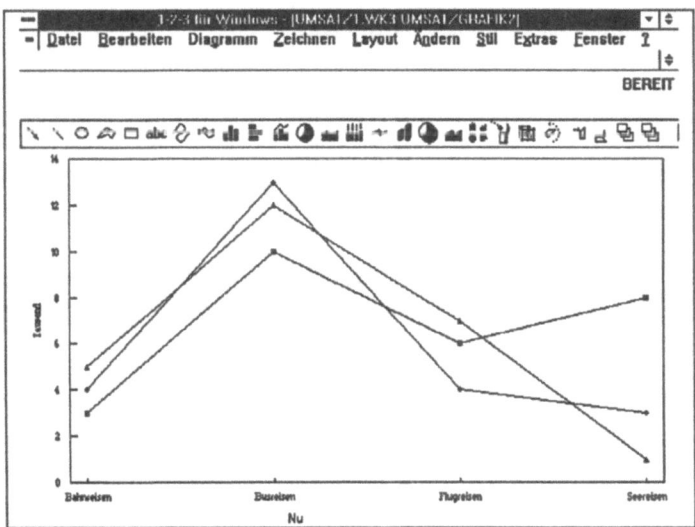

Bild 7.3: voreingestellte Liniengrafik im Vollbildfenster

7.2 Gestalten einer Grafik

Das sieht so aber nicht schön aus...
Sie können mit 1-2-3/W Grafiken attraktiv gestalten. Durch die geschickte Wahl des Typs und der Beschriftung der Grafik erhöhen Sie die Übersicht über die Daten.

1-2-3/W stellt Ihnen eine große Auswahl von Diagrammuster wie Flächendiagrammen oder Liniendiagramme zur Verfügung. Den Diagrammtyp können Sie über die Symbolleiste direkt, über das Symbol zur Auswahl des Diagrammtyps (das Symbol mit den 4 kleinen Diagrammen) oder über das Menü **Diagramm Typ** auswählen..

Datenreise
Wir zeigen Ihnen anhand unseres Reisebüro-Beispiels, wie Sie in mehreren Schritten den Typ des Diagramms wählen und das Diagramm weiter gestalten. Wir wollen die Umsatzauswertung als 3D Balkendiagramm mit Angabe der Ursprungswerte, eindeutigen Schraffuren und Legenden und einem aussagefähigen Titel darstellen.

Diagrammtyp
So wählen Sie den Diagrammtyp:

Vorgehensweise

1. Wählen Sie im Menü Diagramm den Auswahlpunkt Typ oder klicken Sie das Symbol zur Auswahl des Diagrammtyps an.
2. Wählen Sie im Dialogfeld Diagramm Typ mit dem Zeigeinstrument, den Richtungstasten oder der Abkürzungstaste (ALT)+(D) den Typ 3D Balken.

3. Wählen Sie mit dem Zeigeinstrument oder mit der Tabulatortaste (TAB) und den Richtungstasten die räumlich tiefe Darstellung mit den hintereinander liegenden Säulen.

4. Kreuzen Sie mit dem Zeigeinstrument, der Tabulatortaste (TAB) und der Leertaste oder der Abkürzungstaste (ALT)+(W) die Auswahl **Einschließlich Wertetabelle** an (Bild 7.4).

7.2 Gestalten einer Grafik

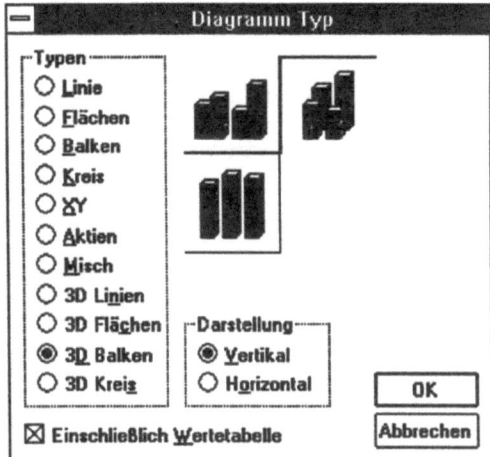

Bild 7.4: Dialogfenster Diagramm Typ

Erfreuen Sie sich nun an dem 3 D Balkendiagramm mit Datentabelle wie im Bild 7.5.

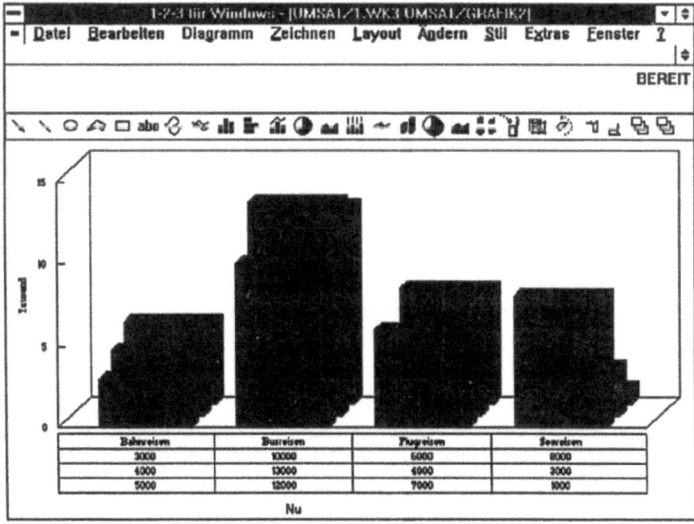

Bild 7.5: 3D Balkendiagramm mit Datentabelle

In dieser Grafik wollen wir jetzt erst mal alle Beschriftungen etwas vergrößern, damit Sie ohne Lupe weiterarbeiten können.

Datenreise

250 7 Grafische Darstellung

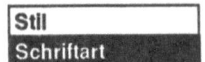

Vorgehensweise

1. Wählen Sie im Menü **Stil** die Auswahl **Schriftart**.
2. Im Dialogfeld Stil Schriftart können Sie mit dem Zeigeinstrument, der Tabulatortaste (TAB) oder der Abkürzungstaste (ALT)+(A) das Eingabefeld **A**lle Schriftarten vergrößern erreichen.
3. Wählen Sie hier 130 % wie im Bild 7.6.
4. Schließen Sie mit OK ab.

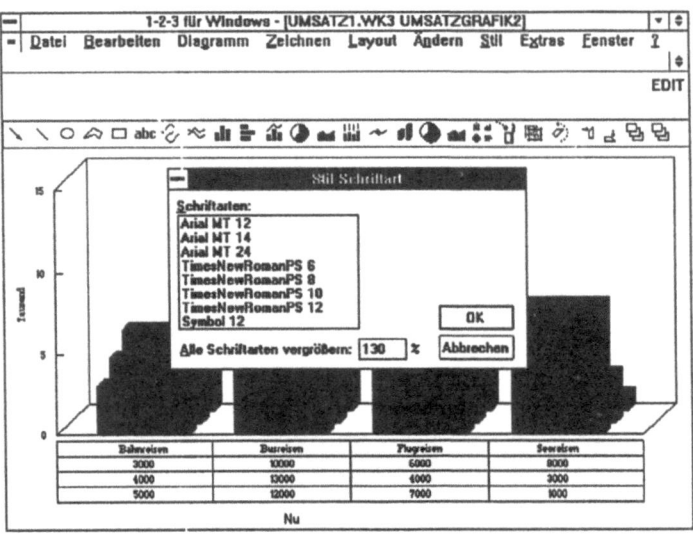

Bild 7.6: Wahl des Zoomfaktors 130 % für alle Schriftarten

Im Bild 7.7 sehen Sie dann die 3D-Grafik mit lesbarer Datentabelle.

Datenreise   Nun werden Sie noch die Information vermissen, welche Säulen welche Monate darstellen.

Legenden eintragen   Sie können das Diagramm mit sogenannten Legenden versehen. Wenn Sie wollen, können Sie die Legendentexte aus der Ursprungstabelle über eine Adressangabe mit vorangestelltem Rückwärtsschrägstrich «\» übernehmen.

7.2 Gestalten einer Grafik

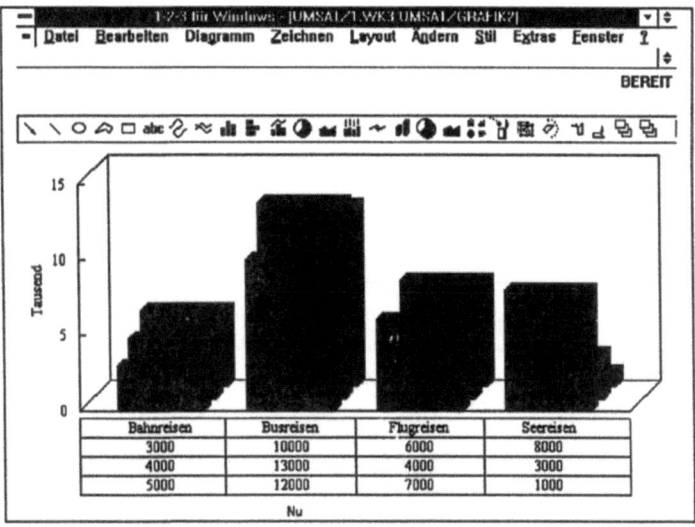

Bild 7.7: 3D Grafik mit lesbarer Datentabelle.

Vorgehensweise:

1. Wählen Sie im Menü Diagramm den Befehl **Legende**.
2. Tragen Sie im Dialogfeld Diagramm Legende in den Feldern Legendentext **A:**, **B:** und **C:** die Quelladressen B3, C3 und D3 für die Labels Januar, Februar und März jeweils mit vorangestelltem Rückwärtsschrägstrich ein (siehe Bild 7.8). (Sie wandern mit dem Zeigeinstrument, der Tabulatortaste (TAB) oder den Abkürzungstasten (ALT)+(A) ... (ALT)+(F) bequem von Legendentextfeld zu Legendentextfeld).
3. Schließen Sie den Befehl ab.

Bild 7.9 zeigt Ihnen das Diagramm mit den Legenden «Januar», «Februar» und «März», die Sie aus der Umsatztabelle übernommen haben.

252   7 Grafische Darstellung

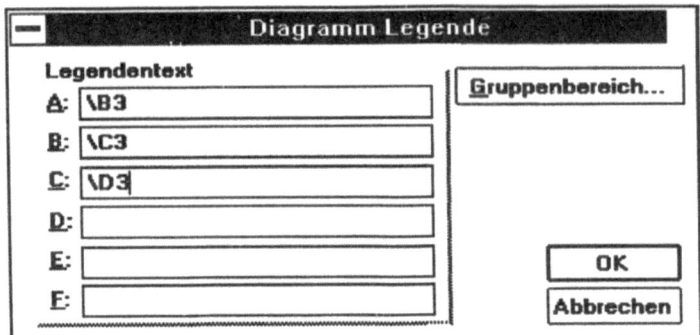

Bild 7.8: Dialogfeld Diagramm Legende

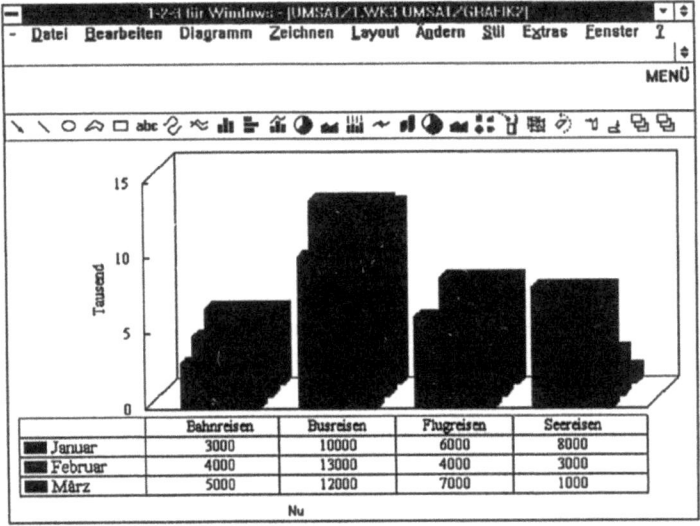

Bild 7.9: Diagramm mit Legenden

Datenreise   Auf Monochrombildschirmen und vielen Monochrom Druckern können Sie die Graustufen der Säulen so wie hier im Bild 7.9 vielleicht noch nicht gut unterscheiden. 1-2-3/W erlaubt Ihnen daher, die Säulen zusammen mit den Legenden mit Schraffuren zu hinterlegen.

7.2 Gestalten einer Grafik

So hinterlegen Sie Grafiken mit Schraffuren:

Schraffuren

Vorgehensweise

1. Wählen Sie im Menü **Diagramm** den Befehl **Optionen** und in dessen rechts aufklappendem Untermenü den Unterbefehl Schraffuren.

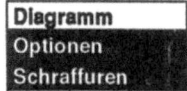

2. Im Dialogfeld Diagramm Optionen Schraffuren bewegen Sie sich mit dem Zeigeinstrument, der Tabulatortaste (TAB) oder den Abkürzungstasten (ALT)+(A) ... (ALT)+(F) von Aufklappmenü zu Aufklappmenü für die Schraffuren der Datenreihen A bis F.
3. Wählen Sie wie im Bild 7.10 unterschiedliche Schraffuren aus dem Listfeld der einzelnen Datenreihen.
4. Bestätigen Sie Ihre Auswahl mit OK.

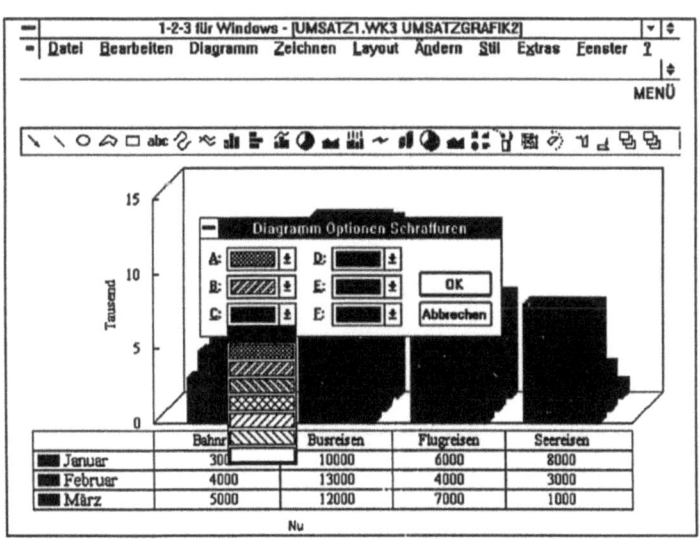

Bild 7.10: Dialogfenster Diagramm Optionen Schraffuren

Im Bild 7.11 sehen Sie jetzt schon Datenreihen mit deutlich unterscheidbaren Schraffuren.

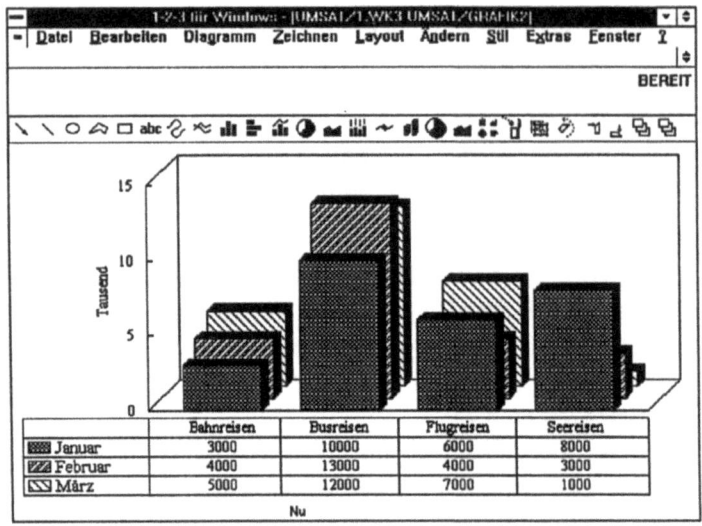

Bild 7.11: Diagramm mit Schraffuren

Datenreise

Wenn wir jetzt noch einen Titel und einen Pfeil mit Hinweis auf den kleinsten Umsatz ergänzen, können wir uns zurücklehnen. Dann entspricht die Grafik wenigstes den Minimalanforderungen an Anschaulichkeit.

Titel

So ergänzen wir einen Titel:

Vorgehensweise

1. Wählen Sie im Menü **Diagramm** den Befehl Überschriften.

2. Tragen Sie in das Dialogfeld Diagramm Überschriften im Textfeld Titel eine Überschrift wie «Umsatz Reisebüro 1. Quartal 92» ein.

3. Schließen Sie den Befehl ab.

Im Bild 7.12 sehen Sie nun die Grafik mit Titel. Wir haben da auch noch die Symbolleiste an den linken Rand gelegt.

7.2 Gestalten einer Grafik 255

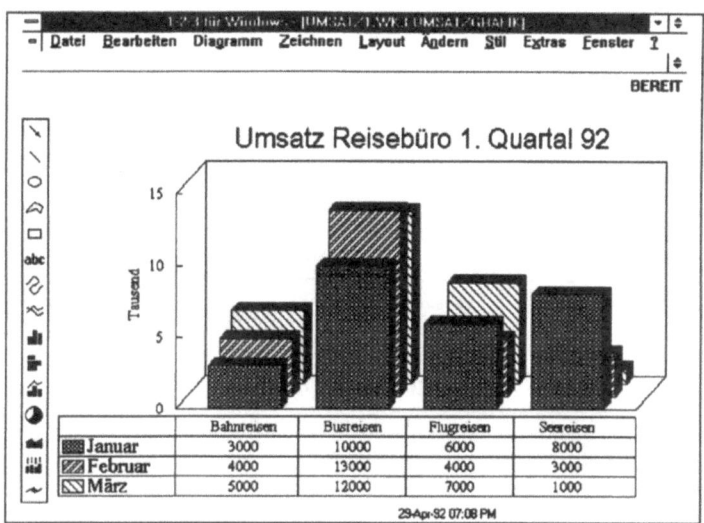

Bild 7.12 Diagramm mit Titel

Um den beschämend schwachen Umsatz Seereisen im März Datenreise hervorzuheben, wollen wir ihn mit einem Pfeil markieren und den Pfeil mit einem auffälligen Text versehen.

So fügen Sie einen Pfeil ein:

Pfeil zeichnen

Vorgehensweise

1. Wählen Sie im Menü Zeichnen den Befehl **Pfeil**.
2. Gehen Sie dann entsprechend der 1-2-3/W-Aufforderung, die links in der Editierzeile steht, mit dem Zeigeinstrument zum Ausgangspunkt des Pfeils (Bild 7.13).
3. Dehnen Sie, so wie Ihnen das 1-2-3/W links in der Editierzeile vorschlägt, die Linie zum Zielpunkt des Pfeils (Bild 7.14).
4. Schließen Sie mit der (EINGABE)-Taste ab.

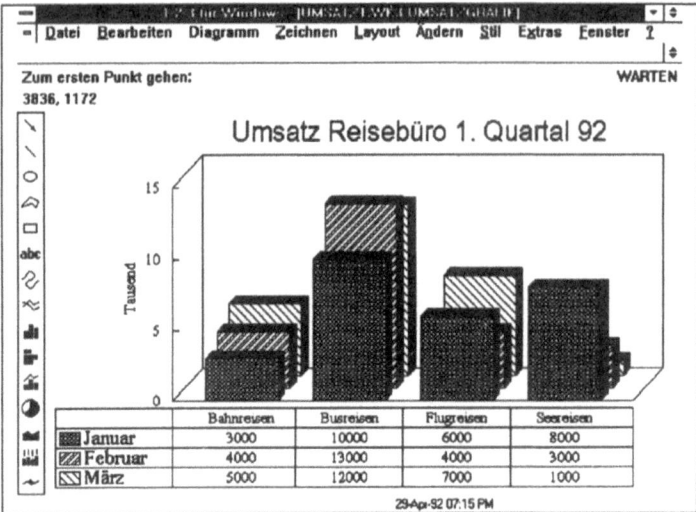

Bild 7.13: Ausgangspunkt des Pfeils markieren

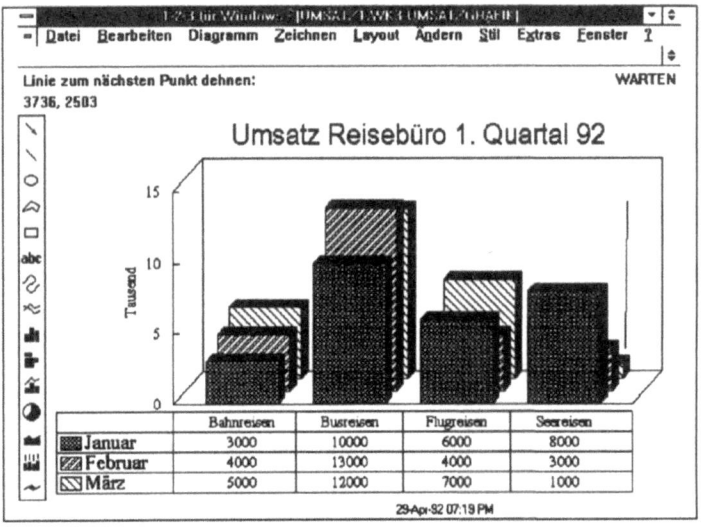

Bild 7.14: Endpunkt des Pfeils markieren

  Achten Sie beim Erstellen des Pfeils auf die Eingabeaufforderungen in der linken oberen Bildschirmecke.

1-2-3/W stellt dann wie rechts im Bild 7.15 einen Pfeil dar.

7.2 Gestalten einer Grafik 257

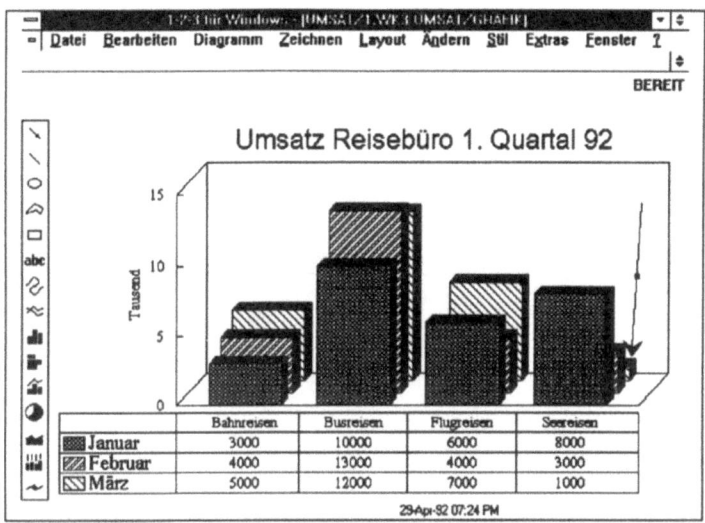

Bild 7.15: Diagramm mit Pfeil

Und so schreiben wir einen Text an den Pfeil:

Text zeichnen

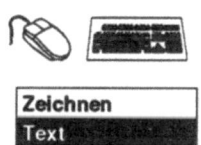

Vorgehensweise

1. Wählen Sie im Menü **Zeichnen** den Befehl **Text**.
2. Tragen Sie im Dialogfeld Zeichnen Text einen Text wie «Beschämend niedriger Umsatz Seereisen» wie im Bild 7.16 ein.
3. Positionieren Sie den Text, wie von 1-2-3/W vorgeschlagen, mit dem Zeigeinstrument wie im Bild 7.17.
4. Schließen Sie mit der EINGABE-Taste ab.

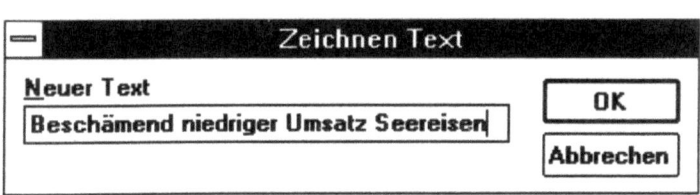

Bild 7.16: Dialogfenster Zeichnen Text

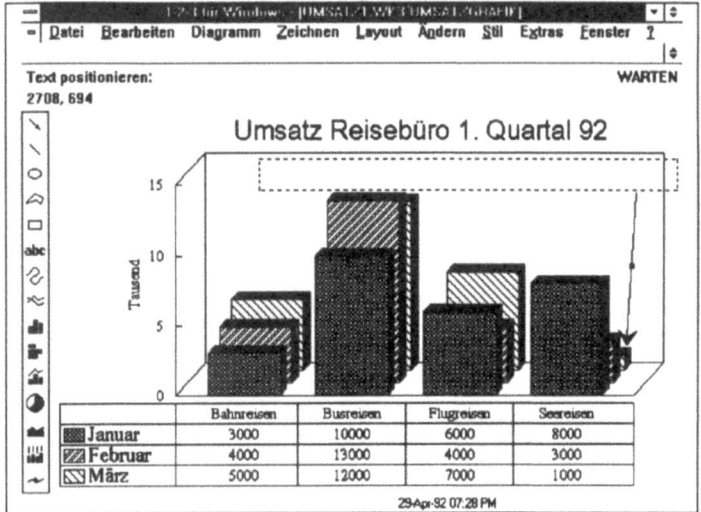

Bild 7.17: Positionieren des Texts

Freuen Sie sich über den fetten Hinweise in der 1-2-3/W Grafik wie im Bild 7.18.

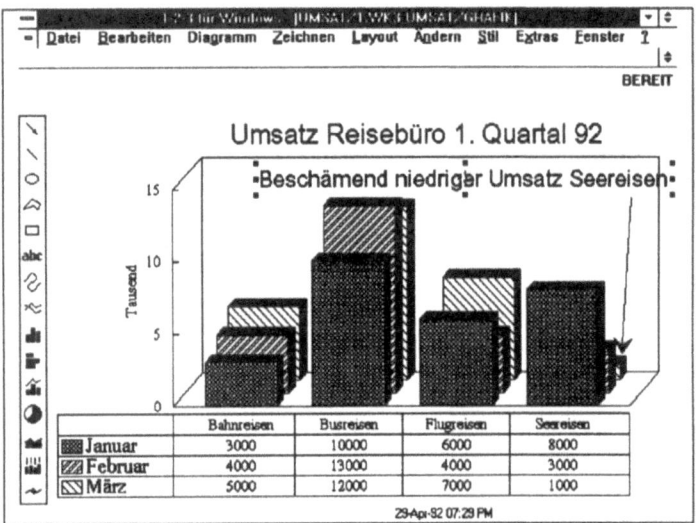

Bild 7.18: Diagramm mit Texthinweis

7.2 Gestalten einer Grafik 259

Vielleicht wollen Sie die Aufmerksamkeit noch mehr auf diesen Hinweis lenken, indem Sie ihn schrägstellen.   Text drehen

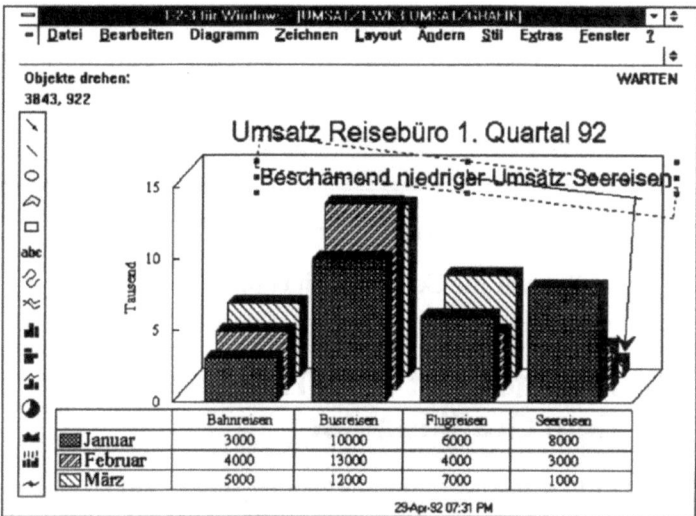

Bild 7.19: Textrahmen drehen

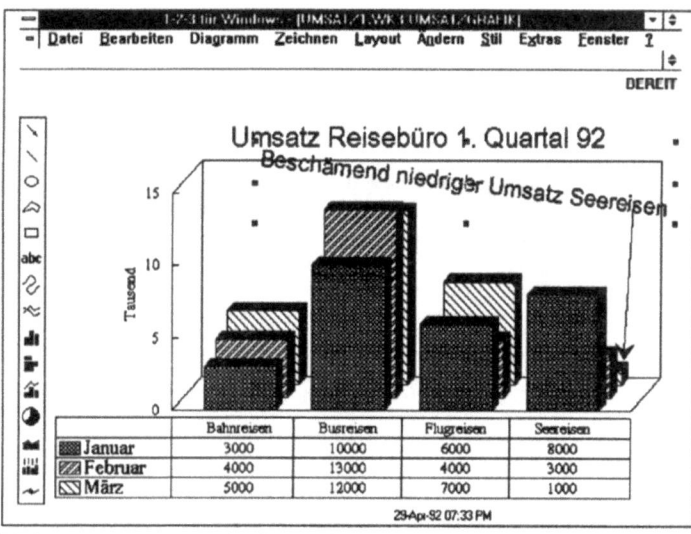

Bild 7.20: Hinweistext in Schräglage

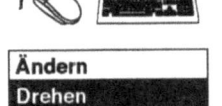

Vorgehensweise

1. Wählen Sie im Menü Ändern den Menüpunkt Drehen.
2. Ziehen Sie mit dem Zeigeinstrument wie im Bild 7.19, bis Sie die gewünschte Schräglage erreicht haben.
3. Schließen Sie mit der (EINGABE)-Taste ab.

Im Bild 7.20 sehen Sie das Ergebnis.

Damit wollen wir die Gestaltung hier abschließen.

7.3 Arbeiten mit dem Tabellen- und dem Grafikfenster

Dateimenü

Das Grafikfenster verfügt über kein eigenes Menü Datei zum Drucken und Speichern, da 1-2-3/W Grafiken mit der Tabelle zusammen als ein Objekt auffaßt und speichert. In dem Menü Datei können Sie nur mit dem Befehl Schließen nur das aktuelle Grafikfenster schließen oder mit Beenden 1-2-3/W ganz verlassen.

1-2-3/W gibt Ihnen beim Beenden noch die Möglichkeit, alle Dateien zu speichern oder den Vorgang abzubrechen (Bild 7.21).

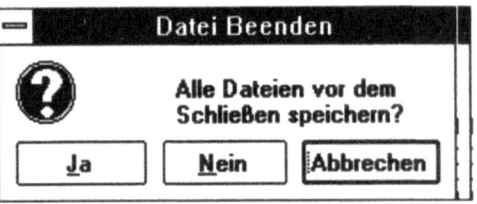

Bild 7.21: Dialogfenster Datei Beenden

Grafik Anzeigen

Haben Sie versehentlich das Grafikfenster geschlossen, oder ein schon früher erstelltes Diagramm jetzt noch nicht im Grafikfenster angezeigt, so können Sie im Menü Grafik des Tabellenfensters den Befehl **Anzeigen** wählen und aus einem Dialogfeld Grafik Anzeigen die gewünschte Grafik wieder auswählen (Bild 7.22).

7.3 Arbeiten mit dem Tabellen- und dem Grafikfenster

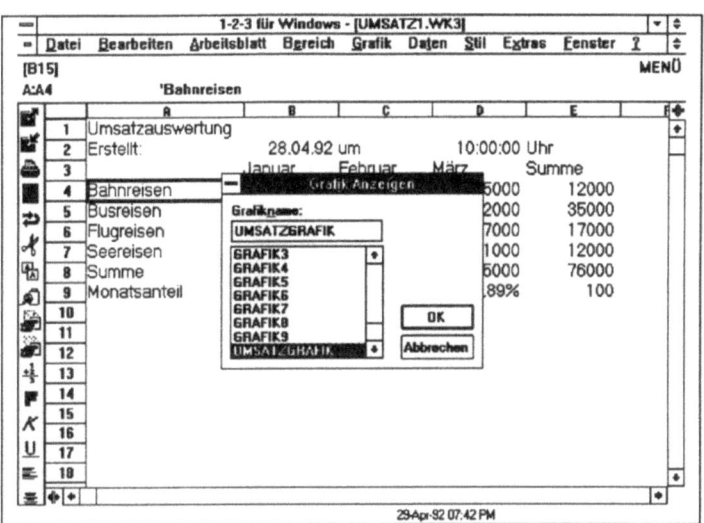

Bild 7.22: Dialogfenster Grafik Anzeigen

Jetzt wollen Sie sicher überprüfen, ob die Daten der Tabelle mit den Daten der Grafik fest verknüpft sind. Sie sehen das am einfachsten, wenn Sie die Tabelle neben der Grafik darstellen.

Tabelle neben Grafik

Vorgehensweise

- Wählen Sie im Menü **Fenster** den Befehl **Nebeneinander**.

Betrachten Sie das Ergebnis wie im Bild 7.23.

Ändern Sie wie im Bild 7.24 einen Wert in der Umsatztabelle, hier z.B. Bahnreisen Januar auf 500, und überzeugen Sie sich, wie schnell 1-2-3/W die Grafik und Kopie des Tabellenausschnitts im Grafikfenster an die veränderten Werte anpaßt.

Datenverknüpfung testen

7 Grafische Darstellung

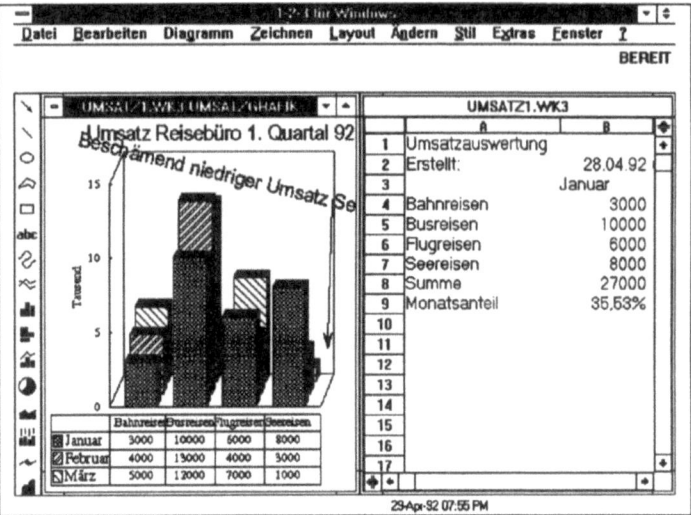

Bild 7.23: Tabellen- und Diagrammfenster nebeneinander

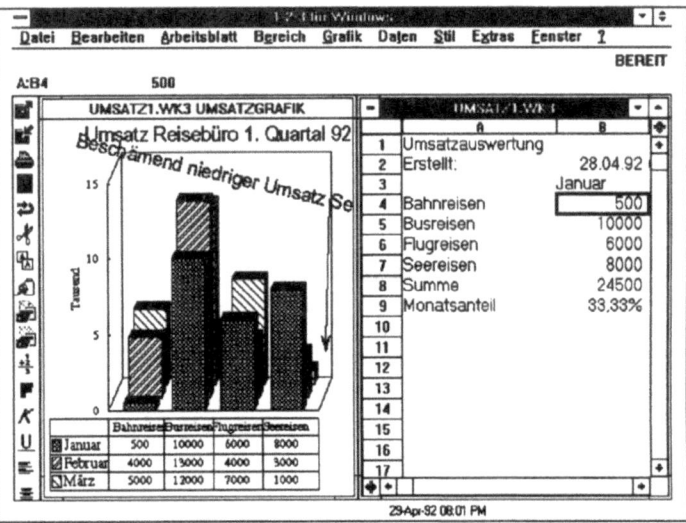

Bild 7.24: Änderung in Arbeitsblatt und Grafik

7.4 Grafiken in Arbeitsblätter übernehmen

Sie können die 1-2-3/W Grafik nur ausdrucken, wenn Sie sie in die Tabelle oder andere Windows-Anwendungen übernehmen.

Nun können Sie zwei verschiedene Wege testen, um die Grafik in Ihre Tabelle einzubinden:

- über die Zwischenablage und **Bearbeiten Einfügen**;
- über das Menü Grafik **Hinzufügen**.

Die beiden Wege unterscheiden sich im Ergebnis überhaupt nicht.

Wir wollen jetzt die Grafik zweimal in die Tabelle einfügen.

Zur Vorbereitung bitten wir Sie, so wie hier im Tabellenfenster den Umsatz Bahnreisen Januar wieder auf 3000 zurückzusetzen, das Grafikfenster anzuwählen und im Menü **Fenster** des Grafikfensters wieder den Befehl **Überlappend** zu geben. Die Situation wie im Bild 7.25 kennen Sie ja schon.

✗ Datenreise
Einfügen über Zwischenablage

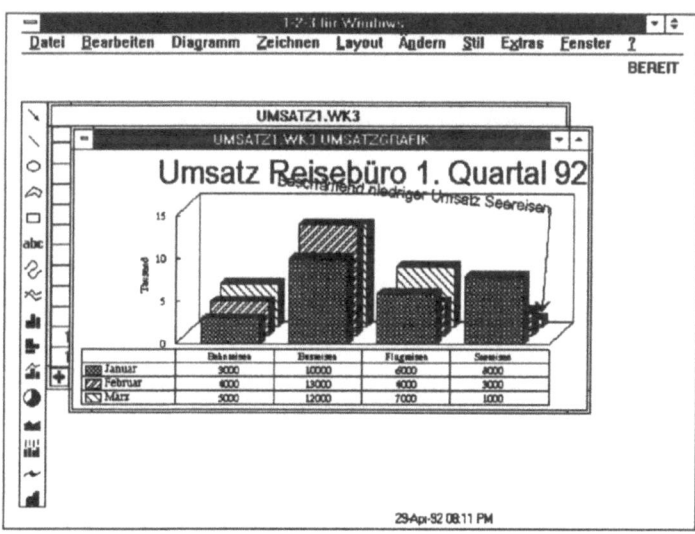

Bild 7.25: Grafikfenster überlappt Tabellenfenster

264   7 Grafische Darstellung

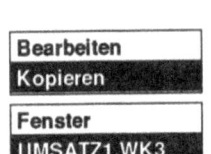

1. Wählen Sie im Menü **Bearbeiten** des Grafikfensters den Befehl **Kopieren**.
2. Wählen Sie im Menü **Fenster** das Tabellenfenster «UMSATZ1.WK3».
3. Vergrößern Sie das etwas klein geratene Tabellenfenster des Bilds 7.26 mit der Schaltfläche **Vollbild** auf die Vollbildgröße.
4. Tragen Sie in die Zelle A11 den Hinweis «Grafik über Zwischenablage eingefügt» ein.
5. Markieren Sie unterhalb dieser Zelle einen Tabellenbereich zum Einfügen der Grafik, z.B. A12..E22.

6. Fügen Sie mit dem Befehl **Einfügen** des Menüs **Bearbeiten** aus der Zwischenablage die Grafik ein.
7. Verschieben Sie den Bildausschnitt, so daß Sie die ganze Grafik wie im Bild 7.27 im Tabellenfenster sehen.

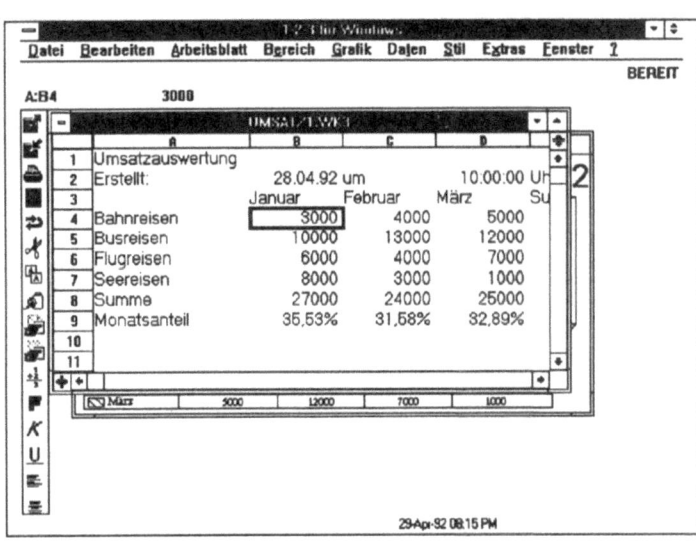

Bild 7.26: kleines Tabellenfenster vor dem Vergrößern

7.4 Grafiken in Arbeitsblätter übernehmen 265

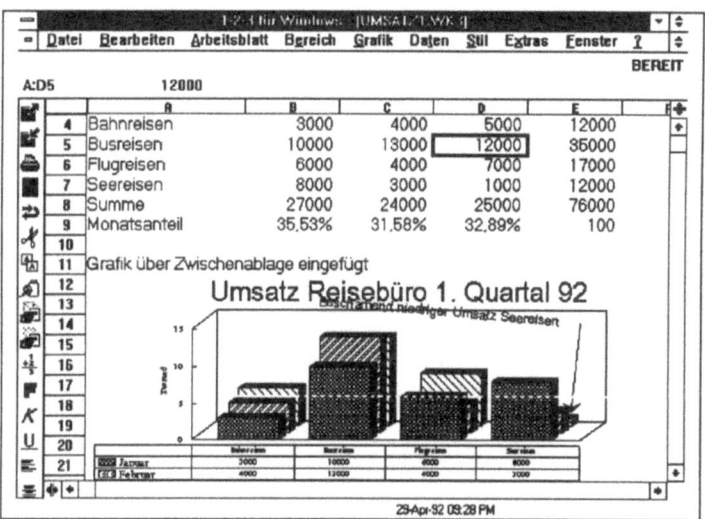

Bild 7.27: Vollbild mit Grafik aus Zwischenablage

Fügen Sie doch jetzt so wie wir die gleiche Grafik zur Tabelle hinzu.

Grafik Hinzufügen

Vorgehensweise

1. Tragen Sie in die Tabelle in die Zelle A24 den Hinweis «Grafik hinzugefügt» ein.
2. Markieren Sie einen Tabellenbereich darunter, zum Beispiel A25..E35.
3. Öffnen Sie das Menü **Grafik** und geben Sie den Befehl **Hinzufügen**.

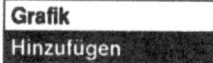

4. Wählen Sie hier im Dialogfeld Grafik Hinzufügen aus der Liste der Grafiken die «Umsatzgrafik».

Überzeugen Sie sich, wie 1-2-3/W das Diagramm hinzugefügt hat (Bild 7.28).

266 7 Grafische Darstellung

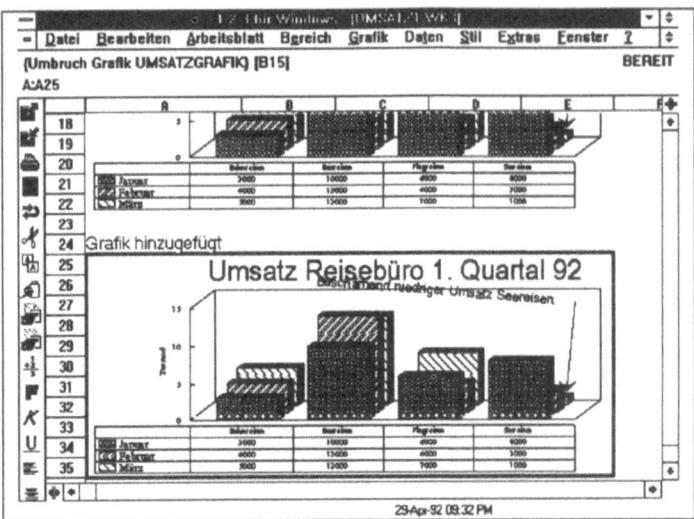

Bild 7.28: Arbeitsblatt mit hinzugefügter Grafiik

Vergleich der Grafiken

Und jetzt wollen wir die beiden Grafiken in der Tabelle vergleichen.

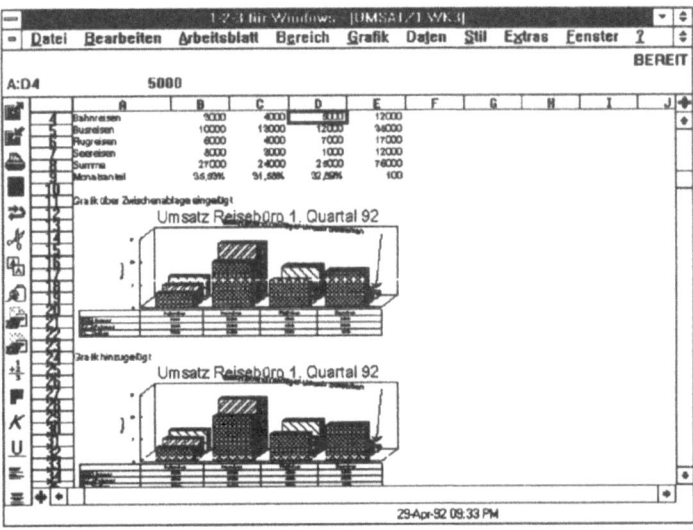

Bild 7.29: Tabelle und zwei verschieden eingefügte Grafiken

7.4 Grafiken in Arbeitsblätter übernehmen

Sie sehen den Zusammenhang besser, wenn Sie die Darstellung auf dem Bildschirm verkleinern. Wählen Sie dazu im Menü **Fenster** den Befehl **Darstellung** und geben Sie als Zoom 60 % ein.

So wie im Bild 7.29 müßten Sie jetzt die Tabelle und die beiden Grafiken gut überblicken können.

Die Unterschiedslosigkeit sehen Sie, wenn Sie in der Tabelle einen Wert verändern, z.B. den Umsatzwert Bahnreisen-März auf 12000 erhöhen.

Im Bild 7.30 sehen Sie, daß 1-2-3/W beide Grafikdarstellungen korrekt angepaßt hat.

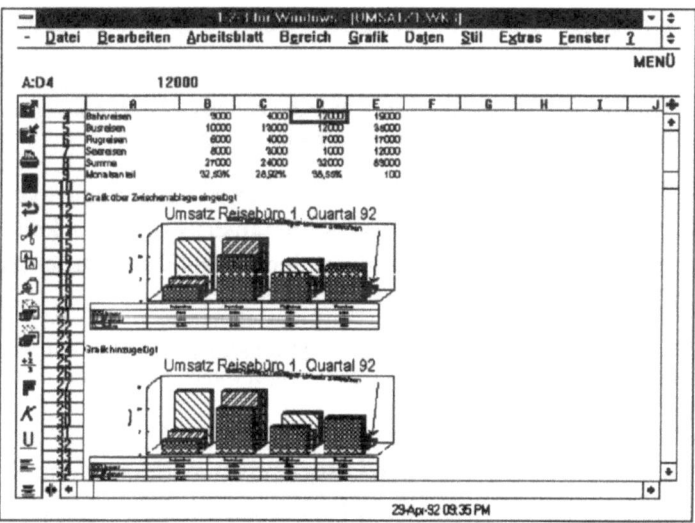

Bild 7.30: 1-2-3/W hat beide Grafiken angepaßt

7.5 Grafiken Speichern und Drucken

Grafik speichern

Wir wollen nun die im vorhergehenden Abschnitt erstellte Grafik speichern.

Grafiken werden stets zusammen mit den Tabellen gespeichert. 1-2-3/W kennt keine besonderen Dateien, in denen nur die Grafiken gespeichert werden. Daher finden Sie im Menü **Datei** des Grafikfensters auch keinen Speicherbefehl.

Wählen Sie also im Tabellenfenster wie im Abschnitt 3.7 beschrieben den Befehl **Speichern** oder **Speichern unter**, um Ihre Grafik zusammen mit der Tabelle zu speichern.

Grafik drucken

Bevor Sie ein Diagramm drucken, müssen Sie es wie im vorhergehenden Abschnitt 7.4 beschrieben, erst in die Tabelle einfügen.

Sie können die Grafik natürlich auch über die Windows-Zwischenablage in andere Windows-Anwendungen einfügen und dort drucken.

Dann können Sie die Grafik so wie andere Tabellenteile markieren, mit dem Befehl **Datei Seitenansicht** das Druckbild vorab kontrollieren und dann mit dem Befehl **Datei Drucken** auf einen Drucker ausgeben.

Bei der Seitenansicht können Sie schon recht gut sehen, ob Sie noch mit dem Befehl **Datei Seitenlayout** (s. 4.8) Veränderungen vornehmen müssen.

Datenreise

Wir haben hier den gesamten Tabellenbereich A1..E35 einschließlich Tabelle und allen Diagrammen markiert. Kontrollieren Sie das Layout mit Datei **Seitenansicht** und vergleichen Sie mit Bild 7.31. Mit einer beliebigen Taste oder Mausbewegung verlassen Sie diese Druckvorschau.

Wenn Sie mit dem Druckbild zufrieden sind, könnten Sie dieses Diagramm ausdrucken. Dies erreichen Sie wie im Abschnitt 3.6 beschrieben mit dem Befehl **Datei Drucken**.

7.5 Grafiken Speichern und Drucken 269

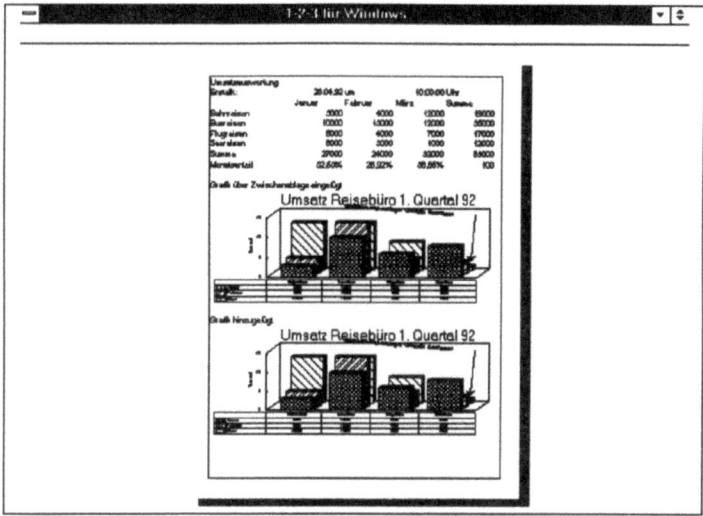

Bild 7.31: Druckvorschau mit Datei Seitenansicht

1 Einleitung

2 Vorarbeiten & Vorkenntnisse

3 Die erste Aufgabe

4 Das Arbeitsblatt gestalten

5 Arbeitsblattinhalte ändern

6 Arbeiten mit Funktionen

7 Grafische Darstellung

8 Textverarbeitung

9 Dateiverwaltung

10 Ziele, Alternativen, Optima

11 Datenaustausch

12 Datalens und dBASE

13 Ablaufprogrammierung

14 Organisation und Planung

Anhang

Abschnittsübersicht

8. Textverarbeitung

Überblick
8.1 Erstellen und Verwenden eines Vordrucks
8.2 Arbeiten mit Textbausteinen
8.3 Textverarbeitungsfunktionen
8.4 Datumsfunktionen und Textverarbeitung

8. Textverarbeitung

Überblick

Mit 1-2-3/W können Sie nicht nur Rechenaufgaben lösen, sondern auch Texte verarbeiten.

Sie können mit 123/W auch schreiben...

Nur wenn Sie in Ihrer Korrespondenz viel rechnen müssen oder wenn Sie Ihre Briefe mit mehreren Dateien verknüpfen wollen, hat 1-2-3/W gegenüber reinen Textverarbeitungssystemen Vorteile. Falls Sie solche Anwendungen haben, kann die Textverarbeitung mit 1-2-3/W für Sie von Interesse sein.

Sie können mit 1-2-3/W bequem

- Briefe schreiben,
- Vordrucke erstellen und verwenden (Abschnitt 8.1),
- Textbausteine erstellen und abrufen (Abschnitt 8.2) und
- Briefe mit Textvariablen erstellen (Abschnitt 8.3.1).

In Abschnitt 9.6.3 können Sie lesen, wie Sie Texte mit variablen Daten aus Dateien (Abschnitt 9.1) zu Serienbriefen mischen können. Dort verwenden wir auch einen etwas anderen Briefaufbau als hier, damit Sie Gestaltungsalternativen kennenlernen.

1-2-3/W deckt zwar grundlegende Textverarbeitungsfunktionen ab, hat aber zum Beispiel

- keine Möglichkeit zum Formatieren einzelner Absätze sowie
- keine Rechtschreibkontrolle.

Hierfür benötigen Sie ein Textverarbeitungsprogramm. Für größere Texte und größere Schreibvolumina ist es empfehlenswert, ein solches Textverarbeitungsprogramm zu verwenden.

8.1 Erstellen und Verwenden eines Vordrucks

Einen Vordruck erstellen

Bei Ihrer täglichen Textproduktion mit 1-2-3/W können Sie sich Arbeit sparen, wenn Sie Standardvordrucke mit wichtigen Grundeigenschaften vorbereiten.

Datenreise

Wir wollen ein Arbeitsblatt einrichten, in dem Sie bequem Texte schreiben können, Textbausteine verwenden können und die Anschrift und den Bezug bequem über eine Erfassungsmaske eintragen können.

Vorarbeiten

Formatieren Sie mit dem Befehl **Spaltenbreite** aus dem Menü **Arbeitsblatt** die ersten sieben Spalten auf eine Breite von 14, 16, 14, 9, 27, 14 und 70 Zeichen. Legen Sie nun mit dem Befehl **Seitenlayout** aus dem Menü **Datei** die Einstellungen für Seitenränder und Größenanpassung (Komprimierung) wie im Bild 8.1 fest.

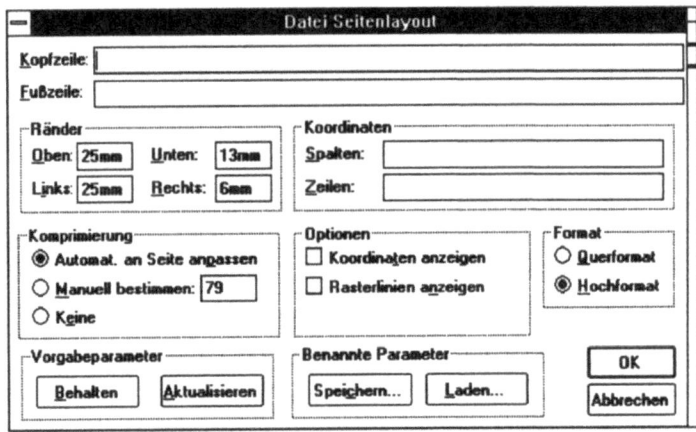

Bild 8.1: Dialogfeld Datei Seitenlayout

X

Achten Sie dann beim Drucken immer darauf, daß Sie den Druckbereich richtig angeben. Wir verwenden hier den Tabellenbereich A:A1..E61.

Gestalten

Jetzt können Sie den Vordruck als Briefvordruck gestalten.

Datenreise

Wir haben hier für eine fiktive Übungsfirma die Texte wie in Tabelle 8.1 eingetragen.

Bereich	Text	Schrift	Besonderheit
A9	Übungsfirma Postfach 1349 D W-Nienburg	TimesNewRoman PS 12	Unterstrichen
D9	Hannoversche Straße 3, D W-3070 Nienburg	TimesNewRoman PS 12	
D11	Volksbank Nienburg BLZ 256 900 09 Kto. Nr. 99 99	TimesNewRoman PS 8	
D13	Telefon:	TimesNewRoman PS 12	
D14	Telefax:	TimesNewRoman PS 12	
E13	'(0 50 21) 3033	TimesNewRoman PS 12	
E14	'(0 50 21) 3032	TimesNewRoman PS12	
D16		TimesNewRoman PS12	Bereich Format Datum Lang
A20	Ihre Zeichen	TimesNewRoman PS 10	
B20	Ihre Nachricht vom	TimesNewRoman PS10	
C20	Unsere Zeichen	TimesNewRoman PS 10	

Tabelle 8.1 Mustertexte für einen Vordruckentwurf

Bereich	Text	Schrift	Besonderheit
A53	Übungsfirma GmbH & Co.	TimesNewRoman PS 8	
D53	Komplementärin: Üfi GmbH AG Nienburg HR B 999	TimesNewRoman PS 8	
A54	Amtsgericht Nienburg HR A 9999	TimesNewRoman PS 8	
D54	Geschäftsführerin: Meike Lotusblume	TimesNewRoman PS 8	
A10..C19		TimesNewRoman PS 14	
A21..E59		TimesNewRoman PS 12	

Tabelle 8.1 (Forts.) Mustertexte für einen Vordruckentwurf

Geben Sie die Telefonnummern als Text (mit einem führenden «'») ein, damit 123/W die Eingabe nicht mißdeutet.

Falls in Ihrem Dialogfeld **Stil Schriftart** diese Schriftarten- und Größen nicht angeboten werden, ersetzten Sie andere Schriften durch die hier vorgeschlagenen Schriftstile und Größen.

Vergleichen Sie Ihr Arbeitsblatt mit Bild 8.2.

8.1 Erstellen und Verwenden eines Vordrucks 277

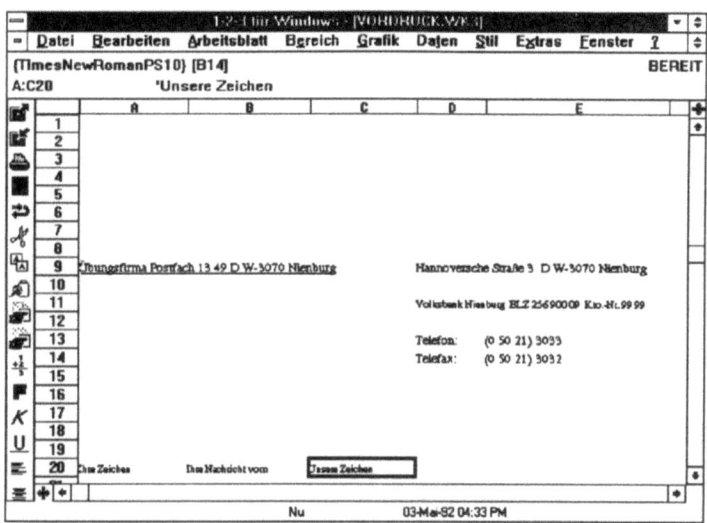

Bild 8.2: Obere Hälfte des Vordruckentwurfs

In dem Vordruck können Sie noch ein Logo eintragen. | Ein Logo

Haben Sie ein Logo mit einer anderen Anwendung erstellt, so können Sie es über die Zwischenablage in die Tabelle einfügen.

Wir wollen hier mit 123/W selbst eine Grafik entwickeln. | Datenreise.

Markieren Sie den Tabellenbereich D1.. E11, der später die Grafik aufnehmen soll. Wählen Sie im Menü **Grafik** den Befehl **Neu** und tragen Sie im Dialogfenster Grafik Neu den Grafiknamen LOGO ein.

Wählen Sie im Menü **Zeichnen** den Befehl **Text**, tragen Sie im | Die Grafik erstel-
Dialogfeld Zeichnen Text «Übungsfirma» ein und positionie- | len
ren Sie anschließend diesen Text mitten auf dem Grafikfenster.
Wählen sie im Menü **Stil** den Befehl **Schriftart** und entscheiden Sie sich im Dialogfeld Stil Schriftart für: TimesNewRomanPS 72Pkt (Bild 8.3).

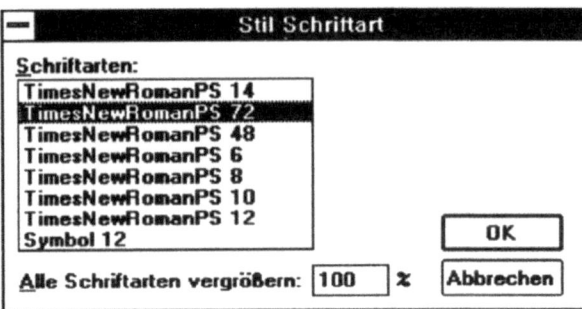

Bild 8.3: Mut zur großen Schrift

Nun wollen wir den Text noch mit einen großen Ellipse umranden. Wählen Sie – immer noch im Grafikfenster – im Menü Zeichnen den Befehl Ellipse und dann weit auseinanderliegende symmetrische Eckpunkte links oben und rechts unten.

Drehen Sie jetzt noch den Text und die Ellipse mit dem Befehl Drehen im Menü **Ändern** wie im Bild 8.4 mit optimistischem Drang nach oben.

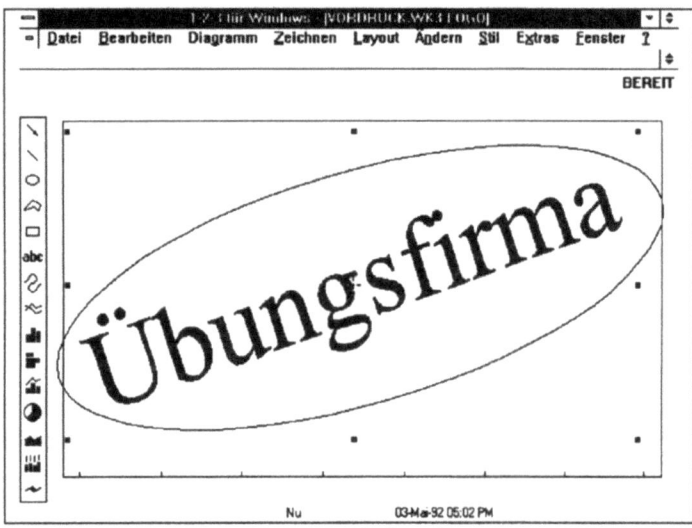

Bild 8.4: 1-2-3/W Grafikfenster: gedrehtes Logo

| Die Grafik einfügen | Kopieren Sie mit **Bearbeiten Kopieren** Ihre Grafik in die Zwischenablage, wechseln Sie über das Menü **Fenster** in das Ta- |

8.1 Erstellen und Verwenden eines Vordrucks

bellenfenster VORDRUCK.WK3. Dort müßte immer noch der Bereich D1..E8 markiert sein. Wählen Sie **Bearbeiten Einfügen** und vergleichen Sie Ihr Ergebnis mit dem Bild 8.5, das das Ergebnis in der Seitenansicht (Menü **Datei** Befehl **Seitenansicht**) zeigt.

Vergessen Sie nicht, vor oder während der Seitenansicht den Tabellenbereich A1..E54 für die Druckausgabe zu wählen.

Bild 8.5: Seitenansicht des Vordrucks

Speichern Sie jetzt diese Tabelle als «BRIEFVOR». Sie finden diese Datei auf der beiliegenden Übungsdiskette im Verzeichnis K8.

Vordruck speichern

Sobald Sie jetzt einen Brief mit 1-2-3/W schreiben wollen, brauchen Sie nur noch dieses Formular wieder zu laden und den restlichen Text zu ergänzen. Um das Formatieren des Formulars und der Druckränder brauchen Sie sich dann nicht mehr zu kümmern. Achten Sie aber stets darauf, den Druckbereich zu überprüfen und richtig festzulegen.

Neue Briefe schreiben

In Bild 8.6 sehen Sie als Seitenansicht den Briefvordruck mit Beispieldaten.

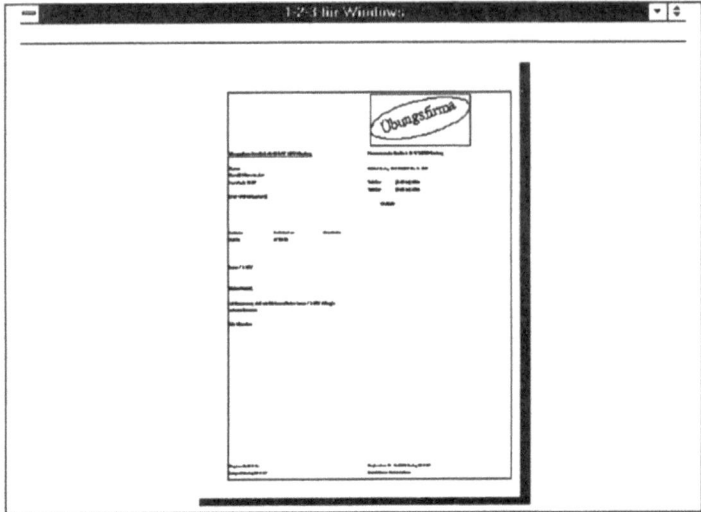

Bild 8.6: Briefvordruck mit Beispieldaten

Serienbriefe sparen Arbeit	Im Abschnitt 8.3.2 (Serienbrief mit variablen Daten) können Sie lesen, wie Sie das Eintragen dieser Variablen vereinfachen können.

8.2 Arbeiten mit Textbausteinen

Wozu sind Textbausteine gut?	Wiederholen sich in Ihren Korrespondenzen viele Formulierungen, sollten Sie sich Textbausteindateien anlegen, um diese bei Bedarf abzurufen und in Briefe einzubauen. Zum Anlegen einer Textbausteindatei sollten Sie aus Ihrer Korrespondenz häufig vorkommende Sätze zusammenstellen oder sich aus Texthandbüchern für Sie in Frage kommende Texte heraussuchen.
 Datenreise	Wir wollen hier die Tabelle BRIEFVOR.WK3 um Textbausteine ergänzen und Ihnen zeigen, wie Sie bei 1-2-3/W diese Textbausteine auch wieder abrufen können.

8.2.1 Eintragen der Textbausteine in eine Liste

Tragen Sie die Textbausteine zusammen mit einem kurzen Namen neben Ihrem Briefvordruck in ein 1-2-3/W-Formular ein. Damit Sie Ihre Lösung mit den Abbildungen dieses Buches vergleichen können, gehen Sie am besten wie folgt vor:

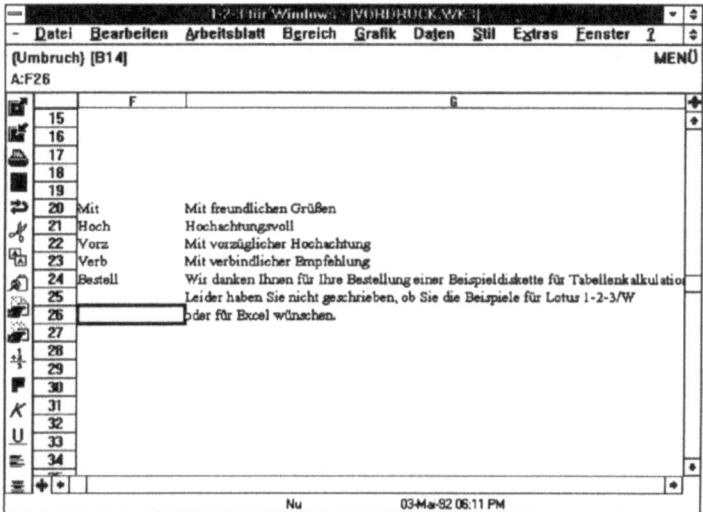

Bild 8.7: Eintragen von Textbausteinen in den Vordruck

Vorgehensweise:

1. Öffnen Sie das Arbeitsblatt «BRIEFVOR.WK3».
2. Tragen Sie in die Spalte F – beginnend in der Zeile 20 – jeweils den Namen eines Textbausteins ein (z.B. «Mit»).
3. Tragen Sie in die Spalte G daneben jeweils den Text des Textbausteins selbst ein (z.B. «Mit freundlichen Grüßen», siehe Bild 8.7).

**Bereich Name**

4. Vergeben Sie Texte aus Spalte F als Namen für die Textbausteine, die in Spalte G stehen. Sie vergeben den Namen am einfachsten mit Voreinstellen des Namens. Markieren Sie dazu die Texte der Spalte F. Wählen Sie im Menü **Bereich** den Befehl **Name** und den Unterbefehl **Labels Zuweisen....** Geben Sie wie im Bild 8.8 an, daß die angrenzenden Zellen **rechts** liegen.

5. Kontrollieren Sie mit **Bereich Name Erstellen** wie im Bild 8.9, daß Sie Ihre Textbausteinnamen korrekt erfaßt haben.

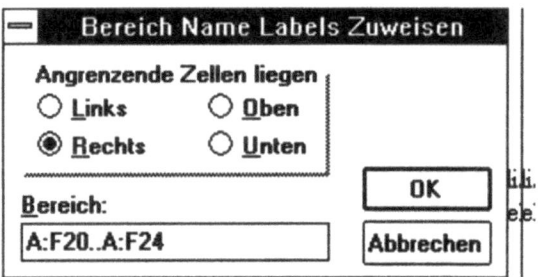

Bild 8.8: Bequemes Übernehmen der Textbausteinkürzel als Namen

Bild 8.9: Kontrolle der Textbausteinnamen

Wenn Sie die Beispieltexte wie in Bild 8.8 eingeben haben, müßten die Bausteine der Spalte G die Namen BESTELL, HOCH, MIT, VERB und VORZ tragen.

Speichern Sie das Formular unter dem Namen «BAUSTEIN.WK3».

8.2.2 Abrufen von Textbausteinen

Textbausteine können Sie aus Ihrer Liste durch Blättern mit der Maus oder den Richtungstasten heraussuchen und – wenn Sie einen passenden gefunden haben – unter seinem Namen an der richtigen Stelle im Brief einfügen.

Zum Einfügen haben Sie zwei Möglichkeiten:

- Abrufen über den Textbausteinnamen
- Kopieren in die Zwischenablage und Einfügen daraus.

Einzeilige Textbausteine können Sie am bequemsten über den Textbausteinnamen abrufen.

So tragen Sie z. B. den Textbaustein «Mit» in Zeile 33 in den Brief ein:

Vorgehensweise:

1. Markieren Sie das Feld A33.
2. Tragen Sie nun die Formel «+Mit» ein. (Bild 8.10) und schließen Sie mit der (EINGABE)-Taste ab.

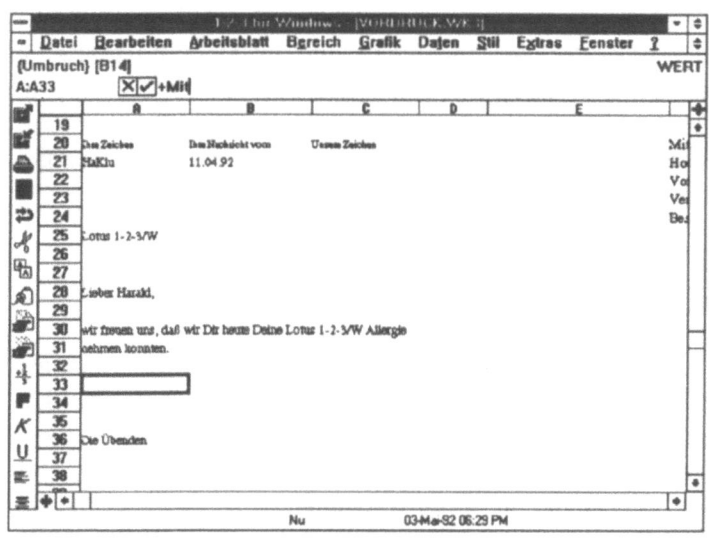

Bild 8.10: Abrufen eines einzeiligen Textbausteins

1-2-3/W wird dann automatisch den Feldinhalt, den Sie mit dem Namen «Mit» versehen haben, an dieser Stelle eintragen. Vergleichen Sie anschließend Ihren Bildschirm mit Bild 8.11.

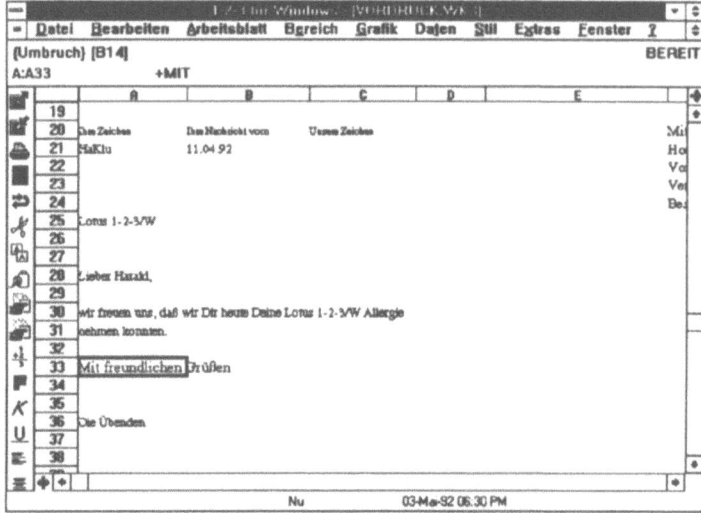

Bild 8.11: Brief mit eingefügtem Textbaustein

Mehrzeilige Textbausteine markieren sie in der Textbausteinliste (hier Spalte G), kopieren Sie mit den Abkürzungstasten (STRG)-(Einfg) oder dem Befehl **Kopieren** im Menü **Bearbeiten** in die Zwischenablage. Dann zeigen Sie auf die Einfügestelle im Brief und fügen den Textbaustein mit den Abkürzungstasten (Umschalt)-(Einfg) oder dem Befehl **Einfügen** aus dem Menü **Bearbeiten** ein.

8.3 Textverarbeitungsfunktionen

1-2-3/W verfügt neben den Rechenfunktionen über viele Textverarbeitungsfunktionen. Einen Überblick über die verschiedenen Funktionen sehen Sie im Anhang in Tabelle 2. Verwenden Sie sie, um Formulare stellen- und zeilengerecht auszufüllen. Einige der in 1-2-3/W enthaltenen Textverarbeitungsfunktionen wollen wie Ihnen hier am Beispiel eines Serienbriefes mit Textvariablen zeigen.

Wir wollen einem Benutzer des Vordrucks mit Textbausteinen das Eintragen von Adreß- und Bezugsdaten erleichtern, so daß er/sie nicht mehr die einzelnen Zellen im Brief ansteuern muß, sondern in eine einfache Liste eintragen kann.

Datenreise

8.3.1 Serienbrief mit variablen Daten

1-2-3/W hilft Ihnen hier beim Erstellen von Serienbriefen mit Variablen und beim zeilen- und spaltengerechten Ausfüllen von Vordrucken.

Überblick Serienbriefe mit 1-2-3/W

In diesem Abschnitt erfahren Sie, wie Sie variable Daten eines Briefes nicht direkt in den Brief einfügen, sondern mit einer Erfassungsmaske eingeben und von 1-2-3/W automatisch an den richtigen Stellen in den Brief einfügen lassen können.

Anschließend wird beschrieben, wie Sie

- eine Erfassungsmaske einrichten und Testdaten eingeben,
- Variablenwerte (Anrede, Straße Nr. und Betreff) in den Text übertragen,
- dabei Textvariable und konstante Texte verbinden (Vorname & Nachname, Gruß & Name)

Laden Sie das Formular «BAUSTEIN.WK3». Tragen Sie in die Zeilen 1 bis 13 der Spalte F die Texte wie in Tabelle 8.2 als Eingabeaufforderung ein und vergeben Sie die gleichen Begriffe als Namen für die Felder der Spalte G. Weisen Sie dazu mit **Bereich Name Labels Zuweisen...** die Texte aus Spalte F den Zellen aus Spalte G als Name zu.

 Eine Erfassungsmaske einrichten

Erfassen Sie die Kalenderdaten und Texte, die mit Ziffern beginnen, immer als Text, um im folgenden die 1-2-3/W-Textverarbeitungsfunktionen verwenden zu können. Geben Sie dazu vor dem Datum ein Leerzeichen oder ein Hochkomma ein.

X

Die Spalten F und G Ihres Bildschirms müßten danach wie Bild 8.12 aussehen.

8 Textverarbeitung

Zeile	Text/Name	Testdaten
1	Anrede	Frau
2	Nachname	Müller
3	Vorname	Andrea
4	StraßeNr	Lange Straße 300
5	PLZOrt	D W-8700 Würzburg
6	Gruß	Sehr geehrte Frau
8	Ihre Zeichen	Mü
9	Ihre Nachricht	13.04.92
10	Unser Zeichen	Grö 142
12	Datum	05.05.92
13	Betreff	1-2-3/w

Tabelle 8.2: Texte Namen und Testdaten für Serienbriefe

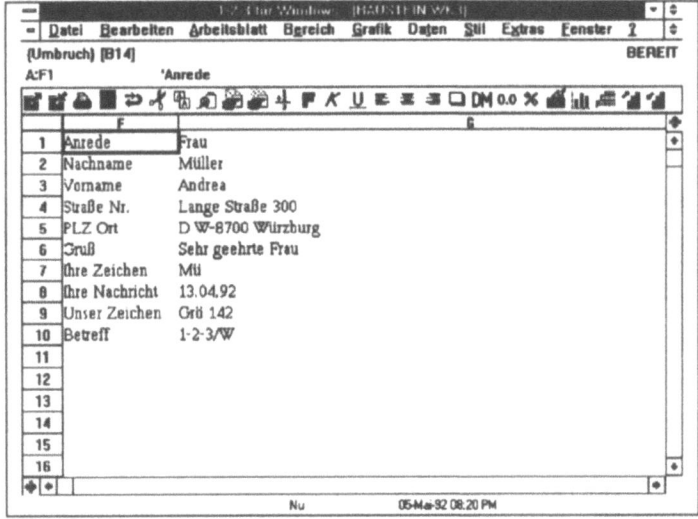

Bild 8.12: Bildschirm nach Zuweisung der Inhalte

8.3.2 Übertragen von Variablenwerten

So übertragen Sie jetzt den Inhalt der Eingabevariablen Anrede in die Zelle A11 des Briefs:

Vorgehensweise:

1. Zeigen Sie auf diese Zelle.
2. Geben Sie ein Pluszeichen «+» ein, um eine Formel anzukündigen.
3. Tragen Sie den Namen (hier: «Anrede») ein.
4. Schließen Sie den Befehl ab.

Beobachten Sie, wie schnell 1-2-3/W jetzt den Text «Frau» in die Zelle A11 überträgt.

Wiederholen Sie diese Arbeitsschritte in der Zelle A12 mit der Variablen «Straße Nr», in Zelle A14 mit «PLZ Ort», in B21 mit «Ihre Nachricht», in Zelle C21 mit «Unsere Zeichen» und in Zelle A23 mit der Variablen «Betreff». Beachten Sie, daß in der Bearbeitungszeile die Verarbeitungsvorschrift und nicht der Zellinhalt angezeigt wird (Bild 8.13).

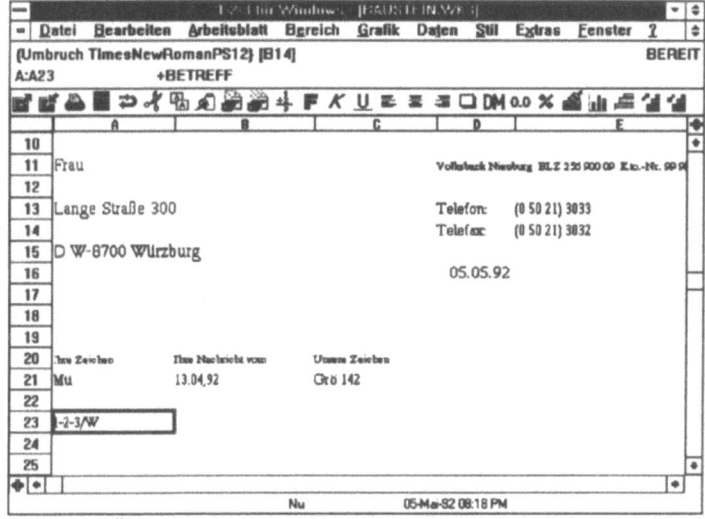

Bild 8.13: Übertragen der Betreffzeile in den Brief

8.3.3 Verbinden von Texten

Wann und wozu verbinde ich Texte?

In der Zeile 12 des Briefs sollen jetzt von 1-2-3/W der Vorname und der Nachname, getrennt durch eine Leerstelle, eingetragen werden. Um diese Textteile zu verbinden, müssen Sie die Textverarbeitungsfunktion «&» verwenden.

Vorgehensweise:

1. Zeigen Sie mit dem Feldzeiger auf die Zelle A12.
2. Tragen Sie die Verarbeitungsvorschrift

   +Vorname&" "&Nachname

   ein, die eine Leerstelle zwischen Vor- und Nachname läßt.
3. Schließen Sie den Befehl ab.

Verfolgen Sie, wie schnell 1-2-3/W jetzt die Beispieldaten «Andrea Müller» in die Zelle A12 überträgt.

Wiederholen Sie diese Arbeitsschritte in der Zelle A25 für Gruß und Nachname (+Gruß&" "&Nachname&"!"). Vergleichen Sie hiernach Ihren Bildschirminhalt mit Bild 8.14.

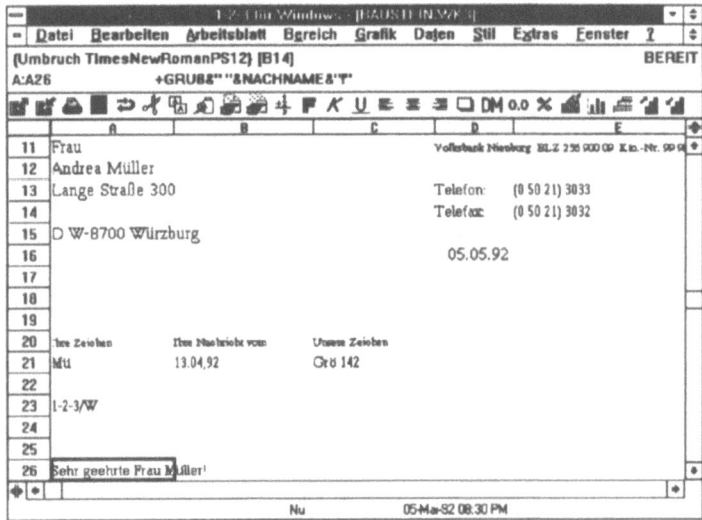

Bild 8.14: Briefvordruck nach dem Verbinden der Texte

Verwenden Sie die Funktionstaste F3, um in Formeln Namen abzurufen. Sie sparen sich damit nicht nur Schreibarbeit, sondern auch falsche Ergebnisse durch Eingabefehler.

Wir haben dieses Arbeitsblatt als Datei «SERIENBR.WK3» gespeichert.

1 Einleitung

2 Vorarbeiten & Vorkenntnisse

3 Die erste Aufgabe

4 Das Arbeitsblatt gestalten

5 Arbeitsblattinhalte ändern

6 Arbeiten mit Funktionen

7 Grafische Darstellung

8 Textverarbeitung

9 Dateiverwaltung

10 Ziele, Alternativen, Optima

11 Datenaustausch

12 Datalens und dBASE

13 Ablaufprogrammierung

14 Organisation und Planung

Anhang

Abschittsübersicht

9. Dateiverarbeitung

	Überblick
9.1	Erstellen einer Datei mit 1-2-3/W
9.2	Dateipflege
9.3	Ändern der Dateistruktur
9.4	Sortieren von Dateien
9.5	Dateioperationen
9.6	Abrufen von Zellen über einen Index
9.7	Abruf über ganzzahlige Schlüssel
9.8	Arbeiten mit externen Bezügen: Lieferscheinschreibung
9.9	Übungsaufgabe Rechnungsschreibung

9. Dateiverarbeitung

Überblick

Mit 1-2-3/W können Sie Dateien einrichten, pflegen, sortieren und auswerten. Unter Dateien verstehen wir in diesem Abschnitt geordnete Daten mit einer Tabellenstruktur. Wir unterscheiden hier nicht zwischen den Begriffen Datei und Datenbank.

Was ist Dateiverarbeitung?

In Abschnitt 9.1 sehen Sie am Beispiel einer Kundendatei, wie Sie Dateien einrichten und füllen können. Abschnitt 9.2 zeigt die Dateipflege, Abschnitt 9.3 das Ändern der Dateistruktur. Abschnitt 9.4 stellt an der Geburtstagsdatei die Sortiermöglichkeit mit 1-2-3/W vor. Das Einrichten und Verwenden einer Datenbank sowie der Einsatz von Suchkriterien in einer Datenbank sind Gegenstand des Abschnittes 9.5. Die Abschnitte 9.6 und 9.7 zeigen, wie Sie in Dateien suchen können. In Abschnitt 9.7 wird die Dateiverarbeitung mit einer Textverarbeitung zur Serienbriefschreibung verknüpft. Abschnitt 9.8 zeigt eine Lieferscheinschreibung mit Kunden- und Artikeldateien.

Zur reinen Dateiverarbeitung haben sie bei 1-2-3/W ein separates Dienstprogramm, Datalens. Sie können hiermit u.a. dBASE IV Dateien erstellen, bearbeiten und verändern. Außerdem erleichtert ihnen diese Anwendung den Datenaustausch zwischen dBASE und 1-2-3/W. Den Umgang mit Datalens beschreiben wir in Kapitel 12.

9.1 Erstellen einer Datei mit 1-2-3/W

Dateien erstellen Sie mit 1-2-3/W, indem Sie Daten tabellarisch eintragen. Um eine Kundendatei zu erstellen, tragen Sie unter der Überschrift «Kundenstammdatei» (A1) in die Zeile

Eine Datei einrichten

2 die folgenden Spaltenüberschriften (Texte) ein und legen die folgenden Spaltenbreiten fest:

Spalte	Überschrift	Breite
A	KdNr	5
B	Anr	4 (verschlüsselt)
C	Nachname	15
D	Vorname	15
E	StraßeNr	15
F	PLZ	5
G	Ort	15

Tabelle 9.1 Struktur der Kundentabelle

	A	B	C	D	E	F	G
1	Kundenstammdatei						
2	KdNr	Anr	Nachname	Vorname	StraßeNr	PLZ	Ort
3	100	1	Meier	Egon	Lange Str.13	3070	Nienburg
4	200	2	Müller	Erna	Hohe Str. 99	3078	Stolzenau
5	300	2	Schutze	Anna	Kurze Str. 1	4190	Kleve

Bild 9.1 Kundentabelle

Tragen Sie Testdaten wie in Bild 9.1 in das Arbeitsblatt ein. Datenbanken werden in der Regel satzweise, d.h. hier Zeile für Zeile eingegeben. Erfassen Sie neue Datensätze gleich alphabetisch nach Nachnamen und Vornamen geordnet, oder erfassen Sie zuerst die Daten, sortieren Sie sie und vergeben Sie dann die Kundennummern.

Wir benötigen im weiteren Verlauf dieses Kapitels eine Datei mit sortierten Kundennummern, da wir die Funktion VERWEIS (Abschnitt 9.6) verwenden wollen (Abschnitt 9.2). Verschlüsseln Sie die Anreden «Herr» mit 1 und «Frau» mit 2.

9.2 Dateipflege

Dateien «leben» - Daten ändern sich, kommen hinzu oder fallen weg. Zum Ändern von Feldinhalten zeigen Sie mit dem Feldzeiger auf das zu ändernde Feld und ändern in der Bearbeitungszeile die Daten entsprechend.

Dateien brauchen Pflege...

Zum Löschen von ganzen Datensätzen, d. h. Tabellenzeilen, zeigen Sie mit dem Feldzeiger auf die zu löschende Zeile, geben den Befehl **Löschen** aus dem Menü **Arbeitsblatt**.

Beim Einfügen von neuen Datensätzen sollten Sie auf die Sortierfolge achten. Wenn Sie z. B. Ihre Kundenstammdatei nach Nachnamen und Vornamen sortiert haben, sollten Sie den Datensatz für einen neuen Kunden gleich an der richtigen Stelle eintragen und die Kundennummer richtig einreihen.

Fügen Sie z. B. zu den Daten in Bild 9.1. den Datensatz eines Kunden mit dem Namen «Richter» ein.

Datenreise

Vorgehensweise:

1. Zeigen Sie mit dem Feldzeiger auf den alphabetisch nächsten Datensatz («Schulze») (Zeile 5).

2. Wählen Sie aus dem Menü **Arbeitsblatt** den Befehl **Einfügen**. Sie sehen nun ein Eingabefenster wie in Bild 9.2.

   *Einfügen
   Arbeitsblatt*

3. Wählen Sie die Option «**Zeile**» und schließen Sie den Befehl ab.

4. Vergeben Sie für diesen neuen Kunden eine Kundennummer, die zwischen der des vorhergehenden und der des nächsten Datensatzes liegt, z.B. 250.

5. Tragen Sie jetzt in die freie Zeile 5 den Datensatz ein. Vergleichen Sie Ihren Bildschirm mit dem Bild 9.3.

Speichern Sie diese Datei unter dem Namen KUNDEN. 1-2-3/W fügt dabei automatisch die Dateinamenserweiterung «.WK3» ein.

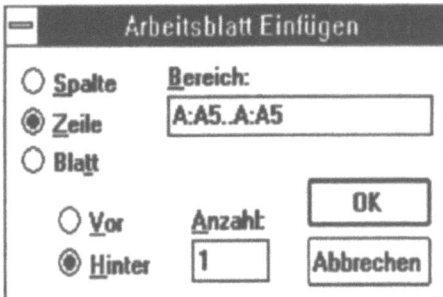

Bild 9.2 Dialogfeld zum Einfügen

	A	B	C	D	E	F	G
1	Kundenstammdatei						
2	KdNr	Anr	Nachname	Vorname	StraßeNr	PLZ	Ort
3	100	1	Meier	Egon	Lange Str. 13	3070	Nienburg
4	200	2	Müller	Erna	Hohe Str. 99	3078	Stolzenau
5	250	1	Richter	Hans	Breiter Weg 1	3170	Gifhorn
6	300	2	Schulze	Anna	Kurze Str. 1	4190	Kleve

Bild 9.3 Gerüst der Kundendatei

Die Datei KUNDEN stellt das Modell einer kleinen Datenbank dar. Für die Arbeit mit Datenbanken bietet 1-2-3/W eine Reihe von Sonderfunktionen (Bild 9.4). Wir zeigen Ihnen dies im Abschnitt 9.5. An dieser Stelle wollen wir lediglich auf die Verwendung des Befehls Abfrage aus dem Daten-Menü zur Dateipflege hinweisen.

Hinzufügen von Datensätzen
Sie können mit Hilfe dieses Befehls neue Datensätze zu Ihrer Datenbank hinzufügen. Da 1-2-3/W den neuen Datensatz aber immer an das Ende der Datei schreibt und somit in unserem Beispiel ein neues Sortieren notwendig wäre, ist dieses Verfahren an dieser Stelle ungünstig.

Wir wollen Ihnen aber trotzdem an dieser Stelle kurz die Verfahrensweise hierfür zeigen. Sie geben dazu im Menü **Daten** den Befehl Abfrage. In dem erscheinenden Dialogfeld wählen Sie die Schaltfläche Ändern aus. Sie können nun den neuen Datensatz eingeben. 1-2-3/W fügt diesen dann einfach an das Dateiende an.

Bild 9.4 Daten-Menü

9.3 Ändern der Dateistruktur

Wenn Sie Dateifelder entfernen oder hinzufügen wollen, müssen Sie bei 1-2-3/W-Dateien mit zeilenförmig notierten Datensätzen Tabellenspalten löschen oder hinzufügen. So löschen Sie eine Tabellenspalte:

Neue Dateistruktur

Vorgehensweise:

1. Markieren Sie ein Feld der zu löschenden Spalte.

2. Wählen Sie aus dem Menü **Arbeitsblatt** den Befehl **Löschen**.

3. Wählen Sie in dem Dialogfeld **Arbeitsblatt Löschen** die Option «**Spalte**».

4. Schließen Sie den Befehl ab.

1-2-3/W verschiebt dann automatisch die angrenzenden Spalten, so daß Sie keine Leerspalten erhalten. Wir wollen hier das Einfügen von Dateifeldern zeigen.

Datenreise

Dazu ergänzen wir die Kundenstammdatei um die Geburtstage der Kunden. Öffnen Sie also vorab das Arbeitsblatt «KUNDEN» aus dem letzten Abschnitt, falls Sie sie geschlossen haben. Um zwischen die Spalten «Vorname» und «StraßeNr» drei Spalten für den Geburtstag, den Geburtsmonat und das Geburtsjahr einzufügen, gehen Sie so vor:

Vorgehensweise:

1. Markieren Sie die ein Feld der Spalte, vor der Sie Leerzellen einfügen wollen, das ist hier die Spalte E («StraßeNr»).

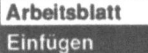

2. Wählen Sie aus dem Menü **Arbeitsblatt** den Befehl **Einfügen** und in dem Dialogfeld zum Einfügen die Option Spalte.

3. Sie müssen die Befehlseingabe nun noch zweimal wiederholen, da Sie drei Spalten einfügen wollen.

	A	B	C	D	E	F	G	H	I
1	Kundenstammdatei								
2	KdNr	Anr	Nachname	Vorname	Tag	Mon	Jahr	StraßeNr	PLZ
3	100	2	Müller	Erna	17	3	1981	Hohe Str.99	3076
4	200	2	Schulze	Anna	29	4	1964	Kurze Str. 1	4190
5	250	1	Richter	Hans	2	1	1932	Breiter Weg 1	3170
6	400	1	Meier	Egon	12	12	1949	Lange Str.13	3070

Bild 9.5 Kundendatei mit neuen Spaltenüberschriften

Beachten Sie, daß Sie den Befehl dreimal wiederholen müssen und nicht in dem Menü die Zahl 3 eingeben können. 1-2-3/W würde dann drei neue Arbeitsblätter einfügen und nicht drei neue Spalten.

Legen Sie die Breite der neuen Spalten E und F mit dem Befehl **Spaltenbreite** aus dem Menü **Arbeitsblatt** auf 4 Zeichen fest

und für die Spalte G auf 5 Zeichen.

Tragen Sie die Überschriften Tag, Mon und Jahr in die Zeile 3 und die Testdaten wie in Bild 9.5 ein. Sie können diese Datei wieder unter dem Namen «KUNDEN.Wk3» speichern, da wir die alte Datei ohne die Geburtstage im weiteren Verlauf nicht mehr benötigen. Wollen Sie alte Datei erhalten, so wählen sie einen anderen Namen. Auf der Beispieldiskette ist die alte

Kundenstammdatei unter dem Namen «KUND.WK3» gespeichert.

9.4 Sortieren von Dateien

Mit 1-2-3/W können Sie Dateien, die Sie als 1-2-3/W-Tabelle angelegt haben, mit dem Befehl **Sortieren** aus dem Menü **Daten** aufsteigend (>) oder absteigend (<) sortieren. Die Schlüssel, nach denen geordnet werden soll, können in Form von Bereichsadressen oder Bereichsnamen angegeben werden.

Sie können mit dem Befehl **Sortieren** eine Datei gleichzeitig nach zwei oder mehreren verschiedenen Schlüsseln sortieren. Dabei geben Sie den dritten und die weiteren Schlüssel als sogenannte Extraschlüssel in einem separaten Dialogfeld ein. Achten Sie darauf, daß Sie den letztrangigen Schlüssel auch als letzten Schlüssel angeben.

Beim Sortieren ordnet 1-2-3/W Feldinhalte in die vier Gruppen

- Zahlenwerte,
- Texte,
- logische Werte und
- nicht besetzte Felder.

Innerhalb von Texten wird die Sortierfolge durch die Anordnung der Zeichen im ANSI-Code (American National Standard Institute) bestimmt, soweit es nicht deutsche Umlaute sind.

Die Umlaute Ä, ä, Ö, ö, Ü, ü werden jeweils nach A, a, O, o, U und u einsortiert ß nach s.

Die Anwendung des Befehls **Sortieren** auf eine gleichzeitig nach mehreren Gesichtspunkten zu sortierende Liste zeigen wir hier an der Tabelle «KUNDEN» aus dem letzten Abschnitt, die nach Geburtstagen aufsteigend sortiert werden soll. Wir wollen in diesem Beispiel auf diese Weise eine Altersliste herstellen, in der die Personen absteigend nach ihrem Alter,

Nach mehreren Schlüsseln sortieren

also aufsteigend nach ihren Geburtstagen sortiert sind. Sie tragen das Jahr also als Schlüssel 1 ein, gefolgt von den Schlüsseln «Monat» und «Tag».

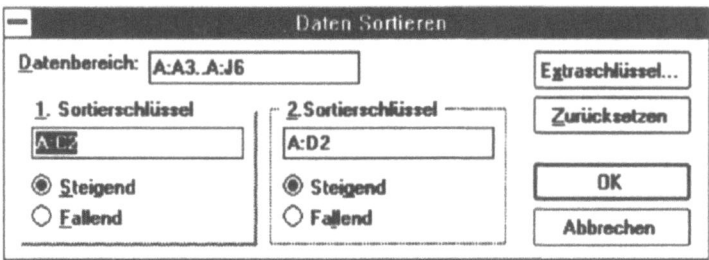

Bild 9.6 Dialogfeld zum Sortieren von Daten

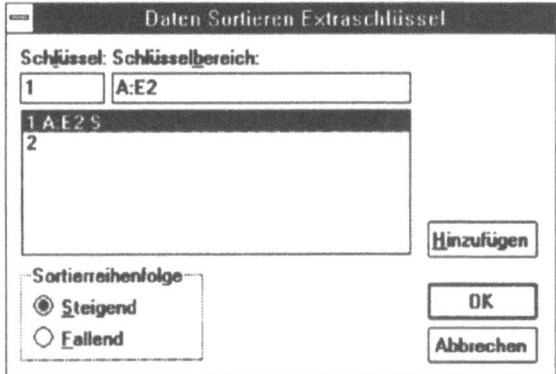

Bild 9.7 Eingabe des ersten Extraschlüssels

So sortieren Sie die obige Tabelle nach den drei Gesichtspunkten:

Vorgehensweise:

1. Markieren Sie den zu sortierenden Tabellenbereich (A:A3..A:J6).

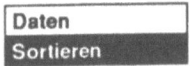

2. Wählen Sie aus dem Menü **Daten** den Befehl **Sortieren**. Sie sehen ein Dialogfeld wie in Bild 9.6. IndexschlüsselDaten - Sortieren

3. Geben Sie als ersten Schlüssel das Jahr an, indem Sie mit der Maus auf die Zelle G2 zeigen oder den Feldbezug G2 eintragen (Bild 9.9).

4. Geben Sie als zweiten Schlüssel den Monat ein.

5. Wählen Sie nun die Option Extraschlüssel aus.

6. Geben Sie als Nummer dieses Schlüssels «1» ein, da es sich um den ersten Extraschlüssel handelt. Tragen Sie nun als Bezug E2 ein (Bild 9.7).

5. Schließen Sie den Befehl ab.

Hiernach werden Sie das Arbeitsblatt wie in Bild 9.8 auf dem Bildschirm sehen, wenn Sie sich an die Vorschläge gehalten haben.

	A	B	C	D	E	F	G	H	I	J
1	Kundenstammdatei									
2	KdNr	Anr	Nachname	Vorname	Tag	Mon	Jahr	StraßeNr	PLZ	Ort
3	250	1	Richler	Hans	2	1	1932	Breiter Weg 1	3170	Gifhorn
4	100	1	Meier	Egon	12	12	1949	Lange Str.13	3070	Nienburg
5	300	2	Schulze	Anna	29	4	1964	Kurze Str. 1	4190	Kleve
6	200	2	Müller	Erna	17	3	1981	Hohe Str.99	3078	Stolzenau

Bild 9.8 Nach Alter sortierte Tabelle

9.5 Dateioperationen

9.5.1 Allgemeines

Mit 1-2-3/W können Sie Datei- bzw. Datenbankoperationen ausführen. Den Begriff Datenbank verwenden wir hier - wie vorher schon der Begriff Datei - für geordnete Daten mit Tabellenstruktur.

Welche Dateioperationen gibt es?

Das Baumdiagramm (Bild 9.9) zeigt eine Übersicht und die Struktur der 1-2-3/W-Datenbankoperationen und -funktionen (Abschnitt 9.5).

9 Dateiverarbeitung

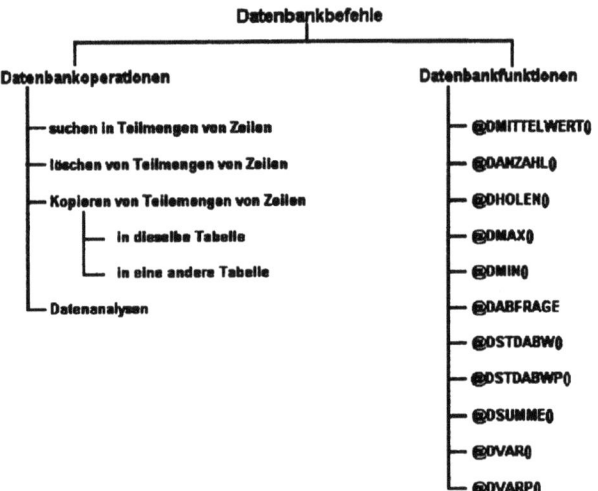

Bild 9.9 Datenbankoperationen

Datenbankoperationen
Bei 1-2-3/W-Datenbankoperationen können Sie durch Angabe von Bedingungen

- in Teilmengen von Zeilen/Datensätzen vorwärts und rückwärts suchen,
- Teilmengen von Zeilen aus Dateien löschen und
- Teilmengen von Zeilen und Spalten in frei wählbare Bereiche derselben oder einer (in einem anderen Ausschnitt geladenen) Tabelle kopieren. 1-2-3/W nennt dies «Extrahieren» von Datensätzen.

Für Datenbankoperationen und Datenbankfunktionen müssen Sie jeweils einige Vorarbeiten leisten:

Beachtenswertes
- den Tabellenbereich mit Spaltenüberschriften versehen und als Eingabebereich festlegen (9.5.2).
- für die Auswahl von Datensätzen (Tabellenzeilen) einen Tabellenbereich anlegen, in den Sie Spaltenüberschriften und Auswahlbedingungen eintragen (9.5.3) und diesen Tabellenbereich als Bereich der Suchkriterien festlegen.

- Falls Sie mit dem Kopierbefehl Datensätze, die die Auswahlkriterien erfüllen, in einen Ausgabebereich kopieren wollen, müssen Sie diesen erst einrichten (9.5.6).

In Abschnitt 9.5.3 sind die Möglichkeiten und die Verwendung von Suchkriterien beschrieben. Das Durchführen von Datenbankoperationen zeigen die Abschnitte 9.5.5 und 9.5.6. Die Anwendung einer Datenbankfunktion zeigt Abschnitt 9.5.9.

Die Datenbankoperationen Suchen, Löschen und Kopieren führen sie im Dialogfeld des Befehls **Abfrage** aus dem **Daten**-Menü aus (Bild 9.10). Das Menü **Daten**

Sie haben dabei die Wahl zwischen den Optionen

- Suchen,
- Extrahieren und
- Löschen.

Diese Befehle setzen voraus, daß Sie eine Datenbank, einen Suchkriterienbereich und ggf. auch einen Ausgabebereich festgelegt und Auswahlbedingungen formuliert haben.

In den folgenden Abschnitten ist zunächst allgemein und dann am Beispiel der Datei «KUNDEN» beschrieben, wie Sie für alle Datenbankoperationen und -funktionen

- einen Datenbankbereich festlegen (9.5.2),
- Suchkriterien formulieren (9.5.3) und
- den Kriterienbereich einrichten können (9.5.4).

Danach finden Sie Beispiele für das

- Durchführen einer Suche (9.5.5)
- Einrichten eines Ausgabebereiches in der gleichen Tabelle und das Kopieren (Extrahieren) von Zeilen und Spalten in diesen Ausgabebereich (9.5.6)
- Einrichten eines Ausgabebereiches in einer anderen Tabelle und Kopieren (Extrahieren) von Zeilen und Spalten in diesen Ausgabebereich (9.5.7).

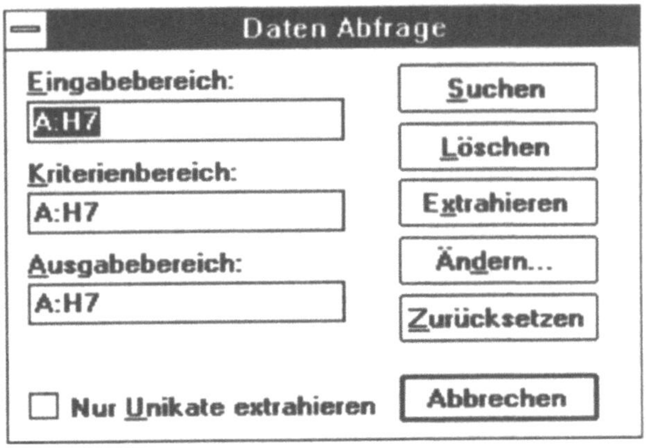

Bild 9.10 Das Daten Abfrage Dialogfeld

9.5.2 Festlegen eines Eingabebereiches

Einen Eingabe-
bereich festlegen

Sie müssen Ihre 1-2-3/W-Tabelle zuerst mit Spaltenüberschriften versehen und als Datenbank einrichten, bevor Sie in Ihr mit Datenbankbefehlen suchen können. Sie müssen dazu als erstes einen Eingabebereich festlegen. Dies ist der Bereich, in dem die Daten stehen, die 1-2-3/W bei den Datenbankoperationen auswerten soll. Die Datenbank ist also die gesamte Tabelle. Innerhalb dieser Tabelle legen Sie sich einen eingabebereich an, in dem die Daten stehen, auf die Sie die Datenbankoperationen anwenden wollen.

Datenreise

Wir wollen in der Datei «KUNDEN.WK3» aus Anschnitt 9.3 eine erste Datenbanksuche ausführen. Laden Sie Ihre zu bearbeitende Datei (in unserem Beispiel die Datei «KUNDEN» aus Abschnitt 9.3). Legen Sie nun den Eingabebereich fest:

Vorgehensweise:

1. Markieren Sie den Bereich, den Sie als Eingabebereich festlegen wollen (hier A:A2..A:J6).

2. Wählen Sie nun aus dem Menü **Daten** den Befehl **Abfrage** aus.

3. Schließen Sie den Befehl ab.

Beachten Sie, daß der Eingabebereich (Datenbankbereich) kein Bereich der aktiven Tabelle sein muß, sondern auch in einer anderen Tabelle stehen kann. Sie müssen dann einen externen Bezug eintragen, wie Sie es im achten Abschnitt dieses Kapitels lernen werden.

9.5.3 Suchkriterien

Vorbemerkung

Im Abschnitt 9.5.1 konnten Sie lesen, wie Sie eine Datenbank anlegen. Um in Datenbanken gezielt nach Datensätzen zu suchen, die von Ihnen angegebene Kriterien erfüllen, verwenden Sie die Suchkriterien. Diese werden von Ihnen in den vorher definierten Kriterienbereich eingetragen. Sie verwenden den Befehl **Abfrage** aus dem **Daten**-Menü, um in der Datenbank nach Datensätzen zu suchen, Datensätze zu kopieren (extrahieren) oder zu löschen. — Was sind Suchkriterien?

Die folgenden Beispiele für Suchkriterien und deren Ergebnisse brauchen Sie hier noch nicht konkret an Ihrem PC nachzuvollziehen. Die dazu nötigen Befehle werden nach diesem allgemeinen Abschnitt eingeführt und an weiteren Beispielen angewandt.

Wir haben hier als Beispieltabellen jedoch die bekannten Tabellen «UMSATZ» und «KUNDEN» gewählt, damit Sie die Unterschiede der verschiedenen Suchkriterien leichter erkennen und vielleicht am Ende des Abschnittes 9.5 noch einige der Beispiel konkret nachvollziehen können. — Datenreise

Möglichkeiten von Suchkriterien

1-2-3/W verwendet vergleichende Suchkriterien. Vergleichende Suchkriterien suchen nach gleich- oder ähnlichlautenden Feldinhalten in der Datenbank. Da sich vergleichende — **Auf Übereinstimmung prüfen**

Suchkriterien direkt auf die Inhalte einer Spalte der Datenbank beziehen, müssen sie als Spaltenüberschrift im Kriterienbereich genau die entsprechende Spaltenüberschrift des Eingabebereiches (Datenbank) tragen. Die Spaltenüberschriften müssen auch Inhalt des festgelegten Kriterienbereiches sein.

Vergleichende Suchkriterien haben folgenden Aufbau:

- ohne Vergleichsoperator: Wert, Formel oder Textelement
- mit Vergleichsoperator: Vergleichsoperator ein oder mehrere Werte, Formeln oder Textelemente

Vergleichende Suchkriterien mit Werten

Nach Zahlen suchen
: Sie können vergleichende Suchkriterien auf Zahlenwerte anwenden, indem Sie entweder einen exakten Wert oder einen Wertebereich als Suchkriterium angeben.

Beispiel
: Dies sehen Sie am Beispiel der Datei Umsatz. Wenn sie nach allen Datensätzen suchen wollen, die im Monat Januar einen Umsatz von 6000 hatten, so geben Sie in Ihrem Kriterienbereich unter der Spaltenüberschrift «Januar» ein: «=6000».

Suchkriterien				
	Januar	Februar	März	Summe
	>6000			
Ergebnisdatensätze				
	Januar	Februar	März	Summe
Busreisen	10000	13000	12000	35000
Seereisen	8000	3000	1000	12000
Spartensumme	27000	24000	25000	76000

Bild 9.11 Ergebnisdatensätze der Suche

Der Einsatz der Vergleichsoperatoren

- > (größer als)
- < (kleiner als),
- >= (größer gleich),
- <= (kleiner gleich) und
- <> (ungleich)

9.5 Dateioperationen 307

erlaubt Ihnen, nach bestimmten Feldinhalten suchen. Die Eingabe >6000 im Kriterienbereich unter der Spaltenüberschrift «Januar» (Bild 9.11) lieferte als Ergebnis die Datensätze «Busreisen», «Seereisen» und «Spartensumme».

Vergleichende Suchkriterien mit Text

Sie können mit vergleichenden Suchkriterien nach exakt übereinstimmenden Zeichenfolgen oder Textelementen einer Zeichenfolge suchen. — Texte suchen...

Sie sehen die Anwendung von vergleichenden Suchkriterien auf Text am Beispiel der Datei «KUNDEN» aus Abschnitt 9.3. Laden Sie zur Vorbereitung diese Datei oder nehmen Sie einen Ausdruck zur Hand, damit Sie die Ergebnisse nachvollziehen können.

Wollen Sie exakt nach einem Textelement suchen, so müssen Sie es mit Hilfe der Vergleichsoperatoren eingeben. Sie verwenden hierzu den Vergleichsoperator «=» (für identische Übereinstimmung). — Vergleichsoperatoren

Beachten Sie, daß 1-2-3/W für die Suche nach Teilzeichenketten die Eingabe von Stellvertreterzeichen erfordert. Geben Sie eine Teilzeichenkette ohne Stellvertreterzeichen ein, so wird 1-2-3/W nur nach dieser Zeichenfolge suchen.

Die Eingabe «=Egon» als Suchkriterium der Spalte «Vorname» lieferte als Ergebnis nur den Datensatz zu Egon Meier.

```
Suchkriterien
KdNr Anr Nachname Vorname  Tag Mon Jahr StraßeNr        PLZ  Ort
                  =Egon

Suchergebnisse
KdNr Anr Nachname Vorname  Tag Mon Jahr StraßeNr        PLZ  Ort
100  1   Meier    Egon     12  12  1949 Lange Str.13    3070 Nienburg
```

Bild 9.12 Ergebnisdatensätze zum Suchkriterieum =Egon

1-2-3/W achtet hierbei jedoch nicht auf Groß- oder Kleinschreibung. Es ist also unerheblich, ob Sie als Suchkriterium «"=Egon"» oder «"=egon"» eingeben.

Mit Stellvertreterzeichen (Jokern) suchen Sie Feldinhalte, die Sie nicht exakt angeben können oder wollen. Das Fragezeichen (?) steht dabei für ein beliebiges Zeichen an der Position des — Stellvertreterzeichen

Fragezeichens. Das Sternchen (*) steht für eine beliebig lange Kette von Zeichen an der Position des Sternchens.

Suchen Sie nach dem Fragezeichen als Feldinhalt, so können Sie dies einfach angeben.

Spalte	Suchkriterium	Ergebnisdatensätze
StraßeNr	=*Str*	Meier, Müller, Schulze
StraßeNr	=?????Str*	Müller
Nachname	=M??er	Meier
Nachname	=M*	Meier, Müller

Tabelle 9.2 Beispiele für Stellvertreterzeichen

Kombinieren von Suchkriterien

Mehrere Suchkriterien anwenden
Sie können bei 1-2-3/W Suchkriterien mit UND oder ODER kombinieren, um Datensätze zu finden, die mehr als ein oder eine Kombination von Suchkriterien erfüllen.

Die Art der Kombination legen Sie in der Struktur Ihres Kriterienbereiches fest.

UND-Kombination
Für eine UND-Kombination müssen Sie die zu kombinierenden Kriterien im Kriterienbereich nebeneinander schreiben. Für eine ODER-Kombinaton von Suchkriterien schreiben Sie diese im Kriterienbereich untereinander.

Achten Sie aber bei dem Markieren des Kriterienbereiches darauf, daß Sie keine leeren Zeilen markieren und als Kriterienbereich festlegen. 1-2-3/W faßt dies sonst als allgemeingültiges Suchkriterium auf und wird Ihnen als Ergebnis die Gesamtheit aller Datensätze liefern.

Einige Beispiele
Anhand der Datei «KUNDEN» sind einige Beispiele für Verknüpfungen von Suchkriterien gezeigt.

Das Beispiel in Bild 9.13 zeigt Ihnen eine UND-Verknüpfung. Es werden alle Personen gesucht, die in einem Ort wohnen, dessen Postleitzahl mit «307» beginnt und noch ein weiteres Zeichen aufweist (also zwischen 3069 und 3080 liegt) UND deren Kundennummer größer als 100 ist.

Zur Veranschaulichung dieser Verknüpfung dient Graphik 1. Die gesamte Menge ist die Menge aller Datensätze. Die UND-Verknüpfung ergibt sich aus der Schnittmenge der Datensätze, die jeweils beide Kriterien erfüllen.

```
Suchkriterien
KdNr Anr Nachname Vorname Tag Mon Jahr  PLZ         PLZ   Ort
>100                                    >3069       <3080

Suchergebnisse
KdNr Anr Nachname Vorname Tag Mon Jahr  StraßeNr    PLZ   Ort
 100  1  Meier    Egon    12  12  1949  Lange Str.13  3070 Nienburg
```

Bild 9.13 Beispiel einer UND-Verknüpfung

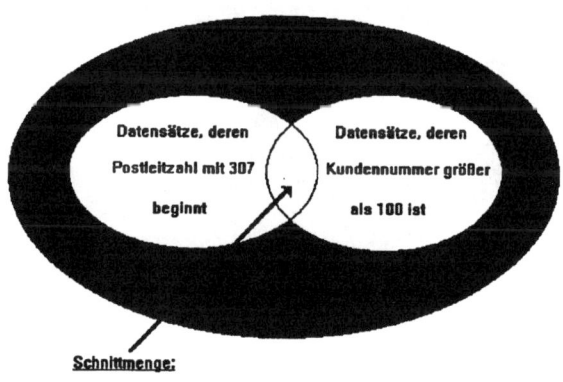

Schnittmenge:
Postleitzahl beginnt mit 307 UND Kundennummer > 100

Graphik 1 Schnittmenge

In Bild 9.14 wird nach allen Personen gesucht, deren Kundennummer größer als 100 **und** kleiner als 400 ist.

Eine ODER-Verknüpfung

Das Beispiel in Bild 9.15 sucht nach allen Personen, die in einem Ort mit der Postleitzahl 3070 **oder** in einem Ort mit der Postleitzahl 3078 wohnen. Zur Veranschaulichung dient Graphik 2.

Suchkriterien								
KdNr	KdNr	Nachname	Vorname	Tag	Mon	Jahr	StraßeNr	PLZ Ort
>100	<400							

Suchergebnisse									
KdNr	Anr	Nachname	Vorname	Tag	Mon	Jahr	StraßeNr	PLZ	Ort
250	1	Richter	Hans	2	1	1932	Breiter Weg 1	3170	Gifhorn
300	2	Schulze	Anna	29	4	1964	Kurze Str. 1	4190	Kleve
200	2	Müller	Erna	17	3	1961	Hohe Str. 99	3078	Slotzenau

Bild 9.14 Zweites Beispiel einer UND-Verknüpfung

Die ODER-Verknüpfung entspricht der Vereinigungsmenge der beiden Teilmengen, die jeweils eines der Kriterien erfüllen.

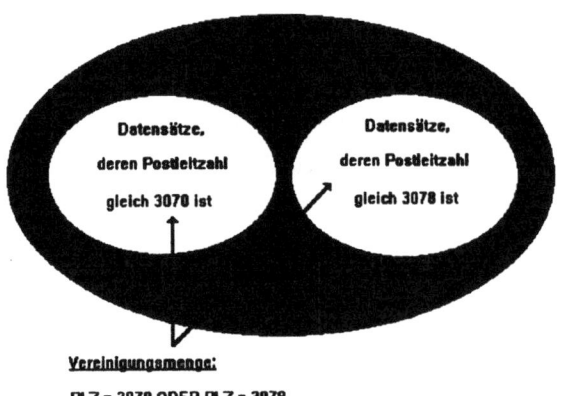

Graphik 2 Vereinigungsmenge

Wie setze ich mein Problem um?

Zum Erfassen von Suchkriterien planen Sie zuerst, welche Bedingungen Ihre Datensätze erfüllen sollen. Dann versuchen Sie, diese Kriterien in die Struktur von vergleichenden zu bringen. Die Verwertbarkeit des Ergebnisses der Datenbanksuche hängt von der Genauigkeit dieser Vorarbeiten ab.

```
Suchkriterien
KdNr  Anr  Nachname  Vorname  Tag  Mon  Jahr  StraßeNr       PLZ    Ort
                                                             =3070
                                                             =3078
Suchergebnisse
KdNr  Anr  Nachname  Vorname  Tag  Mon  Jahr  StraßeNr       PLZ    Ort
100   1    Meier     Egon     12   12   1949  Lange Str.13   3070   Nienburg
200   2    Müller    Erna     17   3    1981  Hohe Str.99    3078   Stolzenau
```

Bild 9.15 Beispiel einer ODER-Verknüpfung

9.5.4 Einrichten eines Kriterienbereiches

Um in einer Datei nach bestimmten Feldinhalten suchen zu können, müssen Sie Ihre Auswahlbedingungen (Suchkriterien) in einen sogenannten Kriterienbereich eintragen, der mit Spaltenüberschriften versehen ist. Sie müssen diesen Kriterienbereich in dem Dialogfeld zur Datenabfrage festlegen.

Eine Kriterienbereich einrichten

Sie legen den Kriterienbereich wie folgt an:

Vorgehensweise:

- Tragen Sie die gewünschten Spaltenüberschriften in den Kriterienbereich ein, indem Sie die einzelnen Überschriften eingeben oder aus dem Eingabebereich in den Kriterienbereich kopieren.

Sie legen den Bereich für die Dateioperationen und -funktionen als Suchkriterienbereich fest, indem Sie

- genau die Zellen, die Suchkriterien und die entsprechende Spaltenüberschrift enthalten im Dialogfeld zur Abfrage von Daten als Kriterienbereich eingeben.

Sie können den Eingabe-, Kriterien- und Ausgabebereich auch mit Namen versehen und die entsprechenden Namen im Dialogfeld zur Datenabfrage eintragen. Dieses Verfahren hat aber den Nachteil, daß sie bei einer Veränderung eines dieser Bereiche, wie zum Beispiel der Eingabe neuer Suchkriterien, den entsprechenden Namen neu vergeben müssen. Da dies Verfahren ein größerer Aufwand und fehleranfälliger ist, werden wir hier nur die Angabe der Bereiche durch Auswahl mit der Maus zeigen.

Bedenken Sie, daß Sie den Suchkriterienbereich nach einer Veränderung der Struktur oder der Spalte, in der das Suchkriterium steht, wieder neu definieren müssen. Andernfalls werden Sie nicht die gewünschten Ergebnisse erhalten.

Sie können Ihren Kriterienbereich und Ihren Eingabebereich der besseren Übersicht halber noch mit der entsprechenden Überschrift versehen.

9.5.5 Suchen von Zeilen

Datensätze suchen

Sie können nach den Datensätzen, die Ihre Suchkriterien erfüllen, suchen und die entsprechenden Datensätze von 1-2-3/W anzeigen lassen. Laden Sie zur Vorbereitung die Datei «KUNDEN» aus Abschnitt 9.5.4 mit dem eingerichteten Kriterienbereich, wenn Sie sie nicht noch auf dem Bildschirm haben.

Datenreise

Es sollen alle Kunden gesucht werden, deren Postleitzahl größer als 3100 ist. Wenn Sie wie in den Abschnitten 9.5.2 und 9.5.4 beschrieben die Bereiche definiert und das Suchkriterium «3100» unter die Spaltenüberschrift «PLZ» eingetragen haben, können Sie mit der eigentlichen Suche beginnen und müssen die Bereiche nicht immer wieder neu eintragen.

Vorgehensweise:

1. Wählen Sie dazu aus dem Menü **Daten** den Befehl **Abfrage**. Haben Sie die Einstellungen der vorhergehenden Abschnitte vorgenommen, so sehen Sie schon wie in Bild 9.16 die richtigen Bereiche als Eingabebereich (Datenbank) und als Kriterienbereich.

2. Wählen Sie nun die Option «**Suchen**».

Sie können nun mit den Richtungstasten die Markierung innerhalb der Datensätze bewegen, die die Suchkriterien erfüllen. Gibt es oberhalb bzw. unterhalb des gefundenen Datensatzes keine weiteren Datensätze, die die Suchkriterien erfüllen, so können Sie mit den Richtungstasten nicht in die entsprechende Richtung weiterwandern.

Daneben gibt es noch einige weitere Funktionstasten und Tastenkombinationen bei der Datenbanksuche, welche wir im folgenden aufgelistet haben:

Taste	Wirkung
⬇, ⬆	Hebt den Datensatz hervor, der den Suchkriterien entspricht
(Unterbr), (Eingabe)	Beendet die Suche und zeigt wieder das Menü zur Abfrage von Daten
F2(Edit)	Dient zur Bearbeitung des markierten Datensatzes in der Bearbeitungszeile
F7(Abfrage)	Beendet die Suche und beläßt den Feldzeiger auf dem letzten, hervorgehobenen Datensatz erneutes Betätigen von F7 startet die Suche wieder
POS1, ENDE	Hebt den ersten oder letzten Datensatz hervor, der die Suchkriterien erfüllt
⬅, ➡	Bewegen des Feldzeigers innerhalb eines markierten Datensatzes nach links oder rechts

Tabelle 9.3 Tastenfunktionen während der Suche

9.5.6 Kopieren von Zeilen und Spalten

Vorbemerkung

Die Datensätze, die Ihre Suchkriterien erfüllen, können Sie mit der Datenbankoperation Abfrage_Extrahieren aus den Daten-Menü in einen Tabellenbereich derselben oder einer anderen Tabelle kopieren (extrahieren). Sie müssen dazu vorher den Bereich der Tabelle, der die Zieldaten aufnehmen soll, vorbereiten, indem Sie ihn als Ausgabebereich einrichten.

Datensätze kopieren

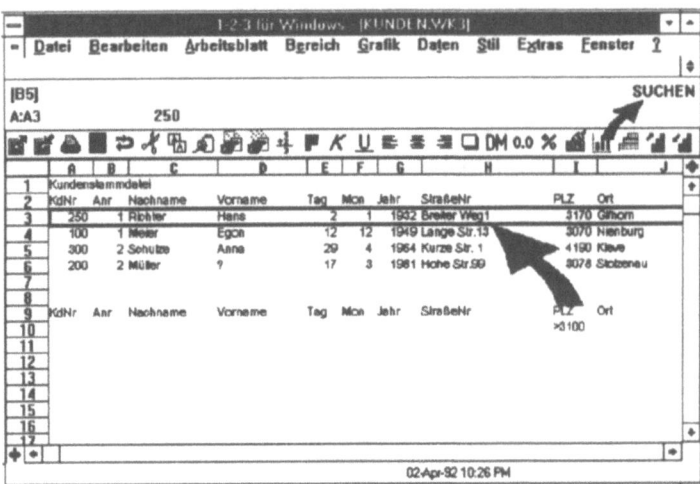

Bild 9.16 Erster gefundener Datensatz markiert

Datenreise

Sie sehen hier das Kopieren von Daten anhand der Datei KUNDEN aus Abschnitt 9.1. Laden Sie zur Vorbereitung diese Tabelle. In Abschnitt 12.3 zeigen wir Ihnen das Extrahieren an dBASE IV Dateien mit DATALENS.

Einrichten eines Ausgabebereiches

Das Ziel festlegen

Um Daten in die gleiche oder eine andere Tabelle kopieren zu können, müssen Sie einen Ausgabebereich anlegen, in den Sie dann die Daten kopieren können.

Dazu legen Sie einen Tabellenbereich an, der alle oder einen Teil der Spaltenüberschriften der Datenbank enthält, je nach dem, ob Sie alle Spalten kopieren wollen oder nur eine Teilmenge. Danach geben Sie diesen Tabellenbereich, der die Spaltenüberschriften und eine ausreichende Anzahl von Zeilen für die zu kopierenden Daten umfaßt, im Dialogfeld **Daten_Abfrage** als Ausgabebereich an.

Achten Sie bei der Wahl der Größe des Ausgabebereiches darauf, daß er nicht kleiner als die Datenbank bzw. der kopierte Teil wird. Wenn 1-2-3/W nicht alle Datensätze in den Ausgabebereich kopieren kann, wird es eine Fehlermeldung ausgeben.

Richten Sie nun komfortabel den Ausgabebereich ein, indem Sie die Spaltenüberschriften des Eingabebereiches in den Ausgabebereich kopieren.

Vorgehensweise:

1. Markieren Sie die Spaltenüberschriften der Datenbanktabelle (Zeile 2), damit Sie diese in die Zieltabelle kopieren können.

2. Wählen Sie aus dem Menü **Bearbeiten** den Befehl **Kopieren**.

3. Markieren Sie die erste Zelle der Zeile, die die Überschriften aufnehmen soll.

4. Geben Sie nun den Befehl Einfügen aus dem Menü Bearbeiten. 1-2-3/W kopiert nun die Spaltenüberschriften komplett in den markierten Bereich (Bild 9.17).

5. Wählen Sie nun aus dem Menü **Daten** den Befehl **Abfrage**.

6. Zeigen Sie im Dialogfeld auf die Option «Ausgabebereich» und markieren Sie anschließend auf dem Arbeitsblatt den Ausgabebereich, bestehend aus den Spaltenüberschriften und mindestens vier weiteren Zeilen.

7. Wählen Sie nun die Option «**Abbrechen**».

1-2-3/W hat nun den von Ihnen markierten Bereich als Ausgabebereich festgelegt. In Abschnitt 9.5.7 beschreiben wir, wie 1-2-3/W die Datensätze, die Ihre Suchkriterien erfüllen, in diesen Bereich kopiert.

Zur besseren Übersicht können Sie diesen neuen Tabellenbereich noch mit einer Überschrift versehen.

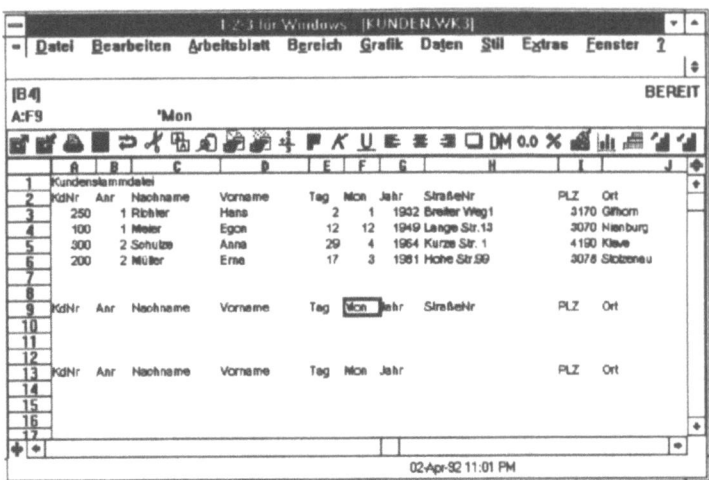

Bild 9.17 Anlegen eines Ausgabebereiches

9.5.7 Kopieren von Zeilen und Spalten in dieselbe Datei

Daten in dieselbe Tabelle kopieren

An dem Beispiel der Kundendatei aus Abschnitt 9.1 lesen Sie hier, wie Sie eine Datenbanksuche durchführen und wie Sie Daten, die Ihre Suchkriterien erfüllen, in Tabellenbereiche derselben Datei kopieren können.

Wir wollen in diesem Beispiel eine UND-Verknüpfung und eine ODER-Verknüpfung vornehmen.

Datenreise

Sie können nun damit beginnen, Ihre Suchkriterien zu entwerfen. Die Aufgabe ist, alle Personen zu suchen, die vor 1940 **oder** nach 1970 geboren sind **und** deren Postleitzahl kleiner als 3100 ist.

Die Suchkriterien lauten also wie folgt:

PLZ<3100 UND (Jahr<1940 ODER Jahr>1970)

Achten Sie beim Festlegen solcher verknüpfter Suchkriterien unbedingt auf Klammerung. Sie werden ansonsten nicht die gewünschten Ergebnisse erzielen. Üben Sie daher an anschaulichen Beispielen wie der Kundenstammdatei

das Festlegen von Suchkriterien, da Sie hier die Ergebnisse leicht überprüfen
können.

Tragen Sie nun diese Kriterien in den Kriterienbereich ein wie Eintragen der Kri-
in Bild 9.18. Sie müssen nun den Suchkriterienbereich neu terien
definieren, da Sie im vorigen Abschnitt nur eine Zeile des
Bereiches markiert haben.

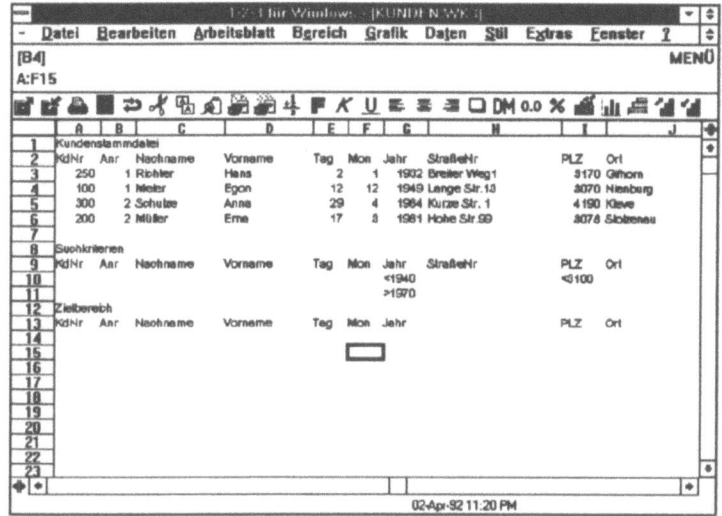

Bild 9.18 Kriterienbereich für die Suchkriterien

Geben Sie zum Kopieren der Daten 1-2-3/W den Befehl **Abfrage** aus dem Menü **Daten**. Sie sehen nun das gewohnte Dialogfeld zum Abfragen von Daten, in dem Sie den Kriterienbereich neu eingeben müssen. Vergleichen Sie Ihr Dialogfeld am Ende der Eingaben mit Bild 9.19.

Gleichen sich zwei Datensätze einer Datenbank, so bezeichnet Nur Unikate ex-
man diese als Duplikate. Wollen Sie sich bei einer Suche beide trahieren...
Datensätze ausgeben lassen, so müssen Sie die Option «**Nur
Unikate extrahieren**» ausschalten. Wählen Sie zum Kopieren
nun die Schaltfläche Extrahieren und anschließend zum
Schließen des Dialogfeldes die Schaltfläche Abbrechen aus.

318 9 Dateiverarbeitung

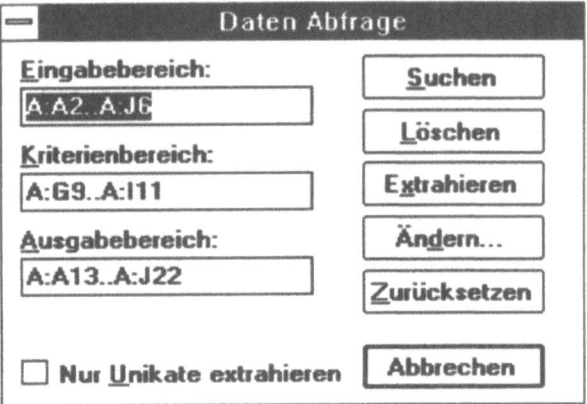

Bild 9.19 Dialogfeld zum Extrahieren von Daten

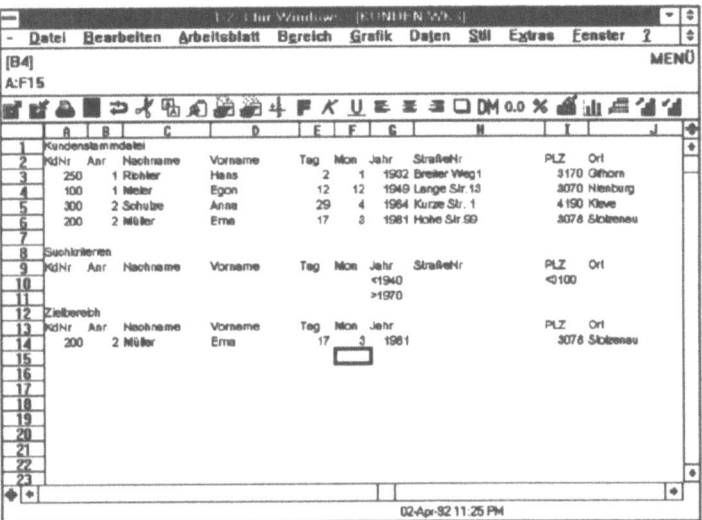

Bild 9.20 Kopierte Daten im Ausgabebereich

1-2-3/W kopiert dann die entsprechenden Datensätze in den Ausgabebereich (Bild 9.20).

9.5.8 Kopieren von Zeilen und Spalten in eine andere Tabelle

Sie können sich das Ergebnis einer Datenbanksuche auch in einer anderen Datei ausgeben lassen. Dazu geben Sie einfach den entsprechenden Tabellenbereich der anderen Tabelle im Dialogfeld zur Datenabfrage als Ausgabebereich ein. Sie müssen hierbei lediglich darauf achten, daß der gewählte Ausgabebereich die notwendigen Bedingungen erfüllt, also Spaltenüberschriften der Datenbank und genügend Zeilen zur Aufnahme der kopierten Datensätze enthält.

Kopieren in eine andere Tabelle

Beachten Sie, daß die Zieltabelle zum kopieren der Daten geladen sein muß. Sie werden ansonsten nicht das gewünschte Ergebnis erhalten.

X

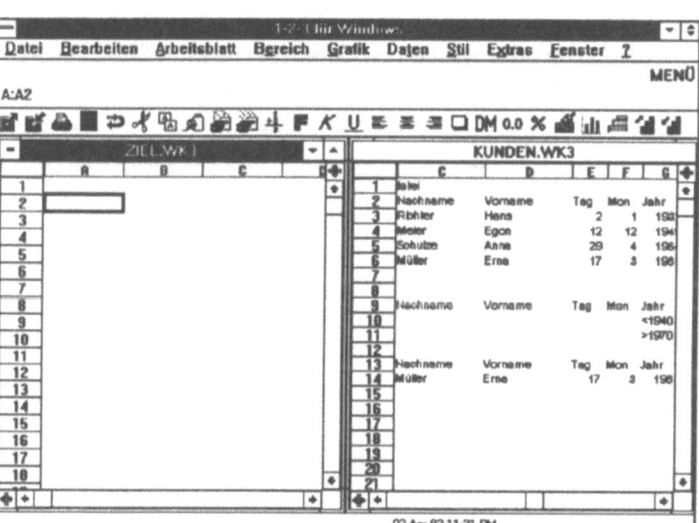

Bild 9.21 Kunden- und Zieltabelle auf dem Bildschirm

Öffnen Sie zur Vorbereitung eine Tabelle, die die Ergebnisse der Suche aufnehmen soll, z.B. eine Tabelle «ZIEL». Lassen Sie sich am besten mit dem Befehl **Nebeneinander** aus dem Menü Fenster beide Arbeitsblätter auf dem Bildschirm anzeigen (Bild 9.21).

Datenreise

Bereiten Sie nun den Ausgabebereich in der anderen Datei vor, indem Sie die Spaltenüberschriften der Datenbank kopieren.

Dies geschieht wie das Kopieren der Spaltenüberschriften in ein Arbeitsblatt derselben Datei.

Vorgehensweise:

1. Markieren Sie die Spaltenüberschriften der Datenbank (Zeile 2).

2. Geben Sie den Befehl **Kopieren** aus dem Menü **Bearbeiten** oder wählen Sie die Schaltfläche zum Kopieren aus.

3. Zeigen Sie mit dem Feldzeiger auf das erste Feld des Bereiches des Arbeitsblattes der Zieltabelle, der die Überschriften aufnehmen soll.

4. Wählen Sie nun aus dem Menü **Bearbeiten** den Befehl **Einfügen** oder wählen Sie Schaltfläche zum Einfügen aus. Vergleichen Sie nun Ihren Bildschirm mit Bild 9.22.

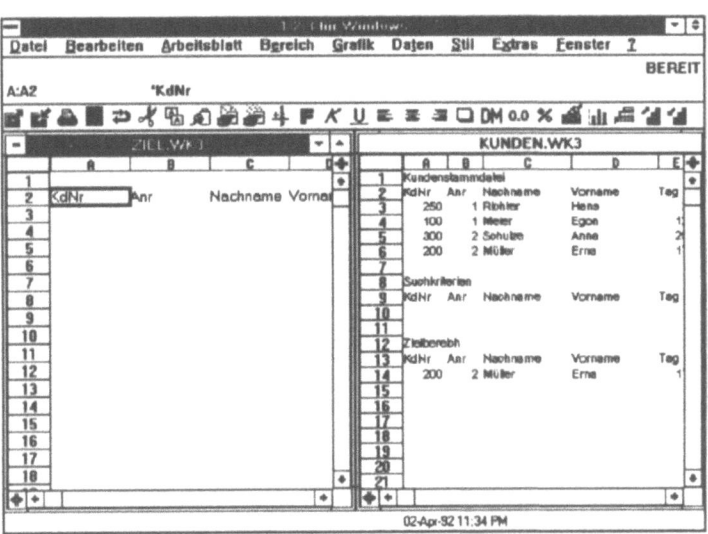

Bild 9.22 Vorbereitete Zieltabelle

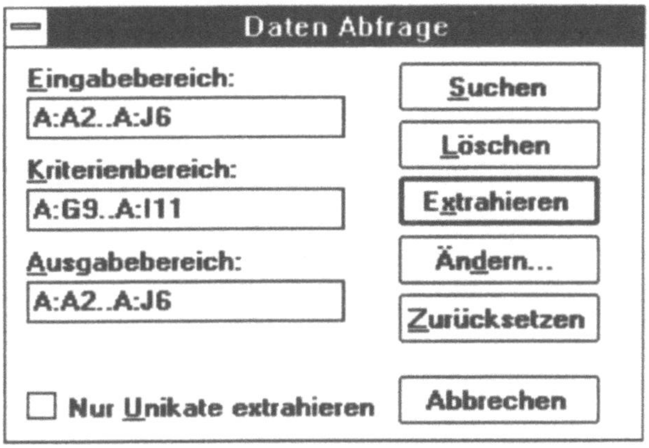

9.5 Dateioperationen

Daten Abfrage

- Eingabebereich: A:A2..A:J6
- Kriterienbereich: A:G9..A:I11
- Ausgabebereich: A:A2..A:J6
- ☐ Nur Unikate extrahieren

Schaltflächen: Suchen, Löschen, Extrahieren, Ändern..., Zurücksetzen, Abbrechen

Bild 9.23 Kopieren der Zieldaten in die andere Tabelle

Nun können Sie die gewünschten Daten in den Ausgabebereich kopieren (extrahieren), indem Sie diesen im Dialogfeld zur Datenabfrage eingeben.

Vorgehensweise:

1. Wählen Sie den Befehl **Abfrage** aus dem Menü **Daten**.

2. Geben Sie im Dialogfeld **Daten Abfrage** den Eingabebereich und den Kriterienbereich wie in Bild 9.23 in das Dialogfeld ein, falls diese Angaben nicht schon voreingestellt sind. Den Ausgabebereich geben Sie am besten ein, indem Sie die Option Ausgabebereich aktivieren und den Bereich dann mit der Maus wie gewohnt markieren.

   Abfragen von Daten

3. Kopieren Sie nun die Daten mit der Schaltfläche **Extrahieren**.

4. Schließen Sie das Dialogfeld mit der Schaltfläche **Abbrechen**.

Wenn Sie nun das Arbeitsblatt der Zieltabelle auf Vollbild vergrößern, sehen Sie einen Bildschirm wie in Bild 9.24.

Beachten sie, daß sie in Bild 9.23 noch nicht sehen können, daß sich der Ausgabebereich in einer anderen Tabelle befindet.

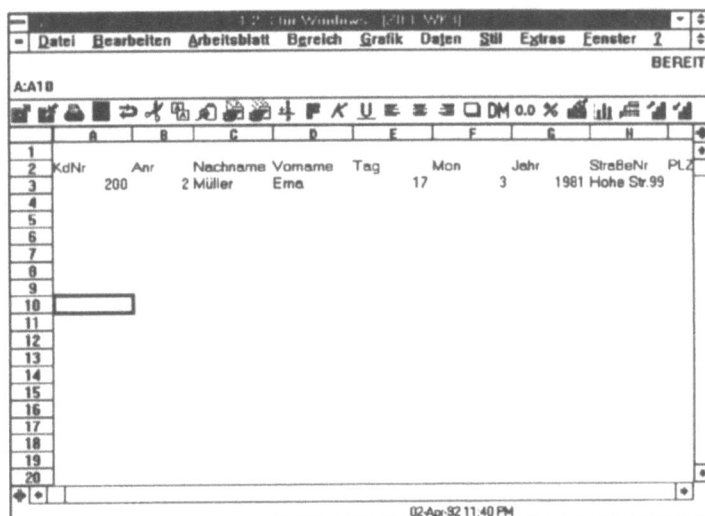

Bild 9.24 Zielbereich mit kopierten Datensätzen

Beachten Sie, daß Sie nun noch eine unformatierte Tabelle mit «falschen» Spaltenbreiten haben.

Wollen Sie erneut eine Datenbanksuche durchführen, so müssen Sie ggf. Die verschiedenen Bereiche (Eingabebereich, Kriterienbereich und Ausgabebereich) neu festlegen.

9.5.9 Statistische Funktionen in Datenbanken

Überblick

Statistik in Datenbanken

1-2-3/W bietet eine Reihe von statistischen Funktionen, mit denen Sie Ihre Datenbank auswerten können. Sie haben dabei gegenüber den allgemeinen statistischen Funktionen den Vorteil, daß Sie Ihre Auswertung an die von Ihnen festgelegten Suchkriterien und einen von Ihnen festgelegten Tabellenbereich binden können. Einen Überblick über die Statistischen Datenbankfunktionen finden Sie im Anhang.

Beispiel: die Datenbankfunktion @DANZAHL()

Die Verwendung der Datenbankfunktionen können Sie am Beispiel der Datei «KUNDEN.WK3» nachvollziehen.

Die Datenbankfunktion

@DANZAHL(Eingabebereich;Zellen;Suchkriterien)

ergibt als Ergebnis die Anzahl der Datensätze, die die Suchkriterien erfüllen **und** Zahlen als Zelleninhalt in der von Ihnen angegebenen Zelle haben. Erfüllen z.B. 5 Datensätze die von Ihnen gewählten Suchkriterien und enthalten davon auch 5 Zahlen als Zelleninhalt, so erhalten Sie als Ergebnis 5. Enthalten nur 3 der 5 Felder, die die Suchkriterien erfüllen, Zahlen als Zelleninhalte, so erhalten Sie als Ergebnis 3. <!-- Wozu ist die Funktion gut? -->

Laden Sie zur Vorbereitung die Datei «Kunden». Nun müssen Sie in Ihrer Tabelle ein Feld bereitstellen, in das Sie die Formel eintragen können und um dort später das Ergebnis der Datenbankfunktion zu sehen. <!-- Die Vorarbeiten -->

Tragen wir also in die Zelle A15 als Spaltenüberschrift «Anzahl» ein.

Da es sich um eine Datenbankfunktion handelt, müssen Sie noch einige Vorarbeiten leisten. Legen Sie den Bereich der Datenbank, auf den Sie die Suchkriterien anwenden wollen, als Eingabebereich fest (siehe Abschnitt 9.5.2). Richten Sie einen Kriterienbereich ein, um die von Ihnen gewünschten Suchkriterien einzutragen (siehe Abschnitt 9.5.4).

Geben Sie zum Beispiel als Suchkriterium ein, daß die Postleitzahl größer als 3080 sein soll. Wenn Sie an der Anzahl der Postleitzahlen interessiert sind, die diese Bedingung erfüllen, so tragen Sie in Zeile 16 Spalte A folgende Formel ein:

=@DANZAHL(A2..J6;I2..I2;I9..I10).

Sie erhalten nun eine Tabelle wie in Bild 9.25. Das Ergebnis ist die Zahl 2 in Feld A16.

324 9 Dateiverarbeitung

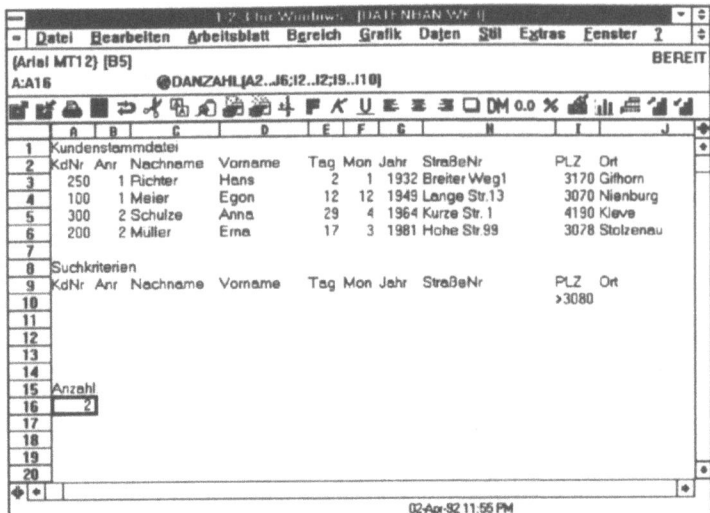

Bild 9.25 Kundentabelle mit der Funktion DANZAHL()

9.6 Abrufen von Zellen über einen Index

9.6.1 Allgemeines

Bei vielen Anwendungen können Sie Arbeit sparen, wenn Sie Daten nicht neu eingeben müssen, sondern aus Dateien einzeln abrufen können.

Daten abrufen... Aus 1-2-3/W Tabellen können Sie mit zwei verschiedenen Methoden Daten abrufen:

- über einen INDEX (Inhalt dieses Abschnittes)
- über einen ganzzahligen Suchbegriff (Abschnitt 9.7)

Mit der Funktion

=@INDEX(Bereich;Spalte;Zeile;[Arbeitsblatt])

rufen Sie einen Tabelleninhalt über die relative Lage des Feldes in Bezug auf den angegebenen Tabellenbereich ab. Die folgenden Beispiele sollen die Verwendung dieser Funktion erläutern.

Die ersten drei Argumente (einen Bereich und zwei Zählwerte) dieser Funktion müssen Sie in jedem Fall angeben, auch wenn der Tabellenbereich nur eine Zeile oder eine Spalte umfaßt. Sie geben also zuerst den Bereich an, dann den Zählwert der Spalte und den Zählwert der Zeile.

Die Zählwerte bezeichnen die relative Position des gewünschten Feldes in dem im ersten Argument der Funktion angegebenen Tabellenbereich.

Achten Sie hierbei darauf, daß Sie zur Bezeichnung der ersten Zeile bzw. Spalte den Zählwert 0 eingeben müssen. Der Zählwert 1 bezeichnet die zweite Spalte. In den Graphiken 1 bis 3 erhalten Sie anhand einiger Beispiele einen Überblick über die Verwendung der @INDEX() Funktion.

Die Angabe des markierten Feldes der Graphik 3:

@INDEX(A4..G4;2;0)

Der Tabellenbereich kann auch eine Spalte umfassen:

Die Angabe des Feldes der Graphik 4 lautete:

@INDEX(C1..C8;0;3)

Graphik 5 zeigt die Verwendung bei einem Tabellenbereich, der sowohl Spalten als auch Zeilen enthält.

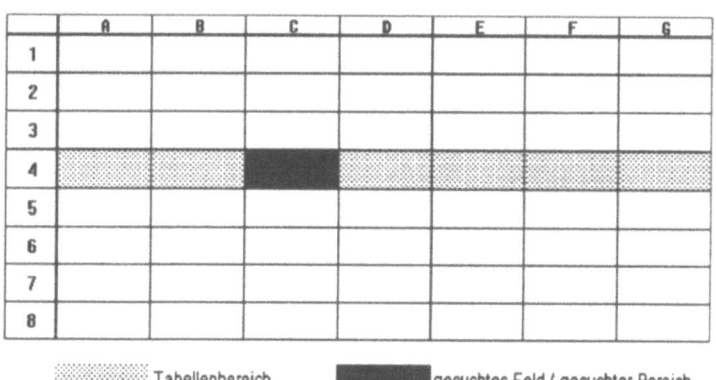

Graphik 3 INDEX-Funktion mit einzeiligem Tabellenbereich

326   9 Dateiverarbeitung

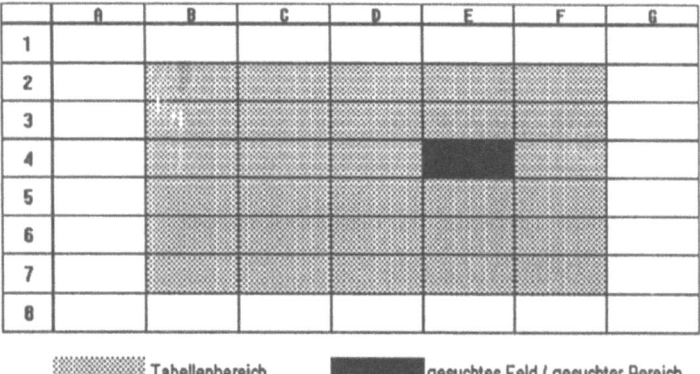

Graphik 4 INDEX-Funktion mit einspaltigem Tabellenbereich

Graphik 5 INDEX-Funktion mit zweidimensionalen Tabellenbereich

Die Angabe des Feldes lautete:

@INDEX(B2..F7;3;2)

Hätten Sie für den in der Graphik 5 grau hinterlegten Tabellenbereich den Namen «Datenbereich» vergeben, so lautete die Funktion:

@INDEX(Datenbereich;3;2)

Beachten Sie, daß die @INDEX() Funktion noch ein wahlweises viertes Argument besitzt, daß bei 3D-Tabellen Anwendung findet. Sie geben in dem vierten Argument an, welches Arbeitsblatt Sie mit der Funktion bezeichnen wollen. Es handelt sich bei dieser Angabe wieder um einen Zählwert mit den oben beschriebenen Eigenschaften. Das erste Arbeitsblatt trägt also den Zählwert 0.

Geben Sie dieses Argument nicht ein oder haben Sie nur ein Arbeitsblatt geöffnet, so wendet LOTUS die Funktion immer auf das erste Arbeitsblatt an.

9.6.2 Wirkungsweise

Wenn Sie mit der Funktion @INDEX(Bereich;Spalte;Zeile;[Arbeitsblatt]) auf ein Tabellenfeld zugreifen wollen, müssen Sie

Die @INDEX()-Funktion

- zuerst den Tabellenbereich, in dem eine Zelle gesucht werden soll, durch einen Namen oder eine Bereichsadresse angeben und
- innerhalb dieses Bereichs die relative Spalten- und Zeilennummer der Zelle. Achten Sie hierbei auf die Verwendung von Zählwerten.

Haben Sie mehr als ein Arbeitsblatt geöffnet und wollen Sie die Funktion nicht auf das erste Arbeitsblatt anwenden, so müssen Sie noch den Zählwert des gewünschten Arbeitsblattes eingeben. 1-2-3/W zählt dann beim Zugriff im angegebenen Tabellenbereich die Zellen ab und liefert den gewünschten Feldinhalt.

Im Beispiel zur Umsatzauswertung eines Reisebüros ist für den Tabellenbereich B7..D7 der Name «Bahnreisen» vereinbart. Um den Umsatzwert des Monats März, also der dritten Spalte dieses Bereichs, zu erhalten, verwenden Sie die Funktion

Datenreise

@INDEX(Bahnreisen;2;0).

Wenn Sie den zweidimensionalen Tabellenbereich B5..D9 des gleichen Beispiels auf den Namen «Umsätze» taufen, liefert

@INDEX(Umsätze;2;0)

den gleichen Wert (5000 DM).

9.6.3 Automatischer Abruf von Anrede und Grußformel

Textverarbeitung rationalisieren

Eine Einsatzmöglichkeit bei der Textverarbeitung ist die Rationalisierung der Erfassung der Anrede und der Grußformel. Sie können bei dem Schreiben von Briefen mit Textvariablen (Abschnitt 8.3) die Eingabe der Texte für Anrede («Herrn», «Frau») und die Grußformel («Sehr geehrter Herr» und «Sehr geehrte Frau») durch Eingabe eines Anredeschlüssels (z. B. 1 für Herr, 2 für Frau) automatisieren. Dazu müssen Sie einen Tabellenbereich anlegen, in dem Sie die obigen Texte ablegen, um sie dann - abhängig vom eingegebenen Anredeschlüssel - im Brief abzurufen.

Auf der Beispieldiskette finden Sie noch ein weiteres Beispiel eines Briefes mit Variablen, das sich in der Aufteilung ein wenig von dem aus Kapitel 8 unterscheidet. Wir werden diesen Briefvordruck nun verwenden, um Ihnen daran den Einsatz der besprochenen Suchfunktionen zu zeigen.

Damit sie nicht die gesamte Tabelle neu eingeben müssen, den Briefvordruck aber auch nicht einfach nur so laden sollen, haben wir Ihnen auf der Beispieldiskette einer Version gespeichert, die noch mit einigen Vorarbeiten auf den Einsatz der Suchfunktionen vorbereitet werden muß. Sie können auf diese Weise leichter die Idee der Tabelle verstehen, als wenn sie nur ein fertiges Formular laden und hier Eingegaben vornehmen.

Vorarbeiten

Wenn Sie einen Brief mit Variablen ähnlich wie in Abschnitt noch weiter verbessern wollen,

- laden Sie das Formular «VORDRVAR.WK3»,
- legen Sie für die Spalten C bis F die Spaltenbreiten 16, 26, 10 und 22 fest,
- löschen Sie zur Vorbereitung die Feldinhalte des Bereiches C7..D7,
- ändern Sie im Feld C1 die Eingabeaufforderung von «Anrede» auf «Anredeschlüssel» und den Namen des Feldes D1 auch auf «Anredeschlüssel».

9.6 Abrufen von Zellen über einen Index

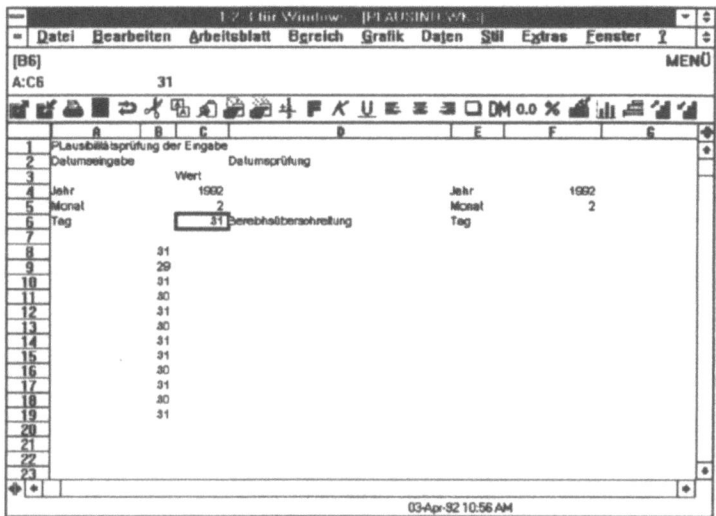

Bild 9.26 Veränderte Eingabemaske

Tragen Sie danach in die Spalte E untereinander ab Zeile 1 die Überschrift «Anrede» sowie die Texte «Herrn» und «Frau» ein. In die Spalte F Zeilen 1 bis 3 tragen Sie die Überschrift «Grußformel» und die Texte «Sehr geehrter Herr» und «Sehr geehrte Frau» ein. Vergeben Sie für den Tabellenbereich E1..E3 den Namen «Anrede» und für den Tabellenbereich F1..F3 den Namen «Grußformel», und geben Sie zum Testen im Feld D1 die Ziffer 2 ein.

Vergleichen Sie jetzt erst einmal den Bildschirmausschnitt C1..F20 mit dem Bild 9.26.

So rufen Sie anschließend im Brief die richtige Anrede ab:

Vorgehensweise:

1. Markieren Sie die Zelle A7.

2. Ersetzen Sie die Formel «+Anrede» durch «@INDEX(Anrede;Anredeschlüssel)».   Formel eintragen

3. Schließen Sie den Befehl ab.

Verfolgen Sie, wie schnell 1-2-3/W nun den Text «Frau» in die Zelle A7 überträgt.

Tragen Sie anschließend in die Zelle A20 die Verarbeitungsvorschrift

@INDEX(Anrede;Anredeschlüssel)&" "&Nachname&","

ein, und beobachten Sie, wie 1-2-3/W den richtigen Text

«Sehr geehrte Frau Müller,»

als Zelleninhalt erneut einträgt.

Testen Sie die Funktionsfähigkeit Ihrer Änderung durch Eingabe des Anredeschlüssels 1 in der Zelle D1, und vergleichen Sie Ihre Lösung mit dem Bild 9.27 (Ausdruck des Briefes). Speichern Sie das Arbeitsblatt zum Abschluß unter dem Namen VORDR963.WK3».

9.6.4 Plausibilitätsprüfung des Datums mit einer Tabelle

Eingaben prüfen
Im Abschnitt 6.4.1 konnten Sie eine einfache Form der Plausibilitätsprüfung kennenlernen, bei der z. B. bei den Tagen eines Monats nur geprüft wurde, ob sie im Bereich 1 bis 31 lagen. Diese Prüfung weist den 30. Februar nicht als falsch zurück. Wenn Sie einen eingegebenen Tag abhängig vom Monat überprüfen wollen, können Sie die Länge der Monate in eine Tabelle schreiben und dann bei jedem Monat zur Überprüfung die Länge aus der Tabelle entnehmen.

Datenreise
Tragen Sie in ein neues Dateifenster die Inhalte der folgenden Tabelle ein und vergeben Sie die in Tabelle 9.4 aufgeführten Namen für den jeweiligen Tabellenbereich.

PC Shop
Hannoversche Straße 3
D 3070 Nienburg

PC Shop Hannoversche Str. Nienburg

@INDEX(ANREDE;0;ANREDESCHLÜSSEL)
+VORNAME&" "&NACHNAME
+STRASSE_NR.

+PLZ&" "&ORT

Ihre Zeichen   Ihre Nachricht   Unser Zeichen   Telefon   Nienburg
+FEST_IHRE_ZEIC&FEST_IHRE_NACHR&FEST_UNSER_ZEIC&FEST_TELEFON&FEST_DATUM

@INDEX(GRUBFORMEL;0;ANREDESCHLÜSSEL)&" "&NACHNAME&","

Kontoverbindung
Bank
BLZ

Bild 9.27 Ausdruck mit Formeln

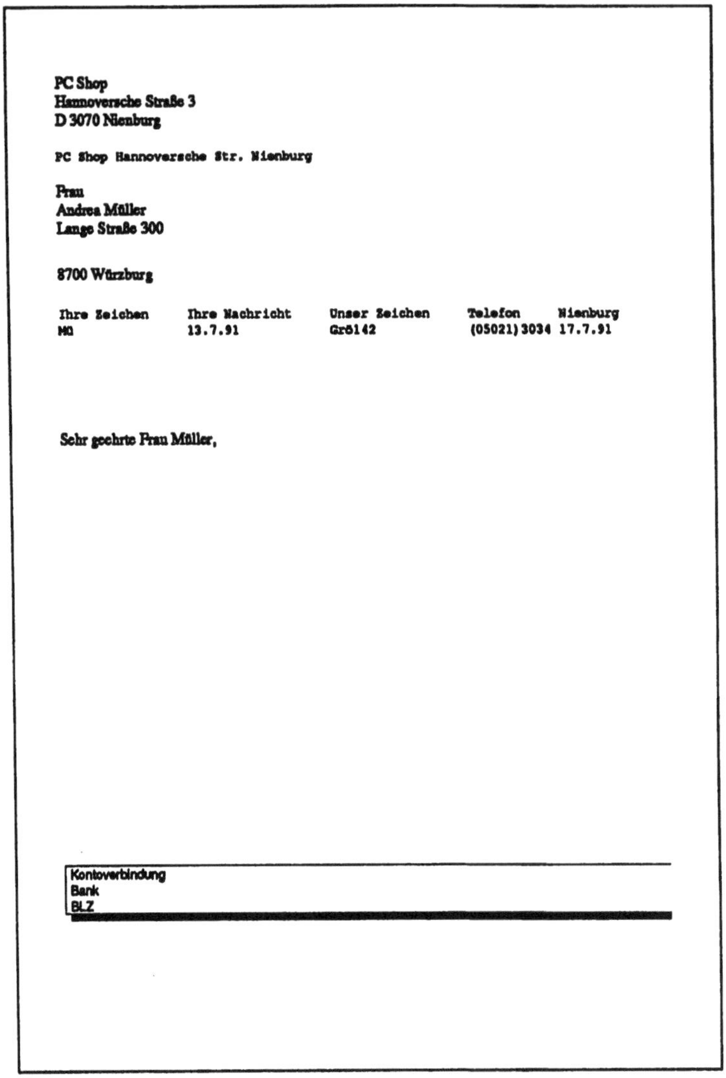

PC Shop
Hannoversche Straße 3
D 3070 Nienburg

PC Shop Hannoversche Str. Nienburg

Frau
Andrea Müller
Lange Straße 300

8700 Würzburg

Ihre Zeichen	Ihre Nachricht	Unser Zeichen	Telefon	Nienburg
MÜ	13.7.91	Grö142	(05021) 3034	17.7.91

Sehr geehrte Frau Müller,

Kontoverbindung
Bank
BLZ

Bild 9.28 Ausdruck mit Daten

Adresse	Inhalt	Name
A1	Plausibilitätsprüfung der Eingabe	
A2	Datumseingabe	
D2	Datumsprüfung	
C3	Wert	
A4	:TT	
A5	:MM	
A6	:JJ	
C4	1991	Jahr
C5	2	Monat
C6	31	Tag
E4	Jahr	
E5	Monat	
E6	Tag	
B8..B19	31,29..	
B7..B19	Anzahltage	

Plausibilitätsprüfung

Tabelle 9.4 Festlegungen der Plausibilitätsprüfung

Legen Sie die Breite der Spalten fest, wie es in Tabelle 9.5 beschrieben ist.

Spalte	Breite
A	Standard
B	0 (Verbergen)
C	6
D	25
E	6
F	Standard

Tabelle 9.5 Spaltenbreiten der Tabelle

Tragen Sie jetzt in die Zeilen 4 und 5 die Ihnen aus dem Abschnitt 7.4.1 bekannten Verarbeitungsvorschriften für «Jahr» und «Monat» ein.

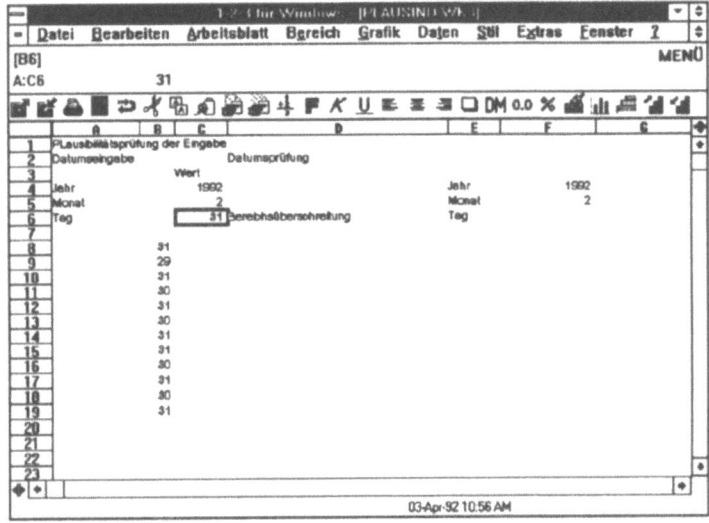

Bild 9.29 Plausibilitätsprüfung

In die Zelle C6 tragen Sie die Formel

@WENN(Tag<1 ODER Tag>@INDEX(Anzahltage;Monat);"Bereichsüberschreitung";" ")

ein.

In die Zelle E6 tragen Sie die Formel

@WENN(Tag<1 ODER Tag>@INDEX(Anzahltage;Monat);" ";Tag)

ein.

Die erste Formel arbeitet wie folgt: Sie haben in der Liste in Spalte B eingetragen, wieviel Tage die Monate Januar bis Dezember haben. Mit Hilfe der Formel vergleicht 1-2-3/W nun die Eingabe des Tages mit den möglichen Tagen des jeweiligen Monats. Die Anzahl der Tage des Monats erhält 1-2-3/W durch den Verweis auf das entsprechende Feld in der Liste. Dieser Verweis erfolgt mit Hilfe der INDEX Funktion und dem vorher in die Zelle C5 eingetragenen Monat. Die zweite Formel arbeitet nach demgleichen Muster.

Sie sehen jetzt, warum in der Tabelle die Reihenfolge Jahr, Monat, Tag gewählt wurde: damit bei der Prüfung für den Tag der Monat bereits bekannt ist.

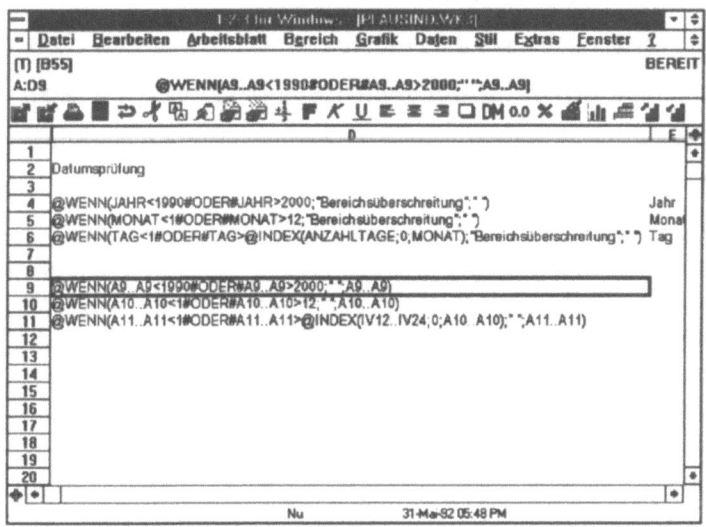

Bild 9.30 Plausibilitätsprüfung mit Formeln

Vergleichen Sie jetzt Ihren Bildschirminhalt mit Bild 9.29. Die Spalte B ist hier zum Vergleich mit ihren Eingaben nicht verborgen.

Schaltjahre Wenn Sie den 29. Februar nur in Schaltjahren zulassen wollen, ersetzen Sie einfach im Feld B9 die Zahl 29 durch die Formel

@WENN(MOD(Jahr;4)=0;29;28)

Diese Formel teilt das Jahr durch 4. Da bei Schaltjahren dieser Rest 0 ist, soll dann der Februar 29 Tage haben, sonst 28.

Vergleichen Sie Ihre Formeln anschließend mit Bild 9.30. Dort haben wir die Formeln untereinander kopiert und als Text formatiert, damit Sie sie gut sehen können.

9.7 Abruf über ganzzahlige Schlüssel

9.7.1 Überblick und Wirkungsweise

Was sind ganzzahlige Schlüssel? Aus Tabellen, die nach einem ganzzahligen Schlüsselfeld sortiert sind, können Sie Felder über diesen Schlüssel und eine Bereichsangabe abrufen.

Sie verwenden dazu die Funktion

@VVERWEIS(Arbeitsblatt;Spaltenbereich;Versatz)

Diese Funktion beginnt wirklich mit zwei «V», es handelt sich hier nicht um einen Schreibfehler.

Diese Funktion liefert den Inhalt des Feldes, das in der durch das Argument angegebenen Zeile des Spaltenbereiches und in der durch den Versatz relativ zur Argumentspalte angegebenen Spalte steht. Der Schlüssel ist hier also die Argumentspalte, die erste Spalte des angegebenen Spaltenbereiches. Wird ein nicht vorhandener Suchbegriff abgerufen, so wählt 1-2-3/W den nächst kleineren vorhandenen Schlüssel aus.

Zur Verdeutlichung der Verwendung der Funktion dient Graphik 6.

	A	B	C	D	E	F	G
1		100					
2		200					
3		300					
4		400					
5							
6		800					
7		820					
8		830					
	Versatz	0	1	2	3	4	5
		Tabellenbereich			ganzzahliges Schlüsselfeld		

Graphik 6 Arbeitsweise der VVERWEIS-Funktion

Die Spaltenbereichsangabe muß einen Namen oder Zeilen- und Spaltenangaben enthalten. Die Zeilen- oder Spaltenangaben müssen

- Zeilen umfassen, in denen der Suchbegriff angewandt werden soll und
- von der Spalte, in der der Schlüssel steht, bis zu der letzten Spalte reichen, in der ein abzurufendes Feld steht.

9.7.2 Abruf eines Geburtsjahres über die Kundennummer

Damit Sie nicht so viele neue Formulare einrichten müssen, verwenden wir in dieser Vorbemerkung zur Erklärung der Wirkungsweise zunächst die Ihnen bereits bekannte Kundendatei «KUNDEN.WK3» (Abschnitt 9.3). *Das Geburtsjahr abrufen*

Anschließend können Sie nachvollziehen, wie Sie in Briefen Kundendaten aus Ihrer Kundendatei abrufen können. Hierzu verwenden Sie wieder die Kundendatei aus dem Abschnitt 9.3 und den Brief mit variablen Daten aus dem Abschnitt 8.3. Wir wollen hier über die Kundennummer das Geburtsjahr abrufen.

Zur Vorbereitung laden Sie die Kundenstammdatei mit Geburtstagen (KUNDEN), sortieren die Datei mit dem Befehl **Sortieren** aus dem Menü Daten nach Kundennummern und *Vorarbeiten* fügen mit dem Befehl **Einfügen...** aus dem **Bearbeiten**-Menü vor der Zeile 2 drei Leerzeilen ein.

In der Zeile 3 soll jetzt nach Eingabe einer Kundennummer das Geburtsjahr des Kunden ausgegeben werden.

Tragen Sie daher in die Zelle A3 die Eingabeaufforderung «KdNr:» und in die Zelle C3 den Text «Geburtsjahr» ein. Jetzt müßte Ihr Bildschirm aussehen wie in Bild 9.31 dargestellt.

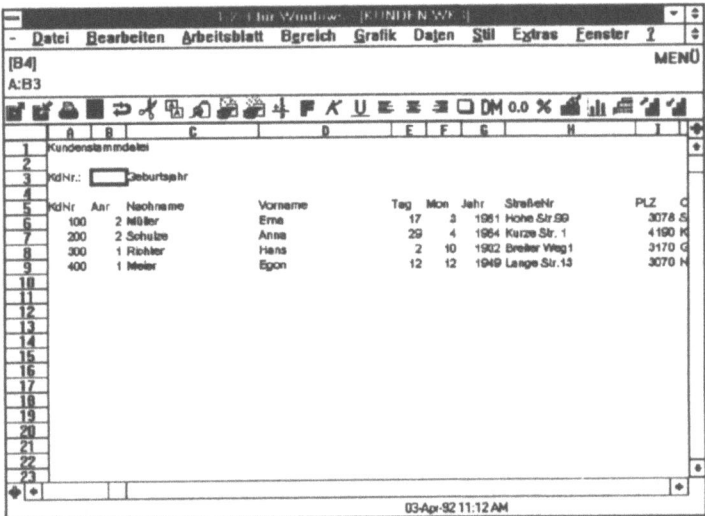

Bild 9.31 Vorarbeiten für den automatischen Abruf

Vergeben Sie jetzt für die Zelle B3 zur Festlegung des Suchbegriffs den Namen «Kundennummer» und für den Tabellenbereich A6..G9 zur Festlegung des Tabellenbereichs, in dem gesucht werden soll, den Namen «Geburtsjahr».

Tragen Sie in die Zelle D3 die Suchfunktion

@VVERWEIS(Kundennummer;Geburtsjahr;6)

ein. Solange Sie in die Zelle B3 keinen Suchbegriff (hier eine Kundennummer) eintragen, wird 1-2-3/W die Fehlermeldung **Fehler** ausgeben (Bild 9.32).

9.7 Abruf über ganzzahlige Schlüssel

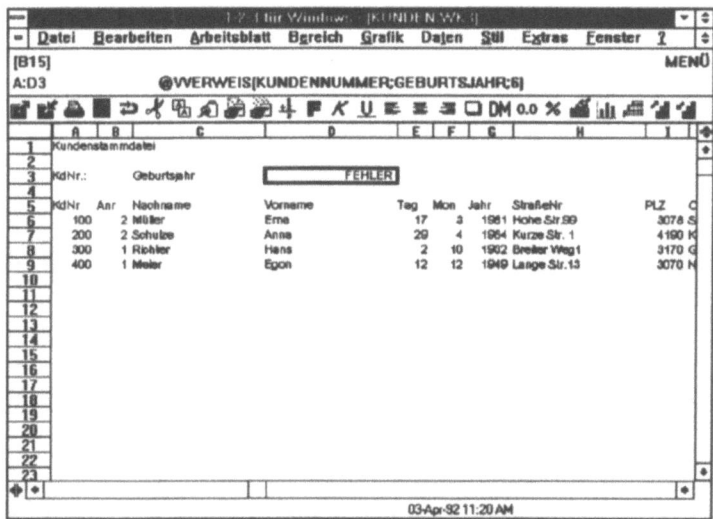

Bild 9.32 Fehlermeldung bei fehlender Kundennummer

Sobald Sie aber eine Kundennummer, z. B. 300, in die Zelle B3 eintragen, wird 1-2-3/W wie in Bild 9.33 das Ergebnis - hier 1932 - in der Zelle D3 ausgeben. Dieses Ergebnis zeigt 1-2-3/W auch bei jeder Zahl, die kleiner als die nächste Kundennummer (400) ist.

Speichern Sie zum Abschluß das Arbeitsblatt unter dem Namen «KUNDVERW.WK3».

9.7.3 Serienbriefe mit variablen Daten aus einer Kundendatei

Vorbemerkung und Vorarbeiten

In diesem Abschnitt erfahren Sie, wie Sie Serienbriefe mit variablen Adressen aus Ihrer Kundendatei mischen können. Dies ermöglicht es Ihnen, Serienbriefe an Ihre Kunden oder Freunde zu schreiben, ohne ständig die verschiedenen Adressen oder Namen eintragen zu müssen.

Die Vorteile von Serienbriefen

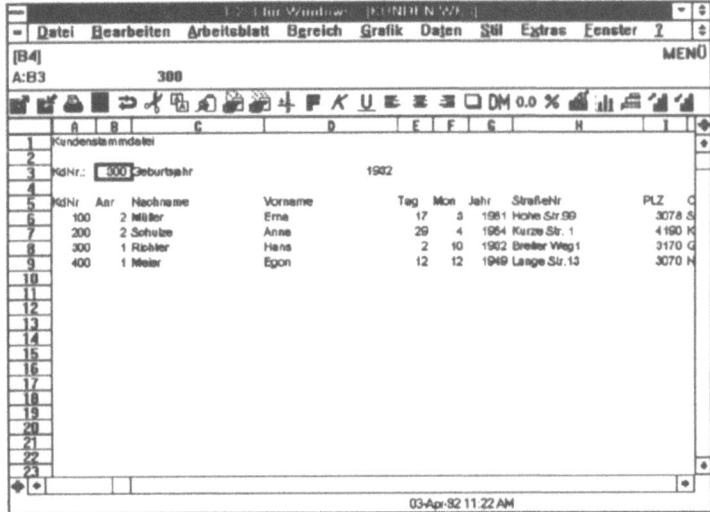

Bild 9.33 Abruf eines Geburtsjahres über die Kundennummer

Sie geben dann nur noch die Kundennummer des Kunden an, dem Sie schreiben wollen, und anschließend trägt 1-2-3/W die Adreßdaten automatisch in den Brief ein. Sie müssen von der Datei, in der Sie den Brief schreiben, auf die Daten der Kundentabelle zurückgreifen können.

Das können Sie auf zwei verschiedene Arten erreichen:

1. Sie verwenden die 3D Tabellenkalkulation, indem Sie zur Ihrer Datei mit dem Vordruck ein weiteres Arbeitsblatt öffnen, in das Sie dann Ihre Kundentabelle kopieren.

Wollen Sie Änderungen in der eigentlichen Kundentabelle in dieser kopierten Tabelle berücksichtigt haben, so müssen Sie Quell- und Zieltabelle verbinden. Da wir jedoch in unserer zweiten Version einen dynamischen Bezug auf die Ursprungstabelle zeigen, belassen wir es hier beim einfachen Kopieren, also einem statischen Datenaustausch.

2. Sie können auch auf die Daten der Kundentabelle zurückgreifen, ohne diese Tabelle auf dem Tabellenblatt des Briefvordruckes geladen zu haben. Sie verwenden dann in den Formeln der Briefvordrucktabelle externe Bezüge. Dies ist Inhalt des nächsten Abschnittes.

Wir wollen nun die Kundendatei in ein neues Arbeitsblatt des schon bekannten Briefvordrucks laden, um so auf die Kundendaten zugreifen zu können. Datenreise

Laden Sie nun zur Vorbereitung die Arbeitsblätter «KUNDEN.WK3» und «VORDR963.WK3» und schließen Sie alle anderen noch geöffneten Tabellen. Kopieren Sie zuerst die Kundendatei in ein neues Arbeitsblatt der Tabelle mit dem Briefvordruck («VORDR963.WK3»).

Hierzu müssen Sie ein neues Arbeitsblatt einrichten. Sie wählen dazu aus dem Menü Arbeitsblatt den Befehl Einfügen. In dem erscheinenden Dialogfeld geben Sie wie in Bild 9.34 zu sehen ein, daß Sie ein neues Arbeitsblatt hinter dem bestehenden einfügen wollen.

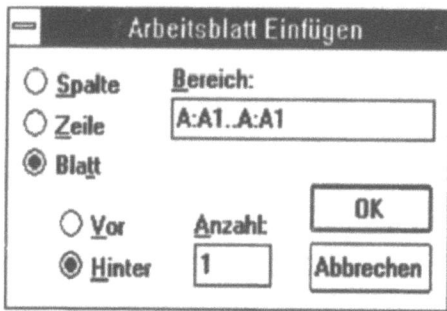

Bild 9.34 Neues Arbeitsblatt einfügen

Den eigentlichen Kopiervorgang können Sie besser verfolgen, wenn Sie sich die Quelltabelle (hier «KUNDEN.WK3») sowie die Zieldatei (hier «VORDR963.WK3», Arbeitsblatt 2) nebeneinander auf dem Bildschirm anzeigen zu lassen. Dies können Sie im Menü Fenster einstellen.

Haben Sie wie oben beschrieben alle anderen Tabellen geschlossen, so sehen Sie am unteren Ende des Menüs Fenster die Dateien KUNDEN und VORDR963 aufgeführt. Geben Sie nun aus diesem Menü den Befehl nebeneinander, um die Fenster der Dateien nebeneinander anzuordnen. Sie sehen dann einen Bildschirm wie in Bild 9.35.

Kopieren Sie nun den Inhalt der Kundentabelle in das zweite Arbeitsblatt des Vordrucks. Dazu gehen Sie wie folgt vor:

Vorgehensweise:

Kopieren der Kundendatei

1. Markieren Sie in der Tabelle KUNDEN den zu kopierenden Bereich (A1..J6).

2. Wählen Sie aus dem Menü **Bearbeiten** den Befehl **Kopieren** oder die schaltfläche zum Kopieren.

3. Schalten Sie nun zur Tabelle «VORDR963.WK3» um. Lassen Sie sich in dieser Tabelle das zweite Arbeitsblatt anzeigen.

4. Zeigen Sie mit dem Feldzeiger auf die Zelle A1 und geben Sie den Befehl **Einfügen** aus dem Menü **Bearbeiten** oder wählen Sie die Schaltfläche zum Einfügen.

Sie können sich nun das Arbeitsblatt VORDR963 wieder auf Vollbild vergrößern. Schalten Sie in dieser Tabelle auf das erste Arbeitsblatt um. Löschen Sie hier den alten Eingabebereich (C3..D8).

Tragen Sie in die Zelle C8 der Tabelle VORDR963 die Eingabeaufforderung «Kundennummer» ein. Die jetzt nicht mehr passenden Feldnamen können Sie noch später korrigieren.

Korrekturen nach dem Kopieren

Wenn Sie die Dateiinhalte wie in der Originaldatei lesen wollen, wählen Sie für die Spalten A bis J die Breiten 5, 4, 15, 15, 15, 4, 4, 5, 5, 15. Für die weiteren Arbeitsvorgänge sind die Spaltenbreiten jedoch ohne Bedeutung.

Achten Sie aber darauf, daß Ihre Kundenstammdatei aufsteigend nach Kundennummern sortiert ist. Falls nicht, sollten Sie dies im Arbeitsblatt B: der Vordruckdatei mit Hilfe des Befehls Sortieren aus dem Daten Menü nachholen.

9.7 Abruf über ganzzahlige Schlüssel

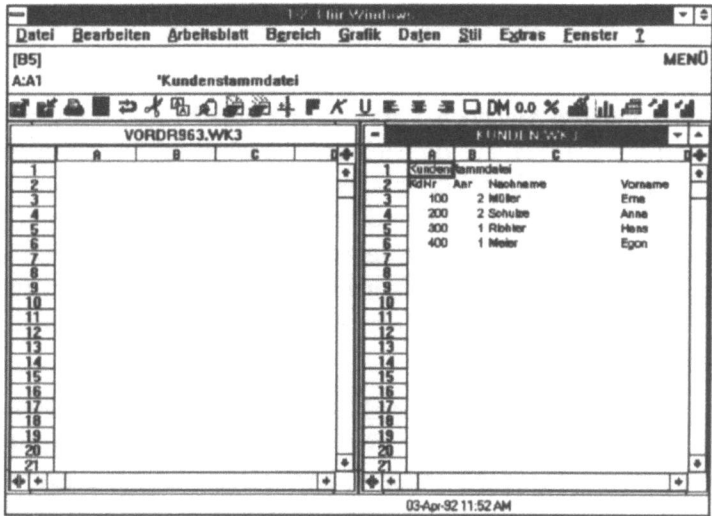

Bild 9.35 Kunden- und Vordruckdatei auf dem Bildschirm

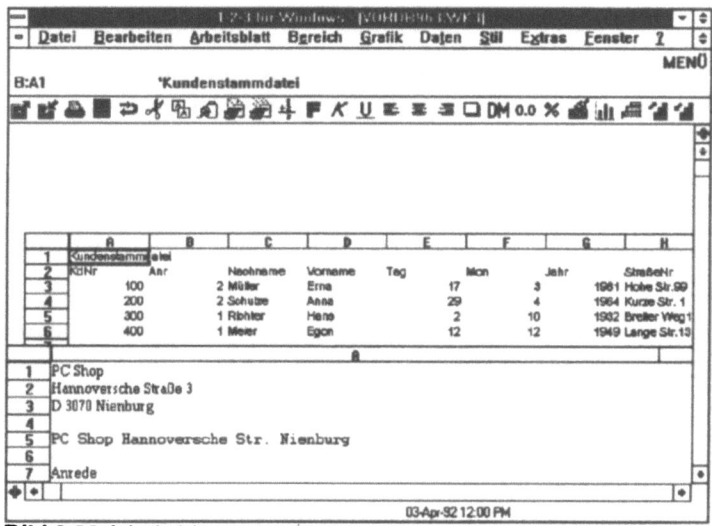

Bild 9.36 Arbeitsblätter der Datei VORDR963

Abruf eines Datensatzes

Die Funktion VVERWEIS soll nun nach Angabe der Kundennummer, also eines Schlüssels, aus der Kundendatei die pas-

Die Funktion
@VVERWEIS()

senden Kundendaten heraussuchen und in den Vordruck eintragen.

Jetzt müssen Sie noch Verarbeitungsvorschriften eintragen und die Namen, auf die sich die Verarbeitungsvorschriften beziehen, vergeben. Vereinbaren Sie die Namen Kundennummer für den Bereich A:D8 und Anredeschlüssel für den Bereich B:A3..B:J6. Beim Eintragen der Namen können Sie Bereichsangaben der bereits im Briefvordruck vorhandenen Namen ändern oder die alten Namen löschen und neue mit neuer Bereichsangabe eingeben.

Für den Zugriff auf die verschiedenen Spalten des Spaltenbereiches über die Funktion @VVERWEIS müssen Sie jeweils den entsprechenden Versatz als Zählwert in die Formel eintragen.

Nur eine Verarbeitungsvorschrift ist nicht zusammengesetzt: Tragen Sie in die Zelle A9 ein:

@VVERWEIS(Kundennummer;Anredeschlüssel;7).

Wenn Sie in der Zelle D8 noch keine Kundennummer eingetragen haben, muß 1-2-3/W jetzt den Fehler **Fehler** melden (Bild 9.37) geben Sie jetzt zum Ausprobieren die Kundennummer 200 ein. Wenn Sie die gleichen Daten - wie hier beschrieben - verwenden, werden Sie daraufhin im Feld A9 den Inhalt «Kurze Str.1» sehen, den 1-2-3/W sofort aus der Kundendatei entnommen hat.

Die Formeln... Tragen Sie jetzt die zusammengesetzten Verarbeitungsvorschriften für den Namen A8 und den Ort A11 ein:

=@VVERWEIS(Kundenummer;Anredeschlüssel;3)&" "& @VVERWEIS(Kundennummer;Anredeschlüssel;2)
=@VVERWEIS(Kundennummer;Anredeschlüssel;8)&" "& @VVERWEIS(Kundennummer;Anredeschlüssel;9)

Fehlermeldung bei fehlender Kundenummer

Verfolgen Sie, wie schnell 1-2-3/W die Dateiinhalte in die angesprochenen Felder überträgt. Lediglich in dem Feld zur Angabe des Ortes mit der Postleitzahl wird noch die Fehlermeldung FEHLER erscheinen. Dies liegt daran, daß Die Postleitzahl in der Kundentabelle und somit auch in der kopierten Tabelle auf dem zweiten Arbeitsblatt eine Zahl ist und die Textverarbeitungsfunktion & nur auf Texte angewandt werden kann.

Schalten Sie also nun noch einmal zum Arbeitsblatt B: des Vordrucks und geben Sie hier die Postleitzahlen als Text ein. Sie erreichen dies entweder durch Eingabe eines Leerzeichens vor jeder Postleitzahl oder indem Sie das Justierungszeichen Apostroph vor jede Eingabe setzen.

Sie können dies auch erreichen, indem Sie die Funktion @FOLGE(x;n) verwenden. Diese Funktion verwandelt den Wert x in eine Zeichenfolge mit n Nachkommastellen.

Die Funktion FOLGE()

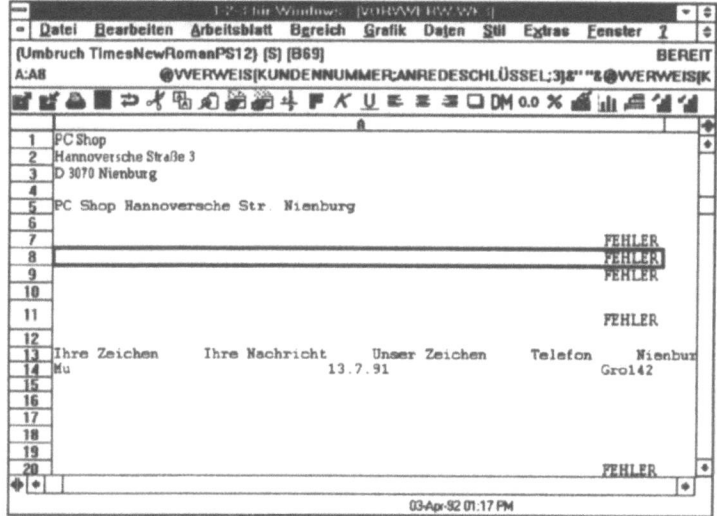

Bild 9.37 Fehlermeldung bei fehlender Kundennummer

In die Zelle A7 soll jetzt noch die Anrede eingetragen werden. In der Kundendatei sind die Anredeschlüssel gespeichert und in dem Tabellenbereich A:E1..A:E3 die Anredetexte.

Vergeben Sie für den Tabellenbereich A:E1..A:E3 den Namen «Anredetext». Wenden Sie jetzt im Feld A7 die Funktion @INDEX (Abschnitt 9.6) zusammen mit der Funktion @VVERWEIS an:

=@INDEX(Anredetext;0;@VVERWEIS(Kundennummer;Anredeschlüssel;1))

Diese Verarbeitungsvorschrift sucht zunächst mit der Funktion @VVERWEIS(Kundennummer;Anredeschlüssel;1) den Anredeschlüssel, der zu der Kundennummer gehört und greift dann über den Anredeschlüssel mit der Funktion @INDEX auf den zugehörigen Anredetext zu.

Vergeben Sie so für den Tabellenbereich A:D1..A:D3 den Namen «Grußtext», und tragen Sie in die Zelle A20 die folgende Verarbeitungsvorschrift ein:

=@VVERWEIS(Kundennummer;Anredeschlüssel;1))&" "&@VVERWEIS(Kundennummer;Anredeschlüssel;2)&","

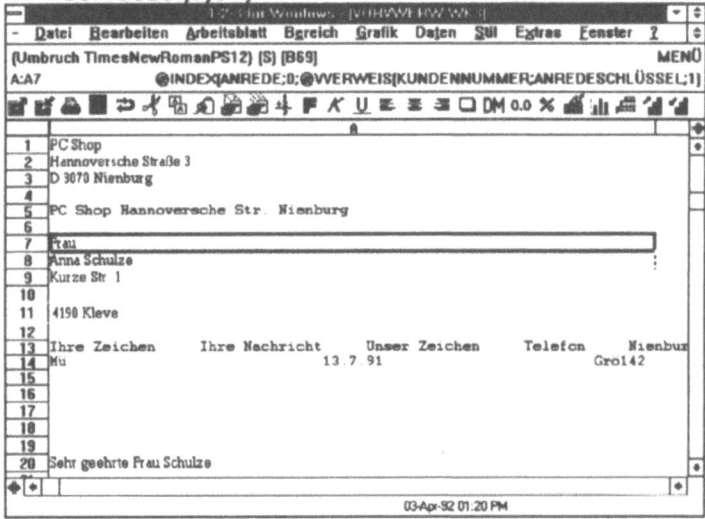

Bild 9.38 Automatisches Abrufen der Kundendaten

Geben Sie nun zum Testen die Kundennummer 200 ein und vergleichen Sie Ihren Bildschirminhalt im Bereich A:A1..A:A20 mit Bild 9.38. Bild 9.39 zeigt einen Ausdruck des Vordrucks.

```
PC Shop
Hannoversche Straße 3
D 3070 Nienburg

PC Shop Hannoversche Str. Nienburg

Frau
Andrea Müller
Lange Straße 300

8700 Würzburg

Ihre Zeichen      Ihre Nachricht     Unser Zeichen     Telefon       Nienburg
MO                13.7.91            Grö142            (05021)3034   17.7.91



Sehr geehrte Frau Müller,
```

Kontoverbindung
Bank
BLZ

Bild 9.39 Ausdrck des Briefvordrucks

9.8 Arbeiten mit externen Bezügen: Lieferscheinschreibung

9.8.1 Allgemeines

Wofür sind externe Bezüge gut?

Wenn Sie bestimmte Daten für mehrere Aufgaben verwenden, ist es sinnvoll, sie nur einmal zu verwalten und zu pflegen und sie bei allen Anwendungen in ihrer jeweils aktuellen Form zu verwenden.

Adreßdateien werden Sie vielleicht für den allgemeinen Schriftverkehr, für Angebote, Auftragsbestätigungen, Lieferscheine, Rechnungen, Mahnungen usw. benötigen Artikeldateien für Angebote, Auftragsbestätigungen, Lieferscheine, Rechnungen, Bestandslisten, Preislisten usw. Adreßdateien, Artikeldateien usw. können Sie mit 1-2-3/W einmal anlegen (Abschnitt 9.1) und pflegen (Abschnitt 9.2 bis 9.4) und in allen anderen Arbeitsblättern mit den externen Bezügen abrufen.

Wir wollen Ihnen nun ein vereinfachtes Modell einer Lieferscheinschreibung mit Hilfe externer Bezüge zeigen. Sie müssen in diesem Modell nur noch in eine Eingabemaske die Kundennummer und einige Angaben zu der Bestellung eintragen (Artikelnummer, Lieferscheinnummer, ...). Alle übrigen Daten (Nachname, Anschrift des Kunden, Artikeleinheit, Artikelbezeichnung, ...) soll 1-2-3/W automatisch mit Hilfe externer Bezüge aus der Kunden- und der Artikeldatei in das Lieferscheinformular einfügen.

9.8.2 Vorbereitende Arbeiten

Datenreise

Um in einem Lieferschein-Dateifenster Artikel- und Kundendaten aus anderen Arbeitsblättern verwenden zu können, müssen diese zunächst angelegt und mit Beispieldaten gefüllt werden.

Dazu verwenden Sie das Modell einer tabellarischen Kundenstammdatei aus dem Abschnitt 9.3. Zusätzlich benötigen Sie eine Artikelstammdatei.

9.8 Arbeiten mit externen Bezügen: Lieferscheinschreibung

Erstellen Sie wie in Bild 9.40 ein Modell einer Artikeldatei als 1-2-3/W-Tabelle mit den Spalten Art.Nr., Bezeichnung, Einheit und Preis und den Spaltenbreiten 10, 32, 10, 16 Zeichen für die Spalten A bis D und dem Formatcode **Währung** für die Werte der Spalte D.

Erstellen einer Artikeldatei

Vergeben Sie für den Tabellenbereich A1..C60 den Namen «Artikelstammdatei», da für die Lieferscheinschreibung im nächsten Abschnitt zunächst nur dieser Tabellenbereich benötigt wird. Speichern Sie das Arbeitsblatt unter dem Namen «ARTIKEL.WK3».

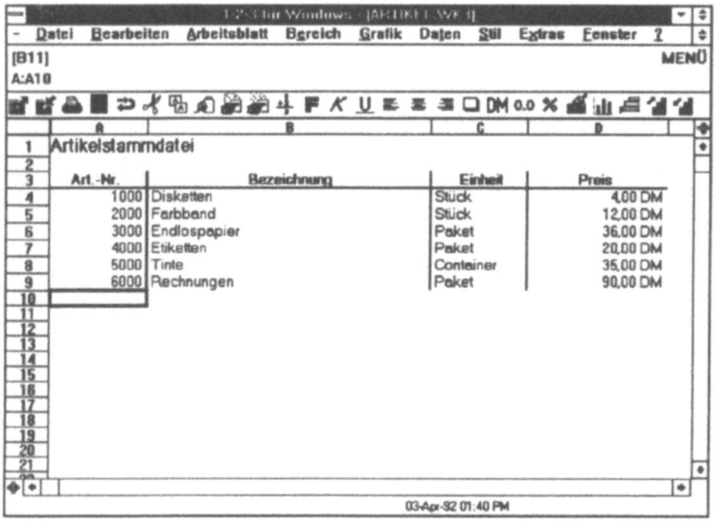

Bild 9.40 Artikelstammdatei

Zum Abschluß der Vorbereitungen sollten Sie noch ein Lieferscheinformular einrichten. Legen Sie die Spaltenbreiten wie in Tabelle 9.7 dargestellt fest:

Wählen Sie als Schriftart für das gesamte Lieferscheinformular Times Schriftgrad 12. Lediglich die Kurzangabe Ihrer Adresse in Zeile 16 formatieren Sie in Courier, Schriftgrad 10. Wir verwenden hier für die zu verbindenden Texte wieder keine Proportionalschrift, da andernfalls ein stellengerechtes Verbinden der Texte nur mit viel Probieren möglich ist.

Spalte	Breite
A	10
B	32
C	12
D	10

Tabelle 9.6 Spaltenbreiten des Lieferscheins

Tragen Sie in das Modellformular die in Tabelle 9.8 dargestellten Texte ein.

Vergeben Sie in diesem Vordruck die folgenden Namen:

- E1:E3: Anredetext
- für die Zellen der Spalte C der Eingabemaske die jeweilige Zeilenüberschrift, das heißt den Text der Spalte B der jeweiligen Zeile

Sie müssen nun als Vorbereitung der externen Bezüge noch in den Ursprungsdateien Namen vergeben:

Vorbereiten der Kundentabelle

Öffnen Sie die Datei KUNDEN und vergeben Sie für den Bereich A3..J6 den Namen «Anredeschlüssel».

Vorbereiten der Artikeldatei

Öffnen Sie die Datei ARTIKEL und vergeben Sie hier für den Bereich A4..D9 den Namen «Artikel».

Über die Kundennummer soll 1-2-3/W später auf die Kundenstammdatei zugreifen und über die Artikelnummer auf die Artikelstammdatei.

Die Eingabemaske in den ersten Zeilen der Tabelle soll nicht auf dem Ausdruck des Briefes erscheinen, sondern dem Benutzer nur eine bequeme Eingabe ermöglichen. Legen Sie daher vor der ersten Zelle des eigentlichen Lieferscheinformulars (also vor Zeile 12) mit dem Befehl **Seitenumbruch** aus dem Menü **Arbeitsblatt** einen Seitenumbruch fest.

9.8 Arbeiten mit externen Bezügen: Lieferscheinschreibung

Feld	Text
A1	Eingabemaske
B2	Kundennummer
E2	Herr
B3	Bestelldatum/Nummer
E3	Frau
B4	Lieferscheinnummer
B5	Artikelnummer
B6	Liefermenge
A12	PC Shop
A13	Hannoversche Straße 3
A14	D 3070 Nienburg
A16	PC Shop Hannoversche Str. Nienburg
A24	Lieferschein
A26	Kd.-Nr.
B26	Bestelldatum/Nummer
C26	Ls.-Nr.
D26	LS.-Datum
A32	Art.-Nr.
B32	Artikelbezeichnung
C32	Liefermenge
D32	Einheit
A48	Den ordnungsgemäßen Empfang der Ware bestätigt:
A50	Datum:-------------- Unterschrift:--------

Tabelle 9.7 Eingabe der Lieferscheinschreibung

9.8.3 Abruf von Stammdaten mit Hilfe externer Bezüge

Formeln mit externen Bezügen

Nun wollen wir die Lieferscheinschreibung fertigstellen, indem wir in die Zellen des Formulars Formeln eintragen.

Externe Bezüge haben die folgende Struktur:

<Bezugstabelle.WK3>Bereichsname oder Adresse

Befindet sich das Arbeitsblatt, zu dem Sie einen Bezug herstellen wollen, in dem gleichen Verzeichnis wie das aktive Arbeitsblatt, so brauchen Sie bei der Eingabe des Dateinamens wie oben keine Pfadbezeichnung einzugeben. Andernfalls muß der Dateiname den vollständigen Pfad enthalten, da 1-2-3/W sonst nicht auf die Datei zurückgreifen kann. Um Fehler zu vermeiden, sollten Sie in jedem Fall den Pfadnamen angeben. Wir haben bei der angabe der Formeln hier auf die Angabe des Pfades verzichtet, damit die Ausdrücke nicht zu lang werden.

Datenreise

In den Zeilen 18, 19, 20 und 22 der Spalte A soll die Adresse des Kunden automatisch von 1-2-3/W anhand der eingegebenen Kundennummer eingetragen werden. Geben Sie dazu folgende Formel ein:

A18:

=@INDEX(Anredetext;0;@VVERWEIS(Kundennummer;<KUNDEN.WK3>Anredeschlüssel;1))

A19:

=@VVERWEIS(Kundennummer;<KUNDEN.WK3>Anredeschlüssel;3)&" "& @VVERWEIS(Kundennummer;<KUNDEN.WK3>Anredeschlüssel;2)

Z20 und 22 sind entsprechend mit den Versatzzählwerten 7 (StraßeNr), 8 (PLZ) und 9 (Ort) zu füllen.

Achten Sie bei der Postleitzahl wie im vorigen Abschnitt darauf, daß Sie in der Kundentabelle als Text eingegeben ist oder verwenden Sie hier die Funktion FOLGE(). Andernfalls werden Sie eine Fehlermeldung erhalten.

9.8 Arbeiten mit externen Bezügen: Lieferscheinschreibung

Geben Sie nun im Lieferscheinformular die folgenden Formeln ein (das Lieferscheindatum soll hier zur Vereinfachung immer gleich dem Erstellungsdatum des Lieferscheines sein):

Bereich	Formel:
A28	+Kundennummer
B28	+Bestelldatum_Nummer
C28	+Lieferscheinnummer
D28	@JETZT()
A34	+Artikelnummer
B34	@VVERWEIS(Artikelnummer;<ARTIKEL.WK3>Artikel;1)
C34	+Liefermenge
D34	@VVERWEIS(Artikelnummer;<ARTIKEL.WK3>Artikel2)

Tabelle 9.8 Formeln des Lieferscheins

Vergeben Sie für die Zelle D28 nun noch ein Datumsformat und speichern Sie das Arbeitsblatt anschließend unter dem Namen LIEFERS1.

Wenn Sie die Fehlermeldungen in den Feldern mit Verweisen stören, so können Sie diese über die Eingabe von @WENN() Funktionen vermeiden, z.B.:

A18:

=@WENN(Kundennummer>0;@INDEX(Anredetext;@VVERWEIS(Kundennummer;<KUNDEN.WK3>Anredeschlüssel;1));" ")

Testen Sie das Lieferscheinformular, indem Sie die Kundennummer 200 und die Artikelnummer 2000 eintragen. Sie erhalten dann einen Bildschirm wie in Bild 9.38.

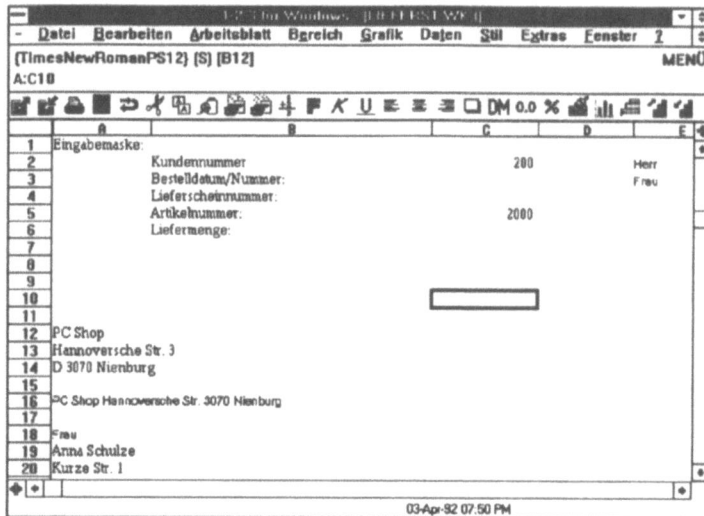

Bild 9.41 Eingabemaske des Liefescheines

9.9 Übungsaufgabe Rechnungsschreibung

Rechnungen schreiben

Bauen Sie diese Lieferscheinschreibung zu einer Rechnungsschreibung aus. Entwerfen Sie dazu ein neues Rechnungsformular. Ziel dieser Rechnungsschreibung soll es sein, daß neben den Verweisen in Abschnitt 9.8 auch auf den Preis zurückgegriffen werden kann und daß der Rechnungsbetrag automatisch aus dem Produkt der bestellten Menge mit dem Einzelpreis gebildet wird. Wenn Sie wollen, können Sie auch die Mehrwertsteuer extra ausweisen.

1 Einleitung

2 Vorarbeiten & Vorkenntnisse

3 Die erste Aufgabe

4 Das Arbeitsblatt gestalten

5 Arbeitsblattinhalte ändern

6 Arbeiten mit Funktionen

7 Grafische Darstellung

8 Textverarbeitung

9 Dateiverwaltung

10 Ziele, Alternativen, Optima

11 Datenaustausch

12 Datalens und dBASE

13 Ablaufprogrammierung

14 Organisation und Planung

Anhang

Abschnittübersicht

10. Ziele, Alternativen, Optima

Überblick
10.1 **Zinsrechnung mit Datumsfunktion**
10.2 **Zielsuche**
10.3 **Alternativen**
10.4 **Optimieren**

10. Ziele, Alternativen, Optima

Überblick

Von einer Tabellenkalkulation erwarten Sie, daß Sie

- Zielwerte suchen,
- Alternativen berechnen und
- Optima ermitteln

können. Selbstverständlich läßt Sie 1-2-3/W hierbei nicht im Stich.

Wir erstellen hier zunächst im   Giederung

- Abschnitt 10.1 als normales 1-2-3/W Arbeitsblatt eine einfache Zinsrechnung.
- Im Abschnitt 10.2 suchen wir darin den Zielwert Zinsbetrag.
- In 10.3 rechnen wir Alternativen durch und im
- Abschnitt 10.4 optimieren wir.

In dem 123/W-Arbeitsblatt können Sie zwischen verschiedenen Darstellungsformen von Datum und Zeit wählen.   Datumsfunktionen

123/W stellt das Datum intern als Datumsseriennummer, einer Ganzzahl, dar; der 1. Januar 1900 ist der Tag Nummer 1 und der 31. Dezember 2099 der Tag Nummer 73050.

Die Tageszeit wird intern als Zeitseriennummer, einer Dezimalzahl zwischen 0 und 1, dargestellt. Die Zahl 0 entspricht Mitternacht, 0,5 entspricht 12.00 Uhr mittags und 0,9993 ist schon fast wieder Mitternacht, nämlich 23 Uhr 59 Minuten (s. auch Kapitel 3.2)

10.1 Zinsrechnung mit Datumsfunktionen

Zinstage berechnen

Bei 123/W können Sie Zahlen- und Datumsverarbeitung miteinander verbinden. Sie können damit für die Zinsrechnung aus Auszahlungsdatum und Rückzahlungsdatum die Laufzeit nach den Regeln der kaufmännischen Zinsrechnung ermitteln.

Datenreise

An dem vereinfachten Beispiel eines Arbeitsblatts zur Zinsrechnung sehen Sie hier die Verwendung von Datumsfunktionen. Sie berechnen in diesem Beispiel den Zinsbetrag, indem Sie lediglich das Auszahlungs- und das Rückzahlungsdatum sowie den Zinssatz und den Kapitalbetrag eingeben. 1-2-3/W berechnet für Sie die Laufzeit und den Zinsbetrag.

Die Beispieltabelle

Erstellen Sie bitte eine 123/W-Tabelle mit den Textüberschriften und Zahleneingaben wie in Bild 10.1. Wir haben hier die Breiten 14 für die Spalten A und B und den Zoom 130 % gewählt. Mit dem Befehl **Format** aus dem Menü **Bereich** haben wir die die Zellen B3 und B13 als Währung, die Zelle B5 als Prozent und die Zellen B7 und B9 als Datum lang International formatiert.

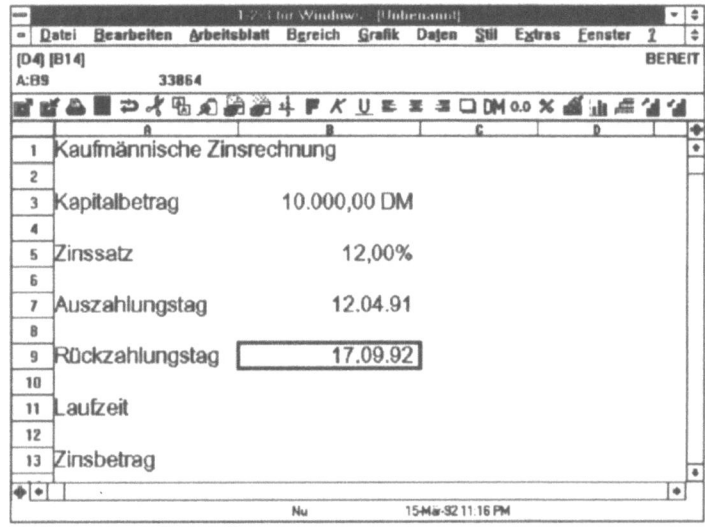

Bild 10.1: Arbeitsblatt mit Überschriften und Testdaten

10.1 Zinsrechnung mit Datumsfunktionen

Geben Sie jetzt wie im Bild 10.1 in die Zelle B3 den Kapitalbetrag «10000», in B5 den Zinssatz «0,12», in Zelle B7 den Auszahlungstag «12.04.91» und in Zelle B9 den Rückzahlungstag «17.09.92» ein.   *Testdaten*

Vergeben Sie die Namen «AUS» und «RÜCK» für die Zellen B7 und B9.   *Namen*

Berechnen Sie nun als erstes die Laufzeit, indem Sie in die Zelle B11 die folgende Verknüpfung der Datumsfunktionen eintragen: *Berechnung der Laufzeit*

```
+@TAG(RÜCK)-@TAG(AUS)
+30*(@MONAT(RÜCK)-@MONAT(AUS))
+360*(@JAHR(RÜCK)-@JAHR(AUS))
```

Bei der kaufmännischen Zinsrechnung können Sie nicht einfach die Tage nach der Regel «+RÜCK-AUS» voneinander abziehen, da in diesem Anwendungsbereich gerundet gerechnet wird. Alle Monate haben hier 30 Tage, auch der Februar!

Vergeben Sie die Namen KAPITAL, ZINSSATZ und LAUFZEIT für die Zellen B3, B5 und B11. Kontrollieren Sie mit der Befehlsfolge **Bereich Name Erstellen** wie im Bild 10.2 die eingetragenen Namen.   *Namen*

Bild 10.2: Kontrolle der Namen mit **Bereich Name erstellen**

Zinsformel eintragen

Anschließend tragen Sie in die Zelle B13 noch die Formel

+KAPITAL*ZINSSATZ*LAUFZEIT/360

ein.

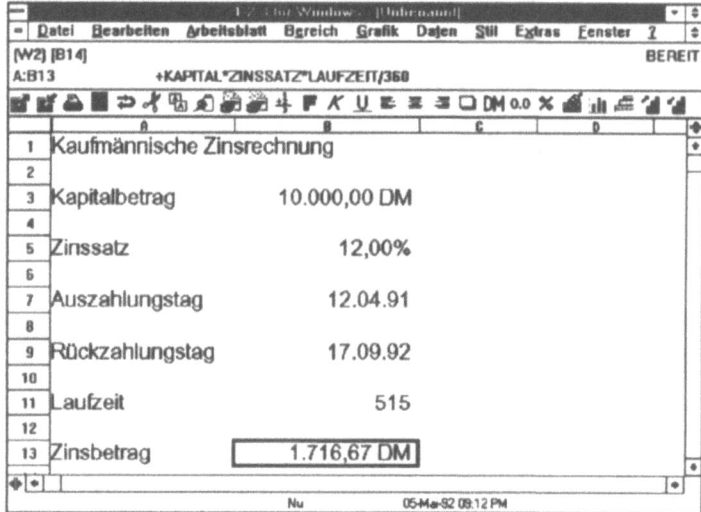

Bild 10.3: Zinsermittlung mit Hilfe der Datumsfunktion

Hurra!

Nun ist das Arbeitsblatt mit einer einfachen Zinsrechnung wie im Bild 10.3 fertig. Erproben Sie es noch mit anderen Testdaten.

Speichern Sie das Arbeitsblatt als «ZINSEN.WK3». Wir werden es in den Abschnitten 10.2 bis 10.4 jeweils in dieser Form wieder benötigen.

10.2 Zielsuche

1-2-3/W bietet Ihnen die Möglichkeit der Zielsuche. Dabei wird der Rechenweg gegenüber der normalen Berechnung umgedreht.

Eingabe- und Ausgabezellen

Die Idee der Zielsuche ist sehr einfach. In einem Arbeitsblatt wollen wir wissen, bei welchem Wert einer Eingabezelle eine Ausgabezelle einen bestimmten Zielwert annimmt. Mit Hilfe

10.2 Zielsuche

der Zielsuche setzt 1-2-3/W für die Eingabezelle solange neue Werte ein, bis der von Ihnen angegebene Wert der Ausgabezelle erreicht ist.

Wir wollen nun die Zielsuche am Beispiel der Zinsrechnung aus Abschnitt 10.1 anwenden, indem wir 1-2-3/W nach dem Zinssatz suchen lassen, der bei vorgegebener Laufzeit einen von uns gewählten Zinsbetrag, hier DM 2000, ergibt. Die Eingabezelle ist in diesem Beispiel das Feld zur Eingabe des Zinssatzes (B5), die Ausgabezelle ist die Zelle, in der der Zinsbetrag ausgegeben wird (B13).

Datenreise

So starten Sie die Zielsuche:

Vorgehensweise

1. Wählen Sie im Menü E**x**tras den Befehl **Zie_lsuche**. Sie sehen nun ein Dialogfeld wie in Bild 10.4.

2. Tragen Sie in dem Dialogfeld Zielsuche
   - als «**Die Zelle**» die Adresse A:B13 ein,
   - als «**Soll folgenden Wert haben:**» die Zahl «2000» und
   - in das Feld «**Durch Ändern der Zelle:**» die Adresse A:B5 (Bild 10.5).

3. Klicken Sie zum Abschluß die Schaltfläche **R**echnen. Die Zielsuche beginnt...

4. Freuen Sie sich über das Ergebnis «13,98%» in der Zelle B5 (Bild 10.6).

Bild 10.4: Dialogfeld zur Zielsuche

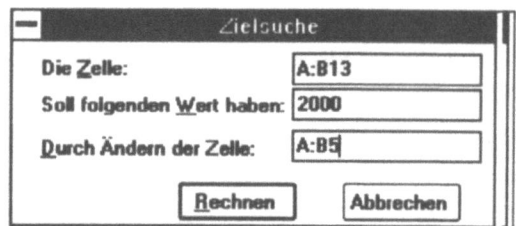

Bild 10.5: Dialogfeld zur Zielsuche mit Testdaten

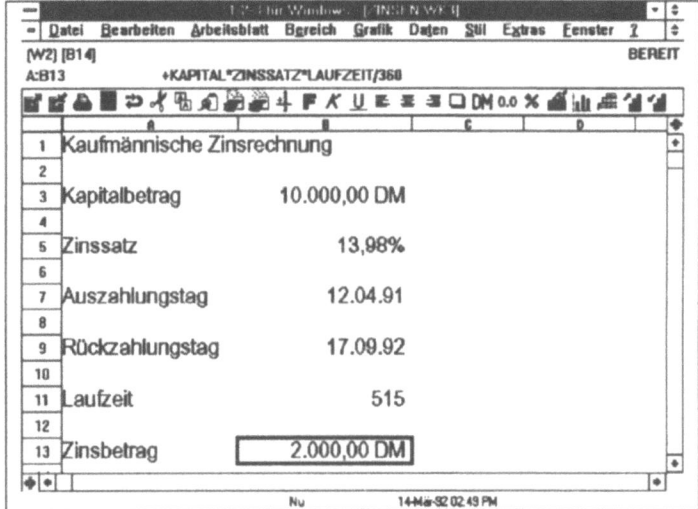

Bild 10.6: Ergebnis der Zielsuche mit Testdaten

10.3 Alternativen

Wenn Sie eine Übersicht über die Ergebnisse bei verschiedenen Eingabewerten haben wollen, können Sie 1-2-3/W Alternativwerte ausrechnen lassen.

Datenreise

Wir wollen in dem Arbeitsblatt «ZINSEN.WK3» aus dem Abschnitt 10.1 die Zinserträge bei verschiedenen Kapitalbeträgen (bei unverändertem Zinssatz und Laufzeit) in einem Arbeitsblatt ausgeben lassen. Dabei soll 1-2-3/W auch die alternativen Kapitalbeträge automatisch eintragen.

Vorgehensweise

1. Tragen Sie Spaltenüberschriften ein und lassen Sie 1-2-3/W mit dem Befehl **Füllen** aus dem Menü **Daten** im Bereich D3 bis D13 alternative Kapitalbeträge in Tausenderschritten von 10000 bis 20000 eintragen (Bild 10.7).

2. Tragen Sie in E2 die Zinsformel «+KAPITAL*ZINSSATZ *LAUFZEIT/360» ein; Sie können diese Formel als Text formatieren, wenn Sie sie im Arbeitsblatt sehen wollen (Bild 10.8).

3. Wählen Sie im Menü **Daten** den Befehl **Was-wäre-wenn-Tabelle** und im Untermenü **1 Variable**....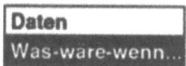

4. Zeigen Sie im Dialogfeld **Daten Was-wäre-wenn-Tabelle 1 Variable** auf das Textfeld **Tabellenbereich** und markieren Sie den Tabellenbereich D2..E13 als Alternativbereich.

5. Zeigen Sie auf das Textfeld **Eingabezelle** und klicken Sie auf die Zelle B3, um sie auszuwählen (Bild 10.9).

6. Bestätigen Sie mit der Schaltfläche OK.

7. Wählen Sie im Menü **Bereich** den Befehl **Format** und wählen Sie für die Ausgabewerte (Zellen D3..D13) das Format Währung (Bild 10.10).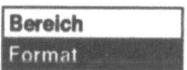

8. Überprüfen Sie das Arbeitsblatt wie im Bild 10.11 und speichern Sie sie wie wir als Datei «ZINSALTE.WK3».

Bild 10.7: Eintragen alternativer Kapitalbeträge mit **Daten Füllen**

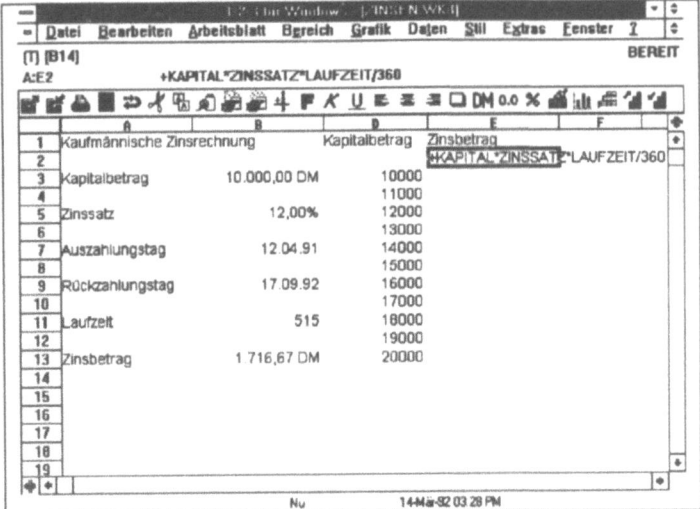

Bild 10.8: Eintragen der Zinsformel (im Bild als Text formatiert)

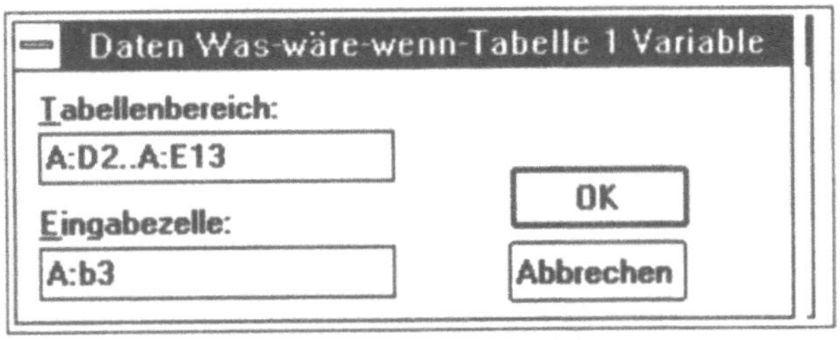

Bild 10.9: Dialogfeld mit Alternativbereich

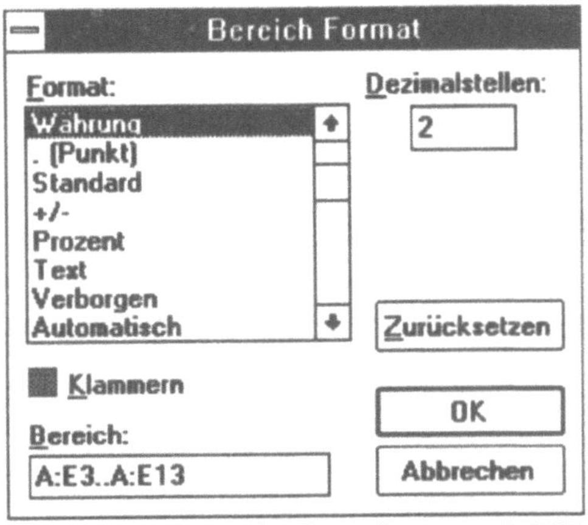

Bild 10.10: Formatieren der Ausgabewerte als Währung

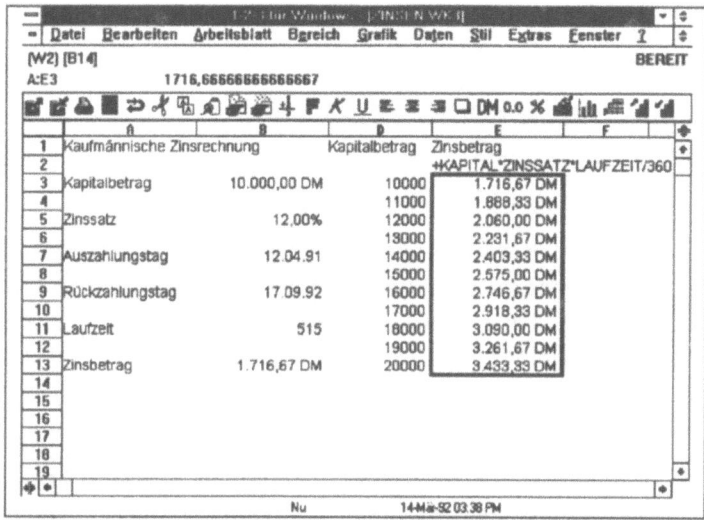

Bild 10.11: Formatierte Alternativ-Tabelle

10.4 Optimieren

Hier wollen für eine Zelle die Werte ermitteln, die unter bestimmten Bedingungen für eine andere Zelle einen möglichst großen (Maximum) oder möglichst kleinen Wert (Minimum) ergeben.

Wir wollen wieder ein sehr einfaches Beispiel wählen: Wir suchen den größten Zinsbetrag bei einem Zinssatz, der kleiner als 15 % ist.

Datenreise

Wir gehen dabei wieder vom Arbeitsblatt «ZINSEN.WK3» aus Kapitel 10.1 aus.

Vorgehensweise

1. Tragen Sie die Bedingung «+Zinssatz < 0,15» in eine beliebige Zelle ein. Wir haben hier die Zelle B15 gewählt (Bild 10.12). Achten Sie hier auf die Bearbeitungszeile!
2. Wählen Sie im Menü **Extras** den Befehl **Optimierung**.

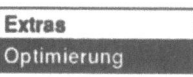

3. Wählen Sie im Dialogfeld Optimierung Aufgabenstellung die folgenden Adressen:

   - **Variable Zellen** «B5» (Zinssatz),
   - **Logikzellen** «B15» und
   - **Optimale Zelle** «B13».

4. Klicken Sie wie im Bild 10.13 die Schaltfläche Rechnen.
5. Begnügen Sie sich mit dem Ergebnis von Bild 10.14, in dem 1-2-3/W den maximalen Zinsbetrag von DM 2145,83 bei einem Zinssatz 15 % ermittelt hat, oder
6. Wählen Sie die Schaltfläche Bericht und
7. Ergebnistabelle (Bild 11.15).
8. Vergleichen Sie die Ergebnistabelle, «ERGEBN005.WK3», die 1-2-3/W soeben für Sie erstellt hat, mit Ihren Eingabewerten (Bild 10.16).

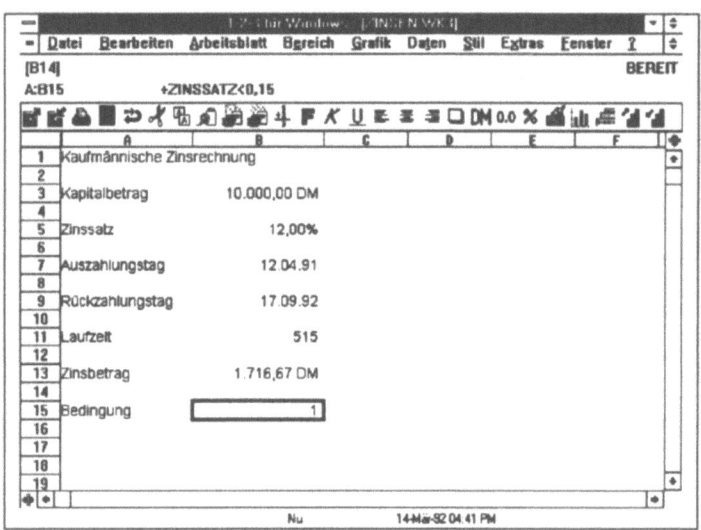

Bild 10.12: Eintragen der Bedingung Zinssatz unter 15 %

10.4 Optimieren

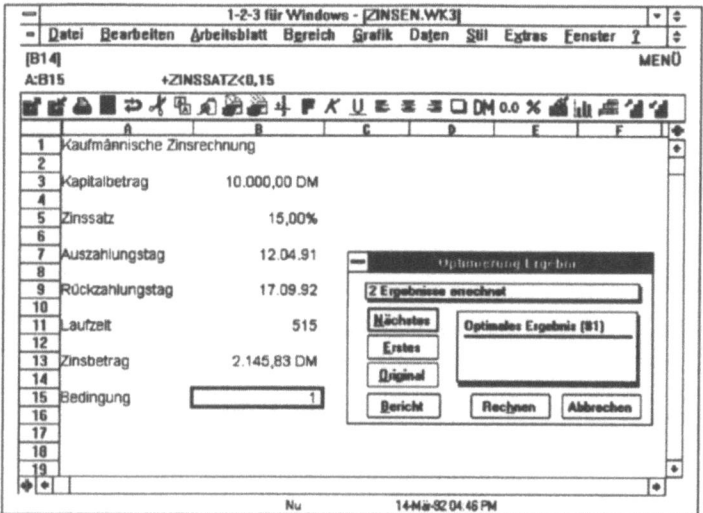

Bild 10.13: Erfassen der Aufgabenstellung zur Optimierung

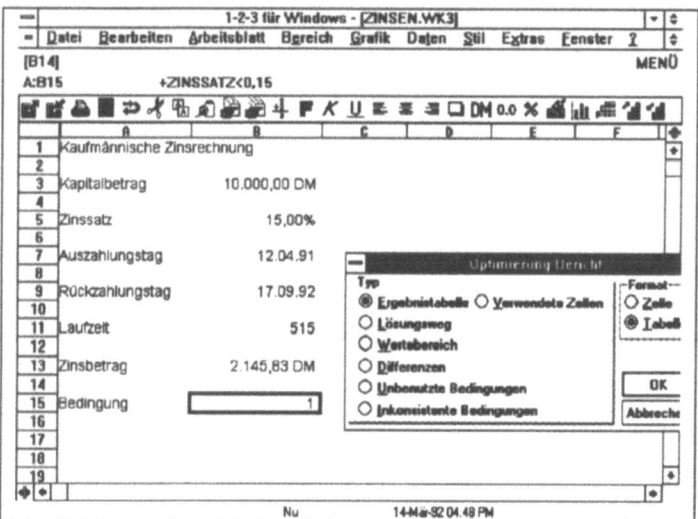

Bild 10.14: Ausgabe des Optimums

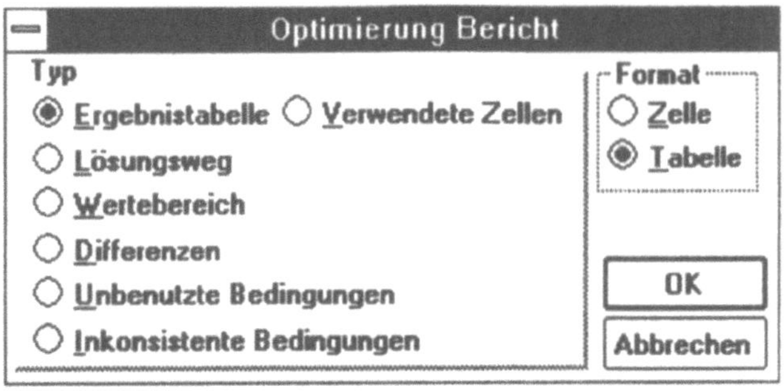

368   10 Ziele, Alternativen, Optima

Bild 10.15: Wahl der Ergebnistabelle

Bild 10.16: Ausgaben der Ergebnistabelle

- 1 Einleitung
- 2 Vorarbeiten & Vorkenntnisse
- 3 Die erste Aufgabe
- 4 Das Arbeitsblatt gestalten
- 5 Arbeitsblattinhalte ändern
- 6 Arbeiten mit Funktionen
- 7 Grafische Darstellung
- 8 Textverarbeitung
- 9 Dateiverwaltung
- 10 Ziele, Alternativen, Optima
- **11 Datenaustausch**
- 12 Datalens und dBASE
- 13 Ablaufprogrammierung
- 14 Organisation und Planung
- Anhang

Abschnittsübersicht

11. Datenaustausch

11.1	Datenaustausch mit Tabellenkalkulationsprogrammen
11.2	Datenaustausch zwischen Datenbanken und 1-2-3/W
11.3	Kopplung von 1-2-3/W-Tabellen mit Textsystemen
11.4	Datenaustausch mit Grafikprogrammen
11.5	Datenaustausch mit PASCAL für WINDOWS

11. Datenaustausch

Überblick

Für einen Anwender, der für seine vielfältigen Aufgaben mehrere Standardsoftwarepakete nutzen kann, ist es wichtig, Daten zwischen diesen austauschen zu können. Man unterscheidet im wesentlichen zwei verschiedene Arten des Datenaustausches: *Welche Möglichkeiten gibt es?*

- Statischer Datenaustausch
- Dynamischer Datenaustausch

Bei einem statischen Datenaustausch verarbeiten Sie zum Beispiel Quelldaten aus einer 1-2-3/W-Tabelle mit einem anderen Anwendungsprogramm. Dazu müssen Sie entweder *Statischer Datenaustausch*

- die Quelldaten in einem Format speichern, das das Zielprogramm lesen kann, oder
- mit einem Umwandlungsprogramm die Daten von einem Format in das andere umsetzen oder
- mit der Zielanwendung die Daten im Format der Quellanwendung direkt lesen können.

Zum Umwandeln von Dateiformaten liefert Lotus das zeichenorientierte Lotus 1-2-3 Translate Dienstprogramm Version 3.0 mit. *Translate-Dienstprogramm*

Nehmen Sie später Änderungen in der Tabelle vor, so werden diese Änderungen nicht automatisch berücksichtigt. Diese statische Form des Datenaustausches bietet sich an, wenn Sie an einem ganz bestimmten Zustand der Tabelle interessiert sind oder es keine technisch und wirtschaftlich sinnvolle Methode für einen dynamischen Datenaustausch gibt.

1-2-3/W bietet Dateiformate und Umwandlungsmöglichkeiten an, die den Datenaustausch mit

- anderen Tabellenkalkulationsprogrammen wie z.B. älteren Lotus- 1-2-3 Versionen oder Multiplan,
- Datenbanken wie dBASE (II und III) und
- Textsystemen wie WINWORD

abdecken.

Viele andere Tabellenkalkulationsprogramme können aber 1-2-3/W Dateien auch direkt lesen.

Dynamischer Datenaustausch über Windows oder direkte Nutzung der Quelldateien

Wesentlich flexibler als die statische Form des Datenaustausches ist der dynamische Datenaustausch (sog. DDE, dynamic data exchange). Das Prinzip des dynamischen Datenaustausches unter Windows ist es, eine Tabelle nicht auf einem gewissen Stand «einzufrieren» und an andere Anwendungen zu übergeben, sondern stets die aktuellste Version zu übergeben. Den gleichen Effekt erzielen Sie, wenn Sie mit Ihren Anwendungen direkt auf die Dateien im Quellformat zugreifen können.

Auf Dateien und Datenbanken von dBASE IV, dem SQL Server und Paradox kann 1-2-3/W mit dem DATALENS Treiber direkt zugereifen (s. Kapitel 12).

Was gibt es in diesem Kapitel?

Wir werden Ihnen im diesem Kapitel zeigen, wie Sie Daten zwischen 1-2-3/W und

- anderen Tabellenkalkulationsprogrammen (11.1),
- Datenbanken (11.2),
- Textsystemen (11.3),
- Grafikprogrammen (11.4)
- PASCAL für WINDOWS (11.5)

austauschen können.

Vollziehen Sie bitte die Arbeitsschritte nach, wenn Sie Zugang zu den beschriebenen Anwendungen habe.

11.1 Datenaustausch mit Tabellenkalkulationsprogrammen

Vorbemerkung

Der statische Datenaustausch zwischen 1-2-3/W und anderen Tabellenkalkulationsprogrammen weist kaum Probleme auf. Sie müssen die Tabelle in der entsprechenden Anwendung nur im richtigen Format speichern oder die Daten mit einem Umwandlungsprogramm wie z.B. dem Lotus 1-2-3 Translate Dienstprogramm umsetzen. Daten werden dabei problemlos umgewandelt, Funktionen und Makros nur, soweit sie in jeweils beiden Programmen vergleichbar arbeiten. Zum Teil können Tabellenkalkulationsprogramme wie EXCEL auch direkt mit 1-2-3/W Dateien arbeiten, ohne daß Sie sich um den Datenaustausch kümmern müßten.

So einfach geht's...

Wir zeigen hier den Austausch mit Microsoft Multiplan 4.2 und mit Miscrosoft EXCEL 4.0. Wollen Sie mit anderen Tabellenkalkulationsprogrammen Daten austauschen, so setzen Sie bitte das Lotus 1-2-3 Translate Dienstprogramm ein, das wir in den Abschnitten 11.1.1, 11.1.2 und 11.2 beschreiben.

11.1.1 Datenaustausch mit anderen 1-2-3 Versionen und Symphony

Programmversion	Dateityp
1-2-3 Version 1A	.WKS
1-2-3 Version 2	.WK1
1-2-3 Version 3.x	.WK3
1-2-3/W	.WK3
Symphony Version 1 und 1.01	.WRK
Symphony Version 1.1, 1.2 und 2	.WR1

Tabelle 11.1: Dateitypen bei Lotus Programmen

Good old 1-2-3 und Symphony

1-2-3 und Symphony Tabellen laden

Lotus kennt bei seinen 1-2-3 Tabellenkalkulationsprogrammen und Symphony die Versionen wie in Tabelle 11.1.

Wie Sie sehen, unterscheiden sich die Versionen 1-2-3/W und 1-2-3 3.x nicht im Dateiformat.

Eine mit einer beliebigen 1-2-3-Version, Symphony oder Microsoft EXCEL 2.0 erstellte Datei öffnen Sie wie 1-2-3/W Dateien im Format «.WK3» mit dem Befehl **Öffnen** aus dem Menü **Datei**. 1-2-3/W teilt Ihnen dann in einer Meldung wie im Bild 11.1 mit, daß es die Datei und die Erweiterung des ursprüngliche Dateiformats in das 1-2-3/W Dateiformat und die Erweiterung «.WK3» umgesetzt hat. Im Bild 11.1 sehen Sie, wie Sie im Dialogfenster Datei Öffnen die 1-2-3 2.1 Datei ARTIKEL9.WKS öffnen, im Bild 11.2 die Meldung über das Umsetzen und im Bild 11.3 die ins «WK3»-Format umgesezte Datei.

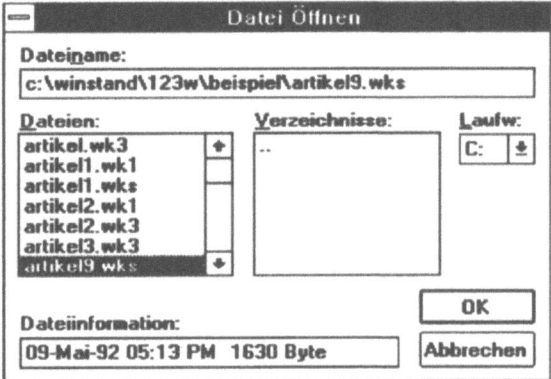

Bild 11.1: Dialogfeld Datei Öffnen

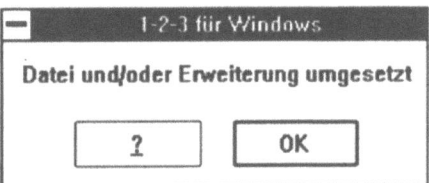

Bild 11.2: Umsetzen beim Dateiöffnen

11.1 Datenaustausch mit Tabellenkalkulationsprogrammen

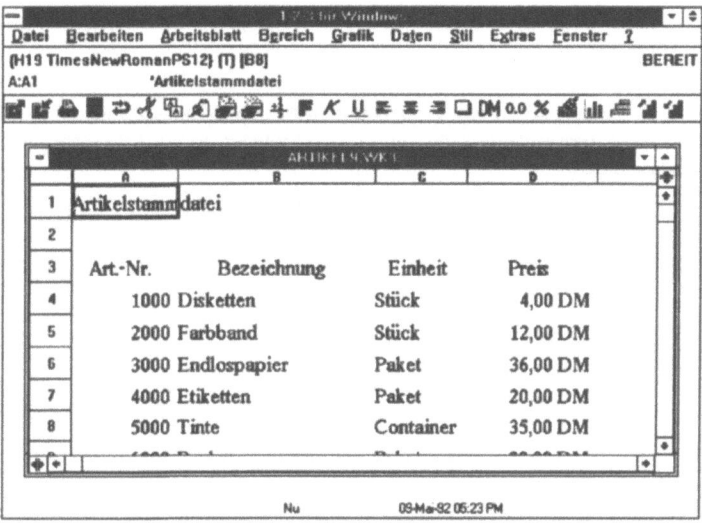

Bild 11.3: «ARTIKEL9.WK3» nach dem Umsetzen von Dateiformat und Dateierweiterung

Um Arbeitsblätter aus 1-2-3/W mit früheren Versionen von 1-2-3/W und 1-2-3 weiterzuverarbeiten, können Sie beim Speichern oder good old 1-2-3 Umwandeln verschiedene Wege beschreiten:

Unabhängig vom Umwandlungsweg sollten Sie die Zeilenbeschränkung von 2048 Zeilen bei 1-2-3 2.1 beachten. Notfalls müssen Sie Dateien in Teiltabellen zerlegen.

- Falls Ihre 1-2-3/W Datei nur Eigenschaften enthält, die in der früheren 1-2-3-Version bereits enthalten waren, speichern Sie die Datei in deren 1-2-3 Format. Wählen Sie im Menü **Datei** den Befehl **Speichern unter** und tragen dabei wie im Bild 11.4 die Dateinamensergänzung «.WKS» oder «.WK1» der anderen 1-2-3-Version ein. 1-2-3/W warnt wie im Bild 11.5, wenn dabei doch Informationen verloren gehen. Über die 1-2-3/W Hilfe können Sie sich hier wie im Bild 11.6 weiter informieren.
- Enthält Ihre 1-2-3/W Tabelle auch Merkmale oder Funktionen, die der früheren 1-2-3-Version fehlten, sollten Sie die Datei im «.WK3» Format speichern und anschließend mit dem Lotus 1-2-3 Translate-Dienstprogramm in das Format der früheren Version umsetzen. (Dies ist auch der Weg für die Umsetzung in Symphony-, Multiplan-, Ena-

376 11. Datenaustausch

ble-, Visicalc-, Supercalc- und dBASE II/III- Formate (siehe Abschnitte 11.2 und 11.3)).

 Öffnen Sie eine schon von *1-2-3/W* mit einer Dateinamensergänzung .WK1 oder WKS gespeicherte Datei mit 1-2-3/W wieder, so wird sie nicht mehr umgewandelt.

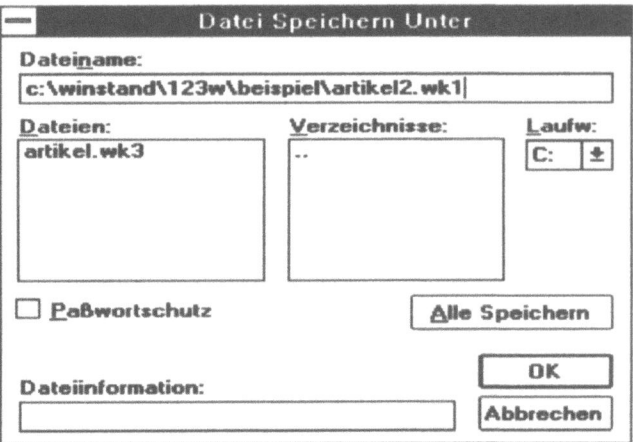

Bild 11.4: Dialogfeld Datei Speichern Unter zur Angabe des Formats einer früheren 1-2-3 Version

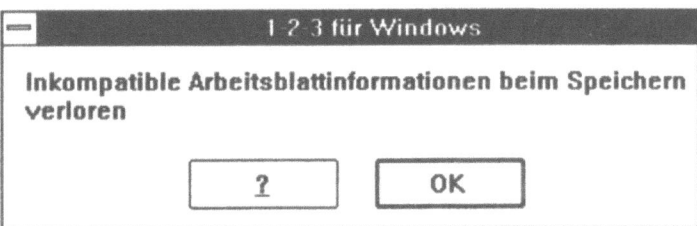

Bild 11.5: 1-2-3/W Warnung vor Informationsverlust

1-2-3/W Dateien mit Translate umsetzen — Das Lotus 1-2-3 Translate-Dienstprogramm ist ein zeichenorientiertes Zusatzprogramm zu 1-2-3/W und 1-2-3 Version 3.X zum Umsetzen von Dateiformaten von verschiedenen Tabellenkalkulationsprogrammen und älteren dBASE-Dateien.

11.1 Datenaustausch mit Tabellenkalkulationsprogrammen

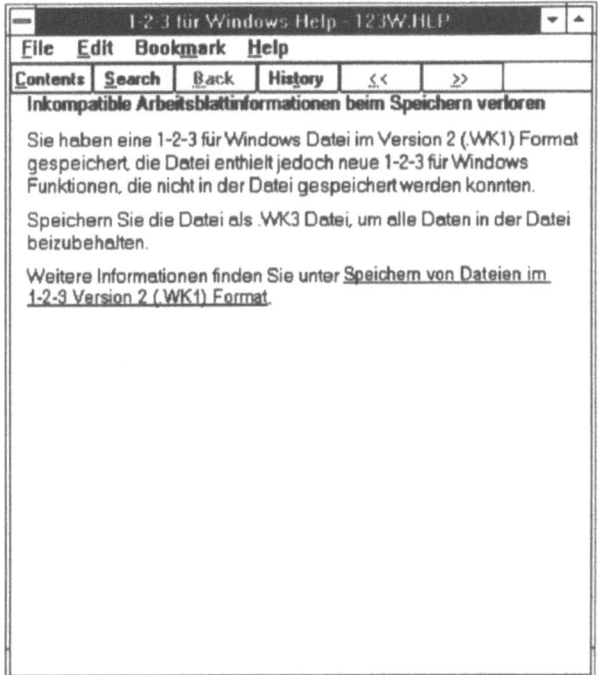

Bild 11.6: 1-2-3/W Hilfe zum Dateiformat «.WK1»

Das Lotus 1-2-3 Translate-Dienstprogramm starten Sie

- unter DOS aus Ihrem 1-2-3/W Verzeichnis mit dem Befehl TRANS oder

- unter Windows über das Programmsymbol aus der Gruppe Lotus Anwendungen oder Ihrer individuell festgelegten Programmgruppe.

Translate starten

1-2-3 Translate

1-2-3 Installationsprogramm

Bei der 1-2-3/W Installation mit Vorgaben wird das 1-2-3 Translate-Dienstprogramm *nicht* installiert. Sie müssen also im 1-2-3/W Installationsprogramm die Installation mit Optionen wählen (Abschnitt 2.1), um das Lotus 1-2-3 Translate-Dienstprogramm auf Ihrem Rechner zu installieren. Falls Sie das noch nicht getan haben, können Sie jetzt die **Installation mit Optionen** wie in Kapitel 2.1 beschrieben starten und wie im Bild 11.7 im Dialogfenster «Angabe von Dateien und Verzeichnissen» das «Translate-Dienstprogramm» ankreuzen, um dann nur dieses Programm nachzuinstallieren.

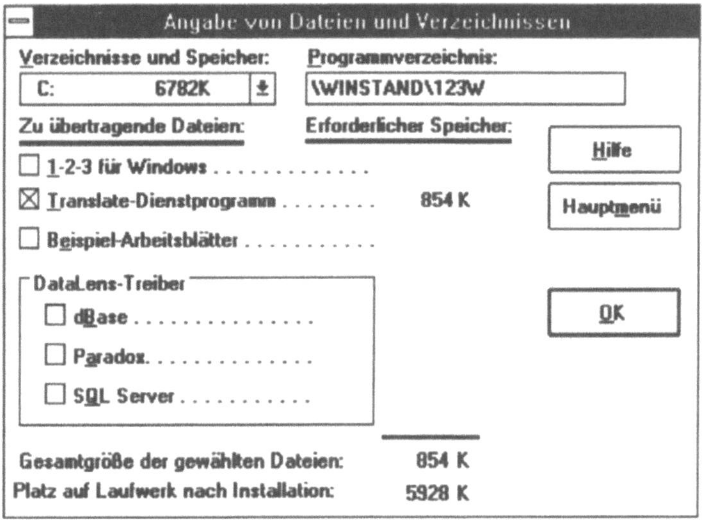

Bild 11.7: Nachinstallation des Translate-Dienstprogramms anwählen

1-2-3 Translate

Sobald Sie sicher sind, daß das Lotus 1-2-3 Translate-Dienstprogramm auf Ihrem Rechner installiert ist, können Sie sich mit seiner Handhabung vertraut machen.

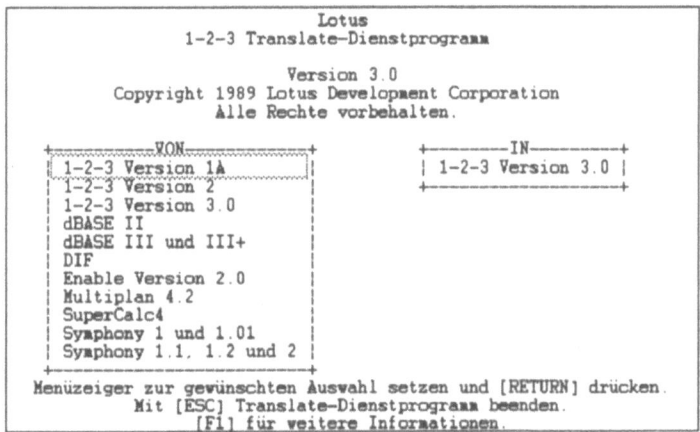

Bild 11.8: Wahl von Quell- und Zielformat (Ausgangsbild)

11.1 Datenaustausch mit Tabellenkalkulationsprogrammen

Im Startfenster des Lotus 1-2-3 Translate-Dienstprogramms sehen Sie wie im Bild 11.8 links eine Liste der Quellformate «VON» und rechts – abhängig von der Wahl des Quellformats – eine ein- oder mehrzeilige Liste der Zielformate «IN». Wählen Sie zunächst mit den Richtungstasten ⬆ und ⬇ das Quellformat und bestätigen es mit der (Eingabe)-Taste. Dann wählen bzw. bestätigen Sie das Zielformat.

Wahl der Dateiformate

In weiteren Bildschirmfolgen wählen Sie dann die Quelldatei mit ihrem Laufwerk und Pfad und die Zieldatei.

Wahl der Dateien

Wir wollen hier zuerst eine Datei vom 1-2-3/W Format «.WK3» in das «.WKS» Format umwandeln.

Datenreise

Vorgehensweise

1. Starten Sie das Lotus 1-2-3 Translate-Dienstprogramm.
2. Wählen Sie mit der Richtungstaste ⬇ und der (Eingabe)-Taste «1-2-3 Version 3.0» als Quellformat.
3. Das 1-2-3 Translate Dienstprogramm erweitert jetzt die Liste der Zieldateien wie im Bild 11.9. Bestätigen Sie mit der (Eingabe)-Taste die Wahl des ersten Menüpunkts «1-2-3 Version 1A».
4. Bestätigen Sie den Informationsbildschirm (Bild 11.10) mit der (ESC)-Taste.
5. Bestätigen Sie evtl. eine Fehlermeldung (falsches Quellverzeichnis) wie im Bild 11.11 mit der (ESC)-Taste.
6. Tragen Sie das richtige Quellverzeichnis ein und wählen Sie die Quelldatei wie im Bild 11.12.
7. Bestätigen Sie die vom 1-2-3 Translate-Dienstprogramm vorgeschlagene Zieldatei wie im Bild 11.13 oder tragen Sie eine andere Zieldatei ein.
8. Wählen Sie Umsetzen eines Arbeitsblatts, da hier die Beispieldatei nur ein Arbeitsblatt enthält (Bild 11.14).
9. Entscheiden Sie sich für das einzige Arbeitsblatt A (Bild 11.15).

10. Bestätigen Sie mit ⏎ das Fortsetzen der Umsetzung wie im Bild 11.16 und freuen Sie sich über die Meldung des Lotus 1-2-3 Translate-Dienstprogramms über die erfolgreiche Umsetzung (Bild 11.17).

11. Verlassen Sie das Transferprogramm mit ESC und bestätigen Sie wie im Bild 11.18, daß Sie wirklich nicht mehr wollen.

12. Überzeugen Sie sich mit Ihrem «historischen» 1-2-3 von der erfolgreichen Umsetzung durch das Dienstprogramm

Bild 11.9: Erweiterte Liste der Zielformate

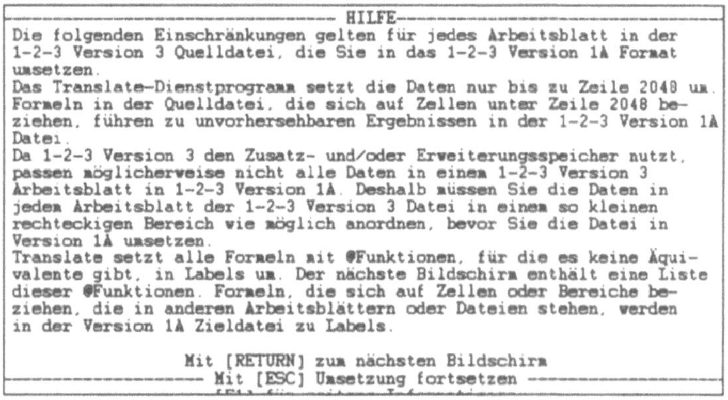

Bild 11.10: Informationsbildschirm Einschränkungen unter WKS

11.1 Datenaustausch mit Tabellenkalkulationsprogrammen

```
                        Lotus
                1-2-3 Translate-Dienstprogramm

Umsetzen VON: 1-2-3 Version 3.0     Umsetzen IN: 1-2-3 Version 1A

Quelldatei: C:\WINSTAND\123W\*.WK3
+------------------------------ FEHLER -------------------------------+
| Translate konnte die Quelldatei(en) in dem angegebenen Verzeichnis  |
| nicht finden. Legen Sie eine neue Diskette ein und drücken [RETURN],|
| um erneut zu suchen, oder ändern Sie Pfad und Dateiname mit [ESC].  |
|                                                                     |
| HINWEIS: Sie können die Erweiterung der Quelldatei nicht ändern.    |
+---------------------------------------------------------------------+




       Menüzeiger zu der umzusetzenden Datei setzen und [RETURN] drücken.
              Mit [ESC] Pfad oder Name der Quelldatei ändern.
```

Bild 11.11: Fehlermeldung falsches Quellverzeichnis

```
                        Lotus
                1-2-3 Translate-Dienstprogramm

Umsetzen VON: 1-2-3 Version 3.0     Umsetzen IN: 1-2-3 Version 1A

Quelldatei: C:\WINSTAND\123W\BEISPIEL\*.WK3

              ARTIKEL   WK3     1381    4-05-92    5:13p
              ARTIKEL2  WK3     1070    4-05-92    5:46p
              ARTIKEL3  WK3     1167    4-12-92    5:37p
              FILE0001  WK3      889    2-15-91    1:35p
              FILE0002  WK3        0    3-21-92    4:14p
              FILE0003  WK3      827    3-22-92    9:11a
              FILE0004  WK3      816    4-03-92    3:41p
              FILE0005  WK3      992    4-03-92    4:40p
              FILE0006  WK3     2143    4-04-92    1:06a
              --Weitere--
       Menüzeiger zu der umzusetzenden Datei setzen und [RETURN] drücken
              Mit [ESC] Pfad oder Name der Quelldatei ändern.
                       [F1] für weitere Informationen.
```

Bild 11.12: Wahl der Quelldatei «ARTIKEL.WK3» im angegebenen Verzeichnis

```
                        Lotus
                1-2-3 Translate-Dienstprogramm

Umsetzen VON: 1-2-3 Version 3.0     Umsetzen IN: 1-2-3 Version 1A

Quelldatei: C:\WINSTAND\123W\BEISPIEL\ARTIKEL.WK3

Zieldatei:  C:\WINSTAND\123W\BEISPIEL\ARTIKEL.WKS







       Ggf. Pfad oder Name der Zieldatei ändern und [RETURN] drücken
       oder zweimal [ESC] drücken, um eine andere Quelldatei auszuwählen.
                       [F1] für weitere Informationen.
```

Bild 11.13: Entscheidung für das Zielverzeichnis und die Zieldatei «ARTIKEL.WKS»

382   11. Datenaustausch

```
                              Lotus
                    1-2-3 Translate-Dienstprogramm

Umsetzen VON:  1-2-3 Version 3.0      Umsetzen IN:  1-2-3 Version 1A
Quelldatei: C:\WINSTAND\123W\BEISPIEL\ARTIKEL.WK3
Zieldatei:  C:\WINSTAND\123W\BEISPIEL\ARTIKEL.WKS

          +--------------------------------------------------+
          |Setzt alle Arbeitsblätter in der Datei um         |
          | Alle_Arbeitsblätter   Ein_Arbeitsblatt           |
          +--------------------------------------------------+
```

Bild 11.14: Entscheidung, nur ein Arbeitsblatt umzusetzen

```
                              Lotus
                    1-2-3 Translate-Dienstprogramm

Umsetzen VON:  1-2-3 Version 3.0      Umsetzen IN:  1-2-3 Version 1A
Quelldatei: C:\WINSTAND\123W\BEISPIEL\ARTIKEL.WK3
Zieldatei:  C:\WINSTAND\123W\BEISPIEL\ARTIKEL.WKS


            Buchstabe des umzusetzenden Arbeitsblattes:  A
```

Bild 11.15: Entscheidung für das einzige Arbeitsblatt A

```
                              Lotus
                    1-2-3 Translate-Dienstprogramm

Umsetzen VON:  1-2-3 Version 3.0      Umsetzen IN:  1-2-3 Version 1A
Quelldatei: C:\WINSTAND\123W\BEISPIEL\ARTIKEL.WK3
Zieldatei:  C:\WINSTAND\123W\BEISPIEL\ARTIKEL.WKS

          +--------------------------------------------------+
          |Umsetzung fortsetzen                              |
          |                    Ja  Nein  Stop                |
          +--------------------------------------------------+
```

Bild 11.16: Bestätigen, daß weiter umgesetzt werden soll

11.1 Datenaustausch mit Tabellenkalkulationsprogrammen

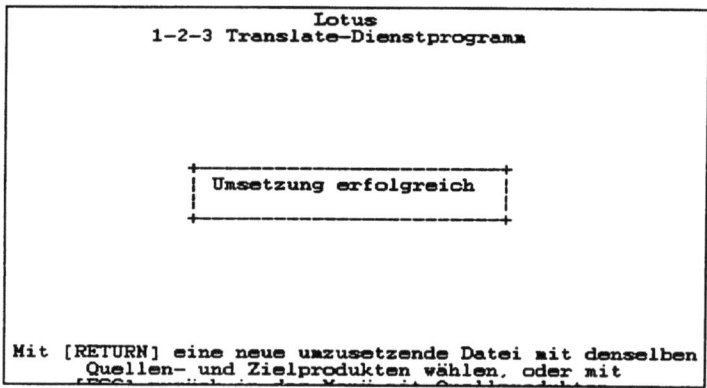

Bild 11.17: Erfolgsmeldung vom Lotus 1-2-3 Translate-Dienstprogramm

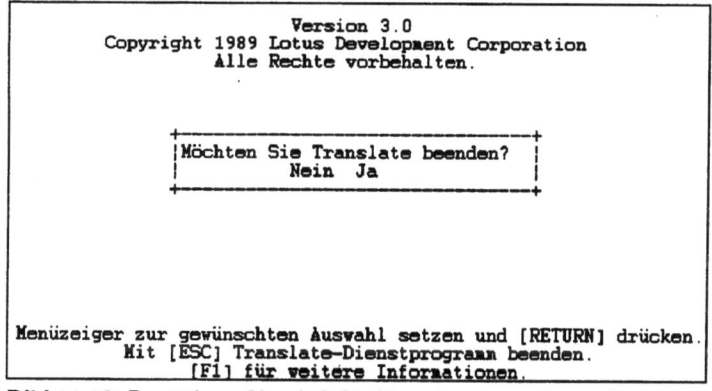

Bild 11.18: Bestätigen Sie, daß Sie Translate beenden wollen

11.1.2 Datenaustausch mit Multiplan

1-2-3/W und Multiplan können Dateien direkt oder über das Lotus 1-2-3 Translate-Dienstprogrammm untereinander austauschen:

- Sie können eine mit 1-2-3/W erstellte Datei im Format «.WK1» speichern und dann direkt in Multiplan laden. Wollen Sie eine Multiplan-Datei mit 1-2-3/W weiterverarbeiten, so speichern Sie die Datei unter Multiplan im Format Fremd («.WK1»). Bedenken Sie, daß Multiplan 4.2 Tabellen im 1-2-3/W 2.x Format «.WK1» speichert und

384 11. Datenaustausch

nicht als 1-2-3/W Datei im «.WK3»-Format. Sie laden eine solche Datei in 1-2-3/W aber wie jede andere 1-2-3/W-Datei (siehe Abschnitt 11.1.1).

- Alternativ können Sie mit 1-2-3/W eine Datei im normalen «.WK3»-Format speichern, diese dann mit 1-2-3 Translate ins Multiplan Sylk Format umsetzen und dieses Dateiformat dann in Multiplan 4.2 einlesen. Multiplan-Dateien im Sylk Format können Sie mit dem Lotus 1-2-3 Translate-Dienstprogramm ins «.WK3»-Format umsetzen und dann in 1-2-3/W einlesen.

Datenreise

Da Sie den Datenaustausch über das Lotus 1-2-3 Translate-Dienstprogramm schon im letzten Abschnitt gesehen haben, konzentrieren wir uns hier auf den Austausch über das «.WK1»-Format. Wir wollen Ihnen nun kurz zeigen, wie Sie über dieses Format Daten von 1-2-3/W nach Multiplan austauschen und umgekehrt.

Vorsicht bei großen Tabellen! «WK1» unterstützt 2048 Zeilen, Multiplan 4.2 4096 Zeilen.

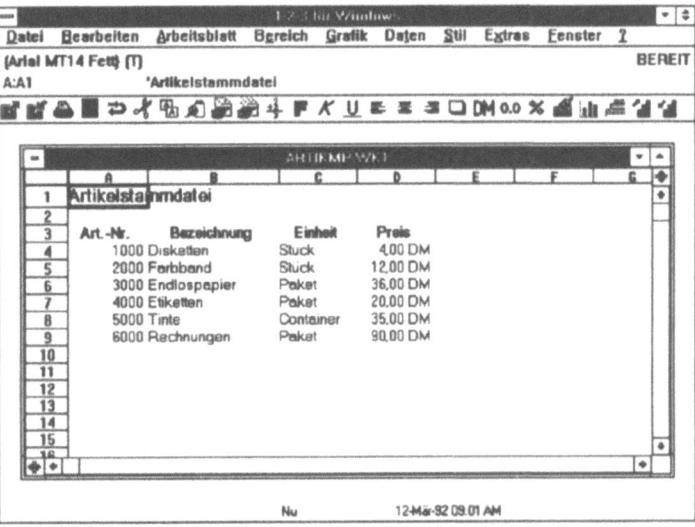

Bild 11.19: «ARTIKEL.WK3» von 1-2-3/W als «ARTIKMP.WK1» gespeichert

11.1 Datenaustausch mit Tabellenkalkulationsprogrammen

Laden Sie dazu in 1-2-3/W die Datei «ARTIKEL.WK3» aus Abschnitt 9. Speichern Sie diese Datei wie im letzten Abschnitt 11.1 im «.WK1» Format als Datei «ARTIKMP.WK1» (Bild 11.19).

Von 1-2-3/W nach Multiplan...

Sie können diese Datei in eine Multiplan Tabelle einlesen, wenn Sie dort das Format "Fremd" eingestellt haben. Starten Sie also Multiplan und stellen Sie mit dem Befehl **Übertragen_Optionen** als Übertragungsformat «Fremd» ein (Bild 11.20).

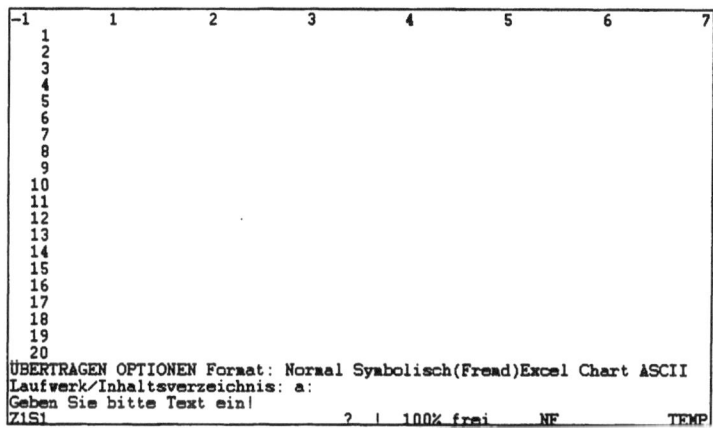

Bild 11.20: Einstellen des Übertragungsformats «Fremd»

Sie können nun mit dem Befehl **Übertragen_Laden** die 1-2-3/W-Datei einfach laden, indem Sie den Dateinamen aus der Liste auswählen (Bild 11.21).

Vergleichen Sie anschließend Ihren Bildschirm mit Bild 11.22.

Beachten Sie, daß Multiplan die Umlaute in «Stück» aus dem ANSI Zeichensatz von 1-2-3/W nicht automatisch in den ASCII Zeichensatz umsetzt.

386   11. Datenaustausch

```
A:\*.*
[A:]                DBRECHEN         PROMA02
[B:]                FEBRUAR          PROMA03
[C:]                FEST1            PROMA03.SLK
[D:]                FESTGELD         PROMA03.WK1
ARTIKEL             JANUAR           PROZ
ARTIKEL.FM3         JOURVOR          PROZENTS
ARTIKEL.SLK         KDGEBURT         QUART1
ARTIKEL.WK1         KUNDEN           RECHENN
ARTIKEL.WK3         KUNDEN.SLK       SUCH
ARTIKMP.FMT         KUNDEN.WK1       UMSATZ
ARTIKMP.WK1         KUNDEN.WK3       VERQ1
ASCII               LASER            VORDRUCK
B422NEU             LIEFERSC         VORDRVA2
BRIEFVOR            LIEFERSC.SLK     VORDRVAR
CAPMP001.LST        LIEFERSC.WK1
D121292             LIEFERSC.WK3
D131292             MÄRZ
DBKUNDEN            MENÜ

ÜBERTRAGEN LADEN Dateiname: ARTIKMP.WK1        Nur lesen: Ja(Nein)

Bitte einen Dateinamen eingeben oder auswählen! (210944 Bytes verfügbar)
Z1S3                              ? !  100% frei       NF          TEMP
```

Bild 11.21: Laden der Datei «ARTIKMP.WK1» mit Multiplan 4.2

```
     -1        1         2         3         4         5         6         7
      1  Artikelst
      2
      3  Art.-Nr.  Bezeichnung   Einheit    Preis
      4      1000  Disketten     St'ck       4,00 DM
      5      2000  Farbband      St'ck      12,00 DM
      6      3000  Endlospapier  Paket      36,00 DM
      7      4000  Etiketten     Paket      20,00 DM
      8      5000  Tinte         Container 35,00 DM
      9      6000  Rechnungen    Paket      90,00 DM
     10
     11
     12
     13
     14
     15
     16
     17
     18
     19
     20
BEFEHL: Text Ausschnitt Bewegen Druck Einfügen Format Gehezu Hilfe Kopie Lö
   Name Ordnen Pfad Quitt Radieren Schutz Übertragen Verändern Wert Xtern Zus
Eingabe von Text in die Tabelle!
Z1S1       'Artikelstammdatei'      ? !  100% frei       NF        ARTIKMP.
```

Bild 11.22: 1-2-3/W Artikeldatei ARTIKMP.WK1 in Multiplan 4.2

Um die Datei im Multiplan weiterzuverarbeiten, müssen sie deren Format nicht verändern.

Von Multiplan nach 1-2-3/W... Ebenso einfach ist der Datenaustausch von Multiplan nach 1-2-3/W, da Sie unter Multiplan Dateien im 1-2-3 2.1 Format als «Fremd»-Dateien speichern können.

Laden Sie mit Multiplan eine Beispieltabelle und speichern Sie sie im «Fremd»-Format «.WK1» (Bild 11.23).

11.1 Datenaustausch mit Tabellenkalkulationsprogrammen

Wir haben hier die Beispieldatei «FESTGELD» aus «Kretschmer, B., Grigoleit, U., Multiplan 4.2, Würzburg 1991» geladen.

```
-1                         1                              2
  8
  9
 10 Frau
 11 Andrea Müller
 12 Lange Straße 300
 13
 14 8700 Würzburg
 15
 16
 17
 18 Ihre Zeichen  Ihre Nachricht  Unser Zeichen  Telefon  Ort
 19                                             (0 51 21)
 20 Mü           13.7.1989       Grö 142        26 25 11 17.7.1989
 21
 22
 23 Multiplan
 24
 25
 26
 27 Sehr geehrte Frau Müller,
ÜBERTRAGEN SPEICHERN Dateiname: A:\FESTGELD.wk1   Geschützt: Ja(Nein)
                         Format: Normal Symbolisch(Fremd)Excel Chart
Bitte geben Sie einen Dateinamen ein!
Z20S1     Fest_Ihre_Zeichen&Fest_ ? !   98% frei    NF        FESTGELD
```

Bild 11.23: Einstellen des Multiplan-Formats «Fremd» und der Erweiterung «WK1» beim Speichern der Multiplan-Datei «FESTGELD»

Achten Sie beim Speichern mit Multiplan auf den linken Teil der zweitletzten Bildschirmzeile. Multiplan meldet dort wie im Bild 11.24 Umwandlungsprobleme mit dem Text «Keine gültige Formel» und der Tabellenadresse, in der eine Umwandlung wegen der Formatunterschiede nicht vollständig möglich ist.

```
-1                         1                              2
  8
  9
 10 Frau
 11 Andrea Müller
 12 Lange Straße 300
 13
 14 8700 Würzburg
 15
 16
 17
 18 Ihre Zeichen  Ihre Nachricht  Unser Zeichen  Telefon  Ort
 19                                             (0 51 21)
 20 Mü           13.7.1989       Grö 142        26 25 11 17.7.1989
 21
 22
 23 Multiplan
 24
 25
 26
 27 Sehr geehrte Frau Müller,
BEFEHL: Text Ausschnitt Bewegen Druck Einfügen Format Gehezu Hilfe Kopie Lö
  Name Ordnen Pfad Quitt Radieren Schutz Übertragen Verändern Wert Xtern Zusä
Keine gültige Formel: Z37S4
Z20S1     Fest_Ihre_Zeichen&Fest_ ? !   98% frei    NF        FESTGELD
```

Bild 11.24: Umwandlungsprobleme bei Multiplan

388   11. Datenaustausch

Starten Sie nun 1-2-3/W und laden Sie die mit Multiplan erstellte Datei «FESTGELD.WK1» einfach wie eine 1-2-3/W-Datei. Vergleichen Sie Ihren Bildschirm anschließend mit Bild 11.25, wenn Sie für den Austausch die gleiche Tabelle verwendet haben. Sie sehen hier z.B. in den Zeilen 11, 14, 20 und 27, daß nicht alle Formeln umgesetzt werden konnten.

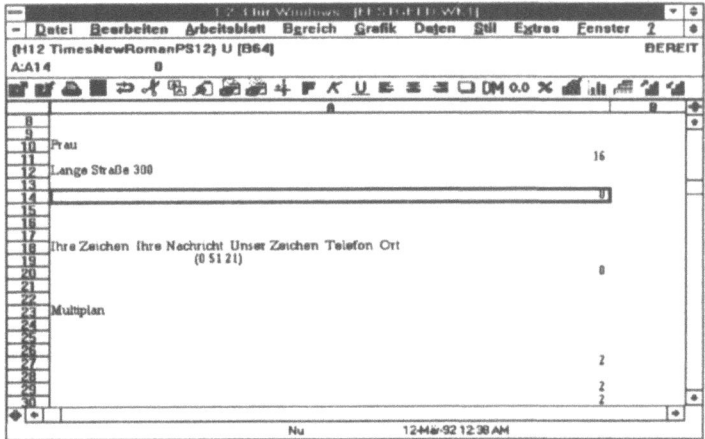

Bild 11.25: 1-2-3/W Bildschirm mit .WK1-Brief aus Multiplan

11.1.3 Datenaustausch mit Microsoft EXCEL 4.0

Der Handhabung von EXCEL im klassischen 1-2-3-Stil und dem Datenaustausch zwischen LOTUS 1-2-3 und EXCEL 4.0 hat Microsoft besondere Aufmerksamkeit gewidmet, um 1-2-3-Anwendern einen Umstieg auf EXCEL schmackhaft zu machen. Daher kann EXCEL LOTUS 1-2-3 Dateien direkt im LOTUS Format laden und EXCEL-Dateien nach 1-2-3 exportieren, d.h. in einem LOTUS 1-2-3 Format speichern.

Öffnen einer LOTUS 1-2-3-Datei in EXCEL

Sie können in EXCEL LOTUS 1-2-3 Dateien genau wie eine 1-2-3/W Tabelle öffnen, ohne vorher irgendwelche Einstellungen vorzunehmen. Sie geben dazu lediglich im Menü **Datei_Öffnen** als Dateinamenserweiterung «.wk*» ein (Bild 11.26) und lassen sich nun von EXCEL die Dateien auflisten (Bild 11.27)

11.1 Datenaustausch mit Tabellenkalkulationsprogrammen

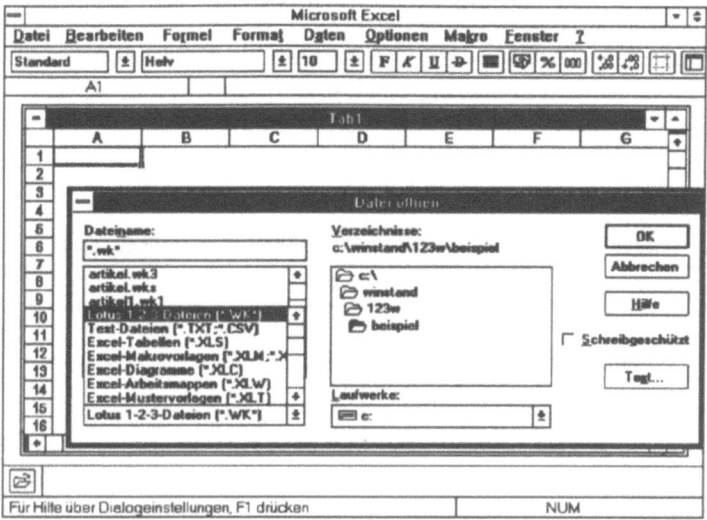

Bild 11.26: Einstellen des «.WK*» 1-2-3 Formats in Microsoft Excel 4.0

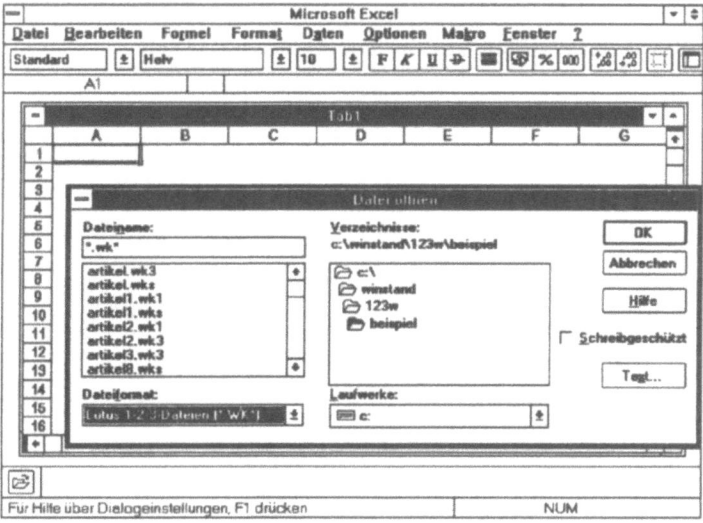

Bild 11.27: Auflisten der Dateien im «.WK*»- Format durch EXCEL 4.0

Wollen Sie eine 1-2-3-Tabelle nach dem Bearbeiten unter EXCEL wieder im gleichen 1-2-3-Format speichern, so geben Sie einfach den Befehl **Datei** und den Unterbefehl **Speichern**. EXCEL behält dann das 1-2-3-Format beim Speichern bei.

Speichern im 1-2-3-Format

Wenn Sie bei **Datei Speichern Unter** die Formatoptionen wählen wollen, so können Sie sich wie im Bild 11.28 zwischen dem Standardformat und dem bisherigen 1-2-3-Format wählen.

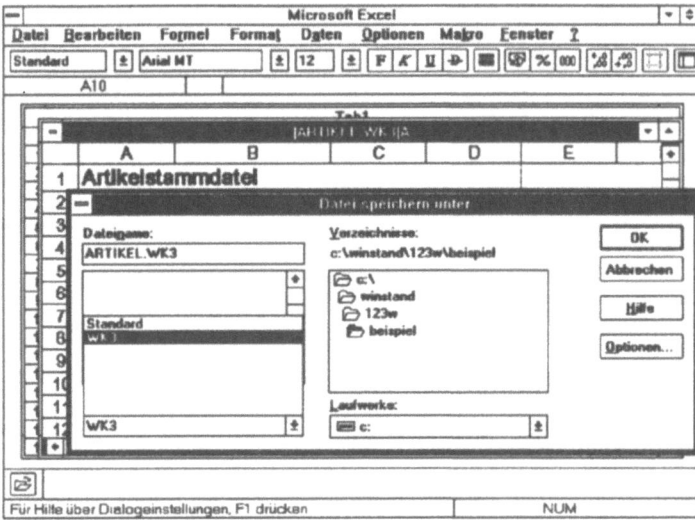

Bild 11.28: Wahl für das Dateiformat einer 1-2-3-Datei

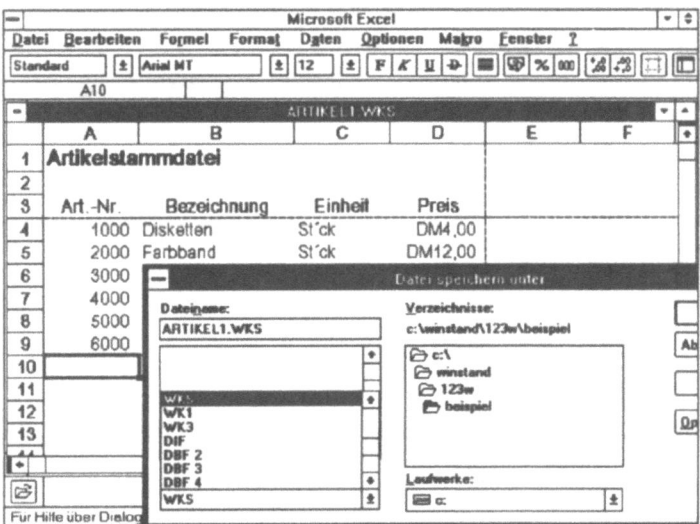

Bild 11.29: EXCEL 4.0: Wahl der Speicherformate für eine Datei im «.WKS»-Format

11.1 Datenaustausch mit Tabellenkalkulationsprogrammen

Wollen Sie eine 1-2-3-Datei, die EXCEL im Format «WKS» oder «WK1» geladen hat, im 1-2-3/W-Format «WK3» speichern bzw. eine EXCEL-Datei in einem 1-2-3-Format, so müssen Sie im EXCEL-Menü **Datei_Speichern_unter** das entsprechende Format einstellen. (s. Bild 11.29)

1-2-3/W und EXCEL verwenden einige unterschiedliche Funktionen und Formelschreibweisen. Außerdem unterscheiden sich die beiden Programme beim Verknüpfen und Konsolidieren von Tabellen.
Alles wird nicht übertragen...

Diese Probleme werden von der jeweiligen Anwendung, also entweder EXCEL oder 1-2-3/W, auf bestimmte Weise umgangen. Das EXCEL Handbuch liefert hier eine Aufstellung möglicher Probleme und deren Lösung. Schauen Sie bei Detailproblemen bitte dort nach.

Wir wollen Ihnen im folgenden an einem einfachen Beispiel zeigen, wie eine LOTUS 1-2-3-Tabelle unter EXCEL aussieht und umgekehrt. Mit EXCEL 4.0 und 1-2-3/W 1.1 können Sie die folgenden Schritte leicht nachvollziehen.
Datenreise

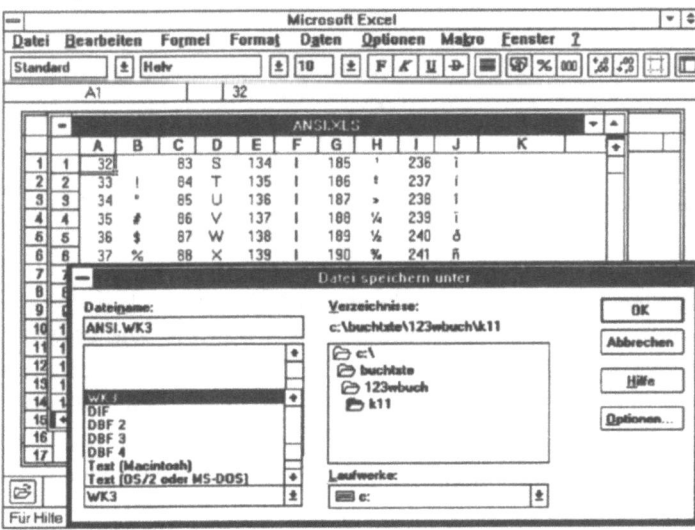

Bild 11.30: Speichern einer EXCEL 4.0 Datei ANSI.XLS im 1-2-3/W Format «.WK3»

392 11. Datenaustausch

Von EXCEL nach 1-2-3/W

Laden Sie unter EXCEL 4.0 eine EXCEL-formatierte Datei, z.B. eine Tabelle des ANSI-Codes wie im Bild 11.30 (siehe Kretschmer, B, Grigoleit, Uwe, Der große Softwaretrainer Excel 4.0, Vieweg 1992), und speichern Sie sie anschließend mit dem Befehl **Datei_speichern_unter** in dem Format Ihrer LOTUS-Version.

Starten Sie nun LOTUS 1-2-3/W. Öffnen Sie nun die ANSI-Tabelle «ANSI.WK3» von EXCEL wie jede andere 1-2-3/W- Datei. Danach sehen Sie einen Bildschirm wie in Bild 11.31.

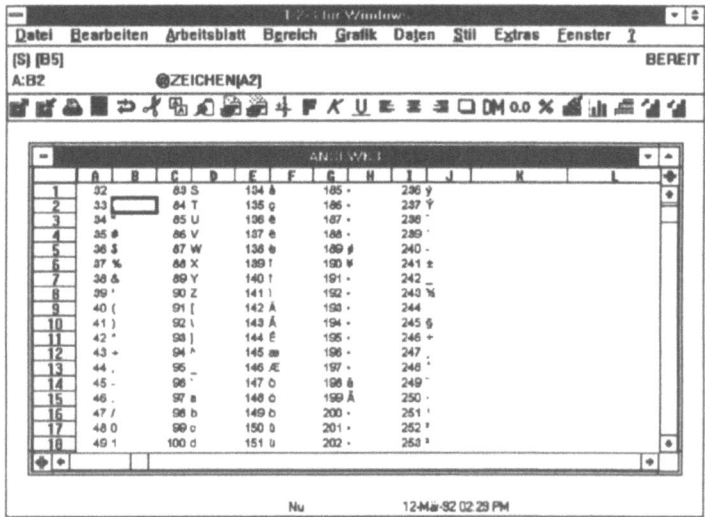

Bild 11.31: 1-2-3/W Bildschirm mit ASCII-Tabelle aus EXCEL

Datenaustausch von 1-2-3/W nach EXCELW

Wollen Sie eine mit 1-2-3/W erstellte Datei unter EXCEL weiterverarbeiten, so können Sie sie mit 1-2-3/W wie gewohnt speichern und anschließend in EXCEL einlesen. Wählen Sie wie in Bild 11.22 der Einfachheit halber eine Beispieldatei von Lotus 1-2-3/W aus, z.B. «LEKTION4.WK3». Betrachten Sie diese Datei mit 1-2-3/W wie im Bild 11.32 und starten Sie EXCEL.

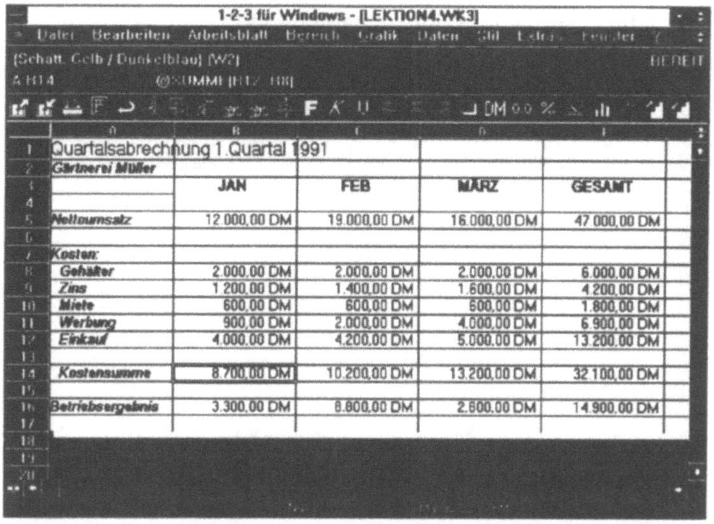

11.1 Datenaustausch mit Tabellenkalkulationsprogrammen

Bild 11.32: 1-2-3/W Beispieldatei «LEKTION4.WK3» in 12-3/W

Geben Sie im EXCEL den Befehl **Datei** und den Unterbefehl **Öffnen** und tragen Sie als Dateinamenserweiterung «.wk*» ein. Wählen Sie nun Ihre 1-2-3/W-Datei «LEKTION4.WK3» wie im Bild 11.33 aus der Liste aus.

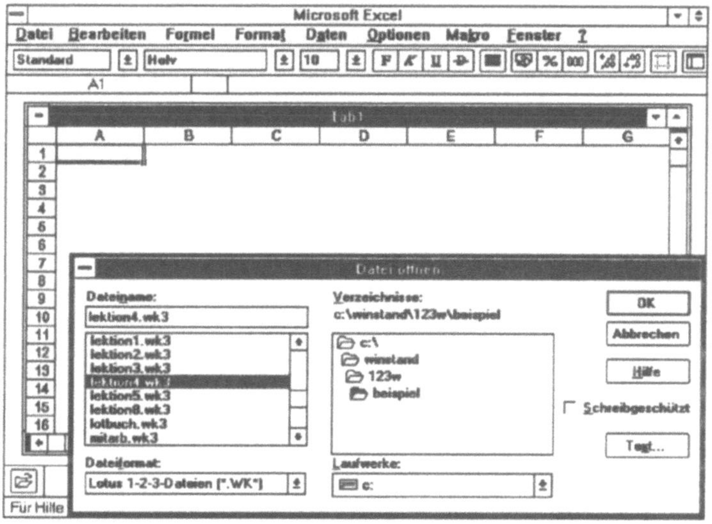

Bild 11.33: Öffnen der 1-2-3/W Beispieldatei «LEKTION4.WK3» in EXCEL 4.0

394   11. Datenaustausch

Sie sehen dann einen Bildschirm wie in Bild 11.34.

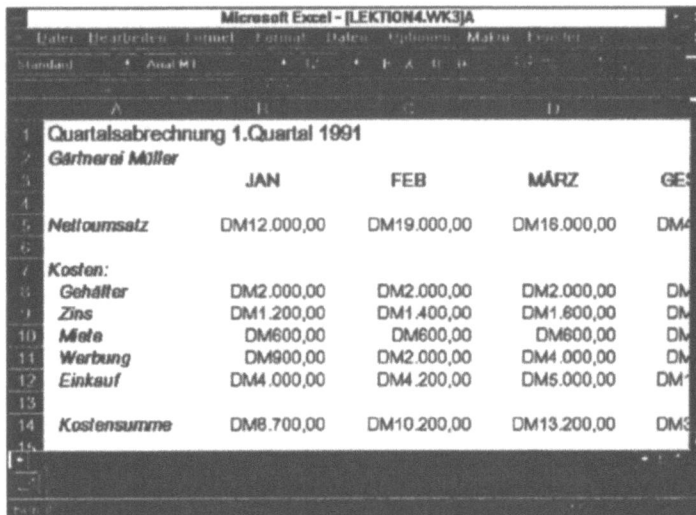

Bild 11.34: LOTUS 1-2-3/W-Datei «LEKTION4.WK3» in EXCEL 4.0

Makros übertragen

Macro Translation Assistant

EXCEL 3.0 und 4.0 können viele 1-2-3 Makros direkt lesen. Für die Probleme bei 1-2-3-Makros unter EXCEL gibt es bei EXCEL ein spezielles Zusatzprogramm, den Makrotranslator.

Dieses Programm hilft Ihnen beim Übersetzen der LOTUS Makros. Sie finden diesen Makroübersetzer im EXCEL Gruppenfenster bei den Zusatzprogrammen von EXCEL.

Ein übersetztes 1-2-3/W-Makro können Sie dann unter EXCEL mit dem Befehl **Makro_ausführen** starten, wenn Sie die Makrodatei vorher geöffnet haben.

11.2 Datenaustausch zwischen Datenbanken und 1-2-3/W

Sie können mit Dateien und Datenbanken dBASE IV, SQL Server und Paradox mit dem jeweiligen DATALENS-Treiber direkt von 1-2-3/W aus arbeiten (s. Kapitel 12 DATALENS).

Welche Datenbanken?

Dateien im Format von dBASE II, dBASE III oder dBASE III plus können Sie wie Tabellen aus anderen Tabellenkalkulationsprogrammen mit dem Lotus 1-2-3 Translate Dienstprogramm lesen und erstellen. Achten Sie aber darauf, daß 1-2-3/W höchstens 8192 Zeilen verarbeiten kann, also auch keine dBASE Dateien mit mehr als 8192 Datensätzen verkraftet.

Sie lesen im folgenden Abschnitt, wie Sie eine dBASE III PLUS Beispieldatei mit dem Lotus 1-2-3 Translate Dienstprogramm in das Format «WK3» von 1-2-3/W umsetzen und dann mit 1-2-3/W laden. Um eine 1-2-3/W Tabelle mit dBASE III plus weiterzuverarbeiten, müßten Sie sie vorher mit dem Lotus 1-2-3 Translate Dienstprogramm in das «DBF»-Format von dBASE III plus umwandeln:

Überblick

Vorgehensweise

1. Starten Sie das Lotus 1-2-3 Translate Dienstprogramm wie im Abschnitt 11.1 beschrieben.
2. Geben Sie im Fenster «VON» dBASE als Quellformat und im Fenster «IN» 1-2-3 Version 3 als Zielformat an (Bild 11.35).
3. Das 1-2-3 Translate-Dienstprogramm informiert Sie dann wie Bild 11.36 über die Einschränkungen bei der Dateiumwandlung. Bestätigen Sie diesen Info-Schirm mit der (EINGABE)-Taste.
4. Ärgern Sie sich nicht schon wieder über den Programmierer von 1-2-3 Translate, der alle Dateien im Startverzeichnis von Translate vermutet, und bestätigen Sie die Fehlermeldung von Bild 11.37 mit (ESC).

396   11. Datenaustausch

5. Geben Sie das Quellaufwerk und Verzeichnis wie im Bild 11.38 ein.
6. Jetzt wählen Sie doch von der dBASE III plus Beispieldiskette wie im Bild 11.39 die Datei «CLIENTS.DBF».
7. Nun sollten Sie wie in Bild 11.40 das Ziel eintasten.
8. Nun müssen Sie wieder die Schikane des Translate-Programmierers ertragen. Tasten Sie ⏎ ein für Fortsetzen der Umsetzung und freuen Sie sich über die Bildschirmmeldung, daß die Umsetzung läuft.
9. Sobald Sie die Meldung «Umsetzung erfolgreich» wie im Bild 11.41 sehen, suchen Sie schnell Ihren Weg zurück in die Windows SAA-Welt von 1-2-3/W.

```
                              Lotus
                    1-2-3 Translate-Dienstprogramm

                            Version 3.0
              Copyright 1989 Lotus Development Corporation
                       Alle Rechte vorbehalten.

      +----------VON----------+      +----------IN----------+
      | 1-2-3 Version 1A      |      | 1-2-3 Version 3.0    |
      | 1-2-3 Version 2       |      +----------------------+
      | 1-2-3 Version 3.0     |
      | dBASE II              |
      | dBASE III und III+    |
      | DIF                   |
      | Enable Version 2.0    |
      | Multiplan 4.2         |
      | SuperCalc             |
      | Symphony 1 und 1.01   |
      | Symphony 1.1, 1.2 und 2|
      +-----------------------+

      Menüzeiger zur gewünschten Auswahl setzen und [RETURN] drücken.
            Mit [ESC] zurück in das Menü mit den Quellprodukten.
                     [F1] für weitere Informationen.
```

Bild 11.35: Wahl von dBASE III und III+ als Quell- und 1-2-3 Version 3.0 als Zielformat

```
                    1-2-3 Translate-Dienstprogramm

                            Version 3.0
              Copyright 1989 Lotus Development Corporation
                       Alle Rechte vorbehalten.
      +------------------------- HILFE -------------------------+
      | Die folgenden Angaben beziehen sich auf die Umsetzung von dBASE III |
      | oder III+ Dateien in das 1-2-3 Version 3 Format:        |
      |                                                         |
      | Translate nimmt keine Memo-Felder oder gelöschten Datensätze aus der |
      | dBASE III oder III+ Quelldatei in der 1-2-3 Zieldatei auf. |
      |                                                         |
      | Translate setzt nur maximal 8191 Datensätze aus der Quelldatei um. |
      |                                                         |
      +---------- Mit [ESC] Umsetzung fortsetzen ---------------+
      | Symphony 1 und 1.01    |
      | Symphony 1.1, 1.2 und 2|
      +------------------------+
      Menüzeiger zur gewünschten Auswahl setzen und [RETURN] drücken.
            Mit [ESC] zurück in das Menü mit den Quellprodukten.
                     [F1] für weitere Informationen.
```

Bild 11.36: Bestätigen Sie diesen Translate-Info-Schirm

11.2 Datenaustausch zwischen Datenbanken und 1-2-3/W 397

```
                        Lotus
                1-2-3 Translate-Dienstprogramm

Umsetzen VON:  dBASE III und III+      Umsetzen IN:  1-2-3 Version 3.0
Quelldatei: C:\WINSTAND\123W\*.DBF
+------------------------------ FEHLER ------------------------------+
| Translate konnte die Quelldatei(en) in dem angegebenen Verzeichnis |
| nicht finden. Legen Sie eine neue Diskette ein und drücken [RETURN],|
| um erneut zu suchen, oder ändern Sie Pfad und Dateiname mit [ESC]. |
|                                                                    |
| HINWEIS: Sie können die Erweiterung der Quelldatei nicht ändern.   |
+--------------------------------------------------------------------+




         Menüzeiger zu der umzusetzenden Datei setzen und [RETURN] drücken.
                Mit [ESC] Pfad oder Name der Quelldatei ändern.
                        [F1] für weitere Informationen.
```

Bild 11.37: Schnell [ESC] tasten

```
                        Lotus
                1-2-3 Translate-Dienstprogramm

Umsetzen VON:  dBASE III und III+      Umsetzen IN:  1-2-3 Version 3.0
Quelldatei: a:\*.dbf









         Menüzeiger zu der umzusetzenden Datei setzen und [RETURN] drücken.
                Mit [ESC] Pfad oder Name der Quelldatei ändern.
                        [F1] für weitere Informationen.
```

Bild 11.38: Tasten Sie das Quellaufwerk und Verzeichnis ein

```
                        Lotus
                1-2-3 Translate-Dienstprogramm

Umsetzen VON:  dBASE III und III+      Umsetzen IN:  1-2-3 Version 3.0
Quelldatei: A:\*.DBF

               AVAL_FLT DBF      907   7-16-86  12:00p
               BANK     DBF      512   7-16-86  12:00p
               BERUFE   DBF      242   7-16-86  12:00p
               CHECKS   DBF      499   7-16-86  12:00p
               CLIENTS  DBF     5452   7-16-86  12:00p
               CUSTOMER DBF      496   7-16-86  12:00p
               DEPOSITS DBF      512   7-16-86  12:00p
               NAMEN    DBF     1039   7-16-86  12:00p
               RECON    DBF      315   7-16-86  12:00p
               --Weitere--
         Menüzeiger zu der umzusetzenden Datei setzen und [RETURN] drücken.
                Mit [ESC] Pfad oder Name der Quelldatei ändern.
                        [F1] für weitere Informationen.
```

Bild 11.39: «CLEINTS.DBF» auswählen

11. Datenaustausch

```
                           Lotus
                1-2-3 Translate-Dienstprogramm

Umsetzen VON:  dBASE III und III+    Umsetzen IN:  1-2-3 Version 3.0
Quelldatei: A:\CLIENTS.DBF
Zieldatei: c:\buchtxte\123wbuch\k11\kunden.wk3




       Ggf. Pfad oder Name der Zieldatei ändern und [RETURN] drücken
       oder zweimal [ESC] drücken, um eine andere Quelldatei auszuwählen
                    [F1] für weitere Informationen.
```

Bild 11.40: Wo sollen die Daten hin?

```
                           Lotus
                1-2-3 Translate-Dienstprogramm




                   +---------------------------+
                   |   Umsetzung erfolgreich   |
                   +---------------------------+




       Mit [RETURN] eine neue umzusetzende Datei mit denselben
            Quellen- und Zielprodukten wählen, oder mit
            [ESC] zurück in das Menü mit Quellprodukten.
```

Bild 11.41: Na endlich! Es hat geklappt!

Mit 1-2-3/W das Ergebnis prüfen	Starten Sie 1-2-3/W und öffnen Sie die soeben umgewandelte Kundendatei «KUNDEN.WK3» (Bild 11.42).

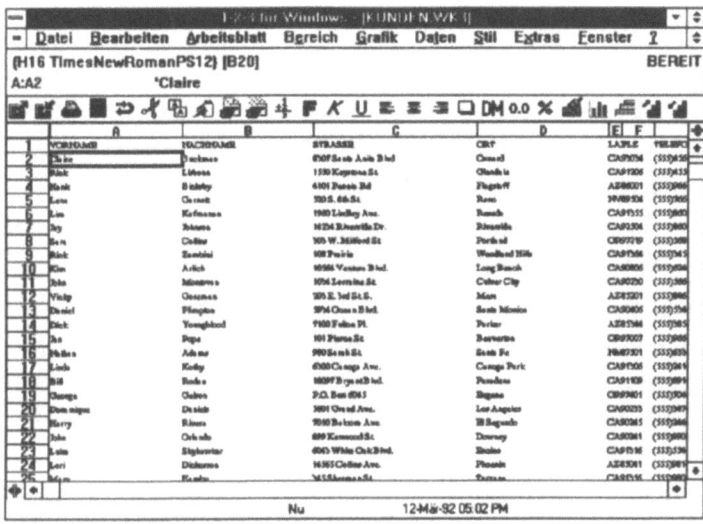

Bild 11.42: dBASE III Plus Beispieldatei in 1-2-3-/W

11.3 1-2-3/W Arbeitsblätter mit Textsystemen koppeln

1-2-3/W bietet Ihnen zwar viele Möglichkeiten, die Ausgabe Ihrer Tabelle zu beeinflussen. Wenn Sie jedoch einen Bericht mit einem Textsystem schreiben und hier Meßwerttabellen oder Datentabellen einfügen wollen, und diese Datentabellen laufend auf dem aktuellen Stand sein sollen, müssen Sie 1-2-3/W-Tabellen mit Textsystemen verbinden. Wir zeigen Ihnen im folgenden den Datenaustausch mit Microsoft Word für Windows 2.0.

Wozu soll man Tabellen mit Textsystemen verarbeiten?

11.3.1 Statischer Datenaustausch

Der statische Datenaustausch mit Textverarbeitungsprogrammen erfolgt bei 1-2-3/W über das Extrahieren und Importieren von Texten oder das direkte Lesen der jeweiligen Quelldatei.

400 11. Datenaustausch

Datenreise

Wir zeigen Ihnen

- das Extrahieren von Texten aus einem 1-2-3/W Arbeitsblatt und Lesen dieser Extrakte mit Word für Windows,
- das direkte Lesen eines 1-2-3/W Arbeitsblatts im «WK3»-Format durch Word für Windows und
- das Importieren von Texten aus einem Textprogramm in ein 1-2-3/W Arbeitsblatt.

Extrahieren von Texten

Beim Extrahieren erstellen Sie eine Datei im Druckausgabeformat oder normalen Dateiformat, die Sie dann in ein Textprogramm laden können. Wir wollen hier Daten aus 1-2-3/W im Druckausgabeformat und als normale Datei in Word für Windows verwenden.

Öffnen Sie zur Vorbereitung die Datei «HARALDK.WK3» aus dem Kapitel 8. Dann vollziehen Sie bitte die die folgenden Schritte nach:

Vorgehensweise

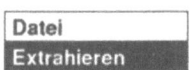

1. Markieren Sie den Tabellenausschnitt, den Sie extrahieren wollen, hier A:A1.. E54.
2. Wählen Sie im Menü **Datei** den Befehl **Extrahieren**.
3. Wählen Sie wie im Bild 11.43 im Dialogfenster Datei Extrahieren **Speichern als Text**, stellen Sie Laufwerk, Verzeichnis und Dateiname für die Ausgabedatei ein und kontrollieren Sie den Tabellen-Bereich, den Sie extrahieren wollen.
4. Schließen Sie den Befehl ab.
5. Wechseln Sie zu einem Textprogramm, z.B. Word für Windows 2.0.
6. Wählen Sie im Menü **Datei** den Befehl **Öffnen** und stellen Sie im Dialogfenster Öffnen die Namenserweiterung «.PRN», Laufwerk und Verzeichnis ein (Bild 11.44).
7. Entscheiden Sie sich wie im Bild 11.45 für die Dateiumwandlung von MS-DOS Text, da 1-2-3/W Text im ASCII-Format extrahiert.

11.3 1-2-3/W Arbeitsblätter mit Textsystemen koppeln 401

8. Vergleichen Sie den Text in Word (Bild 11.46) mit den 1-2-3/W-Arbeitsblatt (Bild 8.8).

Jetzt stehen Ihnen alle Gestaltungsmöglichkeiten von Word für Windows für diesen Text zur Verfügung.

Bild 11.43: 1-2-3/W: Einstellen im Dialogfeld Datei Extrahieren

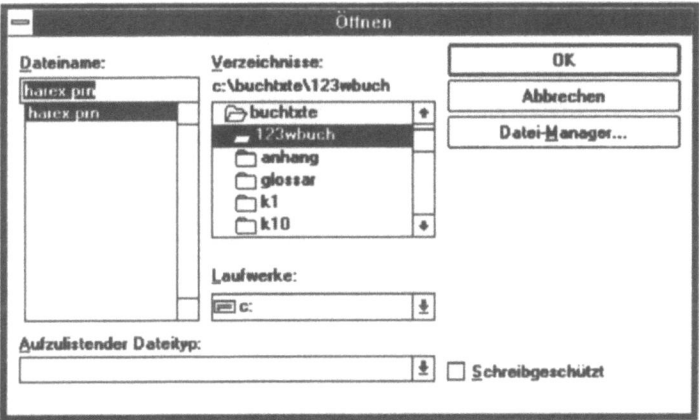

Bild 11.44: Word für Windows: Öffnen der extrahierten Datei

402 11. Datenaustausch

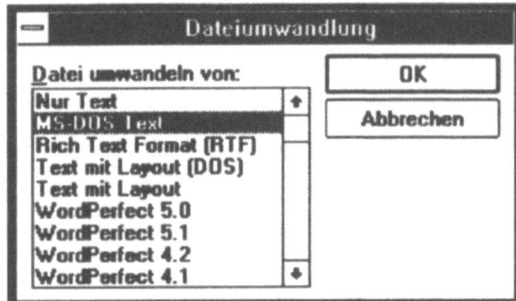

Bild 11.45: Word für Windows: Wahl des Umwandlungsformats

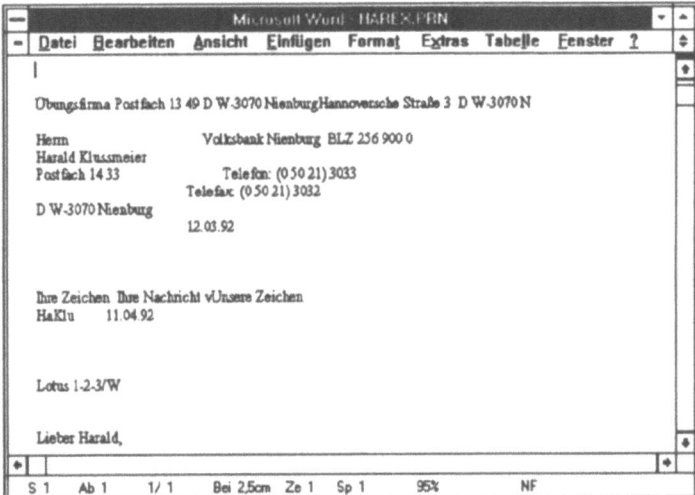

Bild 11.46: Word für Windows: Ausschnitt aus dem 1-2-3/W-Text

Datenreise

Word für Windows kann 1-2-3/W-Dateien auch direkt lesen. Wir wollen hier die Datei «VORDRUCK.WK3» aus Kapitel 8 direkt in Word für Windows laden.

Vorgehensweise

1. Stellen Sie in Word für Windows den aufzulistenden Dateityp auf Alle Dateien «*.*» oder auf «WK3» ein und wählen Sie die Datei «VORDRUCK.WK3» (Bild 11.47).

11.3 1-2-3/W Arbeitsblätter mit Textsystemen koppeln

2. Wählen Sie wie im Bild 11.48 die Dateiumwandlung vom Lotus 1-2-3 Arbeitsblatt.
3. Entscheiden Sie sich für den Tabellenbereich, den Sie öffnen wollen (Bild 11.49).
4. Seien Sie nicht überrascht, daß Word für Windows die 1-2-3/W-Datei im Word für Windows Tabellenformat darstellt Bild 11.50).

Informieren Sie sich in der Word für Windows Hilfe, wie Sie dort Tabellen verarbeiten können.

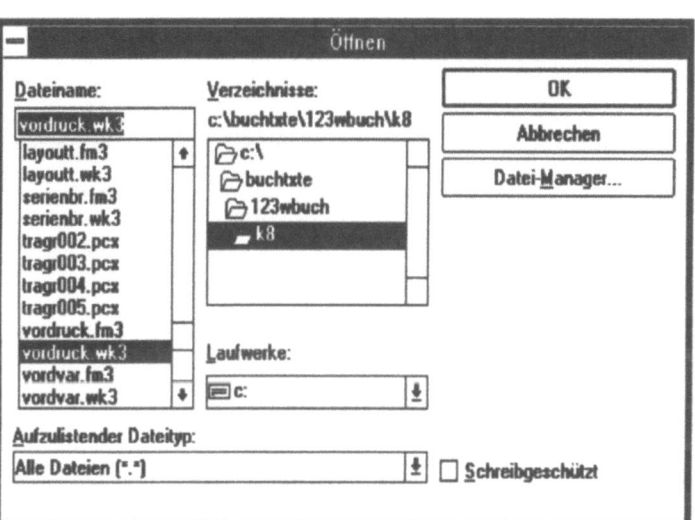

Bild 11.47: Word für Windows: Wahl der Datei

Bild 11.48: Word für Windows: Wahl der Datei

404   11. Datenaustausch

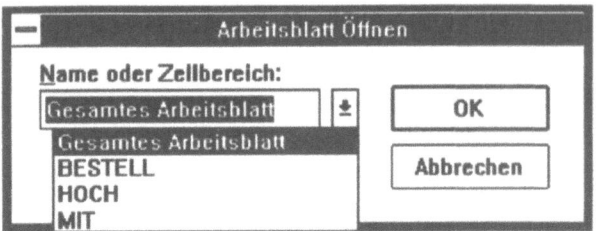

Bild 11.49: Word für Windows: Wahl des Tabellenbereichs über Namen

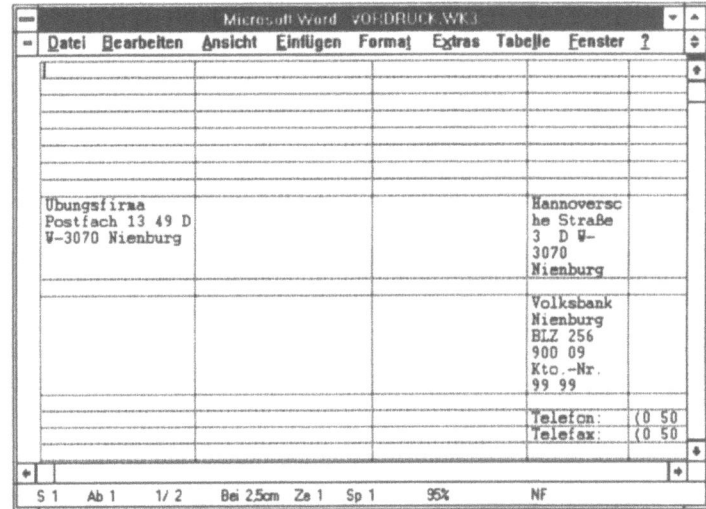

Bild 11.50: 1-2-3/W Tabelle im Word für Windows Tabellenformat

Importieren von Text in 1-2-3/W	Wir wollen hier einen Text im DOS ASCII-Format in eine 1-2-3/W Tabelle einlesen.
Vorarbeiten	Wir haben aus der 1-2-3/W Hilfe mit **Bearbeiten Kopieren** einen Hilfetext in die Zwischenablage kopiert, im Windows Editor und mit Word für Windows weiter bearbeitet und mit Word für Windows mit dem Dateityp «Nur Text + Umbrüche (*.txt)» als «HILFE2.TXT» gespeichert.

Jetzt wollen wir diesen Text in 1-2-3/W importieren.

Vorgehensweise

1. Wählen Sie im Menü Datei den Befehl Importieren und den Unterbefehl **Text**.
2. Wählen Sie im Dialogfenster Datei Importieren Text das Laufwerk, das Verzeichnis, die Dateinamenerweiterung und den Namen der Datei, die Sie importieren wollen (Bild 11.50).
3. Überzeugen Sie sich von dem Ergebnis mit Umlautproblemen (Bild 11.51).

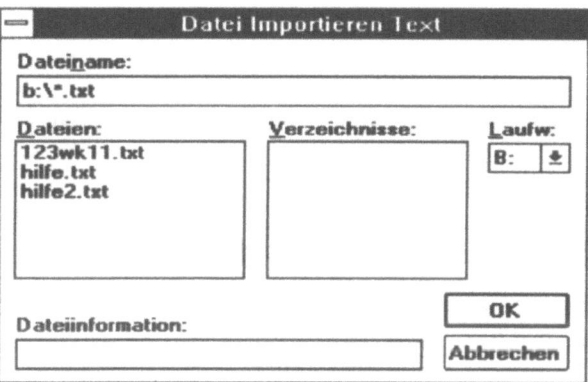

Bild 11.51: 1-2-3/W Dialogfenster Datei Importieren Text

11. Datenaustausch

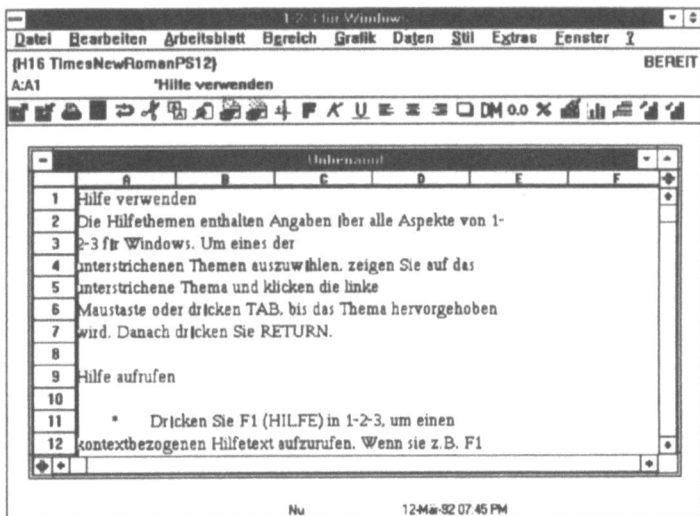

Bild 11.52: 1-2-3/W Arbeitsblatt mit importiertem Hilfetext

11.3.2 Dynamischer Datenaustausch

Spannender ist der dynamische Datenaustausch über die Windows Zwischenablage.

Datenreise

Wir wollen nun am Beispiel der Artikeldatei «ARTIKEL.WK3» aus Kapitel 9 das Verknüpfen und Aktualisieren einer Tabelle mit WORD für Windows durchführen.

Präsentation mit WINWORD

Unter WINDOWS können Sie Dateien oder Teile von Dateien innerhalb der WINDOWS-Anwendungen auf einfache Weise übertragen. Mit Word für Windows können Sie 1-2-3/W Dokumente direkt lesen (Kapitel 11.3.1) oder über die Zwischenablage Teile von 1-2-3/W Arbeitsblättern einfügen.

Sie markieren hierzu unter 1-2-3/W die Tabelle oder den Teile der Tabelle, die Sie verknüpfen wollen (Bild 11.53). Sie müssen diesen Bereich nun mit dem Befehl **Bearbeiten Kopieren** oder den Abkürzungstasten STRG-Einfg in die Zwischenablage bringen. In dem Anwendungsprogramm, das Sie mit dieser Datei verknüpfen wollen, geben Sie nun einfach den in vielen WIN-

DOWS 3.x Anwendungen vorhandenen Befehl **Verknüpfen_und_einfügen**.

Beachten Sie, daß Word für Windows später nur Veränderungen in den Feldern registriert, die Sie ausgeschnitten und eingefügt haben. Wollen Sie die Tabelle später um Datensätze erweitern und soll dies in der Verknüpfung berücksichtigt werden, so dürfen Sie nicht nur den beschriebenen Bereich markieren, sondern auch einige Zeilen darunter.

Hüten Sie sich jedoch davor, die ganze Tabelle zu markieren und zu verknüpfen, da dies unnötig viel Speicherplatz in Anspruch nimmt.

Sie sehen nun die Funktionsweise dieser Verknüpfung am Beispiel der Datei «ARTIKEL.WK3» (s. Abschnitt 9.8), die wir in ein WINWORD Dokument einfügen wollen.

Vorgehensweise:

1. Öffnen Sie das Arbeitsblatt «ARTIKEL.WK3».
2. Markieren Sie die Felder, die Sie mit dem einer Datei in WINWORD verknüpfen wollen (Bild 11.53).
3. Geben Sie den Befehl **Bearbeiten_Kopieren** oder tasten Sie (STRG)-(Einfg).
4. Schalten Sie nun nach WINWORD um und geben Sie hier den Befehl **Bearbeiten Inhalte Einfügen**.
5. Wählen Sie hier im Word für Windows Dialogfeld **Inhalte einfügen** im Listfeld **Datentyp** den ersten Auswahlpunkt **Formatierter Text** und betätigen Sie die Schaltfläche **Verknüpfung einfügen** (Bild 11.54).

Beobachten Sie, wie Word für Windows die Informationen zur verknüpften Tabelle auf dem Bildschirm anzeigt.

408   11. Datenaustausch

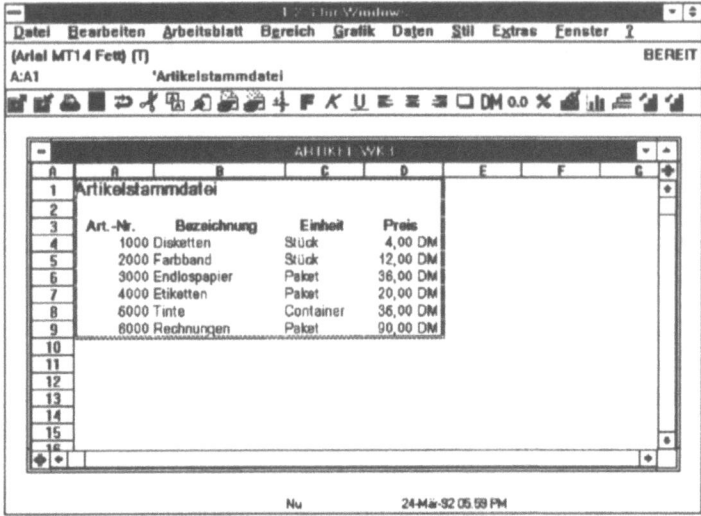

Bild 11.53: Kopieren der Tabelle unter 1-2-3/W

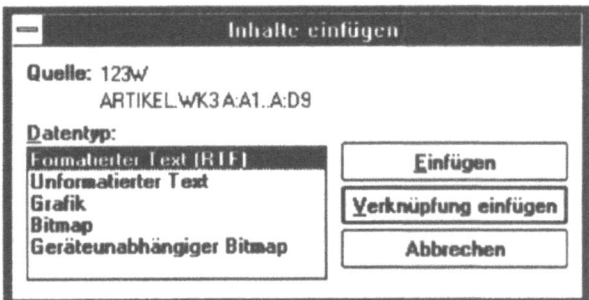

Bild 11.54: Word für Windows 2.0 Dialogfeld Bearbeiten Einfügen

Kontrolle des Ergebnisses

Sie können sich das 1-2-3/W Arbeitsblatt und das Word für Windows Dokument untereinander auf dem Bildschirm darstellen, damit Sie die dynamische Verknüpfung gut überprüfen können (Bild 11.55).

Reduzieren Sie im 1-2-3/W Arbeitsblatt den Preis des ersten Artikels von 4 DM auf 2 DM. Auf einem 486er Rechner dauert es keine Sekunde, bis auch Word für Windows den Preis im Dokument angepaßt hat (Bild 11.56).

11.3 1-2-3/W Arbeitsblätter mit Textsystemen koppeln

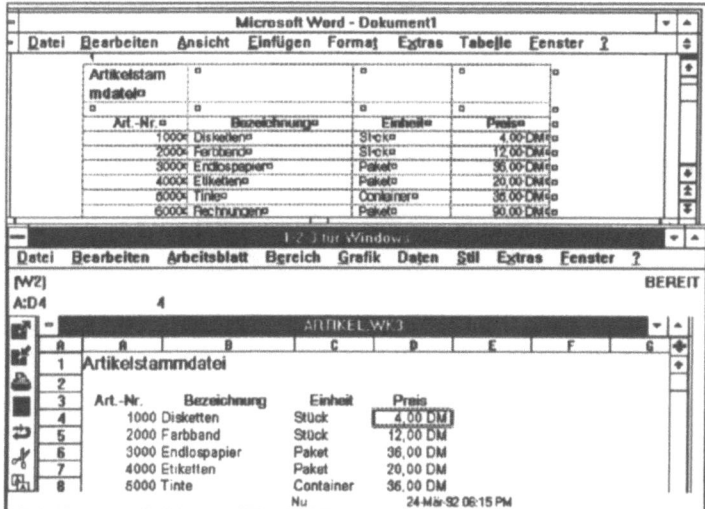

Bild 11.55: Word für Windows und 1-2-3/W Fenster übereinander

Im Unterschied zum statischen Kopieren von Dateiinhalten wird also bei der dynamischen Verknüpfung über die Zwischenablage mit Einfügen einer Verknüpfung immer der aktuelle Inhalt in dem Zieldokoment angezeigt.

WINWORD hat aus dem Inhalt der Zwischenablage eine WINWORD-Tabelle erstellt, die Sie wie eine WINWORD Tabelle bearbeiten und formatieren können.

Wenn Sie in der Word für Windows Tabelle Werte ändern, z.B. den Preis für Etiketten auf DM 50 erhöhen, wird diese Änderung natürlich nicht in dem 1-2-3/W Arbeitsblatt berücksichtigt. Dies liegt daran, daß ja die 1-2-3/W Tabelle in ein Word-Dokument eingefügt ist, und nicht der Word-Text in ein 1-2-3/W Arbeitsblatt (Bild 11.57).

410   11. Datenaustausch

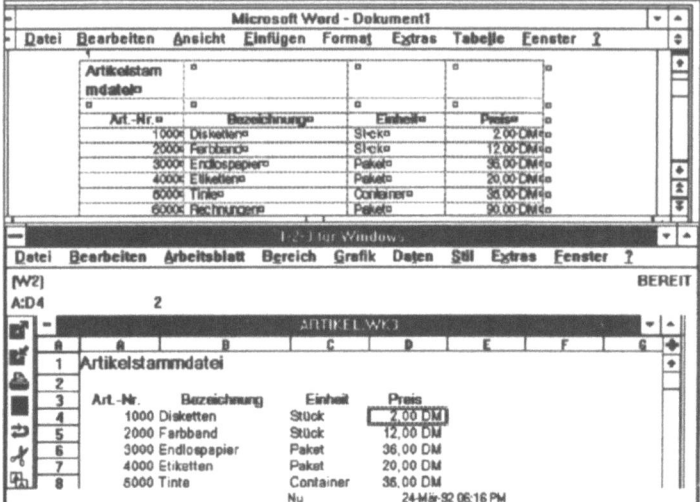

Bild 11.56: Änderung und dynamische Verknüpfung

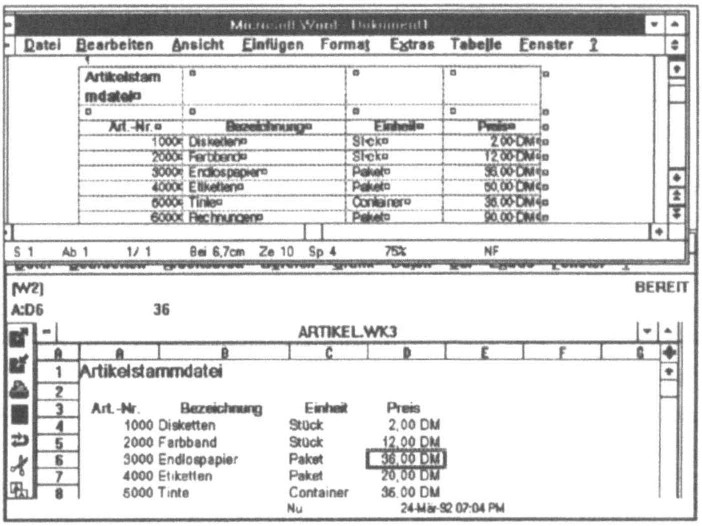

Bild 11.57: Änderungen in Word sind auf 1-2-3/W ohne Einfluß

Ändern Sie danach in 1-2-3/W wieder einen Wert, z.B. den Preis der Tinte auf DM 70, paßt über den dynamischen Datenaustausch Word auch den von Ihnen vorher geänderten Wert

(Preis der Etiketten, Bild 11.57) auf den Wert in dem 1-2-3/W Arbeitsblatt an (Bild 11.58).

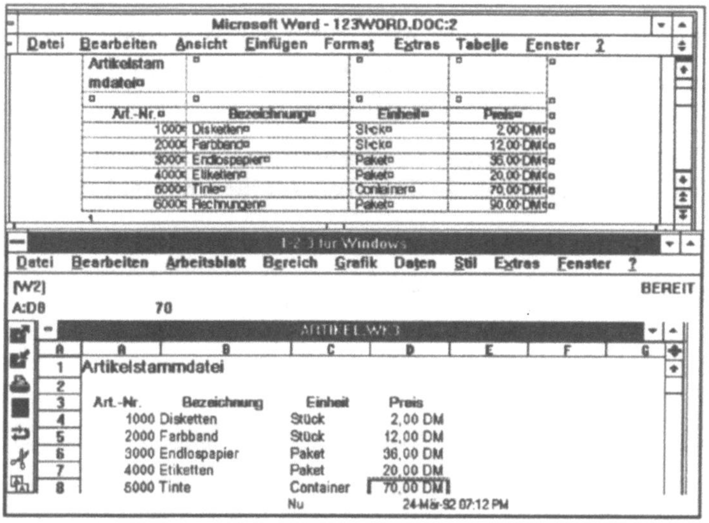

Bild 11:58: Dynamischer Datenaustausch korrigiert auch Änderungen in der Quellanwendung

11.4 Datenaustausch mit Grafikanwendungen

1-2-3/W bietet Ihnen nicht so viele Verfremdungsmöglichkeiten wie spezielle Grafikeditoren. Schon mit dem Windows-Zubehörprogramm Paintbrush können Sie Diagramme interessant verfremden.

Wir zeigen im Abschnitt 11.4.1, wie Sie 1-2-3/W Diagramme in Paintbrush und in CorelDRAW! verfremden und im Abschnitt 11.4.2, wie Sie diese oder beliebige Grafikdaten über die Zwischenablage oder speziell formatierte Grafikdateien in 1-2-3/W Tabellen übernehmen können. Das Erstellen von Dateien in fremden Formaten heißt Exportieren, das Einlesen Importieren.

Paintbrush ist im Lieferumfang von Windows enthalten; CorelDRAW! bietet hingegen wesentlich mehr Gestaltungsmöglichkeiten und kann auch viel mehr Dateiformate erstellen.

11.4.1 Diagramme in Grafikanwendungen verfremden

Grafik aus 1-2-3/W in die Zwischenablage

Öffnen Sie ein 1-2-3/W Arbeitsblatt mit einer Grafik wie der Umsatzgrafik (wie im Abschnitt 7.3 beschrieben) und kopieren Sie sie in die Zwischenablage.

Verfremden mit Paintbrush

Fügen Sie die Grafik in Paintbrush aus der Zwischenablage ein und vergleichen Sie Ihr Arbeitsergebnis mit Bild 11.59.

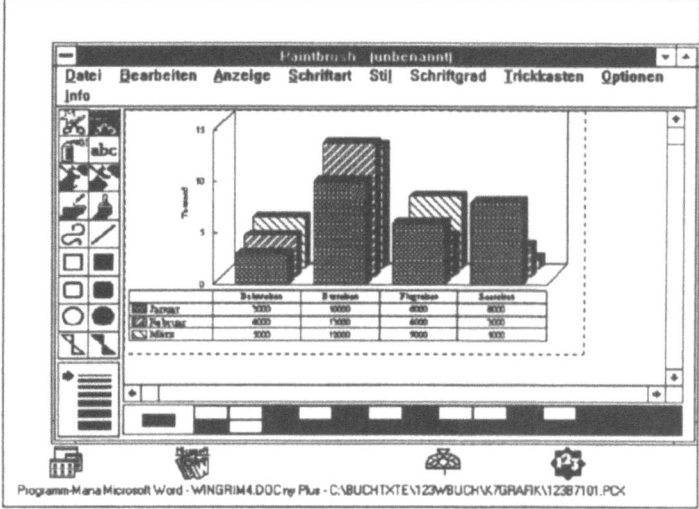

Bild 11.59: Grafik in Paintbrush aus Zwischenablage eingefügt

Wir wollen jetzt die Grafik mit dem Paintbrush **Trickkasten** invertieren (Bild 11.60), und eine Ecke abschneiden (Bild 11.61).

Markieren Sie die ganze Grafik wie im Bild 11.59 und kopieren Sie sie mit **Bearbeiten Kopieren** in die Zwischenablage.

 Im Abschnitt 11.4.2 zeigen wir Ihnen, wie wir die veränderte Grafik in 1-2-3/W aus der Zwischenablage in die Tabelle einfügen.

11.4 Datenaustausch mit Grafikanwendungen 413

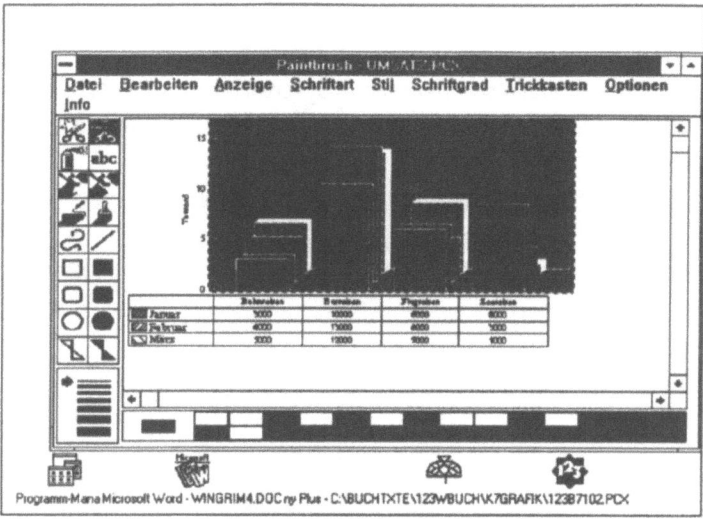

Bild 11.60: Grafik invertiert mit Trickkasten invertiert

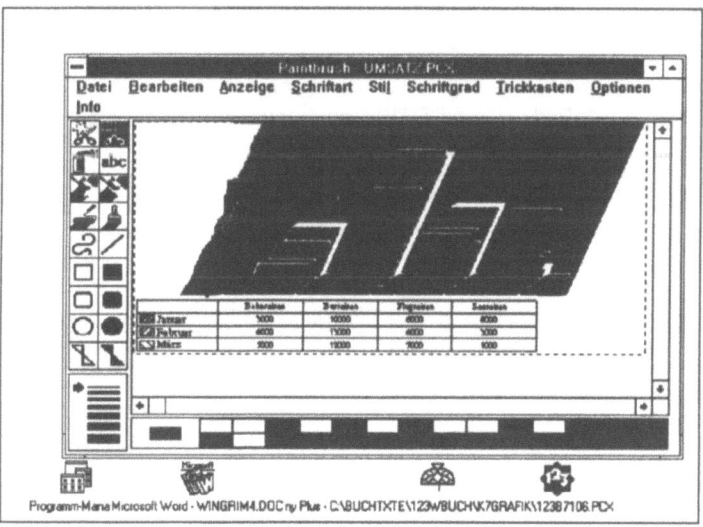

Bild 11.61: Grafik gekippt, Ecke abgeschnitten

Wenn Sie zwischendurch noch mit anderen Programmen und der Zwischenablage arbeiten, speichern Sie den Inhalt der Zwischenablage zwischen und öffnen ihn später wieder.

414 11. Datenaustausch

Verfremden mit CorelDRAW!

Falls Sie auf Ihrem Computer auch die Grafikanwendung CorelDraw! installiert haben, können Sie die folgenden Schritte leicht selbst nachvollziehen. Kopieren Sie aus der Zwischenablage die 3-D-Umsatzgrafik in CorelDRAW! wie im Bild 11.62.

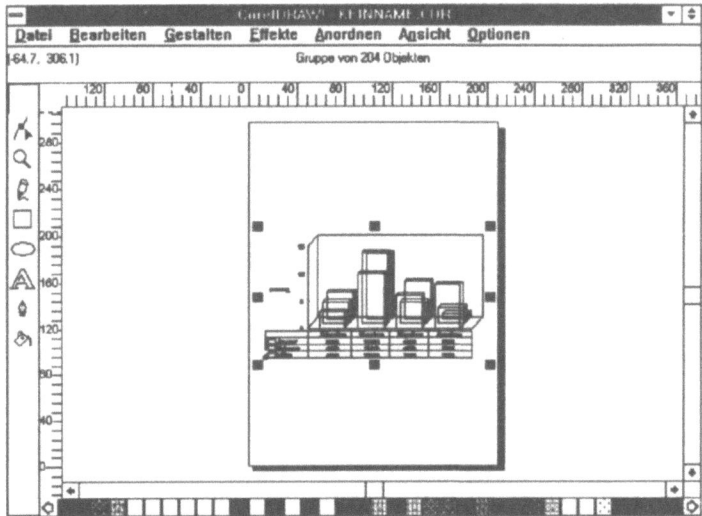

Bild 11.62: Bild in CorelDRAW! kopiert aus Zwischenablage

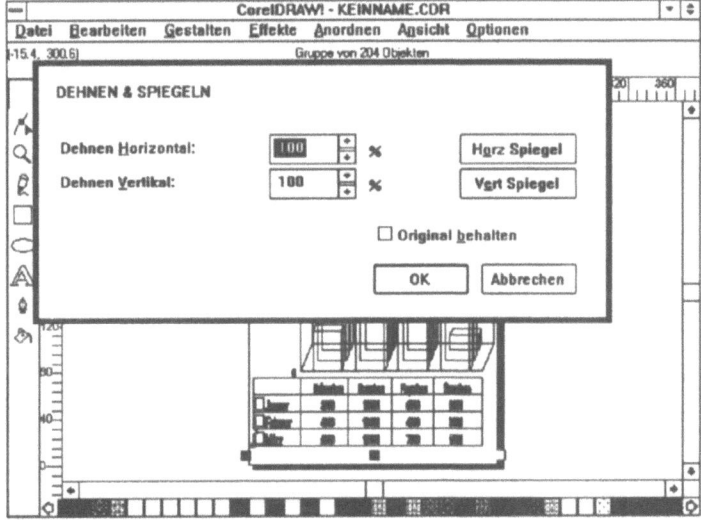

Bild 11.63: Bild in CorelDRAW! Dialogbox **Gestalten Dehnen und Spiegeln**

11.4 Datenaustausch mit Grafikanwendungen 415

Dehnen Sie die Grafik über die Dialogbox **Gestalten Dehnen und Spiegeln** (Bild 11.63) auf Ganzseitengröße wie im Bild 11.64.

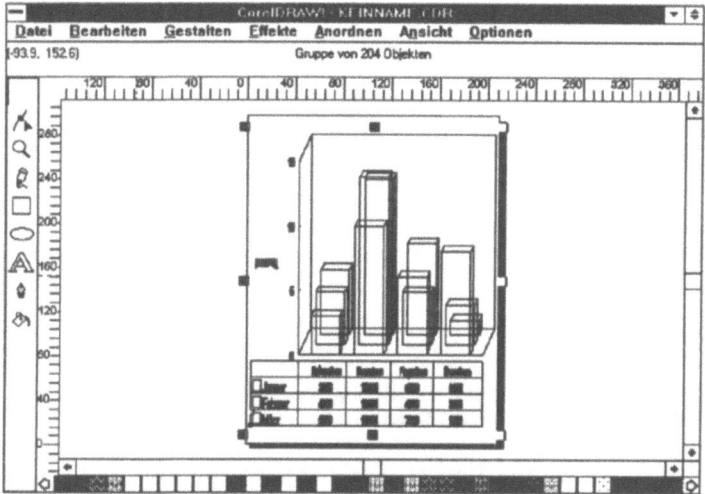

Bild 11.64: Ergebnis von Dehnen und Spiegeln

Wählen Sie den Menüpunkt **Gestalten** und drehen Sie die Grafik im Dialogfeld **Rotieren & Schiefstellen** wie im Bild 11.65 um 40 Grad; vergleichen Sie Ihr Ergebnis mit Bild 11.66.

Noch mehr verfremden

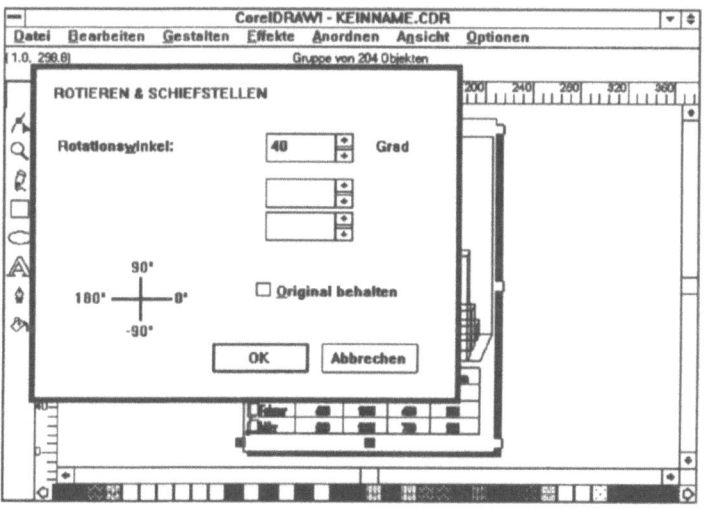

Bild 11.65: Dialogfeld Rotieren & Schiefstellen; Eingabe Rotationswinkel 40 Grad

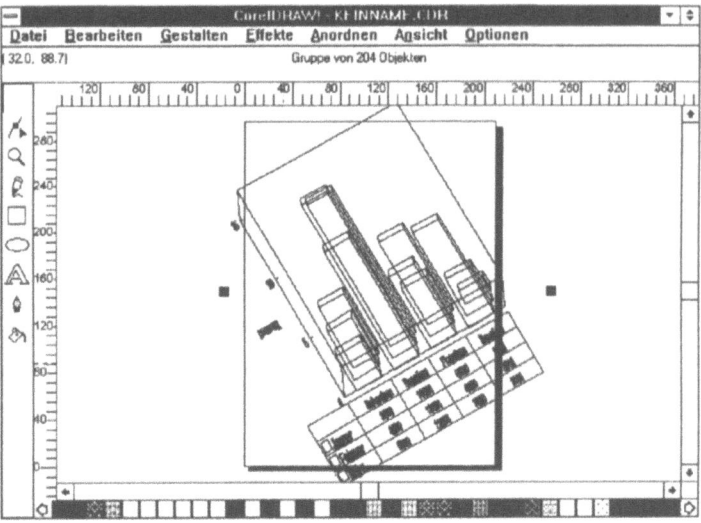

Bild 11.66: Rotiert um 40 Grad

Markieren Sie Ihr Arbeitsergebnis und kopieren Sie es in die Zwischenablage, damit Sie es bequem sofort danach in eine 1-2-3/W Tabelle übernehmen können (Bild 11.67).

Im Abschnitt 11.42 wollen wir Ihnen auch gleich zeigen, wie Sie eine Grafikdatei im Grafik Metafile Format in ein 1-2-3/W Arbeitsblatt importieren können.

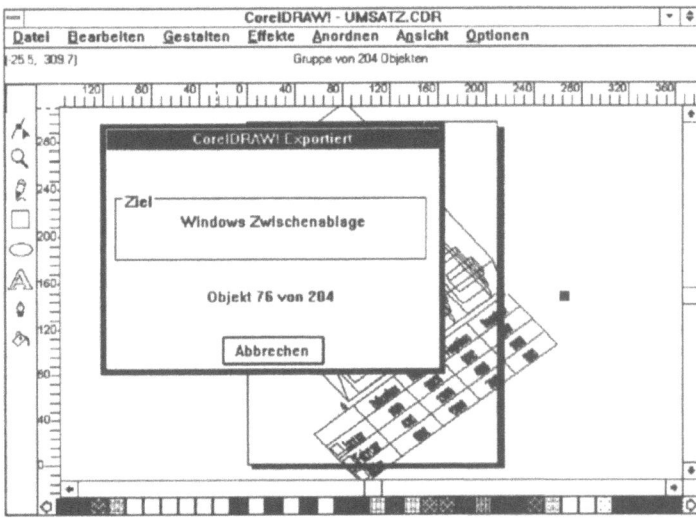

Bild 11.67: CorelDRAW! Dialogfenster: Export in Zwischenablage

11.4 Datenaustausch mit Grafikanwendungen

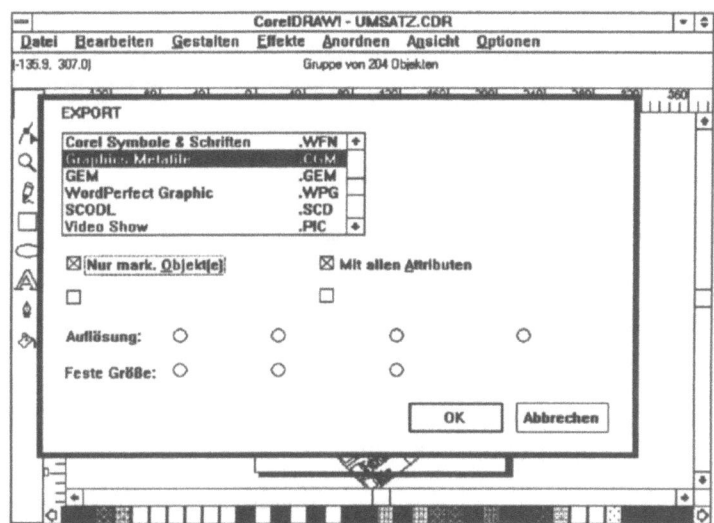

Bild 11.68: Export Graphics Metafile

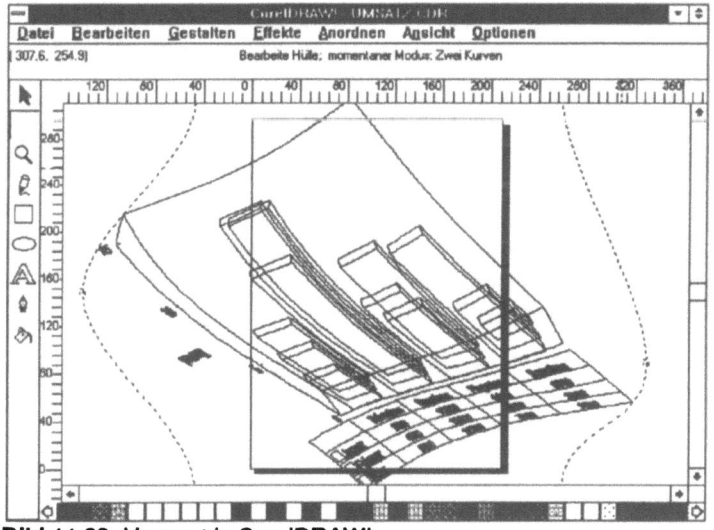

Bild 11.69: Verzerrt in CorelDRAW!

Jetzt wird es albern!

Wir exportieren hier in CorelDRAW! die veränderte Grafik daher noch ins Grafik Metafile Format «CGM». Im Bild 11.68 sehen Sie das CorelDRAW! Dialogfenster zur Auswahl des

Exportieren ins CGM Format

Export- Formats, das Sie über das Dateimenü von Corel-DRAW! erreichen. Geben Sie dann im Dialogfenster Export Graphics Metafile den Pfad und Dateinamen zum Exportieren an.

Weiterspielen? Wenn Sie noch viel Zeit haben, probieren Sie doch noch ein paar Verfremdungsmöglichkeiten von CorelDRAW! wie im Bild 11.69 aus. Die Ergebnisse sind erstaunlich!

11.4.2 Beliebige Grafiken in 1-2-3/W Tabellen

In 1-2-3/W können Sie Grafiken aus der Zwischenablage und in den Dateiformaten CGM (Grafik Metafile) und dem Lotus Grafikformat PIC importieren.

Zum Einfügen aus der Zwischenablage markieren Sie einfach einen Zielbereich in der Tabelle und fügen eine Grafik statisch oder dynamisch ein.

Datenreise Wir fügen hier in drei verschiedenen Reisen Grafikdaten von Paintbrush und CorelDRAW! aus der Zwischenablage von Windows ein und importieren eine CorelDRAW! Grafik, die wir im vorhergehenden Abschnitt 11.4.1 im Format Grafik Metafile exportiert haben.

Paintbrush-Grafik über die Zwischenablage einfügen Wir wollen jetzt die mit Paintbrush verfremdetet Grafik aus der Zwischenablage in ein 1-2-3/W-Arbeitsblatt einfügen. Ziehen Sie in einem 1-2-3/W Arbeitsblatt einen Rahmen auf und fügen Sie mit **Bearbeiten Kopieren** die Grafik, die Sie zuvor gerade in Paintbrusch in die Zwischenablage kopiert haben, in Ihr Arbeitsblatt (Bild 11.70).

Beachten Sie, daß die Zwischenablage von Windows 3 hier statisch kopiert. Verändern Sie Ihre Quelltabelle und beachten Sie, daß das die aus der Zwischenablage von Windows 3 eingefügte Grafik nicht verändert.

11.4 Datenaustausch mit Grafikanwendungen

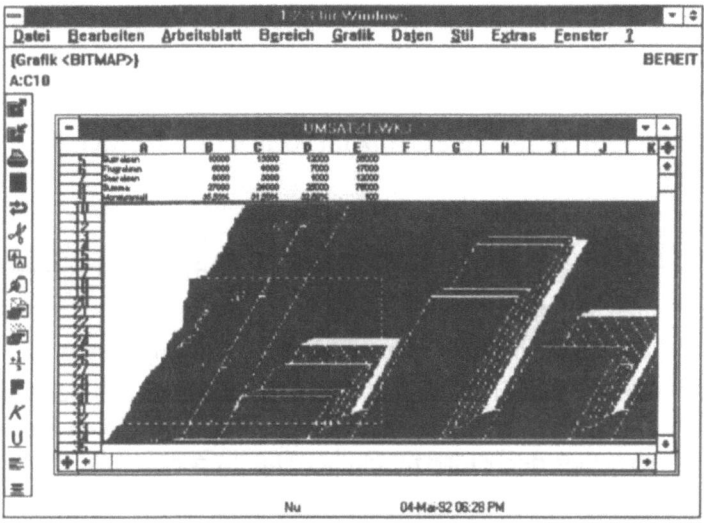

Bild 11.70: Grafik aus Paintbrush in 1-2-3/W kopiert

Beim Einfügen von CorelDRAW!-Grafiken aus der Zwischenablage verfahren Sie ebenso. Im Bild 11.71 sehen Sie die eingefügte Grafik von Bild 11.66.

Grafik über die Zwischenablage einfügen

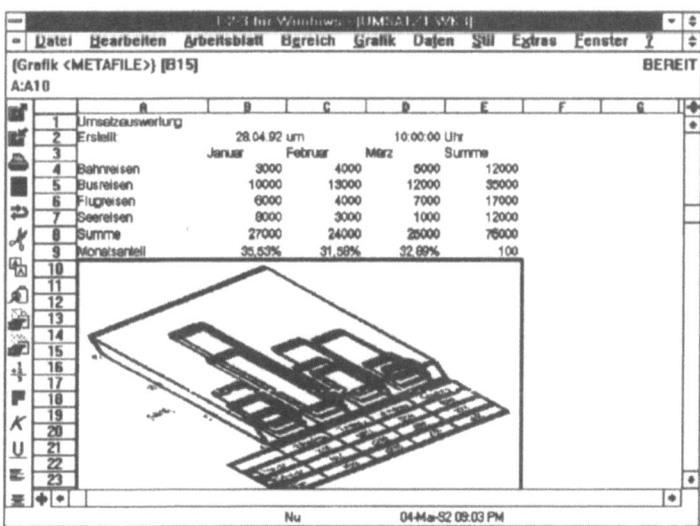

Bild 11.71: Aus CorelDRAW! über Zwischenablage von Windows 3.0 in markierten Tabellenbereich eingefügte Grafik

Graphik Metafile Datei importieren

Neben dem Einfügen aus der Zwischenablage kennt 1-2-3/W noch das Importieren von Grafiken in den Formaten CGM und PIC.

So importieren Sie eine Grafik im Format Graphic Metafile:

Vorgehensweise

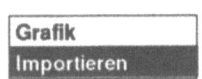

1. Markieren Sie den Tabellenbereich, der die Grafik aufnehmen soll und
2. wählen Sie im Menü **Grafik** den Befehl **Importieren**.
3. Steuern Sie im Dialogfeld Grafik Importieren das richtige Laufwerk, Verzeichnis und den richtigen Dateinamen sowie einen der beiden möglichen Dateitypen an (Bild 11.72).

Bild 11.72: Dialogfenster Grafik Import Metafile Grafik UMSATZ.CGM in markierten Tabellenbereich importieren

Freuen Sie sich über die importierte Grafik wie im Bild 11.73.

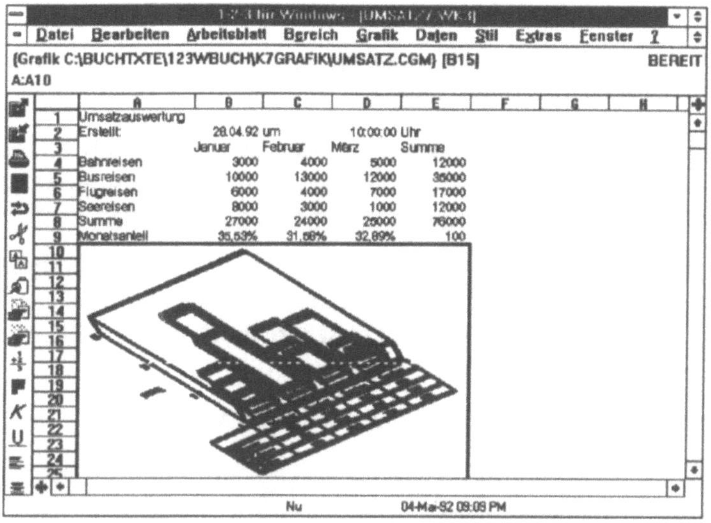

Bild 11.73: 1-2-3/W Tabelle mit importierter Metafile Grafik

11.5 Datenaustausch mit PASCAL für WINDOWS

Dieser Abschnitt zeigt, wie Sie ihre Daten zwischen Borlands PASCAL für Windows und Lotus 1-2-3 für Windows austauschen können. Die hier beschriebenen Verfahren sind mit kleinen Änderungen auch für andere PASCAL-Dialekte und von der Idee her auch für andere Programmiersprachen und Tabellenkalkulationsprogramme zu verwenden.

Vorbemerkung

In Abschnitt 11.5.1 wird die Übertragung einer 1-2-3 W-Datei nach PASCAL dargestellt und in Abschnitt 11.5.2 die Umwandlung von PASCAL-Dateien in 1-2-3 W-Dateien.

11.5.1 Datenübertragung von 1-2-3/W nach PASCAL

Die Übertragung einer 1-2-3 W-Datei nach PASCAL kann in zwei Schritte zerlegt werden.

- Im ersten Schritt werden Daten als Auszug aus einem Arbeitsblatt als ASCII-Druckdatei mit der Endung .PRN (PRN steht für Printer) gespeichert (extrahiert),
- im zweiten Schritt wertet ein PASCAL-Programm diese Datei aus, stellt den Inhalt zur Kontrolle als Tabelle auf dem Bildschirm dar und speichern die Daten als PASCAL-Datei im File-Record-Format.

Und so extrahieren Sie Daten aus einem Arbeitsblatt:

Vorgehensweise

1. Wählen Sie innerhalb Ihres Arbeitsblattes einen Bereich aus, um seinen Inhalt unverändert in eine Textdatei zu schreiben.

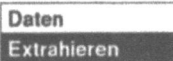

2. Öffnen Sie das Menü **Datei** und wählen den Befehl **Extrahieren...** (Bild 11.74). Nun öffnet 1-2-3 W ein Dialogfenster.

3. Geben Sie im Dialogfenster **Daten Extrahieren** der extrahierten Textdatei einen Datei- und Pfadnamen.

4. Außerdem setzen Sie die Option **Speichern als Text**, da wir den Bereich in eine Textdatei extrahieren möchten. Daraufhin wird im Editierfeld **Dateiname** die Endung .PRN vorgegeben. Sie können diese Vorgabe übernehmen, oder die Datei mit einem anderen Namen benennen.

5. Wenn Sie jetzt die Schaltfläche **OK** anklicken, wird die gewünschte Datei erzeugt (Bild 11.75).

11.5 Datenaustausch mit PASCAL für WINDOWS

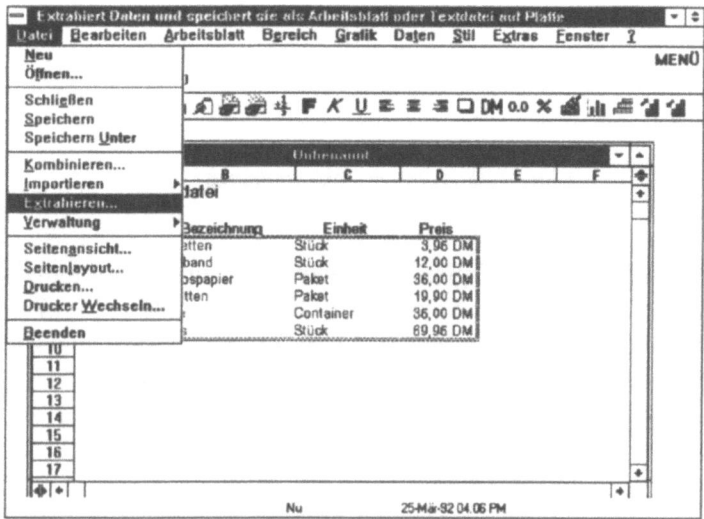

Bild 11.74: Datei Extrahieren aus einem Arbeitsblattbereich

Bild 11.75: Dialogfenster Datei Extrahieren

Beachten Sie, daß unter 1-2-3/W in der Version 1.1 der vollständige Datei- und Pfadname nicht länger als 31 Zeichen sein darf, wenn Sie einen Bereich als Text extrahieren. Sonst meldet 1-2-3/W einen Fehler wie im Bild 11.76.

424   11. Datenaustausch

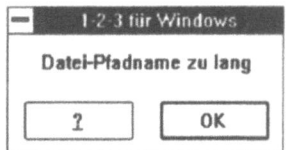

Bild 11.76: 1-2-3/W-Fehlermeldung

Ergebnis mit dem Windows-Editor betrachten
Betrachten Sie Ihr Ergebnis zur Kontrolle mit dem Windows-Editor. Sie sehen dann einen Bildschirm wie in Bild 11.77. Wie Sie sehen, besitzen die Spalten keine Trenner, sondern sind wie im 1-2-3 W-Arbeitsblatt untereinander angeordnet.

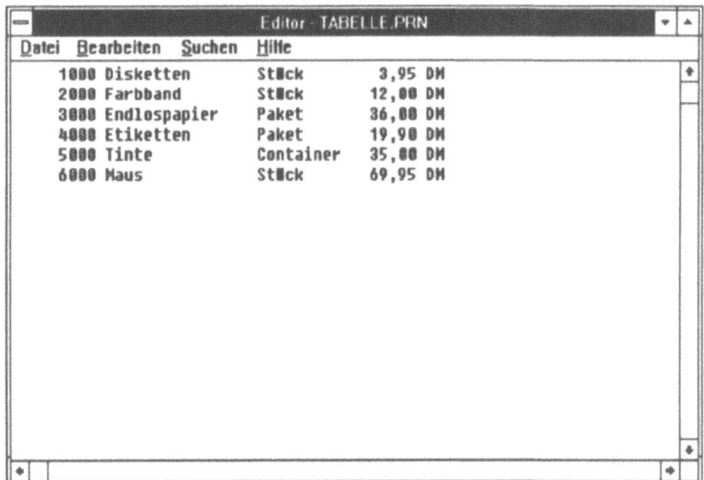

Bild 11.77: TABELLE.PRN im Windows 3.1 Editor

Das PASCAL-Programm
Sie können diese Datei nun mit einem PASCAL-Programms die Daten einlesen, auswerten, auf dem Bildschirm darstellen und im PASCAL Dateiformat speichern.

Dazu soll das PASCAL-Programm

- Den ASCII-Text in den ANSI-Code umwandeln,
- Dezimalkommata in Punkte umgewandeln,
- die Preise mit zwei Nachkommastellen ausgegeben und
- die Variablen als PASCAL-Datei im File-Record-Format speichern.

11.5 Datenaustausch mit PASCAL für WINDOWS

Beachten Sie, daß Turbo PASCAL für Windows und 1-2-3 für Windows den ANSI-Code verwenden, um Zeichen auf dem Bildschirm darzustellen. Der extrahierte Text wird jedoch als Druckdatei im ASCII-Code gespeichert, welchen die meisten Drucker erwarten. Bei der Verwendung von Umlauten und anderen Sonderzeichen sollten Sie daher die ASCII-Zeichenfolgen der PRN-Datei in ANSI-Texte umwandeln.

Sie verwenden hierfür die Prozedur OemToAnsi, die sich in der Bibliothek WinProcs von TURBO PASCAL für Windows befindet.

Starten Sie nun das ausführbare Programm TABELLE.EXE aus dem Verzeichnis K11 der Beispieldiskette. Den nun folgenden Quelltext dieses Programms finden Sie ebenfalls auf der Beispieldiskette, unter dem Dateinamen TABELLE .PAS in denselbem Verzeichnis:

```
PROGRAM Daten_von_123_nach_PASCAL_uebertragen;
{ Stellt  Textdatei  als Tabelle auf dem Bild-
  schirm dar  und .speichert  sie  im PASCAL-
  Format }

USES WinCrt, WinProcs;
{ Bibliothek  für  Bildschirmfunktionen  unter
  WINDOWS und WINDOWS-Prozeduren }

{ Variablenverbund  der  Daten  für  je  einen
  Artikel }
TYPE
     Artikelsatz = RECORD
                     Nummer  : word;
                     Name    : STRING[24];
                     Einheit : STRING[12];
                     Preis   : real;
                   END {RECORD};

VAR
     Quelldatei     : text;
                        {Eingelesene Textdatei}
     Quelldateiname : STRING[40];
                        {Name der Textdatei}
     Zeile          : STRING[80];
               {Bearbeitete Zeile der Textdatei}
     Zieldatei      : FILE OF Artikelsatz;
                               {PASCAL-Datei}
     Zieldateiname  : STRING[40];
                        {Name der PASCAL-Datei}
```

```pascal
        Tabelle        : ARRAY[1..10] OF
                                    Artikelsatz;
                         {Eingelesene Artikel}
        Fehler         : integer;
                         { Hilfsvariable für Umwandlung
                           von Text in Zahlen }
        Anzahl         : word;
                         {Anzahl der Zeilen/Datensätze}

FUNCTION Leerzeichen : byte;
            { Liefert die Position des 1.
              Leerzeichens einer Zeile }
  BEGIN
    Leerzeichen := pos (' ', Zeile);
  END {Leerzeichen};

PROCEDURE Daten_umwandeln;
            { Wandelt Daten aus der Quelldatei
              ins PASCAL-Format um }
  VAR Puffer : STRING[80];   { Hilfsvariable }

  BEGIN
    { Zeile linksbündig machen }
    WHILE Zeile[1] = ' ' DO
      delete (Zeile, 1, 1);

    { Mehrfache Leerzeichen in der Zeile ent-
      fernen }
    WHILE pos ('  ', Zeile)  0 DO
      delete (Zeile, pos ('  ', Zeile), 1);

    { Dezimalkomma durch Punkte ersetzen }
    WHILE pos (',', Zeile)  0 DO
      Zeile[pos (',', Zeile)] := '.';

    { ASCII in ANSI-Darstellung umwandeln }
    OemToAnsi (@Zeile, @Puffer);
    Zeile := Puffer;

    { Währung löschen }
    delete (Zeile, pos ('DM', Zeile), 2);

    { Daten lesen und in Variablen speichern }
    WITH Tabelle[Anzahl] DO
      BEGIN
        val (copy (Zeile, 1, Leerzeichen - 1),
             Nummer, Fehler);
        delete (Zeile, 1, Leerzeichen);
        Name :=
```

```
              copy (Zeile, 1, Leerzeichen - 1);
        delete (Zeile, 1, Leerzeichen);
        Einheit :=
              copy (Zeile, 1, Leerzeichen - 1);
        delete (Zeile, 1, Leerzeichen);
        val (copy (Zeile, 1, Leerzeichen - 1),
             Preis, Fehler);
     END {WITH};
  END {Umwandeln};

PROCEDURE Quelldatei_lesen;
{ Liest  Textdatei  zeilenweise ein  und  ruft
  Prozedur auf, um die Daten ins PASCAL-Format
  zu bringen }
  BEGIN
    { Textdatei zum Lesen öffnen }
    assign (Quelldatei, Quelldateiname);
    reset (Quelldatei);

    { Bis zum Quelldateiende zeilenweise lesen
      und Daten umwandeln }
    WHILE NOT EOF (Quelldatei) DO
      BEGIN
        inc (Anzahl);
        readln (Quelldatei, Zeile);
        Daten_umwandeln;
      END {WHILE};

    { Textdatei schließen }
    close (Quelldatei);
  END {Quelldatei_lesen};

PROCEDURE Tabelle_ausgeben;
        { Zeigt eine Tabelle mit den gelesenen
          Daten auf dem Bildschirm }
  VAR
    Zaehler : word;

  BEGIN
    writeln;
    writeln ('  Nummer   Artikel
          +  Einheit     Einzelpreis');
    writeln ('  
          +  ');
    FOR Zaehler := 1 TO Anzahl DO
      WITH Tabelle[Zaehler] DO
        BEGIN
          gotoxy (4, Zaehler + 5);
          write (Nummer:4);
```

11. Datenaustausch

```
              gotoxy (10, Zaehler + 5);
              write (' ', Name);
              gotoxy (30, Zaehler + 5);
              write (' ', Einheit);
              gotoxy (43, Zaehler + 5);
              write (' ', Preis:7:2, ' DM');
           END {WITH};
      END {Tabelle_ausgeben};

   PROCEDURE Zieldatei_speichern;
      VAR Zaehler : word;        { Zählervariable }

      BEGIN
         { Zieldatei zum Schreiben öffnen }
         assign (Zieldatei, Zieldateiname);
         rewrite (Zieldatei);

         { Datensätze schreiben }
         FOR zaehler := 1 To Anzahl DO
            write (Zieldatei, Tabelle[Zaehler]);

         { Zieldatei schließen }
         close (Zieldatei);
      END {Zieldatei_speichern};

   { Hauptprogramm }
   BEGIN {Artikeldatei_umwandeln}
      clrscr;

      { Quelldateinamen erfassen }
      write ('Name der Quelldatei: ');
      readln (Quelldateiname);

      { Zieldateinamen erfassen }
      write ('Name der Zieldatei:  ');
      readln (Zieldateiname);

      Anzahl := 0;
      Quelldatei_lesen;
      Tabelle_ausgeben;
      Zieldatei_speichern;
   END {Daten_von_123_nach_PASCAL_uebertragen}.
```

Daten in das PASCAL-Format umwandeln

Starten Sie das Programm TABELLE.PAS bzw. TABELLE.EXE und geben Sie den Namen der extrahierten Datei (hier z. B. TABELLE.PRN) ein. Sie sehen dann einen Bildschirm wie in Bild 11.78. Das PASCAL-Programm stellt die Daten nun in

11.5 Datenaustausch mit PASCAL für WINDOWS

einer eigenen Tabelle dar und speichert sie in der im File-Record-Format satzstrukurierten Datei TABELLE.DTA. Mit dem DOS 5.0-DATEI-LISTER haben wir im Bild 11.79 die Datei TABELLE.DTA für Sie sichtbar gemacht.

Bild 11.78: Ausführen des Programms TABELLE.EXE

```
...................MS-DOS-Shell...TABELLE.DTA.................
Darstellung..Anzeige..Hilfe....................................
enutzen.Sie.BILD-_,.BILD-_,._.oder._.zum.Rollen.der.Dateianzeige
000000.³.E8030944.69736B65.7474656E.00000000.³.þ..Disketten....
000010.³.00000000.00000000.00000005.5374FC63.³.............St³c
000020.³.6B000000.00000000.82CDCCCC.CC7CD007.³.k.......éîîî|ð.
.00.³.08466172.6262616E.64000000.00000000.³..Farbband.......
000004³..00000000.00000000.00055374.FC636B00.³..........St³ok.
000050.³.00000000.00008400.00000040.B80B0C45.³.......à....@@..E
000060.³.6E646C6F.73706170.69657200.00000000.³.ndlospapier.....
000070.³.00000000.00000005.50616B65.74000000.³.........Paket...
000080.³.00000000.86000000.0010A00F.09457469.³.....à.....á..Eti
000090.³.6B657474.656E0000.00000000.00000000.³.ketten..........
0000A0.³.00000000.00055061.6B657400.00000000.³.......Paket.....
0000B0.³.00008533.3333331F.88130554.696E7465.³...à3333.e..Tinte
0000C0.³.00000000.00000000.00000000.00000000.³.................
0000D0.³.00000009.436F6E74.61696E65.72000000.³.....Container...
0000E0.³.86000000.000C7017.044D6175.73000000.³.à.....p..Maus...
0000F0.³.00000000.00000000.00000000.00000000.³.................
000100.³.00055374.FC636B00.00000000.00008766.³...St³ck.......çf
000110.³.6666E60B................................³.ffµ............
.......³...................................³......................
.......³...................................³......................
—Ù=Bild-nach-unten..Esc=Abbrechen..F9=Hex/ASCII...........7:16p
```

Bild 11.79: TABELLE.DTA im DOS 5.0- Dateilister

430   11. Datenaustausch

11.5.2 Datenübertragung von PASCAL nach Lotus 1-2-3/W

Datenreise

Um Daten aus einer PASCAL-Datei in eine 1-2-3 W-Datei einzufügen, wollen wir folgende Schritte ausführen:

- Zunächst schreiben wir ein einfaches PASCAL-Programm (ERFASSEN.PAS), das die Daten erfaßt und in einer Datei im File-Record-Format speichert (z.B. ARTIKEL.DTA).
- Danach erstellen wir ein weiteres PASCAL-Programm (mit Namen WANDEL.PAS), das die im File-Record-Format strukturierte Datei liest und anschließend in eine Druckdatei umwandelt, die 1-2-3 W in ein Arbeitsblatt aufnehmen kann.
- Nun fügen wir diese Druckdatei in ein 1-2-3 W Arbeitsblatt ein, wir importieren es.
- Abschließend bearbeiten wir die importierten Daten in 1-2-3 W so, daß eine übersichtliche Tabelle entsteht.

Das Erfassungsprogramm

Zuerst benutzen wir folgendes PASCAL-Programm (ERFASSEN.PAS), das die Daten einliest und im File-Record-Format speichert.

```
PROGRAM Artikeldatei_erfassen;
{ Dieses Programm  erfaßt Daten  und bereitet
  diese  für  den Import  in ein  Arbeitsblatt
  unter Lotus 1-2-3 für WINDOWS auf. }

USES WinCrt;     { Bibliothek für Bildschirm-
                        funktionen unter WINDOWS }

TYPE   { Variablenverbund der Daten für einen
           Artikel}
   Artikelsatz = RECORD
                   Nummer  : word;
                   Name    : STRING[24];
                   Einheit : STRING[12];
                   Preis   : real;
                 END {RECORD};
```

```pascal
VAR
  Datei     : FILE OF Artikelsatz;
              { Artikeldatei im PASCAL-Format}
  Dateiname : STRING[40];
              { Name der Artikeldatei }
  Artikel   : ARRAY[1..20] OF Artikelsatz;
              { Liste der Artikel }
  Anzahl    : word;       { Anzahl der Artikel }

PROCEDURE Erfasse_Daten;
{ Diese Prozedur erfragt die Daten für mehrere
  Artikel }
  VAR
    Eingabe : char;    { Eingegebenes Zeichen }

  BEGIN
    REPEAT
      { Die Eingabe erfolgt, bis die Frage mit
        'n' beantwortet wird }
      clrscr;
      inc (Anzahl);
      WITH Artikel[Anzahl] DO
        BEGIN
          writeln;
          writeln (Anzahl, '. Eingabe');
          writeln;
          write ('Artikelnummer: ');
          readln (Nummer);
          write ('Artikelname:   ');
          readln (Name);
          write ('Einheit:       ');
          readln (Einheit);
          write ('Preis:         ');
          readln (Preis);
          writeln;
          write
               ('Noch eine Eingabe (j/n) ? ');
          Eingabe := readkey;
        END {WITH};
    UNTIL Eingabe = 'n';
    writeln (Eingabe);
    writeln;
    write ('Name der Artikeldatei: ');
    readln (Dateiname);
  END {Erfasse_Daten};

PROCEDURE Daten_speichern;
  VAR Zaehler : word;          { Zählvariable }
```

432 11. Datenaustausch

```
BEGIN
  assign (Datei, Dateiname);
  rewrite (Datei);
  FOR Zaehler := 1 TO Anzahl DO
      { Alle Artikel als RECORD speichern }
    write (Datei, Artikel[Zaehler]);
  close (Datei);
END {Daten_speichern};

{ Hauptprogramm }
BEGIN {Artikeldatei_erfassen}
  Anzahl := 0;
  Erfasse_Daten;
  Daten_speichern;
END {Artikeldatei_erfassen}.
```

Kompilieren Sie das Programm und starten es, oder verwenden Sie die kompilierte Datei ERFASSEN.EXE von der Beispieldiskette. Nun können Sie die Daten der Reihe nach eingeben, bis Sie die Frage «Noch eine Eingabe ?» mit «n» beantworten. Daraufhin werden Sie dazu aufgefordert, den Dateinamen der PASCAL-Datei einzugeben (Bild 11.80). Nachdem Sie ihre Eingabe mit der (EINGABE)-Taste abgeschlossen haben, wird die Datei erzeugt.

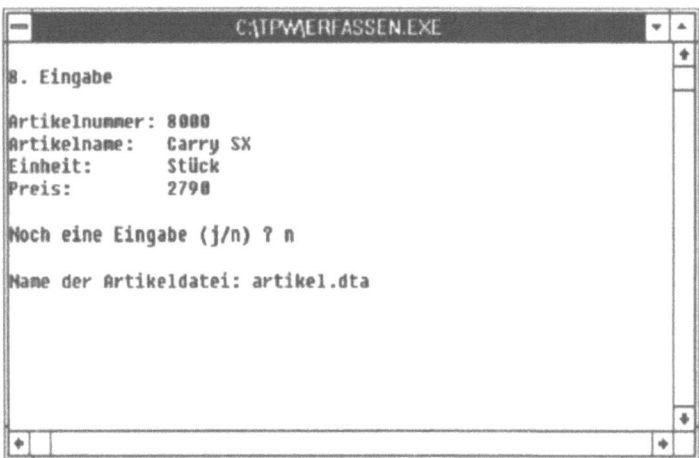

Bild 11.81: Ausführen des Programms ERFASSEN.EXE

Sehen Sie sich diese Datei (hier ARTIKEL.DTA) mit dem DOS-DATEI-LISTER an (Bild 11.81).

11.5 Datenaustausch mit PASCAL für WINDOWS

```
┌·····················MS-DOS-Shell···ARTIKEL.DTA················
│Darstellung··Anzeige··Hilfe·····¶
│Benutzen·Sie·BILD-_,·BILD-_,·_·oder·_·zum·Rollen·der·Dateianzeig
│-000000-›-E8030844-69736B65-74746500-00000000-›-þ..Diskette.....
│-000010-›-00000000-00000000-00000005-5374FC63-›-..........St›o
│-000020-›-6B000000-00000000-82CDCCCC-CC7CD007-›-k.......éÍÎÌ|ð.
│-000030-›-08466172-6262616E-64000000-00000000-›-..Farbband......
│-000040-›-00000000-00000000-00055374-FC636B00-›-..........St›ok.
│-000050-›-00000000-00008400-00000040-B80B0C45-›-......ä....@@..E
│-000060-›-6E646C6F-73706170-69657200-00000000-›-ndlospapier.....
│-000070-›-00000000-00000005-50616B65-74000000-›-.........Paket..
│-000080-›-00000000-86000000-0010A00F-09457469-›-....ä....á..Eti
│-000090-›-6B657474-656E0000-00000000-00000000-›-ketten..........
│-0000A0-›-00000000-00000000-00055061-6B657400-›-..........Paket.
│-0000B0-›-0000859A-9999991F-88130554-696E7465-›-...äÜÖÖ.ê..Tinte
│-0000C0-›-00000000-00000000-00000000-00000000-›-................
│-0000D0-›-00000009-436F6E74-61696E65-72000000-›-....Container...
│-0000E0-›-86000000-000C7017-044D6175-73000000-›-ä.....p..Maus...
│-0000F0-›-00000000-00000000-00000000-00000000-›-................
│-000100-›-00055374-FC636B00-00000000-00008766-›-.St›ok.......çf
│-000110-›-6666E60B-581B0843-61727279-20415400-›-ffµ.X..Carry·AT.
│-000120-›-00000000-00000000-00000000-00000005-›-................
│-000130-›-5374FC63-6B000000-00000000-8B000000-›-St›ck.......ï...
│←─Û=Bild-nach-unten··Esc=Abbrechen··F9=Hex/ASCII··········7:13
```

Bild 11.80: ARTIKEL.DTA im DOS 5.0-Dateilister

Das PASCAL-Programm WANDEL.PAS wandelt die erfaßte Datei vom PASCAL-Record-File-Format in das für 1-2-3 W lesbare PRN-Druckformat um.

Das Umwandlungsprogramm

```pascal
PROGRAM Artikeldatei fuer 123 umwandeln;
{ Erzeugt aus PASCAL-Datei Textdateien für
  1-2-3/W }

USES WinCrt, WinProcs;
{ Bibliotheken für Bildschirmfunktionen unter
  WINDOWS und WINDOWS-Prozeduren }

TYPE    { Variablenverbund der Daten für einen
          Artikel }
  Artikelsatz = RECORD
              Nummer  : word;
              Name    : STRING[24];
              Einheit : STRING[12];
              Preis   : real;
            END {RECORD};

VAR
  Datei     : FILE OF Artikelsatz;
            { Quelldatei im PASCAL-Format }
  Quelldatei : STRING[40];
            { Name der Quelldatei }
  Zieldatei  : STRING[40];
```

11. Datenaustausch

```pascal
                          { Name der Zieldatei }
    Textdatei : text;     { Textdatei für 1-2-3 }
    Artikel   : ARRAY[1..20] OF Artikelsatz;
                          { Liste der Artikel }
    Anzahl    : word;     { Anzahl der Artikel }

    PROCEDURE Datei_lesen; { Quelldatei einlesen }

    BEGIN
      Anzahl := 0;
      { Anzahl der Artikel auf 0 setzen }
      assign (Datei, Quelldatei);
      { Datei zum Lesen öffnen }
      reset (Datei);
      WHILE NOT eof (Datei) DO
      { Lesen bis Dateiende }
        BEGIN
          inc (Anzahl);         { Anzahl erhöhen }
          read (Datei, Artikel[Anzahl]);
        END {WHILE};
      close (Datei);
    END {Datei_lesen};

    PROCEDURE Daten_speichern;
    { Textdatei mit Werten erzeugen }
      VAR
        Zeile     : STRING[30];
                            { Bearbeitete Zeile }
        Puffer    : STRING[15]; { Hilfsvariable }
        Zaehler   : word;    { Zählervariable }
        OemName   : STRING[30];
           { Artikelbezeichnung im OEM-ASCII-Code }
        OemEinheit: STRING[30];
                   { Einheit im OEM-ASCII-Code }
        Laenge:    integer;   { Hilfsvariable }
    BEGIN
      { Textdatei zum Schreiben öffnen }
      assign (Textdatei, Zieldatei);
      rewrite (Textdatei);

      { Alle Artikel einzeln auswerten }
      FOR Zaehler := 1 TO Anzahl DO
        BEGIN
          { ANSI-Texte in ASCII-Code umwandeln }
          Laenge :=
              length (Artikel[Zaehler].Name) + 1;
          ansitooembuff (Artikel[Zaehler].Name,
                         OemName, Laenge);
          Laenge :=
```

```
              length (Artikel[Zaehler].Einheit) + 1;
              ansitooembuff
                        (Artikel[Zaehler].Einheit,
                         OemEinheit, Laenge);

              { Zahlenwerte in Zeichenfolgen umwan-
                deln }
              str (Artikel[Zaehler].Nummer, Zeile);
              str (Artikel[Zaehler].Preis:0:2,
                   Puffer);

              { Zeile zusammensetzen, Daten durch
                Semikolon trennen }
              Zeile := Zeile + ';"'
                     + OemName + '";"'
                     + OemEinheit
                     + '";' + Puffer;

              { Dezimalpunkte in Kommas umwandeln
                (1-2-3-Schreibweise) }
              WHILE pos ('.', Zeile)  0 DO
              Zeile[pos ('.', Zeile)] := ',';

              { Zeile in Textdatei schreiben }
              writeln (Textdatei, Zeile);
           END {FOR};

      { Textdatei schließen }
      close (Textdatei);
      writeln (Zieldatei, ' geschrieben.');
   END {Daten_speichern};

{ Hauptprogramm }
BEGIN
   clrscr;
   write ('Name der Quelldateidatei: ');
   readln (Quelldatei);
   write ('Name der Zieldatei:       ');
   readln (Zieldatei);
   Datei_lesen;
   writeln;
   Daten_speichern;
END {Artikeldatei_für_1-2-3_umwandeln}.
```

Wenn Sie unter 1-2-3 für Windows Zahlen und Texte aus anderen Dateien in ein Arbeitsblatt aufnehmen (importieren) möchten, beachten Sie folgende Punkte:

- Wenn Sie Zahlen und Texte gemischt importieren möchten, werden die einzelnen Spalten in der Druckdatei durch Semikolon «;» abgetrennt. Jede Zeile wird von einem Zeilenumbruch abgeschlossen.
- Beachten Sie dabei ebenfalls, daß Sie Texte zum Importieren in Anführungszeichen «"» setzen.
- Wichtig ist außerdem, daß TURBO-PASCAL für WINDOWS Texte im ANSI-Format speichert, während 1-2-3 W Druckdateien im PRN-Format als ASCII-Code interpretiert.

Das Programm WANDEL.PAS arbeitet in zwei Schritten:

1. Zuerst erfragt es den Namen der Artikel-Quelldatei im PASCAL-File-Record-Format. Auf der Beispieldiskette finden Sie eine solche Datei unter dem Namen ARTIKEL.DTA.

Daraufhin liest das PASCAL-Programm diese Quelldatei.

2. Nun wandelt das Programm die Daten in für 1-2-3/W lesbare Zeilen und Spalten um, wobei es die Zeichenfolgen mit der Funktion AnsiToOemBuff vom ANSI in den ASCII-Code umwandelt, damit 1-2-3 für WINDOWS vorhandene Umlaute und Sonderzeichen darstellen kann.

Diese speichert es in einer Druckdatei, hier ARTIKEL.PRN (Bild 11.82).

Das PASCAL Programm hat also nun eine Druckdatei erzeugt, die Sie sich mit dem WINDOWS-Editor wie im Bild 11.83 ansehen können.

11.5 Datenaustausch mit PASCAL für WINDOWS

Bild 11.82: Ausführen des Programms WANDEL.EXE

Bild 11.83: ARTIKEL.PRN im Windows 3.1 Editor

Sie können diese Datei nun in ein 1-2-3 W Arbeitsblatt einlesen und dieses im WK3-Format speichern. Selbstverständlich können Sie die eingelesenen Daten unter 1-2-3 W vorher weiter verarbeiten.

Einlesen der Druckdatei in 1-2-3 für Windows

Zunächst wollen wir die Daten in ein Arbeitsblatt einlesen. Wählen Sie dazu den Befehl **Importieren** im Menü **Datei**. Ein Untermenü öffnet sich, aus dem wir die Option **Zahlen** auswählen (Bild 11.84).

438   11. Datenaustausch

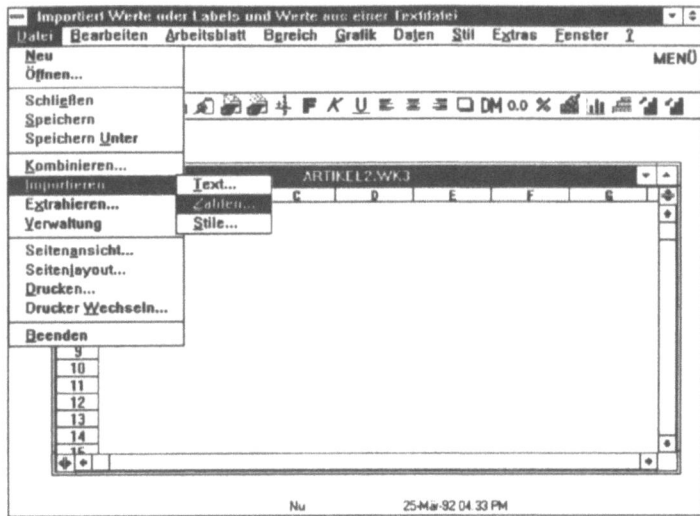

Bild 11.84: Datei importieren Zahlen

Ein Dateiauswahlfenster erscheint, in dem sie die Datei ARTIKEL.PRN auswählen (Bild 11.85).

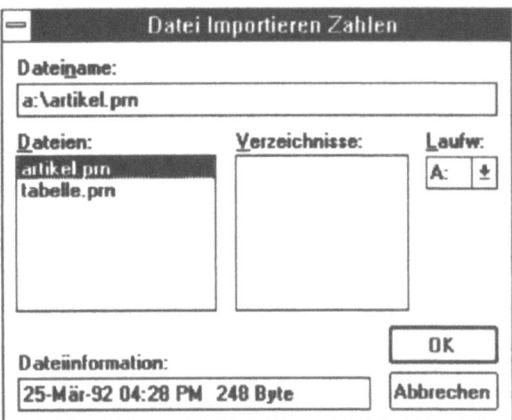

Bild 11.85: Dialogfeld Datei Imprtieren Zahlen

Danach erscheinen die vier Spalten mit den gewünschten Artikeldaten im Arbeitsblatt (Bild 11.86).

11.5 Datenaustausch mit PASCAL für WINDOWS

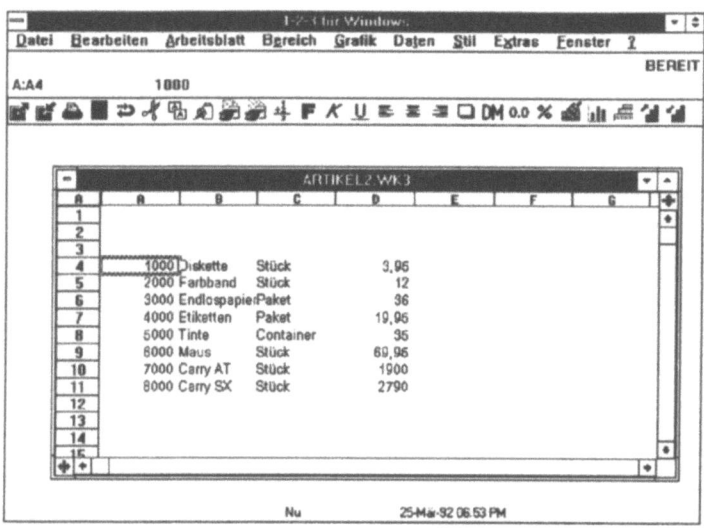

Bild 11.86: Importierte Datei im 1-2-3/W- Arbeitsblatt

Allerdings werden wir noch einige Schönheitskorrekturen vornehmen:

Tabelle vervollständigen

- Die Tabelle soll mit Überschriften versehen werden.
- Die Spalte B wird verbreitert, so daß auch die Bezeichnung «Endlospapier» und «Rechnungen» vollständig sichtbar sind.
- Die Preise sollen im Währungsformat dargestellt werden. Dazu muß die Spalte D um mindestens ein Zeichen verbreitert werden.

Markieren Sie also die Tabelle und verschieben Sie diese um einige Zeilen nach unten. Ergänzen Sie die Überschriften und zentrieren diese. Verbreitern Sie die Spalten B und D um jeweils 3 Zeichen, lassen sie die Preise im Währungsformat erscheinen. Damit ist die Tabelle fertig (Bild 11.87).

440 11. Datenaustausch

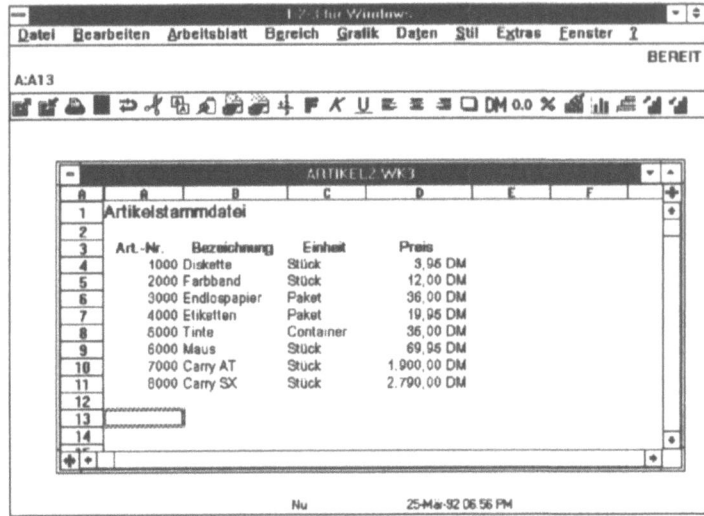

Bild 11.87: Importierte Datei mit Ergänzungen

 Sie können das Arbeitsblatt jetzt im WK3-Format speichern, in dem Sie im Menü **Datei** den Befehl **Speichern unter...** wählen und einen Dateinamen eingeben. Auf der Beispieldiskette finden Sie im Verzeichnis K11 die Datei «ARTIKEL2.WK3».

1 Einleitung

2 Vorarbeiten & Vorkenntnisse

3 Die erste Aufgabe

4 Das Arbeitsblatt gestalten

5 Arbeitsblattinhalte ändern

6 Arbeiten mit Funktionen

7 Grafische Darstellung

8 Textverarbeitung

9 Dateiverwaltung

10 Ziele, Alternativen, Optima

11 Datenaustausch

12 Datalens und dBASE

13 Ablaufprogrammierung

14 Organisation und Planung

Anhang

Abschnittsübersicht

12. Datalens und dBase IV

 Überblick
12.1 **Was kann Datalens mit dBase IV ?**
12.2 **Dateioperationen mit Datalens**
12.3 **Auswerteoperationen**
12.3 **Editieroperationen**

12. Datalens und dBASE IV

Überblick

Datalens ist ein in 1-2-3/W integrierter Datenbanktreiber für dBASE IV, Paradox und den Microsoft SQL Server. Mit dem Datenbanktreiber greifen Sie direkt auf Dateien und Datenbanken in diesen Produktumfeldern zu. — Was ist Datalens?

Beim Einrichten von 1-2-3/W mit Vorgaben kopiert das 1-2-3/W Installationsprogramm den Datalenstreiber für dBASE IV. Sie müssen, wie in Abschnitt 2.1 beschrieben,3 die Installation mit Optionen wählen, wenn Sie (auch) andere Datalenstreiber für andere Datenbanken einsetzen wollen. — Installation

Wir zeigen Ihnen hier exemplarisch das Arbeiten mit dem Datalenstreiber für dBASE IV. — dBASE IV

In diesem Kapitel finden Sie, — Was wo?

- was Datalens für DBASE IV alles kann (12.1.),
- ein Beispiel für Dateioperationen mit Datalens (12.2.),
- ein Beispiel für Datenabfragen mit Datalens (12.3.),
- ein Beispiel, wie Sie Datensätze hinzufügen können (12.4.).

12.1 Was kann Datalens für dBASE IV?

Mit 1-2-3/W Datalens für dBASE IV können Sie schöpferisch und zerstörerisch arbeiten: — Dateioperationen

- Sie können aus 1-2-3/W heraus dBASE IV Dateien anlegen und löschen. Zum Anlegen definieren Sie in 1-2-3/W eine dBASE IV-Tabellenstruktur und erzeugen daraus eine dBASE IV strukturierte Tabelle.
- Über das Classic Menü können Sie dBASE Dateien löschen.

dBASE IV «.NDX» und «.MDX»-Indizes können Sie mit Datalens nicht erstellen, sondern nur verwenden und aktualisieren.

Daten abfragen

Sie können auf vorhandene dBASE IV-Dateien Zugriff nehmen. Dabei können Sie sich

- die Struktur einer dBASE IV-Tabelle anzeigen lassen,
- alle Datensätze in einer dBASE IV-Tabelle ausgeben lassen,
- Datensätze anzeigen lassen, die angegebene Kriterien erfüllen.

Wie beim Arbeiten mit 1-2-3 Datenbanken (s. Kap. 9) können Sie sich bei der Abfrage auf eine Teilmenge der dBASE-Datenfelder (also der Tabellenspalten) beschränken und Datenbankfunktionen verwenden.

Datenbanken editieren

Schließlich können Sie Datenbankstrukturen und Datensätze bearbeiten.

Sie haben die Möglichkeit,

- Datenbankfelder zu verändern,
- Datenbankfelder zuzufügen,
- Datenbankfelder zu löschen,
- Datensätze zu verändern,
- Datensätze zuzufügen,
- Datensätze zu löschen.

Lotus und Borland verwenden verschiedene Begriffe. Unterschiede können Sie der folgenden Tabelle entnehmen.

Lotus	Borland/Ashton-Tate
Datenbanktabelle	Datei, Datenbank
Datenbank-Spalte	Feld
Zeile	Datensatz
Spaltenlabel	Feldname

Tabelle 12.1: Lotus und Borland/Ashton Tate Begriffe

12.2 Dateioperationen mit Datalens

Datalens bietet Ihnen die Möglichkeit, externe Tabellen zu erstellen oder zu löschen. In diesem Abschnitt werden wir Ihnen zeigen, wie Sie eine bestehende Datenbanktabelle löschen können.

Erstellen oder Löschen

In dem Verzeichnis C:\DBASE befindet sich die Datei «KUNDEN.DBF». Damit wir nicht diese bestehende Datei löschen, fertigen wir vorab eine Kopie dieser Datei mit dem Namen «KUND1.DBF›an.

Datenreise

Auf der Beispieldiskette finden Sie im Verzeichnis K12 die Datei «KUNDEN.DBF».

Das Löschen einer bestehenden Datenbanktabelle ist mit 1-2-3/W nur über das Classic Menü möglich. Sie können hierbei also keine Maus verwenden.

1-2-3/W-Classic Menü

Vorgehensweise

1. Im Bereit-Modus von 1-2-3/W geben Sie den Schrägstrich («/») oder das Kleiner-Als-Zeichen («<») ein, um das 1-2-3/W Classic-Menü zu öffnen.

2. In dem Fenster «1-2-3 Classic» wählen Sie die Option **Daten** aus und bestätigen mit der (EINGABE)-Taste (Bild 12.1).

Bild 12.1: 1-2-3-Classic Fenster: Haupt-Menü mit Option **Daten**

3. In der jetzt veränderten Menüanzeige, wählen Sie die Option **Extern** (Bild 12.2).

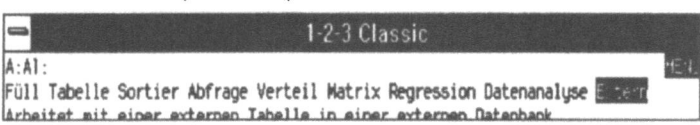

Bild 12.2: 1-2-3-Classic Fenster: Daten-Menü mit Option **Extern**

4. In der nächsten Menüebene wählen wir den Befehl **Löschen** (Bild 12.3).

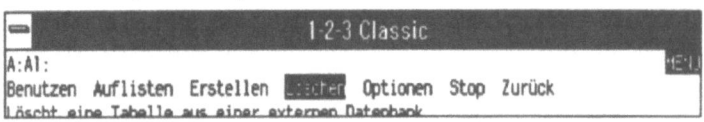

Bild 12.3: 1-2-3-Classic Fenster: Extern-Menü mit Option **Löschen**

5. Wie Sie in Bild 12.4 sehen können, fordert 1-2-3/W Sie nun auf, die zu löschende Datei anzugeben. Dabei können Sie in der zweiten Zeile freie Eingaben tätigen, während in der unteren Zeile 1-2-3/W Ihnen Auswahloptionen anbietet (Bild 12.4).

Bild 12.4: Auswahl dBASE Datei

6. In der Reihenfolge Datenbanktreiber, Verzeichnis der Datenbank und Namen der Datenbanktabelle können Sie hier die zu löschende Tabelle auswählen (Bild 12.5) oder direkt eintragen. Es ist auch möglich, diese Eintragung in einem Arbeitsgang vorzunehmen. Hierbei müssen Sie jedoch beachten, daß Sie zwischen den einzelnen Eintragungen jeweils eine Leerstelle lassen (Bild 12.5).

Bild 12.5: 1-2-3 Classic Fenster Löschen einer dBase IV Datei Auswahl des Dateinamen (KUND1.DBF)

7. Wenn Sie die entsprechende Tabelle zum Löschen eingegeben oder markiert haben, zeigt 1-2-3- Classic wie in Bild 12.6 eine Sicherheitsabfrage an. Dabei ist standardmäßig die Option **Nein** hervorgehoben, so daß Sie hier zum endgültigen Löschen die Markierung auf **Ja** setzen müssen.

Die Tabelle wird jetzt gelöscht. In Bild 12.7 können Sie sich erkennen, daß nach dem Löschen von «KUND1» nur noch die Tabelle «KUNDEN.DBF» angezeigt wird.

Bild 12.6: 1-2-3 Classic Fenster Löschen einer dBase IV Datei. Sicherheits Abfrage beim Dateilöschen

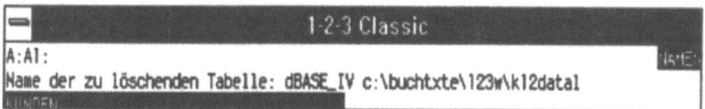

Bild 12.7: 1-2-3 Classic Fenster Löschen einer dBase IV Datei. Die Datei «KUND1.DBF» ist jetzt wirklich weg

Mit dem Windows-Dateimanager wäre es einfacher gewesen.

12.3 Auswerteoperationen

Die wohl wichtigste Zusammenarbeit von dBASE IV und 1-2-3/W besteht im Auswerten von dBASE IV-Dateien in 1-2-3/W.

Überblick

Mit Datalens können Sie

- Datensätze, die Ihre Auswahlkriterien erfüllen, in 1-2-3/W Tabellen kopieren und
- Datensätze, die Ihre Auswahlkriterien erfüllen, in 1-2-3/W mit Datenbankfunktionen statistisch auswerten.

In diesem Abschnitt werden wir Ihnen zeigen, wie Sie aus einer bestehenden dBase IV-Datei mit Hilfe des Datalens-Treibers bestimmte Datensätze in ein 1-2-3/W-Arbeitsblatt kopieren können.

Datenreise

12.3.1 Verbindung zur externen Tabelle

Dazu ist es zunächst erforderlich, die Verbindung zu der dBase IV-Datei herzustellen. Wir wollen dabei die dBASE IV-Datei KUNDEN.DBF wie in den Bildern 12.8 und 12.9 verwenden.

```
. use kunden
. list structure
Datensatzformat der dB-Datei      : C:\DBASE\KUNDEN.DBF
Anzahl der Datensätze             :         6
Datum der letzten Aktualisierung: 19.05.92
Feld  Feldname    Typ         Länge   Dez    Index
   1  KDNR        Numerisch       5                N
   2  ANR         Numerisch       4                N
   3  NACHNAME    Zeichen        15                J
   4  VORNAME     Zeichen        10                J
   5  GEB         Datum           8                N
   6  STRASSE     Zeichen        15                N
   7  PLZ         Numerisch       5                N
   8  ORT         Zeichen        15                N
** Gesamt **                      78
```

Bild 12.8: Struktur der dBASE-Datei KUNDEN

```
. list
Satz# KDNR ANR NACHNAME  VORNAME   GEB      STRASSE      PLZ  ORT
    1  200   2 Schulze   Anna      29.02.64 Kurze Str.  4190 Kleve
    2  300   1 Richter   Hans      02.10.32 Breiter We  3170 Gifhorn
    3  400   1 Meier     Egon      12.12.49 Lange Str.  3070 Nienburg
    4  100   2 Müller    Erna      17.03.81 Hohe Str.   3078 Stolzenau
    5  500   1 Schinkel  Karl      12.07.31 An der Mau  1000 Berlin
    6  600   2 Fischer   Anneliese 27.03.48 Vor dem Ha  2000 Hamburg
```

Bild 12.9: Inhalt der dBase IV Datei KUNDEN

Vorgehensweise

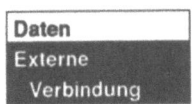

1. Sie wählen im Menü den Befehl **Daten** und danach den Befehl **Externe Verbindung**.

2. Das Dialogfenster Daten Externe Verbindung zeigt Ihnen die verfügbaren Datalens-Treiber an. Hier erscheinen genau die dBASE Treiber, die Sie bei der Instllation festgelegt haben. Wir bestätigen hier den angebotenen dBase_IV-Treiber mit der Schaltfläche **Verbinden** (Bild 12.10).

12.3 Auswerteoperationen 449

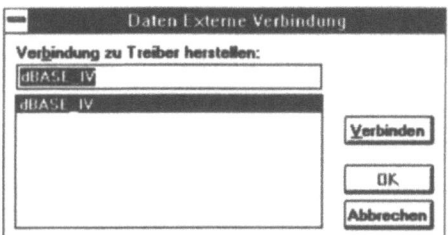

Bild 12.10: Herstellen der Verbindung zum Datenbanktreiber

3. Nun muß die Verbindung zur Datenbank hergestellt werden. Hierzu müssen Sie angeben, in welchem Verzeichnis sich Ihre Datenbanktabelle befindet. Voreingestellt ist der Pfad **C:\123W\BEISPIEL**, den Sie mit **Extras Benutzervorgaben** einstellen können (s. Kap. 2). Unsere Beispieldatei «KUNDEN.DBF» befindet sich jedoch im Verzeichnis **C:\DBASE**. Dies geben wir wie in Bild 12.11 im Eingabefeld ein und bestätigen mit der Schaltfläche **Verbinden**.

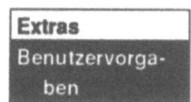

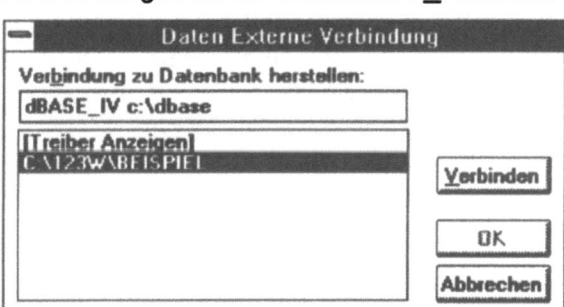

Bild 12.11: Verbindung zur Datenbank herstellen: Pfadangabe dBASE-Datei

4. Als nächstes muß die Verbindung zur dBASE IV-Datei hergestellt werden. Das Auswahlfenster zeigt alle dBASE IV-Dateien an, die sich im soeben eingestellten Verzeichnis befinden. In unserem Falle wird die Tabelle «KUNDEN» wie in Bild 12.12 angezeigt. Auch hier bestätigen wir nur mit der Schaltfläche **Verbinden**.

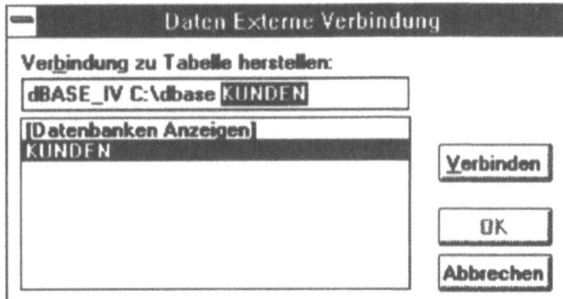

Bild 12.12: Verbindung zur Datenbanktabelle herstellen

5. Abschließend werden wir aufgefordert, einen Bereichsnamen für die gewählte Tabelle zu vergeben. Dieser Bereichsname ist der Name, mit dem Sie bei Abfrage- und Extern-Befehlen sowie bei Datenbank-Funktionen Bezug auf diese Tabelle nehmen. Bauen Sie zum ersten Mal die Verbindung zu einer externen Tabelle auf, so werden wie in Bild 12.13 vier Fragezeichen angezeigt. Andernfalls werden Ihnen die bereits für diese Tabelle vergebenen Bereichsnamen aufgelistet (Bild 12.14).

Bild 12.13: Bereichsnamen für Tabelle eingeben

6. Wir geben an dieser Stelle einen beliebigen Namen als Bereichsnamen ein und bestätigen wiederum mit der Schaltfläche **Verbinden**. In unserem Beispiel haben wir den Namen KUNDEN als Bereichsnamen gewählt Bild 12.14).

12.3 Auswerteoperationen

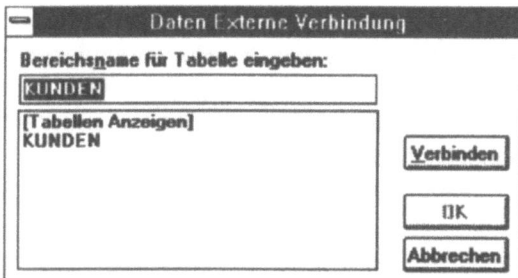

Bild 12.14: Liste der vergebenen Bereichsnamen

7. Jetzt ist die Verbindung zu der Tabelle «KUNDEN» hergestellt. Wir verlassen das Dialogfenster **Daten Externe Verbindung** mit der Schaltfläche **OK**.

Die soeben aufgebaute Verbindung zu unserer externen Tabelle bleibt solange bestehen, bis wir sie durch Trennen mit **Daten Option Extern Trennen** oder Verlassen des Programms 1-2-3/W beenden.

12.3.2 dBASE-Dateistruktur kopieren

Als nächsten Schritt werden wir uns die Struktur der externen dBASE IV-Datei in ein 1-2-3/W-Arbeitsblatt kopieren. Dies erleichtert die Abfrageoperationen erheblich, da Sie dann alle dBASE IV-Feldnamen als 1-2-3/W-Spaltenlabels übernehmen können.

Vorgehensweise

1. Wir wählen im Menü **Daten** den Befehl **Optionen extern** (Bild 12.15).

2. In dem jetzt geöffneten Untermenü wählen wir den Befehl **Felder einsetzen**.

3. 1-2-3/W öffnet das Dialogfenster **Daten Optionen Extern** Felder einsetzen. Es werden alle verbundenen Tabellen angezeigt. Da wir in diesem Beispiel nur die Verbindung zur Tabelle **Kunden** erstellt haben, können wir hier einfach mit der Schaltfläche **OK** bestätigen.

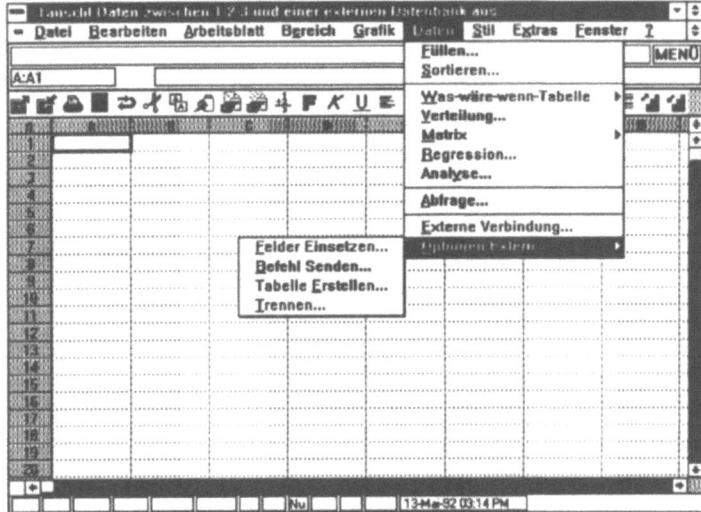

Bild 12.15: Optionen extern

Wie in Bild 12.16 wird nun die Struktur der dBASE IV-Datei in ein 1-2-3/W-Arbeitsblatt übertragen. Bitte vergleichen Sie mit Bild 12.8.

Tabellenstruktur   In Spalte 1 stehen die Feldnamen der Tabelle. Die Datentypen werden in der zweiten Splate angezeigt, während die dritte Spalte Auskunft über die Feldbreiten gibt. Spalte 4 enthält die Feldlabels, Spalte 5 die Feldbeschreibungen. In der sechsten Spalte sind die Felderstellungsfolgen beschrieben.

Zwar müssen die Spalten 4 bis 6 in der Tabellendefinition enthalten sein, die Datalens-Treiber ignorieren jedoch bei dBASE IV und Paradox die Einträge in diesen Spalten.

12.3 Auswerteoperationen

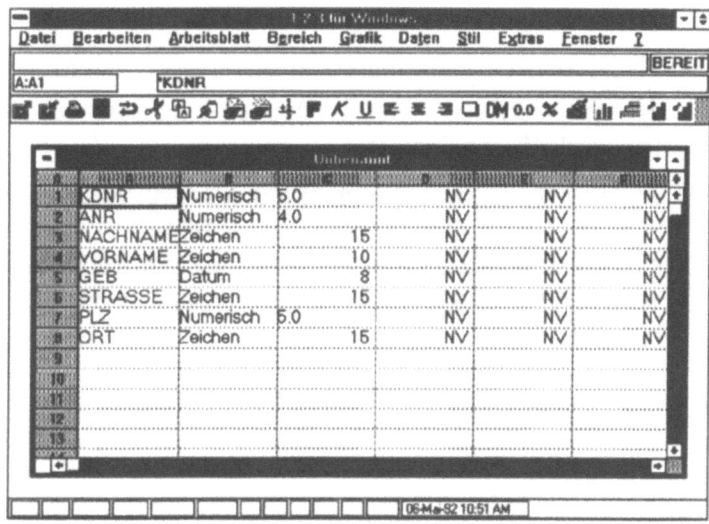

Bild 12.16: Struktur der Tabelle **Kunden**

Verwenden Sie den Datelens-Treiber für den Microsoft SQL-Server, so werden diese Einträge auch benutzt.

Die angezeigte Struktur nehmen wir als Ausgangspunkt für die Abfrage der dBase IV-Datei «KUNDEN» (zu Abfrage siehe auch Kapitel 9).

Datenreise

12.3.3 Abfrage einer dBASE IV-Datei

Für die Abfrage einer externen Tabelle müssen wir folgende Bereiche zur Verfügung stellen:

Bereiche

- Eingabebereich
- Kriterienbereich
- Ausgabebereich

Da der Eingabebereich mit dem Bereichsnamen der dBASE IV-Datei bereits beschrieben wird, ist es nur noch erforderlich, Kriterien- und Ausgabebereich zu erstellen.

Sie erstellen die Überschriften des Kriterienbereichs, indem Sie die Feldüberschriften in den Kriterienbereich mit der Tastatur eintippen oder bequemer kopieren.

Überschriften kopieren

Vorgehensweise

1. Sie markieren in der ersten Spalte des 1-2-3/W-Arbeitsblattes die dBASE Feldnamen.

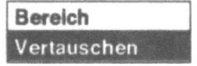

2. Aus dem Menü Bereich wählen Sie den Befehl Vertauschen aus. Es erscheint ein Dialogfeld wie in Bild 12.17. Da Sie den zu vertauschenden Bereich bereits markiert haben, steht in der ersten Eingabefeld **Von** bereits eine Bereichsangabe.

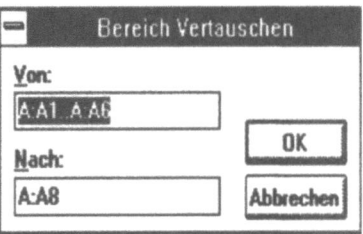

Bild 12.17: Bereich vertauschen

3. Sie müssen jetzt angeben, wohin sie den Bereich vertauschen wollen. Zielbereich soll sein A:A10..A:H10. Dies können Sie direkt in das Eingabefeld **Nach** eingeben, oder sie markieren den entsprechenden Bereich mit der Maus.
4. Bestätigen Sie mit der Schaltfläche OK oder der (EINGABE)-Taste.

Die Feldnamen stehen jetzt nebeneinander angeordnet in der Zeile 10.

Kriterienbereich

So haben wir schnell die Überschriften des Kriterienbereichs angelegt. Sie hätten ebenso die Namen der einzelnen Tabellenfelder per Tastatur eingeben können. Hierbei könnten Ihnen jedoch Tippfehler unterlaufen. Diese würden später zu einem Fehler bei der Abfrage führen.

In der 11. Zeile können Sie nun festlegen, welche Kriterien die zu suchenden Datensätze erfüllen sollen.

Datenreise

Wir wollen uns alle Kunden anzeigen lassen, die in einem Ort wohnen, dessen Postleitzahl größer als 3069 ist.

Vorgehensweise

1. Wir bewegen den Zellzeiger in die Zelle A:G11. Dies ist die Zelle, die direkt unter dem Eintrag «PLZ» steht.

2. Hier geben wir ein «>3069».

Auswahlkriterien festlegen

Nun müssen wir 1-2-3/W noch mitteilen, in welchen Bereich die gefundenen Werte einzusetzen sind. Hierzu müssen wir den Ausgabebereich vorbereiten. Der Ausgabebereich benötigt die Überschriften der Felder, die Sie kopieren wollen. Wir wollen hier alle Spalten kopieren. Dazu übernehmen wir vom Kriterienbereich alle Spaltenüberschriften.

Ausgabebereich

Wenn Sie nicht alle Spalten benötigen, dann können Sie auch die Spalten, die Sie brauchen, per Tastatur eintragen (siehe auch Kapitel 9).

X

Vorgehensweise

1. Wir markieren den Bereich A:A10..H10.

2. Wir wählen aus dem Menü **Bearbeiten** den Befehl **Kopieren** oder benutzen die Tastenkombination (STRG)-(Einfg).

3. Nun bewegen wir den Zellzeiger zur Zelle A:A13, wählen wieder den **Bearbeiten**-Befehl und hier die Option **Einfügen** oder die Tastenkombination (Umschalt)-(Einfg).

Vergleichen Sie Ihren Bildschirm mit Bild 12.18.

Jetzt haben wir auch die Überschriften des Ausgabebereichs erstellt und können zu der eigentlichen Abfrage kommen. Dazu müssen Sie die Tabellenbereiche für Kriterien und Ausgabe angeben und die Abfrage starten.

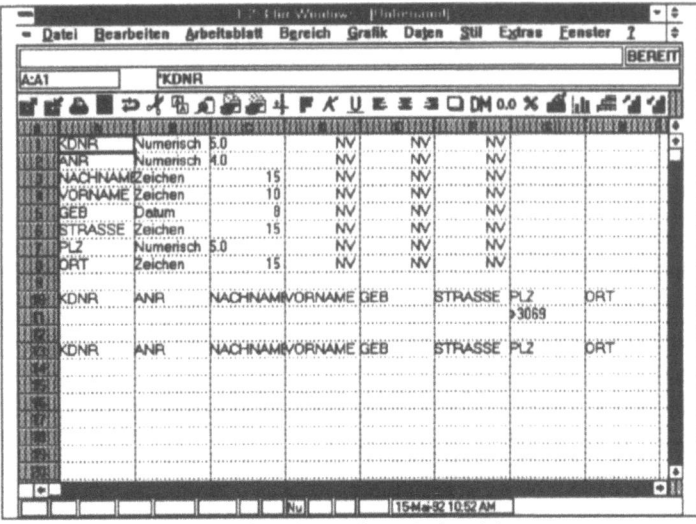

Bild 12.18: Bildschirm mit Kriterien u. Ausgabebereich

Abfrage durchführen

Vorgehensweise

1. Wir wählen im Menü **Daten** den Befehl **Abfrage**.
2. Wie in Bild 12.19 sehen Sie das Dialogfeld **Daten Abfrage**. Sie müssen nun Eingabe-, Kriterien- und Ausgabebereich in die entsprechenden Eingabefeldern eingeben.

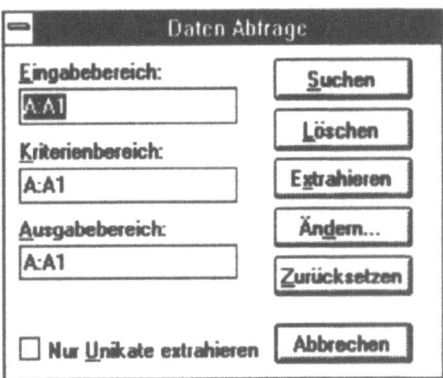

Bild 12.19: Fenster Daten Abfrage

12.3 Auswerteoperationen

3. Im Eingabebereich tragen Sie den Bereichsnamen für die Tabelle Kunden ein. Diesen haben wir in unserem Falle identisch mit dem Tabellennamen gewählt.
4. Im Kriterienbereich tragen Sie ein A:A10..A:H11 oder markieren den entsprechenden Bereich mit der Maus.
5. Im Ausgabebereich müssen Sie angeben, welche Felder die gefundenen Datensätze aufnehmen sollen. Wählen Sie den Bereich deshalb groß genug. Für unser Beispiel haben wir den Bereich A:A13..H100 gewählt, den Sie wieder per Tastatur eingeben können oder mit der Maus markieren.
6. Die Abfrage starten Sie mit der Schaltfläche **Extrahieren**.

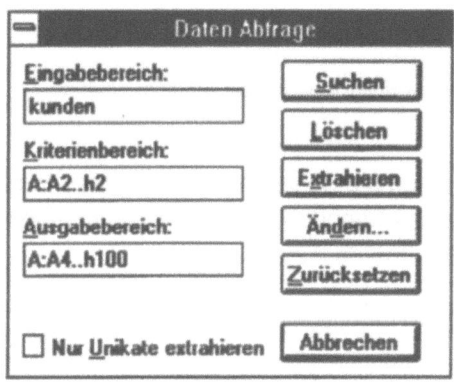

Bild 12.20: Dialogfeld Daten Abfrage

Achten Sie darauf, daß im Kriterien- und Ausgabebereich die Zellen, die die Überschriften beinhalten, mitenthalten sind.

1-2-3/W füllt den Ausgabebereich mit den Datensätzen, die das angegebene Kriterium (PLZ >3069) erfüllen (Bild 12.21).

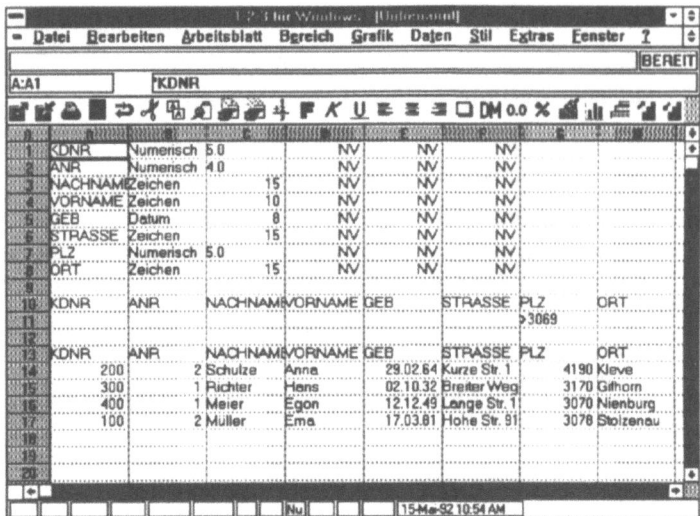

Bild 12.21: Auswertungsergebnis der Abfrage

Sie können nun die Schaltfläche **Abbrechen** betätigen, wenn Sie die Abfrage beenden wollen. Die gefundenen Datensätze stehen Ihnen trotzdem zur Verfügung.

 Sollten Sie den Ausgabebereich zu klein gewählt haben, die Anzahl der gefundenen Datensätze also die Anzahl der zur Verfügung gestellten Zeilen überschreiten, so wird 1-2-3/W Sie mit einer Fehlermeldung wie in Bild 12.22 darauf hinweisen. Es werden nur die Datensätze angezeigt, für die ein Ausgabebereich zur Verfügung stand.

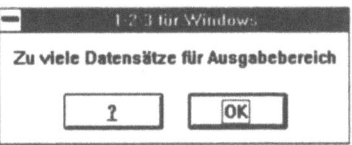

Bild 12.22: Fehlermeldung zu kleiner Ausgabebereich

12.4 Editieroperationen

Zusätzlich können Sie mit Datalens dBASE IV Dateien direkt aus 1-2-3/W heraus bearbeiten.

Sie können

- die Struktur der Tabelle verändern
- Datensätze verändern
- Datensätze zum Löschen markieren
- neue Datensätze hinzufügen

Nachdem Sie im vorangehenden Kapitel gelernt haben, wie Sie sich Datensätze aus bestehenden dBase IV-Dateien anzeigen lassen können, möchten wir Ihnen nun zeigen, wie Sie diesen Dateien mit 1-2-3/W neue Datensätze zufügen können. — Datensätze einfügen

Dazu müssen Sie zunächst wieder die Verbindung zu der dBASE IV Tabelle herstellen, der Sie Datensätze hinzufügen möchten.

In unserer kleinen Datenreise werden wir diesmal die mit 1-2-3/W mitgelieferte dBASE IV Beispieltabelle «MITARB» verwenden. Die Tabelle finden Sie im Unterverzeichnis «\BEISPIEL» Ihres 1-2-3/W-Installationsverzeichnisses, z.B. im Verzeichnis «C:\123W\BEISPIEL». — Datenreise Felder einfügen

Die Datei «MITARB.DBF» hat die Struktur und den Inhalt wie in Bild 12.23.

Um die Verbindung zu dieser dBASE IV Tabelle herzustellen, verfahren Sie wie im vorhergehenden Abschnitt. So können Sie auch gleich das dort Gelernte praktisch erproben. — Verbindung mit externer Tabelle

Ebenso kopieren Sie sich auch wieder die Struktur der dBase-Datei in das 1-2-3/W Arbeitsblatt. — Anzeigen der Struktur

12 Datalens und dBASE IV

```
Datum der letzten Aktualisierung: 19.05.92
Feld   Feldname   Typ          Länge   Dez   Index
   1   KENNR      Numerisch      9                N
   2   NAME       Zeichen       12                N
   3   VORNAME    Zeichen       12                N
   4   EINTRITT   Datum          8                N
   5   KAT        Numerisch      9                N
   6   ABTNUM     Numerisch      9                N
** Gesamt **                    60

. list
Satz#     KENNR  NAME       VORNAME    EINTRITT    KAT    ABTNUM
    1     67543  Maier      Arthur     13.08.88      1     2323
    2     65437  Schmidt    Waltraud   21.12.89      0     3434
    3     43546  Stolper    Paul       02.06.88      1     7456
    4     32355  Martin     Bernd      07.12.86      1     3299
    5     87548  Cranitz    Jana       03.07.88      1     2323
    6     43357  Clarke     Henry      09.12.84      0     2323
    7     11241  Auster     Christa    23.06.81      1     1122
    8     78950  Kaplan     Barbara    02.02.85      1     2223
    9     66357  Hunger     Stefan     20.10.87      0     1122
   10     19941  Doberer    Johann     14.02.90      0     7456
```

Bild 12.23: dBase Datei im Urzustand

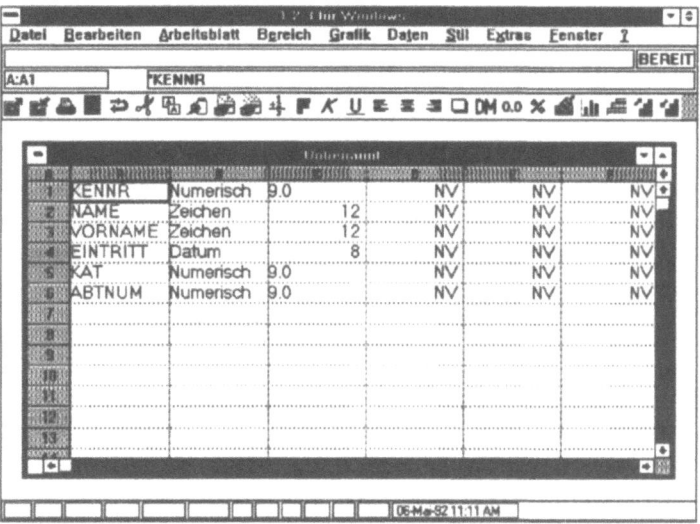

Bild 12.24: Struktur der dBase IV-Datei MITARB im 1-2-3/W Arbeitsblatt

Für das Hinzufügen neuer Datensätze ist nicht erforderlich, einen Kriterienbereich anzugeben. Sie müssen nur die Feldnamen für den Ausgabebereich in einer Zeile anordnen (Bild 12.25).

12.4 Editieroperationen 461

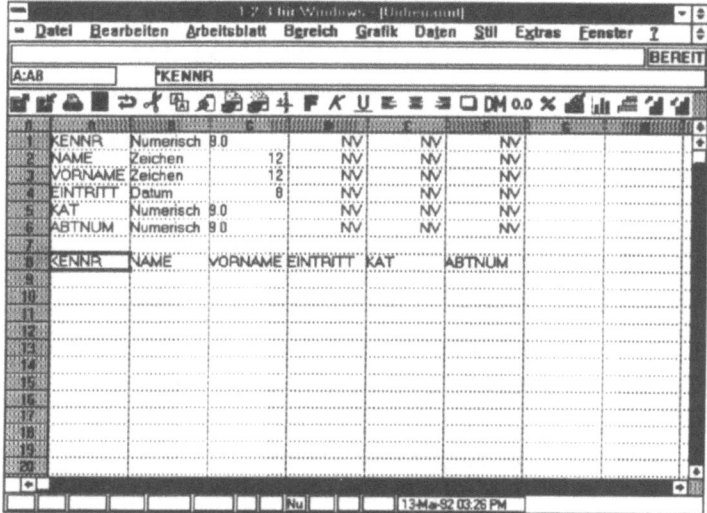

Bild 12.25: Ausgabebereich für die Datei «MITARB»

Wir geben nun in das 1-2-3/W-Arbeitsblatt zwei neue Datensätze ein: (Bild 12.26).

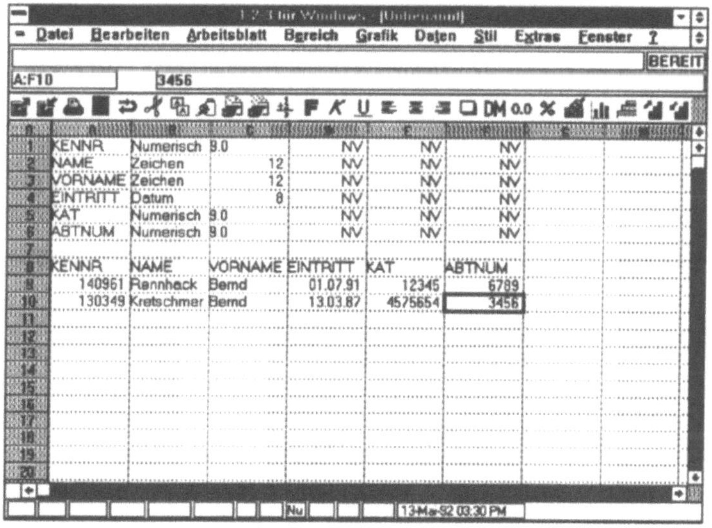

Bild 12.26: Neu eingegebene Datensätze im Ausgabebereich

462 12 Datalens und dBASE IV

Nun wollen wir diese beiden Datensätze der bestehenden externen dBASE IV Datei «MITARB.DBF» zufügen, da sie bislang nur in dem 1-2-3/W-Arbeitsblatt vorhanden sind.

X Da der Kriterienbereich in diesem Zusammenhang keine Bedeutung hat, können Sie die Eintragungen dort außer Acht lassen.

Vorgehensweise

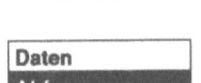

1. Sie wählen im Menü D**at**en den Befehl **Abfrage**.
2. Im Textfeld **Eingabebereich** geben Sie «MITARB» ein, denn so lautet der Bereichsname dieser Tabelle.
3. Als Ausgabebereich müssen Sie den Bereich angeben, in dem die hinzuzufügenden Datensätze stehen, hier also «A8..F10» (Bild 12.27). Miteinschließen müssen Sie auch hier die Zeile 8 mit den dBASE IV-Feldnamen. Haben Sie Datensätze eingegeben, die nicht vom Ausgabebereich erfaßt werden, so werden diese auch nicht der externen Tabelle zugefügt.

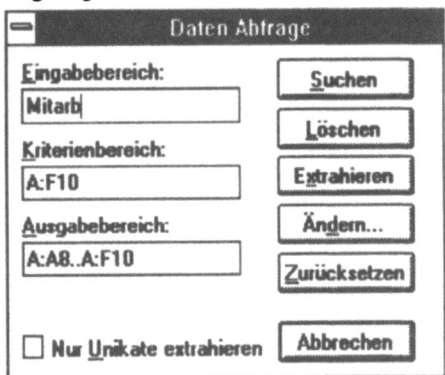

Bild 12.27: Daten Abfrage

4. Betätigen Sie jetzt die Schaltfläche Än**d**ern.
5. 1-2-3/W öffnet das Dialogfenster **Daten Abfrage Ändern** (Bild 12.28). Hier betätigen Sie die Schaltfläche **Ein**f**ügen**, damit die Datensätze der externen Tabelle zugefügt werden.

12.4 Editieroperationen 463

Bild 12.28: Daten Abfrage Ändern

6. Nachdem die Datensätze vom Programm zugefügt worden sind, zeigt 1-2-3/W wieder das Dialogefenster **Daten Abfrage** an. Da wir keine weiteren Operationen an dieser Stelle ausführen wollen, können Sie die Schaltfläche **Abbrechen** betätigen.

Bild 12.23 zeigt Ihnen, daß vor unserer Operation dBase IV in der Tabelle **mitarb** zehn Datensätze angezeigt hat. In Bild 12.29 können Sie erkennen, daß die beiden eingegebenen Datensätze tatsächlich der dBASE Tabelle «MITARB» zugefügt worden sind.

```
.list
Satz#     KENNR  NAME       VORNAME    EINTRITT   KAT      ABTNUM
    1     67543  Maier      Arthur     13.08.88       1       2323
    2     65437  Schmidt    Waltraud   21.12.89       0       3434
    3     43546  Stolper    Paul       02.06.88       1       7456
    4     32355  Martin     Bernd      07.12.86       1       3299
    5     87548  Cranitz    Jana       03.07.88       1       2323
    6     43357  Clarke     Henry      09.12.84       0       2323
    7     11241  Auster     Christa    23.06.81       1       1122
    8     78950  Kaplan     Barbara    02.02.85       1       2223
    9     66357  Hunger     Stefan     20.10.87       0       1122
   10     19941  Doberer    Johann     14.02.90       0       7456
   11    140961  Rennhack   Bernd      01.07.91   12345       6789
   12    130349  Kretschmer Bernd      13.03.87 4575654       3456
```

Bild 12.29: dBase Tabelle nach dem Zufügen der beiden Datensätze

Sie können dies jetzt selber mit Hilfe von dBase IV überprüfen. Selbstverständlich können Sie auch mit 1-2-3/W anzeigen lassen, ob die Datensätze tatsächlich angefügt worden sind.

Sie müssen nur eine entsprechende Abfrage erstellen, damit Ihnen diese Datensätze angezeigt werden. Wie Sie dies machen können, haben Sie bereits im vorhergehenden Abschnitt gelernt. Hier können Sie das Gelernte nochmals vertiefen. Viel Spaß dabei!

1 Einleitung

2 Vorarbeiten & Vorkenntnisse

3 Die erste Aufgabe

4 Das Arbeitsblatt gestalten

5 Arbeitsblattinhalte ändern

6 Arbeiten mit Funktionen

7 Grafische Darstellung

8 Textverarbeitung

9 Dateiverwaltung

10 Ziele, Alternativen, Optima

11 Datenaustausch

12 Datalens und dBASE

13 Ablaufprogrammierung

14 Organisation und Planung

Anhang

Abschnittsübersicht

13. Ablaufprogrammierung

      Vorbemerkungen
- 13.1 Ein Funktionsmakro
- 13.2 Verwendung des Tastenaufzeichnungsfensters
- 13.3 Symbole mit Makos belegen
- 13.4 Makro zur menügesteuerten Dateneingabe
- 13.5 Ein einfaches Ablaufprogramm
- 13.6 Autoexec-Makros
- 13.7 Übungsaufgabe

13. Ablaufprogrammierung

Vorbemerkungen

Mit 1-2-3/W können Sie ähnlich wie mit klassischen Programmiersprachen Abläufe programmieren. Ebenso wie dort sind die Sprachelemente Fallunterscheidung, Wiederholung und Unterprogrammaufruf vorhanden. Als Sprachelemente treten spezielle Programmierbefehle und 1-2-3/W Befehle in Form von Tastenschlüsseln auf.

Ablaufprogramme können Ihnen immer wiederkehrende Arbeiten erleichtern und ermöglichen es Ihnen, 1-2-3/W ganz speziell für Ihr Problem zu programmieren.

Programmieren mit 1-2-3/W ist nicht so einfach wie die Eingabe von Daten und Sie sollten sich bereits ein bißchen mit 1-2-3/W auskennen, bevor Sie sich an die Ablaufprogrammierung mit 1-2-3/W heranwagen.

Lotus nennt ablauforientierte 1-2-3/W Programme «Makos». Was ist ein Eine Übersicht über alle Makrobefehle entnehmen Sie bitte «Makro»? dem Handbuch oder dem Hilfe-Menü.

Wir können Ihnen im Rahmen dieses Buches nur die Idee der Makroerstellung anhand einfacher Beispiele zeigen. Wollen Sie sich eingehender mit Makos beschäftigen, so verweisen wir auf das Buch «LOTUS 1-2-3/W Kaufmännische Anwendungen» im Verlag VIEWEG 1990, das Makos für die zeichenorientierte Version beschreibt.

Sie schreiben Makos unter 1-2-3/W auf dem Tabellenarbeitsblatt und speichern das fertige Makro wie eine Tabelle.

13.1 Funktions- und Befehlsmakros

Wir unterscheiden im folgenden zwischen zwei verschiedene Arten von Makros, deren Unterschied vielleicht nicht auf den ersten Blick ersichtlich sein mag:

- Funktionsmakros
- Befehlsmakros (Bild 13.2)

Funktionsmakros
Funktionsmakros stellen eine Verknüpfung von 1-2-3/W Tabellen- und Makrofunktionen dar. Man kann Sie daher auch als «*Benutzerdefinierte Funktionen*» bezeichnen.

Befehlsmakros
Befehlsmakros sind Ablaufprogramme und stellen eine Verkettung von 1-2-3/W-Befehlen und -Funktionen mit Programmierbefehlen dar. Diese Makos werden mit dem Befehl **Makro_ausführen** aus dem Extras Menü von 1-2-3/W gestartet.

Starten von Makros
Sie starten ein Funktionsmakro wie ein Befehlsmakro über einen Tastenschlüssel, die Tastenkombination (ALT)-(F3) oder den Befehl **Makro_ausführen** aus dem Menü **Extras**.

Sprachelemente
Beide Makroarten können Steuerlemente wie Rücksprungbefehle oder Schleifen enthalten. Während Funktionsmakros noch recht leicht zu durchschauen und einfach zu erstellen sind, können Befehlsmakros recht komplexer Natur sein. Außerdem sind die Tastenschlüssel für die 1-2-3/W Befehle im nachhinein schwer zu verstehen. Eine umfassende Dokumentation des Makos ist hier also unerläßlich.

Makrobefehle und Funktionen werden 1-2-3/W im Unterschied zu Arbeitsblattfunktionen dadurch gekennzeichnet, daß Sie sie in geschweifte Klammern (Tastenkombinationen (ALT)-123 und (ALT)-125) einschließen. Die (Eingabe)-Taste zum Abschluß eines 1-2-3/W Tabelellenblattbefehls stellen Sie in einem Makro durch eine Tilde ((ALT)-126) dar.

Da die Makrofunktionen sich in der Syntax leicht voneinander unterscheiden, die Argumente werden manchmal innerhalb, manchmal außerhalb der geschweiften Klammern eingegeben, sollten Sie sich die Verwendung jeder Makrofunktion einzeln anschauen.

Zur Vereinfachung der Erstellung eines Befehlsmakros bietet 1-2-3/W das Tastenschlüsselfenster. Dieses Fenster stellt eine einfache Version eines Makro-Rekorders dar. Es zeichnet die Tastenschlüssel zu von Ihnen ausgeführten Befehlen auf, und

Sie können diese Tastenschlüssel dann später in Ihr Makro kopieren (Abschnitt 13.3). Dort können Sie sie bearbeiten oder in Makroanweisungen einbinden.

	A	B
1	Funktionsmakro	
2	{ZAHLENEINTRAG "Eingabe: ";Eingabe}	Öffnet das 1-2-3 Classic
3		Fenster und liest den
4		Wert ein
5	{SEI Volumen;4/3*@PI*Eingabe^3}	Definiert die Variable
6		Volumen

Bild 13.1: Beispiel eines Funktionsmakros

Folgen von Befehlseingaben können Sie vereinfachen, indem Sie in der Symbolleiste ein Symbol mit einem Makro belegen. Zur Ausführung des Makros müssen Sie dann nur noch mit der Maus in das Symbol klicken.

Eingaben vereinfachen mit Makros

Sie können mit Hilfe von Makros das 1-2-3/W Classic Fenster aufrufen und den Benutzer hier menüunterstützt Eingaben tätigen lassen. Sie schaffen sich auf diese Weise ein einfaches Muster einer Eingabemaske. Wir werden Ihnen hierzu im Abschnitt 13.5 ein Beispiel zeigen.

Wir werden Ihnen im folgenden anhand einfacher Beispiele den Einsatz von Makros zeigen.

13.2 Ein Funktionsmakro

13.2.1 Vorbemerkung

Ein Funktionsmakro stellt eine Zusammenstellung von 1-2-3/W Arbeitsblatt- und Makrofunktionen dar. Anstatt komplizierte Funktionen in einer Tabelle immer wieder einzugeben, erstellen Sie sich ein Funktionsmakro und rufen an der entsprechenden Stelle in der Tabelle nur noch dieses Makro auf. Sie müssen dazu die Tabellenzellen mit entsprechenden Namen versehen.

Was ist ein Funktionsmakro?

470   13 Ablaufprogrammierung

Wir wollen Ihnen im folgenden anhand eines kleinen Beispiels zeigen,

- wie Sie ein Funktionsmakro erstellen und
- wie Sie dieses Makro anschließend verwenden.

Sie geben ein Funktionsmakro auf einem neuen oder einem bestehenden Arbeitsblatt ein. Anschließend können Sie dieses Makro über einen Tastenschlüssel in einer anderen Tabelle aufrufen, wenn Sie die Tabelle mit dem Makro im Hintergrund geladen haben.

In Bild 13.1 haben ein sehr einfaches Beispiel eines Funktionsmakros abgebildet. Dieses Makro berechnet nach der Eingabe eines Radius das Volumen des Kreises mit dem eingegebenen Radius. Sehen Sie nun, wie Sie dieses Makro eingeben und verwenden können.

13.2.2 Eingabe eines Funktionsmakros

Ein Funktionsmakro eingeben

Sie geben ein Funktionsmakro in einem Arbeitsblatt ein und speichern es von dort aus.

Öffnen Sie als erstes ein Makroarbeitsblatt, indem Sie den Befehl **Neu** aus dem Menü **Datei** geben. Nun können Sie das Makro einfach eingeben.

Das Makro im einzelnen...

Das Makro soll nach Eingabe des Radius (Variablenname «Eingabe») das Volumen einer Kugel berechnen. Die Texte der zweiten Spalte (vgl. Bild 13.1) stellen nur Erläuterungen dar und haben keinen Einfluß auf den Ablauf und die Arbeitsweise des Makros.

In der ersten Zeile steht die Funktion {ZAHLENEINTRAG ZeichenfolgeVariable}. Mit Hilfe dieser Funktion rufen Sie das 1-2-3/W Classic Fenster auf und können dort den Benutzer auffordern, seine Eingabe zu tätigen.

Wir rufen an dieser Stelle das 1-2-3/W Classis Fenster aus, damit sie eine menügesteuerte Eingabe tätigen können.

In der zweiten Zeile steht die Funktion, die auf die Variable angewandt werden soll. Hier ist dies die Berechnung des

Kugelvolumens nach der Formel Volumen=(4/3)*PI()*(Eingabe)^3. Sie geben diese Formel ein, indem Sie der Variable «Volumen» mit Hilfe der Makrofunktion {SEI Variable-Wert/Funktion} die Funktion rechts des Gleichheitszeichens zuordnen.

Haben Sie das Makro eingegeben, so müssen Sie nun noch einen Namen vergeben. Sie vergeben den Namen dabei nicht für das gesamte Makro, sondern nur für die erste Zeile. Mit der Wahl des Namens legen Sie fest, ob Sie das Makro über einen Tastenschlüssel aufrufen wollen oder nicht.

Makros brauchen Namen

Vergeben Sie in unserem Beispiel für die erste Zeile des Makros einen Namen, der aus einem Backslash (ALT-92) gefolgt von nur einen Buchstaben besteht (hier «\v»). Nun können Sie das Makro starten, indem Sie den Tastenschlüssel STRG-V eingeben.

Sie vergeben den Namen für das Makro mit dem Befehl **Namen_erstellen** oder mit dem Befehl **Namen_Label_zuweisen** aus dem Menü **Bereich**.

Wenn Sie für die erste Zeile einen Namen vergeben, der aus mehreren Buchstaben besteht, so rufen Sie dieses Makro entweder mit der Tastenkombination ALT-F3-Name oder mit dem Befehl **Makro_ausführen** aus dem **Extras** Menü auf. Ein Makro mit dem Namen Volumen starten Sie also mit ALT-F3-Volumen.

Speichern Sie nun die Tabelle, die Ihr Makro enthält, unter einem möglichst bezeichnenden Namen (z.B. «KUGEL.WK3»). Wollen Sie mehrere Makros nacheinander ausführen, so empfiehlt es sich, diese in eine Arbeitsblatt zu schreiben, damit Sie später nur diese Arbeitsblatt im Hintergrund geladen haben müssen. Sie können das Arbeitsblatt, das das Makro enthält, auch gleich als das Blatt verwenden, auf dem Sie Ihre Berechnungen ausführen wollen.

13.2.3 Aufruf eines Funktionsmakros

Öffnen Sie nun ein beliebiges Arbeitsblatt. Vergeben Sie für eine beliebiges Tabellenzelle den Namen «Eingabe» und für die Zelle, das das Ergebnis aufnehmen soll, den Namen «Volumen». Dies ist notwendig, da 1-2-3/W ansonsten die Variablen in dem Makro nicht akzeptiert.

Starten Sie das Makro mit dem Tastenschlüssel (STRG)-(V). Sie werden nun aufgefordert, einen Radius einzugeben. Schließen Sie Ihre Eingabe ab und beobachten Sie, wie 1-2-3/W das Ergebnis in die Zelle Volumen einträgt. Haben Sie als Radius 2 gewählt, so sehen Sie nun einen Bildschirm wie in Bild 13.3.

	A	B
1	Volumenberechnung	
2	Eingabe:	2
3	Volumen:	33.51032

Bild 13.2: Ergebnis des Makros

Als Übung können Sie sich umfangreichere Funktionsmakros erstellen, die mehr als nur ein Argument besitzen.

13.3 Makros aufzeichnen

13.3.1 Allgemeines

Sie haben bei 1-2-3/W zwei Möglichkeiten, ein Befehlsmakro einzugeben. Sie können es direkt in das Arbeitsblatt eingeben oder Sie zeichnen die Tastenkombinationen auf und binden Sie in das Makro ein, d.h.

- *Sie* führen die Befehlsfolge, die Sie in einem Makro festhalten wollen aus und
- *1-2-3/W* setzt für Sie diese Befehlsfolge in die entsprechenden Tastenschlüssel um.

Auf diese Weise erstellte Makros können Sie direkt übernehmen oder als Teil eines anderen Makros verwenden, um sich Schreibarbeit und Schreibfehler zu ersparen.

Wir wollen nun das Tastenaufzeichnungsfenster an zwei einfachen Makros zeigen, mit denen Sie sich das Schützen einzelner Tabellenbereiche etwas vereinfachen.

Sie können bei 1-2-3/W, wie Sie im 3. Kapitel erfahren haben, die gesamte Tabelle schützen und anschließend lediglich einige Bereich wieder zum Bearbeiten freigeben. Dabei tritt das Problem auf, daß Sie zum Freigeben eines Bereiches erst wieder den globalen Schutz aufheben müssen. Mit Hilfe eines einfachen Makros können Sie sich diese Arbeit erleichtern.

13.3.2 Ein Makro aufzeichnen

Wir wollen nun die ersten Tastenschlüssel aufzeichnen. Wir werden diese Tastenschlüssel dann in unser Makro einbinden. Es handelt sich bei diesem Makro um ein Befehlsmakro.

Das Makro aufzeichnen

Öffnen Sie nun als erstes das Tastenaufzeichnungsfenster von 1-2-3/W.

Vorgehensweise:

1. Wählen Sie aus dem Menü **Extras** den Befehl **Makro** und den Unterbefehl **Tastenaufzeichnung** fest.

2. Wechseln Sie nun in das Tastenaufzeichnungsfenster und beobachten Sie, wie 1-2-3/W die Menüleiste verändert (Bild 13.4).

Wenn Sie das Tastenaufzeichnungsfenster noch nicht geöffnet hatten, so wird es leer sein. Sollten jedoch schon Tastenschlüssel aufgezeichnet sein, so ist es sinnvol diese zuerst mit dem Befehl **Alles_Löschen** aus dem Menü **Bearbeiten** des Tastenaufzeichnungsfensters zu löschen.

Sie können nun wieder in das Tabellenarbeitsblatt umschalten und mit der Aufzeichnung beginnen. Bedenken Sie hierbei, daß 1-2-3/W jede Aktion aufzeichnet. Vermeiden Sie daher hier unnötige Eingaben, damit Sie sich nicht später aus der Aufzeichnung «das Beste heraussuchen müssen».

Legen Sie nun als erstes mit dem Befehl **Globale Parameter** aus dem Menü **Arbeitsblatt** den globalen Schutz fest, indem Sie in dem Dialogfeld die Option **Schutz** auswählen und den Befehl abschließen. Wenn Sie schon mal zwischendurch in das Tastenaufzeichnungsfenster umschalten, sehen Sie einen Bildschirm wie in Bild 13.3.

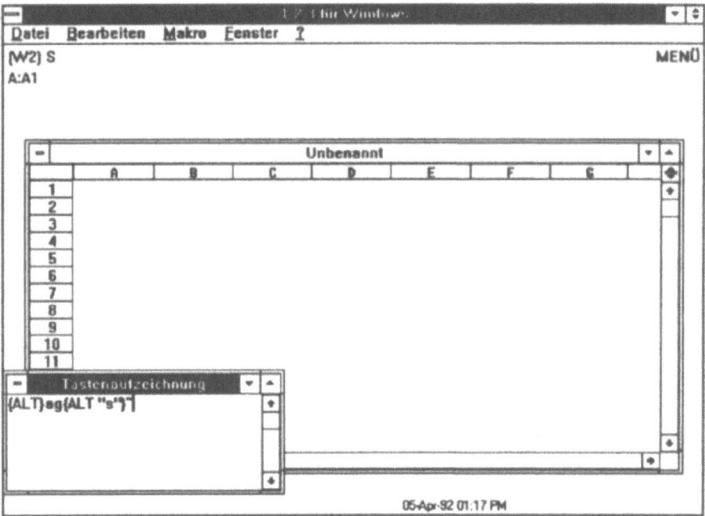

Bild 13.3: Tastenaufzeichnungsfenster nach der Eingabe

Damit haben Sie Ihr Makro zum Schutz des Arbeitsblattes schon aufgezeichnet. Zeichnen Sie nun das Makro zur Freigabe einzelner Tabellenbereiche auf. Dazu wählen Sie nun den Befehl **Freigeben** aus dem Menü **Bereich** aus, geben einen beliebigen Bereich ein und schließen den Befehl ab.

Ihre Aufzeichnung ist nun beendet und Sie können in das Tastenaufzeichnungsfenster umschalten. Jetzt müssen Sie noch die hier aufgezeichneten Tastenschlüssel auf Ihr Arbeitsblatt kopieren und ein wenig bearbeiten.

Dazu gehen Sie wie folgt vor:

13.3 Makros aufzeichnen

Vorgehensweise:

1. Markieren Sie die Tastenschlüssel.

2. Wählen Sie den Befehl **Ausschneiden** aus dem Menü **Bearbeiten** oder wählen Sie die Schaltfläche zum Ausschneiden aus..

3. Schalten Sie nun in das Tabellenfenster um.

4. Geben Sie hier den Befehl **Einfügen** aus dem **Bearbeiten** Menü oder die Schaltfläche zum Einfügen.

1-2-3/W kopiert nun die Tastenschlüssel auf das Arbeitsblatt und schreibt dabei die Befehle gleich automatisch in mehrere Zeilen.

Die erste Zeile, welche das erste Makro darstellt, können Sie direkt übernehmen. Sie müssen nur noch zwischen dieser Zeile und den nachfolgenden eine oder mehrere Leerzeilen einfügen, damit 1-2-3/W die Makros unterscheiden kann.

Verändern der Aufzeichnung

In dem zweiten Makro müssen Sie noch die aufgezeichnete Bereichsangabe löschen und durch die Makrofunktion {?} ersetzen, damit Sie den freizugebenden Bereich bei der Anwendung des Makros selber wählen können.

Die Makrofunktion {?} stoppt die Ausführung eines Makros solange, bis Sie die (EINGABE)-Taste betätigt haben, bietet sich also zur einfachen Eingabeabfrage ohne das 1-2-3/W Classis Menü an.

Nun müssen Sie noch Namen für die Makros vergeben.Damit Sie sie leicht aufrufen können, vergeben Sie für das erste Makro den Namen «\s» für Schutz und für das zweite den Namen «\u» für ungeschützt.

Vergleichen Sie ihren Bildschirm nach den Eingaben mit Bild 13.4. Speichern Sie die Tabelle unter dem Namen «BEFMAK1.WK3»

	A	B
1	{ALT}ag{ALT "s"}~	Legt einen globalen
2		Schutz fest
3		
4	{ALT}eb{ALT "b"}	Öffnet das Dialogfeld zum
5		Freigeben von Tabellen-
6		bereichen
7	{?}~	Stoppt das Makro bis Sie
8		den Bereich eingegeben
9		haben

Bild 13.4: Beispiel eines Befehlsmakros

Laden Sie nun eine neue Tabelle oder öffnen Sie eine neues Arbeitsblatt,um das Makro zu testen. Rufen Sie dazu die Makros über die Tastenschlüssel STRG-S bzw. STRG-U auf.

Im nächsten Abschnitt werden Sie erfahren, wie Sie diese Makros auf Symbole der Symbolleiste legen und sie so noch einfacher und ohne die entsprechende Tabelle geöffnet haben zu müssen aufrufen können.

13.4 Symbole mit Makros belegen

Vereinfachen von Eingaben mit Symbolen

Sie haben soeben gesehen, wie Sie einfache Makros erstellen können, die Ihnen häufig auftretende Arbeitsabläufe abnehmen können. Das Aufrufen der Makros zum Verändern des Schutzstatus der Tabelle erfolgte in Abschnitt 13.2 noch etwas umständlich, so daß Ihnen die Arbeitserleichterung vielleicht nicht ganz offensichtlich war.

Mit einigen frei belegbaren Symbolen der Symbolpalette bietet 1-2-3/W die Möglichkeit, durch einfaches Anklicken dieser Fläche mit der Maus ein Makro auszuführen.

Wir wollen nun die beiden soeben erstellten Makros auf zwei Symbole legen und so erreichen, daß wir die entsprechenden Makros durch einfaches Anklicken ausführen können. Dabei muß in diesem Fall die entsprechende Tabelle, die das Makro enthält, nicht geöffnet sein.

X

Sie können diese Schritte nur nachvollziehen, wenn Sie ein Zeigeinstrument besitzen.

13.4 Symbole mit Makros belegen

Zur Lösung der Aufgabe müssen Sie jeweils das neu zu definierende Symbol auswählen und anschließend die neue Verknüpfung eingeben. Es ist hilfreich, wenn Sie für diese Aufgabe die Tabelle mit den Makros geöffnet haben.

Vorgehensweise:

1. Öffnen Sie mit dem Befehl **Öffnen** aus dem **Datei** Menü die Datei «BEFMAK1.WK3».

2. Geben Sie nun den Befehl **Symbolpalette** aus dem Menü **Extras** und wählen Sie in dem erscheinenden Dialogfeld die Option **Anpassen**. Sie sehen nun ein neues Fenster wie in Bild 13.5.

3. Klicken Sie nun mit der Maus in das Symbol mit dem Stempel und wählen Sie die Option **Makro zuweisen**.

4. Markieren Sie nun in der Makrotabelle die Zelle A1 und klicken Sie mit der Maus anschließend in die Option «Makro zuweisen». 1-2-3/W trägt nun das Makro in die Liste ein und zeigt im Textfeld **Bereich** den Bereich an.

5. Damit Sie das Makro auch bei geschlossener Tabelle «BEFMAK1.WK3» ausführen können, müssen Sie nun die einfache Bereichsangabe im Textfeld Bereich durch einen externen Bezug (vgl. Abschnitt 9.8) ersetzen. Dazu zeigen Sie mit der Maus vor die Bereichsangabe und geben nun den externen Bezug «<c:\STANDARD\123\BEISPIEL\BEFMAK1.WK3» vor die Angabe des Tabellenfeldes.

6. Wählen Sie nun die Schaltfläche OK und geben Sie im wieder erscheinenden zweiten Fenster des Befehls noch die Option Hinzufügen ein. 1-2-3/W wird nun das Symbol in die Symbolleiste einfügen.

7. Analog verfahren Sie zum Definieren des anderen Symbols.

478   13 Ablaufprogrammierung

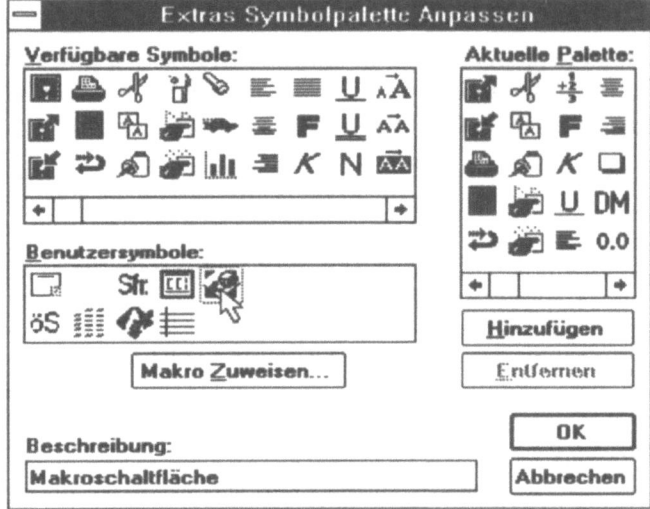

Bild 13.5 Auswahl eines Symbols

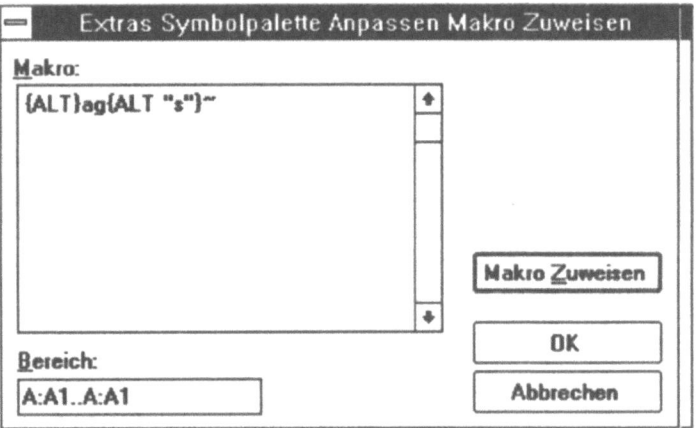

Bild 13.6: Zuweisen eines Makros

Damit die Symbolleiste nicht zu voll wird, sollten Sie im Anschluß zwei andere Symbole löschen. Wir haben in unserem Fall die Symbole zur Vergabe des Zahlenformates mit einer Nachkommastelle und das Prozentformat gelöscht. Sie sehen nun, wenn Sie die gleichen Einstellungen vorgenommen haben, einen Bildschirm wie in Bild 13.7.

Bild 13.7: Neue Symbolleiste

Wenn Sie eine solches Symbol wieder löschen wollen, müssen Sie wie oben beschrieben verfahren und die gewünschten Symbole aus der Symbolleiste entfernen. — *Symbole entfernen*

13.5 Ein einfaches Ablaufprogramm

Sie werden nun am Beispiel der Plausibilitätsprüfung aus Abschnitt 9.6.4 sehen, wie Sie — *Das Beispiel*

- mit einem Makro automatisch die richtige Tabelle öffnen,
- Eingabeaufforderungen mit der Makrofunktion {ZAHLENEINTRAG Zeichenfolge Variable} herstellen und
- die Funktion WENN verwenden.

Sie sollten sich auch schon bei kleinen Makros angewöhnen, diese nicht direkt am PC zu schreiben, sondern vorher in Dokumentationstechniken wie einem Flußdiagramm zu planen. Dies ist bei komplizierteren Zusammenhängen sehr hilfreich und kann so mit einfachen Beispielen geübt werden. Die wichtigsten Symbole solcher Flußdiagramme sehen Sie in Bild 13.8. — *Planen eines Makros*

Bild 13.9 zeigt das Flußdiagramm des oben geschilderten Problems.

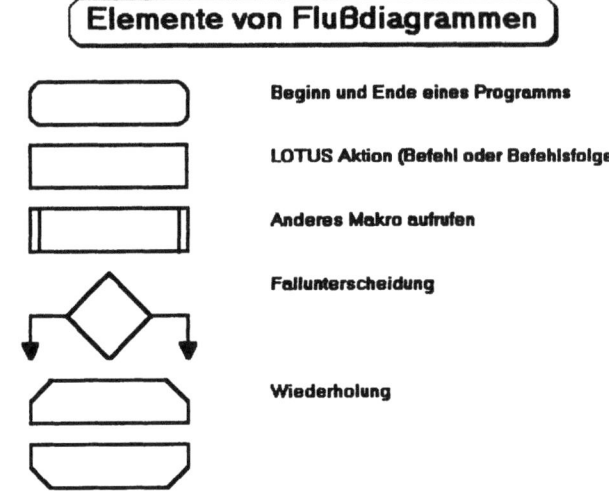

Bild 13.8: Elemente von Flußdiagrammen

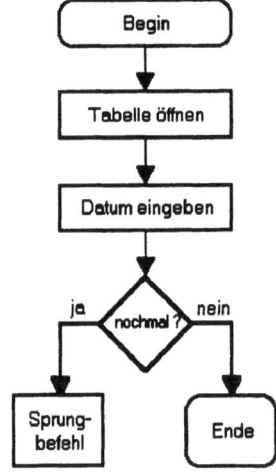

Bild 13.9: Flußdiagramm unseres Problems

Sie verwenden hier die im folgenden aufgeführten Makrobefehle. Wir zeigen Ihnen hier die allgemeine Wirkungsweise und anschließend sehen Sie den Einsatz in unserem Makro:

13.5 Ein einfaches Ablaufprogramm

{ZAHLENEINTRAG (Zeichenfolge;Variable)}: Ruft das 1-2-3/W Classic Fenster auf und fordert Sie zur Eingabe der Variable auf

{GEHEZU (Zelle)}: wählt die angegebene Zelle aus.

{WENN (Bedingung;Dannwert)} Sonstwert: Wenn die Boolsche Variable Bedingung wahr ist, wird der Dannwert gewählt bzw. die entsprechende Funktion ausgeführt. Ansonsten gibt die WENN Funktion in die nächste Zeile des Makros weiter, in die Sie dann die Sonstbedingung eintragen müssen.

Bei den anderen Makrobefehlen handelt es sich um Tastenschlüssel, die Sie entweder aufzeichnen oder aber wegen ihrer einfachen Struktur direkt eingeben können. Nach der Eingabe der Formeln sieht das Makro zu unserem Beispiel wie in Bild 13.10 aus. Achten Sie bei der Angabe der zu öffnenden Tabelle in der ersten Makrozeile auf den richtigen Pfad, falls dieser nicht mit unserem übereinstimmt.

	A
1	{ALT}df{ALT "n"}c:\standard\123w\beispiel\plausind.wk3
2	{GEHEZU}A:C4~
3	{ZAHLENEINTRAG "Bitte geben Sie das Jahr ein! (Abschließen mit RETURN) ";Jahr}
4	{GEHEZU}A:C5~
5	{ZAHLENEINTRAG "Bitte geben Sie den Monat ein! (Abschließen mit RETURN) ";Monat}
6	{GEHEZU}A:C6~
7	{ZAHLENEINTRAG "Bitte geben Sie den Tag ein! (Abschließen mit RETURN) ";Tag}
8	{LABELEINTRAG "Wollen Sie ein weiteres Datum prüfen? (j/n) (Abschließen mit RETURN) ";A:B20}
9	{WENN A:B20="j"#ODER#A:B20="J"}{SPRUNG Prüfung}
10	{ALT}de{TAB 2}~

Bild 13.10: Makro zur automatischen Eingabe

Vergeben Sie nun für die erste Zeile dieses Makros den Namen «\p», damit Sie es über den Tastenschlüssel STRG-P leicht aufrufen können. Beachten Sie hierbei, daß Sie zum Ausführen des Makros das Arbeitsblatt mit dem Makro geöffnet haben müssen.

Starten Sie nun das Makro. 1-2-3/W wird nun die Datei «PLAUSIND.WK3» automatisch öffnen und Sie zur Eingabe des Jahres auffordern. Geben Sie nun Testdaten ein, welche Sie jeweils mit der EINGABE-Taste abschließen. Nach der Eingabe des Tages werden Sie, wie in Bild 13.11 zu sehen, gefragt, ob Sie noch ein weiteres Datum eingaben wollen.

Beachten Sie, daß während der gesamten Makroausführung in der Statuszeile des Bildschirms die Angabe «Bef» erscheint. Dies zeigt Ihnen an, daß gerade ein Makro läuft. Wenn Sie in einem Makro keine Tastenumbelegung vorgenommen haben, können Sie jedes Makro mit Hilfe der ESC-Taste abbrechen.

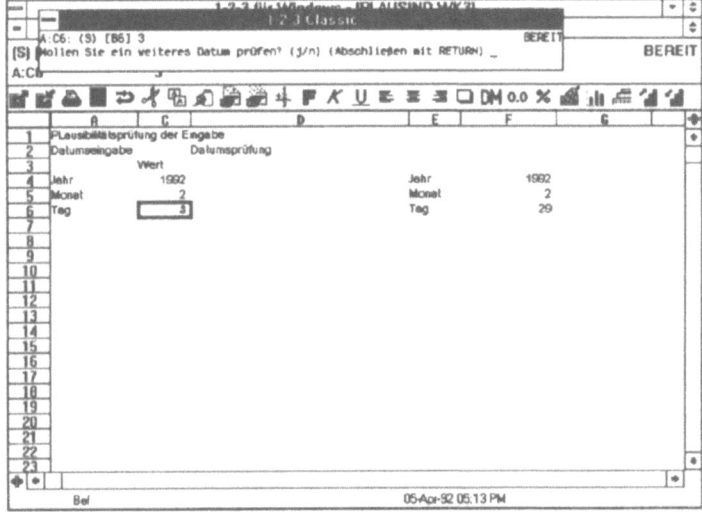

Bild 13.11: Eingabebildschirm des Makros

13.6 Autoexec-Makros

Was sind Autoexec-Makros
Sie können mit 1-2-3/W auch selbststartende Makros, sogenannte Autoexec-Makros erstellen. Ein Autoexec-Makro startet automatisch, wenn Sie die Tabelle öffnen, die das Makro enthält. Gekennzeichnet wird ein Autoexec-Makro durch den Namen «\0».

Datenreise
Wir wollen nun das Makro zur automatischen und menügesteuerten Plausibilitätsprüfung in ein Autoexec-Makro verwandeln, so daß es von 1-2-3/W automatisch beim Öffnen der Makrodatei ausgeführt wird. Dazu müssen Sie für die erste Zeile des Makros den Namen «\0» vergeben. Sie vergeben diesen Namen mit dem Befehl **Namen erstellen** aus dem Menü **Bereich**.

Sie können bei 1-2-3/W einstellen, ob Sie Autoexec-Makros immer beim Aufruf der entsprechenden Datei starten wollen oder nicht. Dies soll verhindern, daß das Makro, wenn Sie es nur bearbeiten wollen, gleich ausgeführt wird. Sie stellen dies im Menü **Extras** mit dem Befehl **Benutzervorgaben** ein. Sie sehen dann ein Fenster wie in Bild 13.12, in dem Sie die Option «Autoexec-Makros ausführen» auswählen, falls dies nicht voreingestellt ist.

Einstellungen bei Autoexec-Makros

Sie können nun unser Makro ausführen, indem Sie einfach die Datei PLAUMAK.XLS aufrufen.

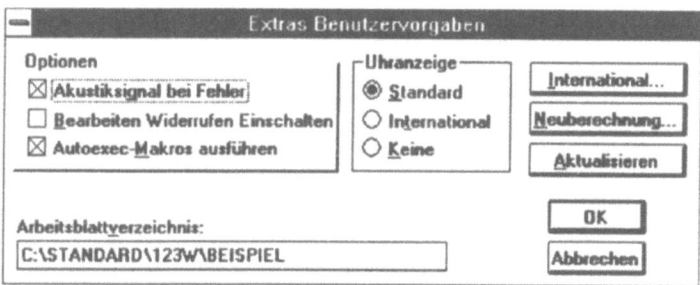

Bild 13.12: Dialogfeld Benutzervorgaben

13.7 Übungsaufgabe

Schreiben Sie sich mit Hilfe von Makros eine Plausibilitätsprüfung für die Datumseingabe, bei der bei falschem Datum nicht der Text «Bereichsüberschreitung» ausgegeben werden soll, sondern bei der die Eingabe erst dann akzeptiert wird, wenn das Datum plausibel ist. Sie müssen hierzu die Funktion ZAHLENEINGABE mit einer WENN-Bedingung verbinden.

1 Einleitung

2 Vorarbeiten & Vorkenntnisse

3 Die erste Aufgabe

4 Das Arbeitsblatt gestalten

5 Arbeitsblattinhalte ändern

6 Arbeiten mit Funktionen

7 Grafische Darstellung

8 Textverarbeitung

9 Dateiverwaltung

10 Ziele, Alternativen, Optima

11 Datenaustausch

12 Datalens und dBASE

13 Ablaufprogrammierung

14 Organisation und Planung

Anhang

Abschnittsübersicht

14. Organisation und Planung

Überblick
14.1 Planung von Tabellen
14.2 Dokumentation und Organisation
14.3 Rationell arbeiten
14.4 Anwendungen konfektionieren
14.5 Speicheroptimierung

14. Organisation und Planung

Überblick

Sie haben in den vorangehenden Kapiteln des Buches die wichtigsten Leistungsmerkmale von 1-2-3/W anhand leicht nachvollziehbarer Beispiele kennengelernt. Die Arbeitsblätter haben wir für Sie geplant und strukturiert.

Sie werden nun, wie schon in den Übungsaufgaben, eigene Arbeitsblätter entwerfen und eigene Aufgabenstellungen mit 1-2-3/W lösen.

In diesem Abschnitt haben wir für Sie grundsätzliche Regeln festgehalten, die sich beim Erstellen von Arbeitsblättern bewährt haben. Ferner weisen wir hier auf die umfangreichen Dokumentations- und Organisationshilfen von 1-2-3/W hin, mit deren Hilfe Sie effektiv mit Ihren Tabellen arbeiten können.

Die einzelnen Abschnitte haben den folgenden Inhalt: **Was lesen Sie hier?**

- Abschnitt 14.1 beschäftigt sich mit der Planung einer Tabelle.
- Dokumentationstechniken mit 1-2-3/W erleben Sie in Abschnitt 14.2.
- Bei größeren Tabellen wird rationelles Arbeiten mit 1-2-3/W immer wichtiger. Dies ist Inhalt des Abschnittes 14.3.
- Abschnitt 14.4 zeigt Ihnen, wie Sie Ihre Tabelle für andere Anwender konfektionieren.
- Die Möglichkeiten der Speicheroptimierung sind Thema des Abschnittes 14.5.

14.1 Planung von Tabellen

Wozu Tabellen planen?

Mit Hilfe von Tabellenkalkulationsprogrammen wie 1-2-3/W können Sie sehr komplexe und umfangreiche Tabellen erstellen und auf diese Weise auch anspruchsvolle Aufgabenstellungen lösen. Voraussetzung für eine zufriedenstellende Lösung ist eine genaue Planung der Tabelle. Wenn Sie versuchen, einfach "loszuschreiben", so werden Sie bei komplexeren Aufgaben nicht immer direkt ans Ziel gelangen.

Sie sollten Ihre Tabelle daher vor dem Erstellen mit 1-2-3/W genau planen, entweder mit Hilfe eines Textprogramms, eines Programmablauf- oder Datenflußplans oder mit Papier und Bleistift. Bei der Planung der Tabelle sollten Sie mindestens die folgenden Stichworte bzw. Teilbereiche bearbeiten:

Was planen?

- Ziel der Tabelle,
- Art und Umfang der Daten, die in die Tabelle aufgenommen werden sollen,
- Aufgliederung der Daten in Einzelprobleme,
- wichtige und umfangreiche Funktionalitäten, die in der Tabelle vorkommen werden,
- Bezüge auf andere Tabellen, entweder schon vorhandene oder neu zu erstellende sowie
- systematische Namensvergabe
- Gliederung der Verzeichnisse, in denen die Tabellen gespeichert sind, wenn mehrere Tabellen erstellt werden sollen.

Haben Sie sich mit Hilfe dieser Stichworte eine Vorstellung von der Strukturzusammenhängen und den Leistungsmerkmalen Ihrer Tabellen geschaffen, so können Sie nun die Tabellen erstellen.

Namen in der Tabelle

Achten Sie beim Vergeben von Namen in der Tabelle sowie für die Tabelle bzw. Tabellen darauf, daß die Namen systematisch vergeben und möglichst selbsterklärend sind. Dadurch werden Ihre Tabellen lesbarer und Sie können leichter Veränderungen vornehmen.

14.2 Dokumentation und Organisation

Haben Sie Ihre Tabelle erstellt, so ist es wichtig, sicherzustellen, daß Sie die Struktur der Tabelle auch noch in Zukunft verstehen und nicht nur direkt nach dem Erstellen. Dazu stellt Ihnen 1-2-3/W eine Vielzahl von Dokumentations- und Organisationshilfen zur Verfügung.

Die Tabelle dokumentieren

Sie sollten auf diese Hilfe unbedingt zurückgreifen, da Sie ansonsten gerade bei größeren Tabellen schnell den Überblick verlieren können. Sie könnten dann Probleme beim Bearbeiten und Verändern der Tabellen bekommen.

Eine wichtige Dokumentationshilfe ist das Eintragen von Kommentaren. Kommentare können Sie

Kommentare

- als Text nach einem Seminkolon hinter jeden beliebigen Zelleintrag schreiben oder
- als Text oder Grafik in einem extra Kommentarfenster bereichsübergreifend erfassen.

Wenn Sie hinter einen Eintrag nach einem Semikolon zu einer Zelle Kommentare schreiben, ignoriert 1-2-3/W diese Kommentare beim Auswerten der Formeln. Mit Hilfe dieser Notizen erläutern Sie die Idee und Wirkungsweise von Formeln oder Sie notieren sich zu einzelnen Feldern Bemerkungen. Verwenden Sie in einer Datei mehrere Arbeitsblätter oder externe Bezüge, so ist es sinnvoll, diese Bezüge kurz zu erläutern und in die Notiz zu schreiben, welche Arbeitsblätter oder Elemente anderer Anwendungen sich hinter dem Bezug verbergen. Sie sehen die Kommentare der aktiven Zelle in der Editierzeile oder, wenn Sie eine Zelle als Text formatieren.

Zum Erstellen bereichsübergreifender Kommentare oder Grafiken markieren Sie den Bereich, den Sie kommentieren wollen. 1-2-3/W öffnet ein neues Fenster, in dem Sie Texte und Grafiken erstellen und bearbeiten können. Was Sie in diesem neuen Fenster gestalten, überlagert dann sofort den markierten Bereich Ihres Arbeitsblatts.

Im Bild 14.1 sehen im Dateifenster «UMSATZ1.WK3» in der als Text formatierten Zelle B7 einen Textkommentar hinter

490   14. Organisation und Planung

dem Semikolon, ferner zwei Kommentarfenster: eins mit einer Ellipse und dem Text «Das ist ein Kommentar» und eins mit einer Liniengrafik. Die Inhalte beider Kommentarfenster sehen Sie im Dateifenster «UMSATZ1.WK3» nochmals in dem Bereich, dem sie durch das Markieren zugeordnet sind.

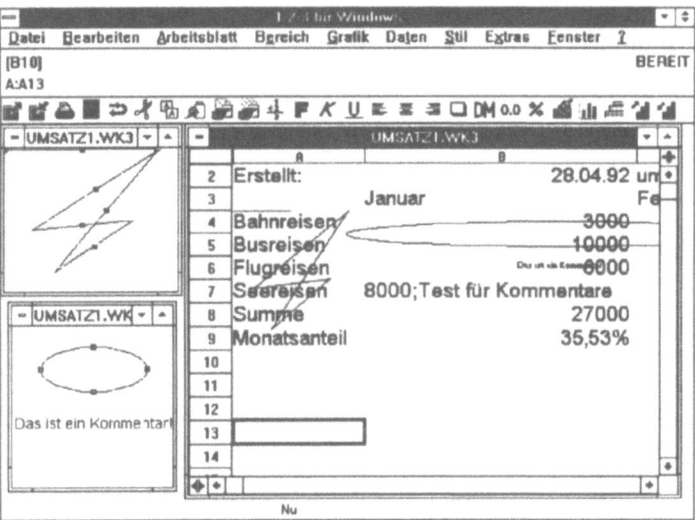

Bild 14.1: 1-2-3/W Textkommentar, Grafik-Kommentar und Kommentarfenster

Zeitnot rächt sich — Beim Erstellen der Tabelle mag Ihnen dies noch überflüssig und als unnötiger Arbeitsaufwand erscheinen, den Sie sich bei ohnehin knappen Projektterminen ersparen möchten. Wollen Sie die Tabelle aber einige Tage oder Wochen nach dem Erstellen verändern, so erleichtern Ihnen oder Ihren Kollegen diese Bemerkungen die Arbeit ganz erheblich.

Makros erläutern — In Makros schreiben Sie, wie Sie es in Kapitel 13 gesehen haben, die Kommentare zu den Makrobefehlen direkt neben die Befehle. Sie sollten auf diese Weise zumindest verschachtelte und umfangreichere Teile des Makros erläutern, damit Sie es auch noch zu einem späteren Datum nachvollziehen und verändern können.

Verwenden Sie in einer Tabelle nach Möglichkeit Formeln mit Bereichsnamen oder mit absoluten Feldadressen, da sich diese

14.2 Dokumentation und Organisation

einfacher dokumentieren lassen als Formeln mit relativen Feldbezügen.

Zur Kontrolle können Sie verstreut liegende Bereiche, verschiedene Arbeitsblattebenen, oder die Tabelle gleichzeitig in Formel- und in Wertedarstellung im Arbeitsbereich zu sehen. Sie erreichen dies mit 1-2-3/W, indem Sie zu einer Datei zwei oder mehr Fenster öffnen. Sie können nun z.B. in einem Fenster die Formeldarstellung wählen und in einem anderen Fenster die Wertedarstellung. Auf diese Weise vergleichen Sie direkt Ursache (Formel und Bezug) und Wirkung (Wert/Ergebnis). Dies erleichtert Ihnen das Auffinden möglicher logischer Fehler. **Fenster**

Ist Ihre Tabelle breiter oder länger, als der Bereich, den Sie auf Ihrem Bildschirm sehen können, so verschwinden beim Blättern nach rechts bzw. unten die Zeilen- bzw. Spaltenüberschriften. Sie können dann die einzelnen Einträge nicht mehr zuordnen. Um dies zu vermeiden, fixieren Sie die Zeilen- bzw. Spaltenüberschriften der Tabelle im Fenster. Sie blättern dann nur noch in dem nicht fixierten Teil der Tabelle und können so die Tabelleneintragungen eindeutig zuordnen. Sie fixieren einzelne Bereiche des Tabellenfensters mit Hilfe der senkrechten oder waagrechten Bildschirmteiler. **Fenster fixieren**

Sollte die Tabelle nicht die gewünschten Ergebnisse liefern, so müssen Sie die eingegebenen Formeln, Bezüge und Felder prüfen. Erstellen Sie vorher einen Testplan mit extremen und auch mit unmöglichen Daten, um das Verhalten Ihrer Tabelle zu überprüfen. **Tabellen prüfen**

Von wichtigen Tabellen sollten Sie in kurzen Zeitabständen Sicherungskopien auf dem gleichen Datenträger und zusätzlichen Disketten oder Bändern erstellen. Damit können Sie auf vorherige Versionen zurückgreifen, wenn Ihnen grobe Fehleingaben in einer Tabelle unterlaufen. Sie veranlassen 1-2-3/W zum Erstellen einer Sicherungskopie auf dem gleichen Datenträger mit Hilfe des Befehls **Datei Speichern_unter**. 1-2-3/W bietet Ihnen beim Speichern einer Datei unter dem bisherigen Namen im Dialogfeld **Datei Speichern Unter** die Wahl zwischen Ersetzen des Originals und Erstellen einer Siche- **Sicherungskopien** rung. Beim Erstellen einer Sicherung wird die alte Version umbenannt statt überschrieben. Die Sicherungsdatei erhält von 1-2-3/W automatisch die Erweiterung «.BAK».

Wenn Sie diesen Vorgang mehrfach wiederholen, retten Sie nur den jeweils vorigen Zustand, der Zustand davor wird von der jeweils nächsten Sicherungsdatei überschrieben.

Bewahren Sie von Ihren Sicherungsdisketten oder Sicherungsbändern mehrere Generationen auf, um noch auf frühere stabile Lösungen zugreifen zu können.

14.3 Rationell Arbeiten

Tabellen wachsen...
Tabellen wachsen schnell und füllen immer mehr Speicher und werden immer langsamer. Außerdem werden Eingaben oder Veränderungen der Tabelle zeitaufwendiger und komplizierter. Dies können Sie beeinflussen, wenn Sie Ihre Tabelle und die Eingaben geschickt gestalten. Wir werden Ihnen im folgenden einige Beispiele dazu zeigen.

Gruppen bilden
Wenn Sie bestimmte Formatierungen in mehreren Arbeitsblättern einer Datei vornehmen müssen, so können Sie die entsprechenden Formatierungen des aktuellen Arbeitsblatts auf die weiteren Arbeitsblätter vererben. Wählen Sie dazu im Dialogfenster **Arbeitsblatt Globale Parameter** den **Gruppen-Modus** Formatierungen des aktuellen Arbeitsblatts werden dann in *allen* anderen Arbeitsblättern nachvollzogen. Beim späteren Ausschalten des Gruppen- Modus bleiben diese vererbten Formatierungen erhalten.

Datenaustausch
Beim Datenaustausch zwischen Tabellen sollten Sie den dynamischen Datenaustausch dem statischen vorziehen, wenn Sie nicht nur an einem bestimmten Stand einer Tabelle interessiert. Bearbeiten Sie die Verknüpfungen im Dialogfeld **Bearbeiten Verknüpfung Optionen**.

Formeln vereinfachen
Wenn Sie eine bestimmte Formel innerhalb einer Tabelle häufiger verwenden, so können Sie diese Formel in ein Makro schreiben, damit Sie sie nicht immer wieder eingeben müssen.

Wenn Sie in größeren Arbeitsblättern bestimmte Formeln oder Labels suchen oder Änderungen vornehmen wollen, so sollten Sie den Befehl **Bearbeiten Suchen** einsetzen. Im Dialogfeld **Bearbeiten Suchen** können Sie auch angeben, durch welche Zeichenfolge Sie einen Suchtext ersetzen wollen. Das Suchen könenn Sie auf Labels, Formeln oder beides erstrecken.
Suchen in großen Arbeitsblättern

14.4 Anwendungen konfektionieren

Sie können Ihre Tabelle für andere Anwender konfektionieren, d.h., Sie können Eingaben vereinfachen und die Tabelle auch für fremde Personen lesbar gestalten.
Was ist Konfektionieren?

Die bedienerfreundlichste Möglichkeit des Konfektionierens ist das Erstellen von Makros. Sie können sich auf diese Weise eine eigene Anwendung innerhalb von 1-2-3/W schaffen. Einen Einblick in diese Verfahren haben Sie in Kapitel 13 bekommen.

Um einen möglichst großen Bereich der Tabelle auf dem Bildschirm zu sehen, können Sie die Symbolleiste ausblenden oder den Zoom-Faktor verändern.
Den Arbeitsbereich vergrößern

Sie können Dateien oder einzelne Felder der Tabelle schützen. Sie versehen die entsprechenden Teile dann mit einem Kennwort. Dabei bietet 1-2-3/W Ihnen die Möglichkeit, zwischen einem Zugriffsschutz und einem Schreibschutz, sowie einem Schutz für ausgewählte Arbeitsblattbereiche oder ein ganzes Arbeitsblatt zu unterscheiden (Kapitel 4.7). Nutzen Sie den Schutz auch, um sich vor *eigenen* Fehlern zu schützen!
Tabellen und Zellen schützen

Sie ersparen den Anwendern, die immer nur mit einer Anwendung arbeiten, das Laden des richtigen Arbeitsblatts, wenn Sie die zu öffnende Datei mit dem Windows Dateimanager in die Befehlszeile für 1-2-3/W aufnehmen.
Dateien automatisch öffnen

14.5 Speicherverwendung und Geschwindigkeit optimieren

Rechnerleistung	Jeder Rechner hat nur eine begrenzte Speicherkapazität und eine begrenzte Rechnerleistung. Bei großen Anwendungen sollten sich angewöhnen, nicht unnötig Speicherplatz zu verschwenden. 1-2-3/W bietet Ihnen einige Möglichkeiten zum Sparen von Speicher, die wir Ihnen im folgenden beschreiben wollen.
Leerzeilen und Leerspalten	Vermeiden Sie generell Leerzeilen oder Spalten; gestalten Sie Ihre Tabelle mit Hilfe der Spaltenbreite oder Zeilenhöhe. Dies nimmt weniger Speicherplatz ein als leere Zeilen oder Spalten.
Werte und Formeln	Werte nehmen weniger Speicherplatz ein als Formeln. Kopieren Sie daher wirklich feststehende Werte, anstatt Formeln mit Verweisen zu verwenden.
Formate festlegen	Wenn Sie Zahlen einen Text (Währung oder Einheit) zuordnen wollen, so legen Sie dafür ein Format fest und schreiben Sie den Text nicht in angrenzende Felder. Formatieren Sie nicht unnötig viele Leerzellen, da auch dies Speicherplatz verschwendet.
Kleine Arbeitsblätter verwenden	Arbeiten Sie mit mehreren kleinen Arbeitsblättern anstatt mit einer riesigen Tabelle. Diese lassen sich dann nicht nur einfacher pflegen, sondern sparen auch Speicherplatz.
Arbeitsblätter statt Dateien	Verwenden Sie lieber Dateien mit mehreren Arbeitsblättern als mehrere Dateien mit externen Bezügen. Das erhöht die Arbeitsgeschwindigkeit.
Didaktik vs. Speicherökonomie	Manche dieser Empfehlungen haben wir in den Beispieltabellen zu diesem Buch nicht befolgt, da wir Ihnen verschiedene Alternativen an einfachsten Beispielen zeigen wollen.

1 Einleitung

2 Vorarbeiten & Vorkenntnisse

3 Die erste Aufgabe

4 Das Arbeitsblatt gestalten

5 Arbeitsblattinhalte ändern

6 Arbeiten mit Funktionen

7 Grafische Darstellung

8 Textverarbeitung

9 Dateiverwaltung

10 Ziele, Alternativen, Optima

11 Datenaustausch

12 Datalens und dBASE

13 Ablaufprogrammierung

14 Organisation und Planung

Anhang

Anhang

Tabellenübersicht

Nummer	Inhalt
Tabelle 1	Formatierungscode für Kopf- und Fußzeile
Tabelle 2	Zeichenfolgen-@-Funktionen
Tabelle 3	Statistische @-Funktionen
Tabelle 4	Finanz-@-Funktionen
Tabelle 5	Mathematische @-Funktionen
Tabelle 6	Logische @-Funktionen
Tabelle 7	Datum- und Zeit-@-Funktionen
Tabelle 8	Datenbank-@-Funktionen
Tabelle 9	@-Sonderfunktionen
Tabelle 10	Dateinamen-Erweiterungen

Tabelle 1: Formatierungscode für Kopf- und Fußzeile

Code	Wirkung
# (Nummern-zeichen)	Fügt auf jeder gedruckten Seite eine Seitennummer ein. 1-2-3/W numeriert die Seiten im Druckbereich fortlaufend ab der Seite, die Sie in Datei Drucken angeben.
@ (At-Zeichen)	Fügt auf jeder gedruckten Seite das von der internen Uhr gelieferte Datum ein. Das Datumsformat ist immer Tag-Monat-Jahr.
\ (umgekehrter Schrägstrich)	\ gefolgt von einer Zelladresse oder einem Bereichsnamen fügt den Inhalt dieser Zelle bzw. der ersten Zelle des Bereiches in die Kopf- oder Fußzeile ein. Bei Verwendung dieses Zeichens dürfen keine anderen Symbole, Zahlen oder Buchstaben Bestandteil der Kopf- oder Fußzeile sein.
Text|	Richtet Text linksbündig aus
||Text	Richtet Text rechtsbündig aus
|Text|	Zentriert Text

Tabelle 2: Zeichenfolgen-@-Funktionen

Funktion	Wirkung
@ZEICHEN	Gibt das Zeichen zurück, das einer Codezahl aus dem Lotus Multibyte Zeichensatz (LMBCS) entspricht.
@CODE	Gibt den LMBCS-Code zurück, der dem ersten Zeichen in einer Zeichenfolge entspricht.
@GLEICH	Gibt 1 (wahr) zurück, wenn zwei Zeichenfolgen identisch sind, und 0 (falsch), wenn sich die Zeichenfolgen unterscheiden.
@FINDEN	Berechnet die Position des ersten Auftretens einer Zeichenfolge innerhalb einer anderen Zeichenfolge.
@LINKS	Gibt eine bestimmte Anzahl von Zeichen ab dem Anfang einer Zeichenfolge zurück.
@LÄNGE	Zählt die Zeichen in einer Zeichenfolge.
@KLEIN	Setzt alle Buchstaben in einer Zeichenfolge in Kleinbuchstaben um.
@MITTE	Gibt eine Anzahl von Zeichen in einer Zeichenfolge ab einem angegebenen Zeichen zurück.
@W	Gibt den Wert in der ersten Zelle eines Bereichs zurück oder 0, wenn die Zelle ein Label enthält.
@EIGENNAME	Schreibt den Anfangsbuchstaben in jeder Zeichenfolge groß und die restlichen Zeichen klein.
@WIEDERHOLEN	Wiederholt eine Zeichenfolge wie angegeben.
@ERSETZEN	Ersetzt die Zeichen in einer Zeichenfolge durch Zeichen aus einer anderen Zeichenfolge.
@RECHTS	Gibt eine bestimmte Anzahl von Zeichen ab dem Ende einer Zeichenfolge zurück.
@F	Gibt das Label in der ersten Zelle eines Bereichs oder eine leere Zeichenfolge zurück, wenn die Zelle einen Wert enthält oder leer ist.

Tabelle 2: Zeichenfolgen-@-Funktionen (Forts.)

@FOLGE	Setzt einen Wert in ein Label mit einer angegebenen Anzahl von Dezimalstellen um.
@KOMPR	Löscht führende, abschließende und aufeinanderfolgende Leerzeichen aus einer Zeichenfolge.
@GROSS	Setzt alle Buchstaben in einer Zeichenfolge in Großbuchstaben um.
@WERT	Setzt ein Label oder Text, der wie eine Zahl aussieht, in einen Wert um.

Tabelle 3: Statistische @-Funktionen

Funktion	Wirkung
@MITTELWERT	Berechnet den Mittelwert einer Liste mit Werten.
@ANZAHL	Zählt die nicht leeren Zellen in einer Bereichsliste.
@MAX	Ermittelt den größten Wert in einer Wertliste.
@MIN	Ermittelt den kleinsten Wert in einer Wertliste.
@SUMME	Addiert eine Liste mit Werten.
@STDABW	Berechnet die Standardabweichung der Grundgesamtheit in einer Wertliste.
@STDABWP	Berechnet die Standardabweichung von Stichproben in einer Wertliste.
@SUMME	Addiert eine Liste mit Werten.
@SUMPROD	Addiert die Produkte der entsprechenden Elemente in mehreren Bereichen.
@VAR	Berechnet die Varianz einer Grundgesamtheit in einer Liste.
@VARP	Berechnet die Varianz von Stichproben in einer Wertliste.

Tabelle 4: Finanz-@-Funktionen

Funktion	Wirkung
@INTZINS	Berechnet die interne Ertragsrate für eine Reihe von Cash-flow-Werten.
@NETAKTWERT	Berechnet den aktuellen Nettowert einer Reihe von künftigen Cash-flows.
@AFADEG	Berechnet die geometrisch-degressive Abschreibung eines Anlagegutes.
@AFALIN	Berechnet die lineare Abschreibung eines Anlagegutes.
@AFADIG	Berechnet die digitale Abschreibung eines Anlagegutes.
@AFADEGV	Berechnet die variable degressive Abschreibung eines Anlagegutes und ermöglicht andere Werte als 200% für die lineare Abschreibung.
@ZUKWERT	Berechnet den zukünftigen Wert einer Reihe von gleichen Investitionen.
@RATE	Berechnet die Darlehenszahlungen über eine bestimmte Anzahl von Perioden.
@AKTWERT	Berechnet den aktuellen Wert einer Reihe von gleichen Investitionen.
@ANN	Berechnet die Anzahl von Zahlungsperioden für eine Investition.
@LAUF	Berechnet die Anzahl von Zahlungsperioden für eine Investition, die auf einen gegebenen zukünftigen Wert wachsen soll.
@ZINS	Berechnet den periodischen Zinssatz für eine Investition, die auf einen gegebenen zukünftigen Wert wachsen soll.

Tabelle 5: Mathematische @-Funktionen

Funktion	Wirkung
@ABS	Berechnet den absoluten (positiven) Wert eines Wertes.
@EXP	Berechnet die Zahl e mit einer bestimmten Potenz.
@GANZZAHL	Gibt den ganzzahligen Teil eines Wertes zurück.
@LN	Berechnet den natürlichen Logarithmus eines Wertes (zur Basis e).
@LOG	Berechnet den gewöhnlichen Logarithmus eines Wertes (zur Basis 10).
@MOD	Berechnet den Rest (Modulus) von zwei Werten.
@ZUFALLSZAHL	Generiert einen Zufallswert zwischen 0 und 1.
@RUNDEN	Rundet einen Wert auf eine bestimmte Anzahl von Dezimalstellen.
@WURZEL	Berechnet die positive Quadratwurzel eines Wertes.
@ACOS	Berechnet den Arkuskosinus eines Wertes.
@ASIN	Berechnet den Arkussinus eines Wertes.
@ATAN	Berechnet den Arkustangens eines Wertes.
@ATAN2	Berechnet den Arkustangens des Quotienten zweier Werte.
@COS	Berechnet den Kosinus eines Winkels.
@PI	Gibt den Wert Pi zurück (berechnet mit 3,14159265358979324).
@SIN	Berechnet den Sinus eines Winkels.
@TAN	Berechnet den Tangens eines Winkels.

Tabelle 6: Logische @-Funktionen

Funktion	Wirkung
@FALSCH	Ergibt den logischen Wert 0 (falsch).
@WENN	Gibt einen Wert zurück, wenn die Bedingung wahr ist, und einen anderen, wenn sie falsch ist.
@ISTDEFZUS	Ergibt 1 (wahr), wenn eine Zusatz-@Funktion definiert ist; ansonsten wird 0 (falsch) zurückgegeben.
@ISTGELZUS	Ergibt 1 (wahr) für einen gerade geladenen Zusatz; ansonsten wird 0 (falsch) zurückgegeben.
@ISTFEHLER	Ergibt 1 (wahr) für den Wert FEHLER; bei einem anderen Wert wird 0 (falsch) zurückgegeben.
@ISTNV	Ergibt 1 (wahr) für den Wert NV; für einen anderen Wert wird 0 (falsch) zurückgegeben.
@ISTZAHL	Ergibt 1 (wahr) für einen Wert oder eine leere Zelle; für jeden anderen Wert wird 0 (falsch) zurückgegeben.
@ISTBEREICH	Ergibt 1 (wahr) für einen definierten Bereichsnamen oder eine gültige Bereichsadresse; für jeden anderen Eintrag wird 0 (falsch) zurückgegeben.
@ISTFOLGE	Ergibt 1 (wahr) für Text, der in " " (Anführungszeichen) steht, eine Textformel oder die Adresse bzw. den Namen einer Zelle, die ein Label enthält; für einen Wert oder eine leere Zelle wird 0 (falsch) zurückgegeben.
@WAHR	Ergibt den logischen Wert 1 (wahr).

Tabelle 7: Datum- und Zeit-@-Funktionen

Funktion	Wirkung
@DATUM	Berechnet die Datumseriennummer für Jahr, Monat und Tag.
@DATUM-WERT	Setzt Text, der wie ein Datum aussieht, in die entsprechende Datumseriennummer um.
@TAG	Berechnet den Tag des Monats aus einer Datumseriennummer.
@D360	Berechnet die Anzahl von Tagen zwischen zwei Datumseriennummern auf der Grundlage eines 360-Tage-Jahres (12 Monate mit jeweils 30 Tagen.
@MONAT	Berechnet den Monat aus einer Datumseriennummer.
@JAHR	Berechnet das Jahr aus einer Datumseriennummer.
@STUNDE	Berechnet die Stunde aus einer Zeitseriennummer.
@MINUTE	Berechnet die Minuten aus einer Zeitseriennummer.
@SEKUNDE	Berechnet die Sekunden aus einer Zeitseriennummer.
@ZEIT	Berechnet die Zeitseriennummer für Stunden, Minuten und Sekunden.
@ZEITWERT	Setzt Text, der wie eine Zeitangabe aussieht, in die entsprechende Zeitseriennummer um.
@JETZT	Berechnet den Wert, der dem laufenden Datum und der laufenden Uhrzeit in der Computeruhr entspricht.
@HEUTE	Berechnet die Datumseriennummer, die dem laufenden Datum in der Computeruhr entspricht.
@MOD	Richtlinien zur Benutzung von Datum- und Zeit-@Funktionen

Tabelle 8: Datenbank-@-Funktionen

Funktion	Wirkung
@DMITTEL-WERT	Berechnet den Mittelwert der Werte in einem Feld.
@DANZAHL	Zählt die nicht leeren Zellen in einem Feld.
@DHOLEN	Ermittelt den Inhalt einer Zelle in einem Feld.
@DMAX	Ermittelt den größten Wert in einem Feld.
@DMIN	Ermittelt den kleinsten Wert in einem Feld.
@DABFRAGE	Führt eine Funktion mit einer externen Datenbank aus und benutzt das Ergebnis der Funktion in einem Kriterienbereich.
@DSTDABW	Berechnet die Standardabweichung einer Grundgesamtheit in einem Feld.
@DSTDABWP	Berechnet die Standardabweichung einer Stichprobe in einem Feld.
@DSUMME	Addiert die Werte in einem Feld.
@DVAR	Berechnet die Varianz einer Grundgesamtheit in einem Feld.
@DVARP	Berechnet die Varianz einer Stichprobe in einem Feld.

Tabelle 9: @-Sonderfunktionen

Funktion	Wirkung
@@	Gibt den Inhalt einer Zelle zurück, deren Name oder Adresse in einer anderen Zelle angegeben wird.
@ZELLE	Gibt Informationen über eine Zelle oder deren Inhalt zurück.
@ZELLZEIGER	Gibt Informationen über die aktuelle Zelle oder deren Inhalt zurück.
@SPALTEN	Zählt die Spalten in einem Bereich.
@KOORD	Ermittelt eine absolute, gemischte oder relative Zelladresse aus Werten.
@ZEILEN	Zählt die Zeilen in einem Bereich.
@BLÄTTER	Zählt die Arbeitsblätter in einem Bereich.
@FEHLER	Gibt den Wert FEHLER zurück.
@NV	Gibt den Wert NV zurück.
@WAHL	Ermittelt einen bestimmten Wert oder ein Label in einer Liste mit Werten und/oder Labels.
@HVERWEIS	Ermittelt den Inhalt einer Zelle in einer bestimmten Zeile einer horizontalen Verweistabelle.
@INDEX	Ermittelt den Inhalt einer Zelle in einer bestimmten Zeile, Spalte und einem bestimmten Arbeitsblatt in einem Bereich.
@VVERWEIS	Ermittelt den Inhalt einer Zelle in einer bestimmten Spalte in einer vertikalen Verweistabelle.
@INFO	Gibt Informationen über die aktuelle 1-2-3 Sitzung zurück.

Tabelle 10: Dateierweiterungen

Erweiterung	Dateityp
.AF3	Benannter Schriftartsatz; eine Datei, die erstellt wurde, als Sie den aktuellen Schriftartsatz mit Stil Schriftart Ersetzen Speichern als benannten Schriftartsatz gespeichert haben.
.AL3	Benannte Parameter; eine Datei, die erstellt wurde, als Sie die aktuellen Parameter mit Datei Seitenlayout Speichern als benannte Parameter gespeichert haben.
.BAK	Sicherungsversion einer .WK3 Datei; wird erstellt, wenn Sie eine 1-2-3 für Windows Datei mit Datei Speichern unter oder Datei Extrahieren als Sicherungsdatei speichern.
.FM3	Formatierung; wird erstellt, wenn Sie eine 1-2-3 für Windows Datei speichern.
.FMB	Sicherungsversion einer .FM3 Datei; wird erstellt, wenn Sie eine 1-2-3 für Windows Datei mit Datei Speichern unter als Sicherungsdatei speichern.
.WK3	Arbeitsblatt; wird erstellt, wenn Sie eine Datei mit Datei Speichern, Datei Speichern unter oder Datei Extrahieren als 1-2-3 für Windows Arbeitsblattdatei speichern.

1-2-3/W-Menüs
Tabellenmenüs

508 1-2-3/W-Menüs

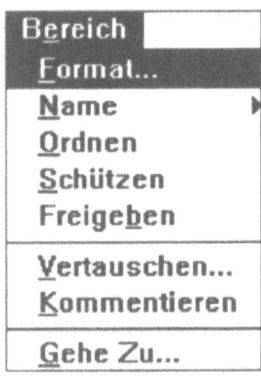

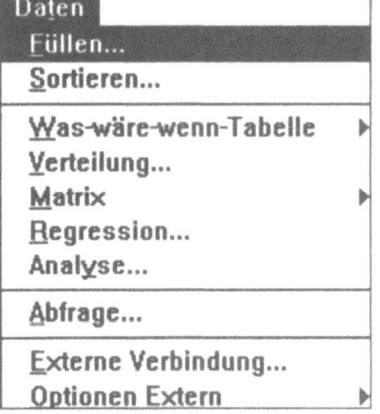

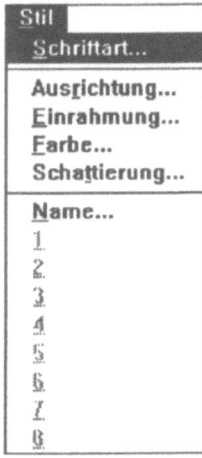
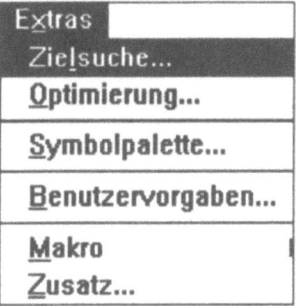
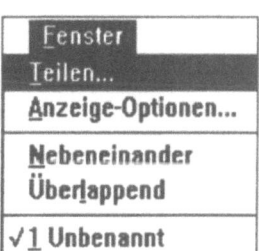
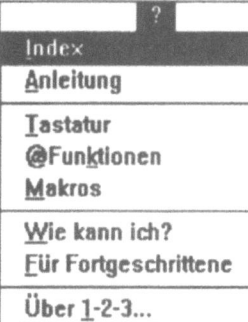

1-2-3/W-Menüs
Grafikmenüs

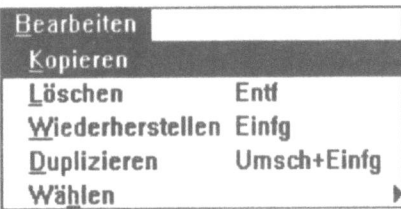

1-2-3/W-Menüs 511

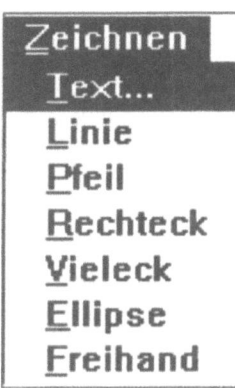

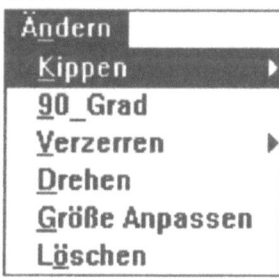

512   1-2-3/W-Menüs

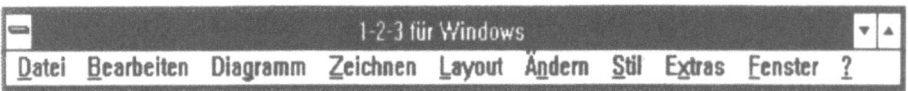

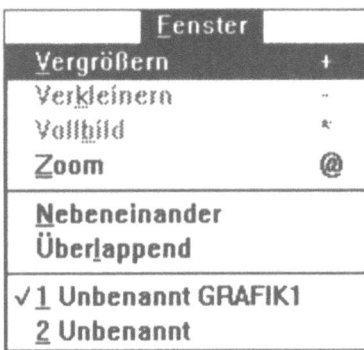

Glossar

1-2-3/W Fehler — Ein Schritt, der zur Anzeige einer Fehlermeldung in der unteren linken Ecke des Bildschirms führt. Außerdem wird in der *Modusanzeige* FEHLER angezeigt.

100% Grafik — Eine Grafik, mit der die Werte der einzelnen Datenbereiche als Prozentsatz der Summe aller Werte dargestellt werden.

2Y-Achse — Eine zweite Y-Achse in einer Grafik

@Funktionen — Eine in 123/W eingebaute Formel, mit der eine bestimmte Berechnung ausgeführt wird. So benutzt die Formel @SUMME(B2..B15) die @SUMME Funktion, um die Zahlen in den Zellen B2 bis B15 zu addieren.

Abbrechen — Wenn Sie einen *Befehl* nicht zu Ende führen wollen, müssen Sie ihn abbrechen. Sie brechen einen Befehl ab, indem Sie mit der Maus in die entsprechende *Schaltfläche* klicken oder die ESC-Taste drücken.

Abbruchfeld — auch Schaltfläche Abbruch; Feld oder Schaltfläche neben oder unter der Schaltfläche OK. Wählen Sie dieses Feld aus, wenn Sie einen Befehl in einem Dialogfeld nicht zuende führen wollen. Siehe auch *Schaltfläche* und *Abbrechen*.

Abgeblendet — Nicht verfügbar, deaktiviert, moiriert oder grau hinterlegt. Eine abgeblendete Schaltfläche oder ein abgeblendeter Befehl wird nicht schwarz, sondern hellgrau angezeigt und kann nicht gewählt werden. Siehe auch *Grautondarstellung*.

Abgekürzte Zelladresse — Eine *Zelladresse*, die den Spaltenbuchstaben und die Zeilennummer einer Zelle, jedoch nicht den Arbeitsblattbuchstaben enthält. Mit einer abgekürzten Zelladresse können Sie auf eine Zelle im *aktuellen Arbeitsblatt* Bezug nehmen.

Abgrenzung — Siehe *Druckabgrenzung* und *Arbeitsblattabgrenzung*

Abhängige Felder — Felder, deren Inhalte sich auf andere Felder derselben Tabelle oder einer anderen Tabelle beziehen.

Abkürzungstaste — Eine bestimmte Taste oder Tastenkombination, über die Sie bestimmte Befehle oder Funktionen aufrufen können, ohne einzeln die Menüs anzusteuern. Siehe auch *Tastaturschlüssel*.

Absolute Zelladresse — *Zelladresse*, die sich immer auf dieselbe Zelle bezieht, auch wenn die Formel kopiert wird, welche die Zelladresse beinhaltet. Vor dem Spaltennamen und der Zeilennummer müssen Dollarzeichen stehen (z.B. $A$6) oder $Zinsen. Die absolute Zelladresse wird in Formeln verwendet, die auf dieselbe Zelle Bezug nehmen sollen, auch wenn die Formel in eine andere Zelle kopiert wird. Soll zum Beispiel mit einem festen Zinssatz und variablen Kapitalbeträgen kalkuliert werden, so kann man Formeln erstellen, die auf eine Zelle Bezug nehmen,

	in welcher der Zinssatz steht. Siehe auch *relative Zelladresse* und *gemischte Adresse*.
ADOBE TYPE MANAGER	Treiber für WYSIWYG Bildschirm- und Druckdarstellung, der im Lieferumfang von 1-2-3/W und OS/2 2.0 enthalten ist.
Adresse	Gibt die Position einer Zelle in der Datei an. Die Adresse besteht bei 1-2-3/W aus einem Arbeitsblattbuchstaben (A bis IV), einem Spaltenbuchstaben (A bis IV) und einer Zeilennummer (1 bis 8192). Die Arbeitsblatt- und Spaltenbuchstaben IV stehen für Arbeitsblatt/Spalte 256. 1-2-3/W unterscheidet absolute, relative und gemischte Adressen. Siehe auch *Zelladresse* und *Bereichsadresse*
Aktiendiagramm	Eine Grafik, mit der eine meßbare Menge, die Schwankungen unterliegt, über eine bestimmte Zeit verfolgt wird. Mit einem Aktiendiagramm können Sie die täglichen Kursschwankungen oder wöchentlichen Lufttemperaturen verfolgen.
Aktiv	Markiertes Feld, auf das sich die Eingabe beziehen soll.
Aktive Datei	Eine 1-2-3/W *Arbeitsblattdatei* im Arbeitsspeicher
Aktiver Bereich	Jener Teil des *aktuellen Arbeitsblattes*, der Zellen enthält, die durch Eingaben oder Parameter benutzt werden. Enthält eine Zelle ein Zahlenformat, wird diese in den aktiven Bereich aufgenommen, auch wenn sie leer ist. Die Größe des aktiven Bereichs eines Arbeitsblattes wirkt sich auf den benötigten Speicherplatz aus.
Aktivieren	Auswählen eines Tabellenfeldes oder -bereiches.
Aktuelle Datei	Die Datei, in welcher der *Zellzeiger* steht.
Aktuelle Zelle	Die Zelle, die den *Zellzeiger* im BEREIT-Modus enthält. Die Zelladresse wird im Adreßfeld angezeigt. Siehe auch *Bedienfeld*.
Aktueller Modus	Der *Modus*, dessen Name während der Arbeit mit 1-2-3/W in der *Modusanzeige* steht.
Aktuelles Arbeitsblatt	Das Arbeitsblatt, in dem der *Zellzeiger* steht.
Ankerzelle	Die Zelle, ab der Sie einen *Bereich* Im ZEIGEN-Modus hervorheben.
Anklicken	Sie zeigen mit dem Mauszeiger auf einen *Befehl* oder ein Feld und betätigen die linke Maustaste. Sie haben den Befehl bzw. das Feld dann angeklickt.
Anordnen	Positionieren aller geöffneten Fenster auf dem Bildschirm.
Anschluß	Eine (Steck-) Verbindung am Computer. Anschlüsse werden verwendet, um Geräte, wie zum Beispiel Drucker, Bildschirme und Modems, mit Ihrem Computer zu verbinden und um Daten von Ihrem Computer an andere Geräte zu senden. Die am häufigsten verwendeten Anschlüsse sind serielle Anschlüsse (COM) und parallele Anschlüsse

	(LPT). Überprüfen Sie bei Druckproblemen mit der WINDOWS Systemsteuerung, ob Sie den richtigen Drucker*anschluß* eingestellt haben.
ANSI-Code	*American National Standards Institute* (Amerikanisches Standards-Institut): Jedes Zeichen, das der Computer auf dem Bildschirm darstellt, hat in diesem Code eine Nummer. Die Anwendungsprogramme identifizieren alle Zeichen anhand dieser Nummern. Sie können somit jedes Zeichen auch mit Hilfe seines Zahlencodes eingeben. Es handelt sich hier um einen 8-Bit Zeichensatz mit 256 Zeichen. Beim Datenaustausch zwischen 1-2-3/W und anderen OS/2 oder WINDOWS Anwendungen kann es zu Zeichensatzproblemen kommen, da 1-2-3/W mit dem LMBCS-Zeichensatz arbeitet. Siehe auch *ASCII* und *LMBCS*.
Anwendungsfenster	Das Anwendungsfenster ist das Fenster des Bildschirmes, das 1-2-3/W enthält. In den Arbeitsbereich des Anwendungsfensters, das *Dokumentfenster*, laden Sie Ihre Tabellen, Grafiken oder Makrovorlagen.
Anwendungsprogramm	Programm, das bestimmte praxisbezogene Aufgaben beherrscht, die nicht zur Betriebssystemerweiterung gehören.
Anwendungsprogrammsymbol	Eine Grafik, die ein laufendes Anwendungsprogramm darstellt. Diese Grafik erscheint erst, nach dem Sie ein Anwendungsprogramm gestartet und dann auf Symbolgröße verkleinert haben. Anwendungsprogramm-Symbole sind die einzigen Symbole, die direkt auf dem Desktop, d. h. außerhalb der Fensterrahmen, erscheinen. Sie verkleinern 1-2-3/W, indem Sie den Befehl **Symbol** aus dem *Systemmenü* wählen oder das *Symbolfeld* anklicken.
Anzeige	Ein hervorgehobenes Wort mit Angaben über einen Programm- oder besonderen Tastenstatus. Die *Statusanzeigen* stehen am unteren Ende des Bildschirms, während die *Modusanzeigen* in der oberen rechten Ecke des Bedienfeldes stehen
Arbeitsbereich	Bereich eines Fensters, in dem die in der bearbeiteten Datei enthaltenen Informationen angezeigt werden.
Arbeitsblatt	Das elektronische 1-2-3/W *Kalkulationsblatt*, in dem Sie Arbeitsblattdaten und Datenbanktabellen eingeben und verarbeiten. Jedes Arbeitsblatt enthält bis zu 256 Spalten und 8192 Zeilen.
Arbeitsblattabgrenzung	Die horizontale Abgrenzung mit den Spaltenbuchstaben (A bis IV) am Anfang des 1-2-3/W Bildschirms und/oder die vertikale Abgrenzung mit den Zeilennummern (1 bis 8192) am linken Rand des 1-2-3/W Bildschirms.
Arbeitsblattbuchstabe	Der Teil der Zelladresse mit dem das Arbeitsblatt angegeben wird. In B:E9 ist der Arbeitsblattbuchstabe z.B. B.

Arbeitsblatt-datei	Eine 1-2-3/W Datei, die aus einem oder mehreren Arbeitsblättern besteht. Wenn Sie keine andere Dateinamenerweiterung angeben, gibt 1-2-3/W den Arbeitsblattdateien die Erweiterung .WK3.
Archiv-Attribut	Ein Dateimerkmal, das bestimmt, ob die Datei kopiert wird, wenn Sie die MS-DOS-Befehle XCOPY, BACKUP oder RESTORE wählen.
Argument	Eine Zeichenfolge, ein Wert, eine Position (Bereichsname, Bereich oder Zelladresse) bzw. eine Bedingung für eine @*Funktion* oder einen höher entwickelten Makrobefehl. Die *Schlüsselwörter* und @Funktionen arbeiten den Argumenten. Die Argumente von @Funktionen werden durch ein Semikolon «;» voneinander getrennt. Sie folgen auf den Namen der @Funktion in Klammern, z.B. @SUMME(A2..A19;F7..F54). Die Argumente für höher entwickelte Makrobefehle, die ebenfalls durch ein Semikolon voneinander getrennt werden, folgen auf das Schlüsselwort, z.B. {LABELEINTRAG "Monatsbetrag";B2}.
Arithmetische Formel	Mathematische Berechnung, die arithmetische Operatoren und/oder @Funktionen verwendet, und einen numerischen Wert ergibt.
Arithmetischer Operator	Siehe *Operator*.
ASCII (American Standard Code for Information Interchange)	Der Standard-Zeichencode, den viele Computer benutzen. Der LMBCS-Zeichensatz schließt den ASCII-Zeichencode mit ein. Siehe auch *ANSI* und *LMBCS*.
ASCII-Datei	Eine Datei, die nur ASCII-Zeichen enthält. Siehe auch *Textdatei* und *Druckdatei*.
Aufklappmenü	siehe *Pulldown-Menü*
Auflösung	Bezeichnet die Anzahl der Punkte je Flächeneinheit, die zur Darstellung eines Bildes auf dem Bildschirm oder Drucker verwendet wird. Je größer die Anzahl der Punkte, d. h. je höher die Auflösung, umso höher ist die Bildqualität.
Ausblenden	Ist ein Tabellenfeld oder ein Fenster ausgeblendet, so ist es nicht auf dem Bildschirm zu sehen. Es ist aber noch vorhanden und kann verwendet werden (s. auch *Einblenden*).
Ausführen	Starten eines Befehls oder eines (Anwendungs-) Programms.
Ausgabebereich	Der Bereich, in den 1-2-3/W die Datensätze setzt, die es aus oder in eine(r) Datenbanktabelle kopiert.
Auslagerungsdatei	Ein Bereich auf Ihrer Festplatte, der im erweiterten Modus für 386-PC ausschließlich für WINDOWS reserviert ist. WINDOWS überträgt Informationen aus dem Speicher vorübergehend in die Auslagerungsdatei, um Speicher für andere Daten freizumachen. Richten Sie eine ständige Auslagerungsdatei ein, wenn Ihr PC über weniger als

Glossar 517

	8 MB Speicher verfügt und Sie mit mehreren Programmen gleichzeitig oder mit großen 1-2-3/W Dateien arbeiten.
Ausrichtungssymbol	Symbol der *Symbolleiste* zum Ausrichten von Tabelleninhalten.
Ausschneiden	Dokument heraus in einem temporären Speicherbereich, die sogenannte Zwischenablage, verschieben.
Austesten	Ein Makro oder Unterprogramm ausführen, um deren Lauffähigkeit sicherzustellen.
Auswählen	auch Auslösen; Aktion, die das Ausführen eines Befehls bewirkt. In der Regel markieren Sie dazu einen Befehl und drücken die linke Maustaste oder die Eingabetaste. Sie können auch bestimmte Tastenkombinationen *anklicken*.
Auswahlkriterien	Kriterien, denen der Inhalt eines Datensatzes entsprechen muß. Mögliche Auswahlkriterien sind Zahlen oder Labels.
Auswahlsymbol	Symbol der *Symbolleiste* zur Auswahl von Objekten.
Automatische Grafik	Eine Grafik, die 1-2-3/W erstellt, wenn Sie keine grafisch darzustellenden Datenbereiche angeben. Die in einer automatischen Grafik dargestellten Datenbereiche werden durch die Position des Zellzeigers bestimmt.
Automatische Verknüpfung (von Objekten)	Eine Verknüpfung, deren Aktualisierungs-Option auf "automatisch" eingestellt ist. Wenn Sie das verknüpfte Objekt bearbeiten, sind die Änderungen in allen Dokumenten sichtbar, die eine Verknüpfung zu dem Objekt enthalten.
Automatischer Zeilenumbruch	Während einer Texteingabe das Verschieben des Textes zum Beginn einer neuen Zeile, wenn Sie am Zeilenende angelangt sind. Bei einem automatischen Zeilenumbruch müssen Sie nicht am Ende jeder Zeile innerhalb eines Absatzes die Eingabetaste drücken.
Balken-Cursor	Zeiger, der Ihre Position in einem Fenster, Menü, oder Dialogfeld sowie das ausgewählte Element anzeigt. Der Balken-Cursor kann als Hervorhebung oder als punktiertes, Text umrahmendes Rechteck erscheinen. Siehe auch *Zellzeiger, Hervorhebung, Markieren*.
Balkendiagramm	Ein Diagramm, bei dem numerische Daten als Gruppe von gleichmäßig auf der X-Achse verteilten Balken dargestellt werden. Jeder Balken entspricht einem Wert des Datenbereichs.
Basisfarbe	Die Farbe, die auf dem Bildschirm erscheint, wenn alle Pixel die gleiche Farbe haben. Auf einem Schwarzweiß-Bildschirm gibt es nur zwei solche Farben: Schwarz und Weiß.
Basismenüleiste	Dies ist die Menüleiste, die Sie sehen, wenn Sie keine *Datei* auf dem Arbeitsbereich geöffnet haben.

Bediener-hinweis	Meldung, die 1-2-3/W bei Anwählen eines Befehles in der Titelzeile des Anwendungsfensters ausgibt.
Bedienfeld	Die obersten Zeilen des 1-2-3/W oder des Classic Bildschirms. Im Bedienfeld werden die Adresse der aktuellen Zeile und ihr Inhalt, der aktuelle Modus und Menüs angezeigt.
Befehl	Eine Anweisung an 1-2-3/W. Zur Ausführung eines Befehls wählen Sie Optionen aus dem *Menü*. Ein Befehl kann auch über ein Makro ausgeführt werden.
Befehlsschaltfläche	Eine Schaltfläche in einem Dialogfeld, mit der eine Aktion durchgeführt werden kann. Eine Befehlsschaltfläche hat meist eine Beschriftung, welche die Aktion beschreibt, die damit ausgeführt wird (zum Beispiel «Abbrechen», «Hilfe», oder «Installieren»). Wenn Sie eine Befehlsschaltfläche wählen, deren Name von Auslassungspunkten gefolgt ist (zum Beispiel «Durchsuchen...»), erscheint ein weiteres Dialogfeld.
Benutzer-oberfläche	Die Art der Datenausgabe auf dem Bildschirm und der Dateneingabe über Maus oder Tastatur. Man unterscheidet hier im wesentlichen zwischen zeichenorientierten Benutzeroberflächen wie DOS Prompt (CUI, Character User Interface) und grafikorientierten wie zum Beispiel WINDOWS (GUI, Graphical User Interface).
Bereich	Eine Zelle bzw. eine rechteckige oder kubische Gruppe aneinandergrenzender Zellen
Bereichs-adresse	Die Position eines *Bereichs* einer Datei. Eine Bereichsadresse besteht aus den *Zelladressen* von zwei diagonal gegenüberliegenden Eckzellen des Bereichs, die durch zwei Punkte voneinander getrennt werden (z.B. A:A12..M:C20). Siehe auch *Zelladresse*.
Bereichsname	Ein Name, den Sie mit **Bereich Name Erstellen** zur Angabe eines Bereichs erstellen. Ein Bereichsname kann maximal 15 Zeichen umfassen. Mit den Bereichsnamen können Sie auf Zellen in Formeln und Befehlen Bezug nehmen. Siehe auch *Definierter Bereichsname* und *Undefinierter Bereichsname*.
Bestätigen	auch abschließen; damit schließen Sie eine Befehlseingabe ab. Dies kann entweder mit der *Schaltfläche* "OK" erfolgen oder mit der Eingabetaste.
Bestätigungs-meldung	Eine Meldung, die erscheint, nachdem Sie bestimmte Aktionen eingeleitet haben. Die Meldung fordert Sie auf, zu bestätigen, daß Sie die Aktion fortsetzen möchten, oder anzugeben, daß Sie sie abbrechen möchten.
Betriebssystem	Eine Reihe von Programmen, mit denen der Speicher und die Ausführung von anderen Programmen (wie z. B. 1-2-3/W) im Computer verwaltet wird.

Bezug	Verweis auf ein anderes Feld oder einen anderen Tabellenbereich; liegt der Tabellenbereich in einer anderen Tabelle, so spricht man von einem externen *Bezug*. Mit Fernbezügen werden Objekte oder *Dateien* aus anderen Anwendungen bezeichnet, die mit 1-2-3/W Tabellen verknüpft wurden.
Bezugsoperatoren	Operatoren, die einen *Bezug* auf ein Tabellenfeld oder einen Tabellenbereich angeben.
Bilddatei (.PIC)	Eines der beiden *Grafikdatei*-Formate in 1-2-3/W.
Bildlauf	das Bewegen durch Text oder Grafiken, um Teile einer Datei zu sehen, die nicht auf dem Bildschirm Platz haben.
Bildlauffeld	Feld zum Verschieben des Bildschirmausschnittes in der *Bildlaufleiste*.
Bildlaufleiste	Die Bildlaufleiste befindet sich am rechten und unteren Rand eines jeden Fensters unter WINDOWS, das größer ist, als der sichtbare Ausschnitt. Mit dem Bildlaufpfeil und dem Bildlauffeld können Sie den sichtbaren Dateiausschnitt verschieben und rollen.
Bildlaufpfeil	Felder an den beiden Enden der *Bildlaufleisten* zum Rollen des Bildschirmausschnittes.
Bildschirmadapter	Hardware, die Speicherinhalte in Videoausgabe konvertiert.
Bildschirmschoner	Ein sich bewegendes Bild oder Muster, das auf Ihrem Bildschirm erscheint, wenn Sie in WINDOWS während eines angegebenen Zeitraumes weder die Maus bewegt noch eine Taste gedrückt haben. Bildschirmschoner verhindern, daß der Bildschirm Schaden erleidet, wenn während längerer Zeit die gleichen Bereiche hell und dunkel angezeigt werden.
Bildschirmschriftart	Die Schriftart, die auf Ihrem Bildschirm angezeigt wird und ungefähr der Druckerschriftart entspricht, damit Dokumente im allgemeinen auf dem Bildschirm genauso wie im gedruckten Dokument aussehen. Siehe auch *ADOBE TYPE MANAGER*.
Bildschirmteilfeld	Feld zum Teilen des Tabellenfensters in Ausschnitte.
Bitmap	Ein Bild, das in Form eines aus Punkten bestehenden Musters gespeichert wird.
Classic Menü	Dieses Menü erreichen Sie unter 1-2-3/W, wenn sie den Schrägstrich («/») drücken. Das Classic Menü von 1-2-3/W unterstützt Befehle, die Sie aus den zeilenorientierten 1-2-3 Versionen kennen.
Compound-Dokument	Ein Dokument, das Informationen enthält, die mit mehr als einem Anwendungsprogramm erstellt wurden.
Cursor	Das blinkende Unterstreichungszeichen, das die Position des nächsten Zeichens bei der Eingabe von Daten oder der Änderung eines

	Eintrags im Bedienfeld anzeigt. Der Cursor steht im BEREIT-Modus stets in der *aktuellen Zelle*. Siehe auch *Einfügemarke*.
Datei	Als Datei bezeichnen wir in diesem Buch ein gespeichertes Arbeitsblatt oder eine Datenbanktabelle.
Dateiattribute	Informationen über eine Datei, die angeben, ob die Datei schreibgeschützt, versteckt, oder eine Systemdatei ist, ob sie seit dem Erstellen der letzten Sicherungskopie geändert worden ist. Verwenden Sie Dateiattribute, um Ihre Arbeitsergebnisse zu schützen. Siehe auch *Paßwort* und *Schutz*.
Dateiausschnitt	Der Teil einer Datei, der in einem Fenster sichtbar ist. Siehe auch *Bildlaufleiste*.
Dateiformat	Die Form, in der Informationen in einer Datei gespeichert sind. Anwendungsprogramme speichern Dokumentdateien in einem bestimmten Format. Ein Format, das von einem Anwendungsprogramm gelesen werden kann, kann vielleicht von einem anderen Anwendungsprogramm nicht gelesen werden.
Datei-Manager	WINDOWS Programm, das Werkzeuge zur Arbeit mit Dateien und Verzeichnissen zur Verfügung stellt.
Dateiname	Mit einem Dateinamen wird unter DOS und OS/2 eine *Datei* gespeichert. Bei DOS besteht jeder Dateiname aus maximal 8 frei wählbaren Zeichen und einer dreistelligen *Dateinamenerweiterung*, die den Dateityp bezeichnet. Diese beiden Teile des Namens werden durch einen Punkt voneinander getrennt. Unter OS/2 hängt die Dateinamenskonvention vom installierten Dateimanager ab.
Dateinamen-erweiterung	Ein .(Punkt) gefolgt von maximal drei Zeichen am Ende eines Dateinames. Beim Speichern einer Datei können Sie eine eigene Dateinamenerweiterung eingeben. Ansonsten fügt 1-2-3/W automatisch .WK3 zu *Arbeitsblattdateien*, .FRM zu *Formatdateien*, .PIC oder .CGM zu *Grafikdateien* und .PRN zu *Druckdateien* hinzu.
Dateireferenz	Ein *Dateiname* und die zugehörige *Dateinamenerweiterung* mit oder ohne *Pfad* in < > (doppelten, spitzen Klammern). Sie wird in Formeln und Befehlen benutzt, um Bezug auf Daten zu nehmen, die in einer nicht aktuellen Datei stehen.
Daten	Informationen, die Sie in ein Arbeitsblatt eingeben. Sie können zwei Arten von Daten in 1-2-3/W eingeben: *Labels* und *Werte*.
Datenbank	Eine Datenbank ist eine geordnete Sammlung von *Datenbanktabellen* mit einer von Ihnen festgelegten Struktur.
Datenbank-programm	Ein Programm, mit dem *Datenbanktabellen* erstellt und verarbeitet werden. So ist z. B. dBASEIV ein einfaches Datenbankprogramm.
Datenbank-tabelle	Ein Bereich mit dazugehörigen Daten, die in Zeilen und Spalten angeordnet sind. Eine 1-2-3/W Datenbanktabelle besteht aus *Feldern*,

die bestimmte Arten von Informationen enthalten und *Datensätzen*, die Einträge für einen Position in jedem Feld enthalten. In einer 1-2-3/W Datenbanktabelle sind die Felder in Spalten und die Datensätze in Zeilen angeordnet. Jede Zelle enthält einen Feldeintrag. So enthält z. B. eine Datenbanktabelle mit Mitarbeiterdaten Felder wie Nachname, Vorname usw. Jeder Datensatz enthält Angaben über Mitarbeiter.

Datendatei   auch *Dokument*. Eine beliebige in einem Anwendungsprogramm erstellte Datei, zum Beispiel ein Textverarbeitungsdokument, eine Kalkulationstabelle oder eine Datenbankdatei.

Dateneingabe-   Ein Bereich aus ungeschützten Zellen, in den Sie Daten eingeben
bereich   können. Nicht synonym mit *Eingabebereich*.

Datenreihe   Reihe von Daten, die in einem Diagramm ausgewertet wird; dies entspricht entweder einer Zeile oder einer Spalte Ihrer Tabelle.

Datensatz   Eine einzeilige Sammlung von Informationen über ein Objekt in einer *Datenbanktabelle*. Die erste Zelle einer Datenbanktabelle enthält *Feldnamen* und alle weiteren Zeilen Datensätze.

Datenträger   Wenn Sie Informationen auf einem Datenträger speichern, bleiben sie dort auch nach dem Ausschalten des Computers erhalten, im Gegensatz zu den Informationen im Arbeitsspeicher (RAM). Disketten können in die Laufwerke des Computers eingelegt und daraus entfernt werden, während die meisten Festplatten dauerhaft in ihre Laufwerke eingebaut sind.

Datenträger-   Siehe *Laufwerksbezeichnung*.
bezeichnung

Datum-   Eine Nummer von 1 bis 73050, die 1-2-3/W jedem Datum vom 1.
seriennummer   Januar 1900 bis zum 31. Dezember 2099 zur Benutzung in Berechnungen zuweist.

Datumsformat   Eines der Formate, mit dem 1-2-3/W eine Datumsangabe auf dem Bildschirm anzeigen kann. Mit den Datumsformaten wird die Anzeige der Datumseriennummern festgelegt. In der folgenden Tabelle werden die fünf Datumsformate aufgeführt:

1. TT-MMM-JJ (17-Mai-92)

2. TT-MMM (17-Mai)

3. MMM-JJ (Mai-92)

4. MM/TT/JJ (Lang Int.l) (05/17/92)

5. MM/TT (Kurz Int.l) (05/17)

DDE   *Dynamic Data Exchange* (dynamischer Datenaustausch); Tabelleninhalte von 1-2-3/W können mit anderen Anwendungsprogrammen verknüpft werden. Änderungen in der Ursprungstabelle unter 1-2-

	3/W werden dann, wenn Sie es wünschen, auch in der verknüpften *Datei* nachvollzogen. Eine solche Verknüpfung ist mit allen WINDOWS-Anwendungsprogrammen möglich.
Deaktivieren	Das Ausschalten einer Option.
Definierter Bereichsname	Ein Bereichsname, der gerade einem Bereich zugewiesen ist. Siehe auch *Nicht definierter Bereichsname* und *Bereichsname*.
Desktop	Die Bildschirmarbeitsfläche, die bei WINDOWS zur Verfügung steht.
Desktop-Muster	Speicherfressender Schnickschnack, um den Hintergrund Ihres Desktops individuell zu gestalten. Sie können die Systemsteuerung verwenden, um Ihr eigenes Muster zu erstellen, oder Sie können eines der Muster wählen, die Ihnen WINDOWS zur Verfügung stellt.
Dialogfenster	auch Dialogfeld. Ein Fenster, in dem Sie Einzelheiten zu einem *Befehl* eingeben oder auswählen können. Hinter den meisten Befehlen unter 1-2-3/W verbergen sich solche Dialogfelder.
Diskette	Ein magnetisches Speichermedium für Dateien. Verbreitet sind die Formate 5›" mit 360 KB und 1,2 MB sowie 3‹" mit 720 KB, 1,44 MB oder sogar 2,88 MB.
Diskettenlaufwerk	Ein Teil der Computerhardware, in den eine *Diskette* eingelegt wird. Von hier werden auf der Diskette gespeicherte Daten in den Arbeitsspeicher geladen und neue Daten aus dem Arbeitsspeicher hier auf der Diskette abgelegt.
Dokument	Alles, was Sie mit einem Anwendungsprogramm erstellen, einschließlich der Informationen, die Sie eingeben, bearbeiten, einsehen oder speichern. Bei einem Dokument kann es sich beispielsweise um einen Geschäftsbericht, eine Kalkulationstabelle, eine Grafik oder einen Brief handeln. Das Dokument wird in Form einer Datei auf einem *Datenträger* gespeichert.
Dokumentdatei	Eine Datei, die mit einem Anwendungsprogramm verknüpft ist. Wenn Sie eine Dokumentdatei im Datei-Manager öffnen, wird das Anwendungsprogramm gestartet und die Datei geladen.
Dokumentdateisymbol	Stellt im Datei-Manager von WINDOWS 3.0 eine Datei dar, die mit einem Anwendungsprogramm verknüpft ist. Wenn Sie das Dokumentdateisymbol wählen, wird das Anwendungsprogramm gestartet und die Datei geladen. Bei WINDOWS 3.1 doppelklicken Sie einfach auf den Dateinamen.
Dokumentfenster	Ein Fenster innerhalb eines Anwendungsfensters. In einigen Anwendungsprogrammen wie 1-2-3/W können mehrere Dokumentfenster gleichzeitig geöffnet sein.
Dokumentsymbol	Ein Symbol, das ein Dokumentfenster darstellt, welches auf Symbolgröße verkleinert wurde.

Doppelt klicken	auch Doppelklick; Verfahren zum verkürzten Auslösen einiger *Befehle*; drücken Sie hierzu die linke Maustaste zweimal kurz hintereinander.
Dropdown-Liste	Element eines *Dialogfeldes*; es wird nur das erste Element der Liste angezeigt; die ganze Liste sieht man nach der Auswahl des Dropdown-Feldes.
Druckabgrenzung	Zeilen oder Spalten, die 1-2-3/W auf jeder Seite über oder links neben jedem Druckbereich ausdruckt.
Druckausgabe	Druckanweisungen an einen Drucker. In 1-2-3/W erstellen Sie jedesmal eine Druckausgabe, wenn Sie den Befehl **Datei Drucken** geben, einen Druckbereich auswählen und im Dialogfenster mit OK bestätigen.
Druckdatei (.PRN)	Eine *Textdatei*, die Sie mit **Datei Drucken** oder **Datei Extrahieren als Text** erstellen. Druckdateien enthalten Textdaten im *ASCII*-Format, jedoch keine Grafiken oder Formatierungszeichen. Sie können eine Druckdaten mit dem WINDOWS-Editor ansehen oder mit einem Drucker ausdrucken.
Drucken im Hintergrund	Mit dem WINDOWS *Druckmanager* können Sie mit 1-2-3/W weiterarbeiten, während der Druckmanager druckt.
Druckerschnittstelle	Ein Drucker muß die Daten, die er drucken soll, vom Computer übermittelt bekommen. Dazu ist er mit dem Computer über die sogenannte Druckerschnittstelle verbunden. Es gibt zwei verschiedene Sorten von Druckerschnittstellen:
	Bei *seriellen Druckerschnittstellen* werden die Daten Bit für Bit nacheinander zum Drucker übertragen. Sie werden mit COM1: bis COM4: bezeichnet.
	Eine *Parallele Druckerschnittstelle* überträgt die 8 Bit sowie das Kontrollbit (Paritybit) gleichzeitig an den Computer und ist somit in der Regel schneller als eine serielle Schnittstelle. Sie werden mit .PRN: sowie mit LPT1: bis LPT3: bezeichnet. Meist sind Drucker parallel mit dem Computer verknüpft.
Druckerschriftarten	Schriftarten, die im Speicher Ihres Druckers gespeichert sind, oder ladbare Schriften, die vor dem Drucken eines Dokuments an Ihren Drucker gesendet werden. Da die Schriftart nur auf den Drucker abgestimmt ist, kann WINDOWS und damit auch 1-2-3/W die Schriftarten nur annähernd darstellen. Siehe auch *Bildschirmschriftart, ladbare Schriftart, TrueType-Schriftarten* und *ADOBE TYPE MANAGER*.
Druckertreiber	Ein Programm, das steuert, wie Ihr Computer und Drucker zusammenarbeiten. Ein Druckertreiber liefert WINDOWS z. B. Informationen über die Schriftarten und Merkmale des installierten Druckers.

Drucker- warteschlange	Eine Liste der Dateien, die zum Drucker gesendet worden sind. Die Liste des WINDOWS *Druckmanagers* zeigt an, welche Datei gerade gedruckt wird und welche Daten noch gedruckt werden müssen. Aktivieren Sie den Druckmanager, bevor Sie ihn benutzen können.
Druckmanager	Programm unter WINDOWS, das von Anwenderprogrammen erstellte Druckdateien in einer Druckerwarteschlange verwaltet. Der Druckmanager arbeitet meist im Verborgenen. Während er die Druckerwarteschlange ausdruckt, kann im Anwenderprogramm weitergearbeitet werden.
Druckparameter	Die Optionen, die Sie beim Ausdrucken angeben. Wenn Sie Druckparameter als eine Gruppe mit Druckparameter-Namen speichern, können Sie sie erneut für andere *Druckausgaben* benutzen, ohne sie neu zu definieren. Besondere Fonts, Ränder, Kopfzeilen und Zeichenabstände können in den Druckparametern für eine Druckausgabe enthalten sein.
DTP	*Desk Top Publishing,* auch PC-Satz: Hierunter versteht man das Gestalten umfangreicher Texte zusammen mit Bildern und Grafiken für eine Zeitschrift oder ein Buch. Im kleinen Umfang leisten dies heute auch schon Textverarbeitungssysteme und Tabellenkalkulationsprogramme wie 1-2-3/W.
Durchsuchen	Das Blättern durch Dateien und Verzeichnisse.
Editierzeile	Bereich des Bildschirms, in den Sie Daten eingeben und bearbeiten. Die Editierzeile enthält auch das Adreßfeld.
EDV	*Elektronische Datenverarbeitung,* auch einfach DV: Dies ist der Sammelbegriff für das Bearbeiten von Daten mit Computern.
Einbetten	Ein mit einem anderen Anwendungsprogamm erstelltes Objekt in ein Dokument einfügen. Das eingebettete Objekt kann innerhalb des Dokuments bearbeitet werden. Siehe auch *Verknüpfen*.
Einbetten und Verknüpfen von Objekten (OLE)	Eine Methode für das Übertragen und gemeinsame Benutzen von Informationen zwischen Anwendungsprogrammen. OLE steht für Object Linking and Embedding. 1-2-3/W Version 1.1 unterstützt OLE noch nicht. Siehe auch *Einbetten, Verknüpfen.*
Einblenden	Ist ein Fenster oder ein Tabellenfeld eingeblendet, so ist es in der festgelegten Größe sichtbar (s. auch *Ausblenden*).
Einfügemarke	auch Textcursor, siehe *Schreibmarke*.
Einfügen	Den Inhalt der Zwischenablage in ein Anwendungsprogramm einfügen. Viele Anwendungsprogramme haben in ihrem Menü **Bearbeiten** einen Befehl **Einfügen**, mit dem diese Aufgabe durchgeführt werden kann.
Einfügestelle	Siehe *Einfügemarke.*

Eingabe	hier: Erfassen von Informationen über die Computertastatur mit einem Abschluß durch Drücken der Eingabetaste.
Eingabeaufforderung	Eine Meldung, die 1-2-3/W im CLASSIC Bedienfeld anzeigt, und mit der Informationen zur Ausführung eines Befehls angefordert werden. Nicht synonym mit *MS-DOS-Eingabeaufforderung*.
Eingabebereich	Der Bereich, den 1-2-3/W während einer Abfrage durchsuchen soll. Nicht synonym mit *Dateneingabebereich*.
Eingabetaste	auch RETURN-Taste; ENTER-Taste; auf der Computertastatur meist gekennzeichnet durch einen nach links weisenden Eckpfeil. Drücken Sie diese Taste, um eine eingegebene Information vom Computer verarbeiten zu lassen.
Eingebettetes Objekt	Ein in ein Dokument eingefügtes Objekt, das mit einem anderen Anwendungsprogramm erstellt wurde. Eingebettete Objekte können innerhalb des Dokuments bearbeitet werden. Siehe auch *verknüpftes Objekt*.
Eintrag	In eine Zelle eingegebene Daten. Jeder Eintrag ist ein *Label* oder ein *Wert*.
Endlosschleife	Das Ergebnis einer Formel, die direkt oder indirekt Bezug auf sich selbst nimmt. So kommt es z. B. zu einer Endlosschleife, wenn Sie die Formel +B1+1 in die Zelle B1 eingeben.
Erste Zelle	Die Zelle in der ersten Zeile der ersten Spalte des ersten Arbeitsblattes eines Bereiches.
Erweitern	Markieren mehrerer Felder auf dem Arbeitsblatt.
Erweiterter ASCII-Code	siehe *ASCII-Code*
Erweiterter Modus für 386-PC (und höhere Versionen)	Ein Modus in dem WINDOWS ausgeführt wird, um die virtuellen Speicherfunktionen des Intel 80386-Prozessors auszunutzen. In diesem Modus kann WINDOWS mehr Speicherplatz (virtuellen Speicher) verwenden, als physisch verfügbar ist und Multitasking auch mit Non-WINDOWS-Anwendungen ermöglichen. Siehe auch *virtueller Speicher*.
Erweiterung	Siehe *Dateinamenerweiterung*.
Erweiterungsspeicher	Speicher oberhalb der 1-Megabyte-Grenze zum Beispiel von IBM-PC ATs. Für die Verwendung des Erweiterungsspeichers benötigen Sie eine spezielle Erweiterungskarte und dazu passende Software. Erweiterungsspeicher steht den unter DOS ablaufenden Anwendungsprogrammen nicht zur Verfügung.
Expansionsspeicher	Speicherplatz oberhalb der 640KByte, die DOS den Anwendungsprogrammen zur Verfügung stellt.

Externe Datenbank	Eine einzelne *Datenbanktabelle* oder eine Sammlung aus Datenbanktabellen, die mit einem anderen Programm als 1-2-3/W erstellt wurde.
Externe Tabelle	Eine *Datenbanktabelle* in einem anderen Programm als 1-2-3/W. So ist z. B. eine Datenbanktabelle in dBASE IV eine externe Tabelle.
Externer Bezug	Siehe *Bezug*
Farbschemata	Eine vorgegebene Kombination von zusammenpassenden Farben, die WINDOWS und 1-2-3/W für ihre Bildschirmelemente verwenden. Sie können ein vorhandenes Farbschema auswählen oder selbst eines erstellen.
Fehlermeldung	Eine Meldung, die 1-2-3/W anzeigt, wenn es einen Fehler entdeckt oder eine Aufgabe nicht ausführen kann.
Fehlerwartezeit	Der Zeitraum, den der Computer abwarten soll, nachdem ein Gerät auf eine Befehlsaufforderung nicht reagiert, bevor er dies als Fehler erkennt.
Feld	Eine mit Label versehene Spalte in einer *Datenbanktabelle*, die für jeden *Datensatz* dieselbe Art von Informationen enthält. So enthält z. B. das Feld Nachname alle Nachnamen in einer Datenbanktabelle.
Feldnamen	Die Labels in der ersten Zelle einer *Datenbanktabelle*, mit denen der Inhalt jedes *Feldes* bezeichnet wird. So enthält z. B. eine Mitarbeiterdatenbank im allgemeinen Feldnamen wie Vorname, Nachname und Mitarbeiternummer.
Fenster	Rechteckiger Bereich auf dem Bildschirm, in dem ein Anwendungsprogramm erscheint. Ein Fenster besteht aus einer Titelzeile, einer Menüleiste, dem Arbeitsbereich zum Anzeigen der Dateiinhalte sowie bis zu zwei Bildlaufleisten (siehe auch *Einblenden, Ausblenden, Anordnen, Verschieben*).
Fensterteiler	Teilt ein Fenster von WINDOWS 3.1 in zwei Teile auf.
Fernbezug	Siehe *Bezug*
Festplatte	Ein magnetisches Speichermedium mit einer wesentlich größeren Speicherkapazität als eine *Diskette*. Die Festplatte ist im allgemeinen in den Computer eingebaut.
Flächendiagramm	Ein *Liniendiagramm*, bei dem die Fläche zwischen den einzelnen Datenbereichen mit unterschiedlichen Schraffurmustern oder Farben ausgefüllt wird.
Flußsteuerung	Die Art und Weise, mit der die Kontrolle während der Ausführung eines *Makros* von einer Position an eine andere übergeben wird. Mit einem höher entwickelten Makrobefehl zur Flußsteuerung können Sie die Kontrolle über einen Makro weitergeben.

Folgeeffekt	Eine Formel, die von einer anderen Formel abhängt, die eine *Fehlermeldung* ergibt.
Font	Eine Schriftart, mit der 1-2-3 Dateien oder Text von Grafiken ausdruckt.
Format	Beim Ausdrucken kann ein Druckbereich im Hoch- oder Querformat gedruckt werden.
Formatcode	Ein Formatcode legt fest, welches Format ein Zahlen- oder Datumsfeld bekommen soll. Für den Begriff *Formatcode* wird häufig einfach Format verwendet.
Formatdatei (.FRM)	Eine 1-2-3/W Datei mit der Endung FRM, in der 1-2-3/W zu jeder WK3-Datei Layoutinformationen speichert.
Formatieren	Vorbereiten einer Festplatte oder Diskette für die Speicherung von Informationen. Das Formatieren löscht vorher vorhandene Informationen.
Formatzeile	Dritte Zeile von oben im 1-2-3/W-Fenster. Die Formatzeile zeigt Formatinformationen über die gewählte Zelle oder den gewählten Bereich an. Rechts in der Formatzeile erscheint die Modusanzeige.
Formel	Ein Ausdruck, mit dem Werte in einem Arbeitsblatt berechnet werden. Eine 1-2-3/W Formel kann *@Funktionen* enthalten und eine *numerische Formel*, eine *Zeichenfolgenformel* oder eine *logische Formel* sein.
Formular	Wir verwenden den Begriff *Formular* in diesem Buch häufig synonym mit dem Begriff *Datei*, Tabelle oder *Arbeitsblatt*.
Funktion	Eingebaute Formel, mit der besondere Berechnungen automatisch ausgeführt werden können.
Funktionstasten	Die Tasten F1 bis F12 auf der Tastatur, mit denen einzeln oder in Verbindung mit ALT besondere 1-2-3/W Funktionen ausgeführt werden.
Fußzeile	Eine Textzeile, die 1-2-3/W an den unteren Rand jeder Seite druckt.
Gemischte Grafik	Eine Grafik, die sowohl Linien als auch Balken enthält.
Gemischte Zelladresse	In einer Formel eine Zelladresse, die zum Teil *relativ* und zum anderen Teil *absolut* ist. Vor dem absoluten Teil der Adresse - d. h. dem Arbeitsblattbuchstaben, Spaltenbuchstaben oder der Zeilennummer - steht ein $ (Dollarzeichen). Enthält eine Formel in Zelle B:B2 z. B. die Zelladresse A:A$1 und kopieren Sie die Formel in die Zelle G:G8, so wird die Zelladresse zu F:F$1.
Gerät	Ein Bestandteil der Hardwarekonfiguration Ihres Systems, zum Beispiel ein Modem, ein Drucker, eine Maus oder ein Laufwerk.

Gestaffeltes Balkendiagramm	Wie bei einem Balkendiagramm werden bei einem gestaffelten Balkendiagramm Balken in regelmäßigen Abständen auf der X-Achse dargestellt. Jeder Balken enthält Abschnitte mit unterschiedlichen Schraffurmustern oder Farben, die jeweils einen Wert in einem der Datenbereiche darstellen.
Gitternetzlinien	Trennlinien zwischen Feldern einer Tabelle; Sie können die Anzeige von *Gitternetzlinien* auf dem Bildschirm unterdrücken.
Globale Parameter	Einstellungen, die für das gesamte Arbeitsblatt gelten (Schutz, Spaltenbreite, Format, Ausrichtung, Anzeige bei 0, Gruppenmodus).
Grafikauflösung	Der Qualitätsgrad, mit dem WINDOWS Grafiken druckt. je höher die Auflösung, umso besser ist die Qualität der gedruckten Grafiken. Das Drucken von Grafiken mit einer höheren Auflösung dauert etwas länger. Sie stellen die Auflösung mit der WINDOWS *Systemsteuerung* ein.
Grafikdatei	Eine Datei, in der eine Grafik zur Benutzung außerhalb von 1-2-3/W gespeichert wird. 1-2-3/W gibt Grafikdateien beim Speichern die Erweiterung .PIC (für das *Bilddatei*-Format) oder .CGM (für das *Grafikmetadatei*-Format). Sie können diese Erweiterungen jedoch bei der Eingabe des Dateinames durch eigene Erweiterungen ersetzen.
Grafikmetadatei (.CGM)	Eines der beiden *Grafikdatei*-Formate in 1-2-3/W. Sie können eine 1-2-3/W Grafik in einem anderen Programm benutzen, wenn Sie sie in einem Grafikmetadatei-Format speichern.
Grafikmodus	Der Modus, in dem Anwendungsprogramme nicht nur Text, sondern auch Bilder anzeigen können. WINDOWS-Anwendungen werden immer im Grafikmodus ausgeführt, während andere Anwendungsprogramme auch im Textmodus ausgeführt werden.
Grafik Menüleiste	Dies ist die Menüleiste, die Sie sehen, wenn Sie eine Grafik bearbeiten.
Grautondarstellung	Zeigt solche *Befehle* in *einem Befehlsmenü*, die Sie zur Zeit nicht ausführen können (zum Beispiel den *Befehl* Drucken..., wenn kein Drucker angeschlossen ist). Siehe auch *abgeblendet*.
Größenachse	senkrechte Achse (Abzisse) eines Diagramms (s. auch *Rubrikenachse*)
Grundfarben	Die Farben Rot, Grün und Blau. Aus diesen Farben lassen sich alle gewünschten *Mischfarben* erzeugen. Sie selbst können durch Mischen untereinander nicht gebildet werden.
Gruppe	Eine Sammlung von Anwendungsprogrammen, Zubehör oder Dokumenten innerhalb des WINDOWS *Programm-Managers*. Wenn Sie diese Elemente gruppieren, sind sie leichter zu finden, wenn Sie sie starten möchten.
Gruppenfenster	Ein Fenster, in dem die Elemente einer Gruppe innerhalb des Programm-Managers angezeigt werden. Bei diesen Elementen kann es

	sich um Anwendungsprogramme, Zubehör oder Dokumente handeln.
Gruppenmodus	Wurde der Gruppenmodus in Globale Parameter gesetzt, so gelten die globalen Parameter sowie bestimmte Bereichs- und Stilbefehle für alle Arbeitsblätter in der Datei.
Gruppensymbol	Das Symbol, das im Programm-Manager eine Gruppe darstellt, wenn das Gruppenfenster auf Symbolgröße verkleinert ist. Um eine Gruppe zu öffnen und den Inhalt zu sehen, wählen Sie das Gruppensymbol.
Hardware	Die Bestandteile Ihres Computersystems, einschließlich Tastatur, Maus, Laufwerke und Bildschirm.
Hauptgruppe	Fenster von WINDOWS, das die wichtigsten WINDOWS-Werkzeuge enthält (Dateimanager, Zwischenablage, Druckmanager, Systemsteuerung, WINDOWS-Setup, DOS-Eingabeaufforderung).
Hauptmakro	Der Makro, der einen *Unterprogrammaufruf, Sprung* oder eine *Schleife* einleitet.
Helligkeit	In der WINDOWS *Systemsteuerung* und der Farbeinstellung von 1-2-3/W ein Wert einer Farbe auf der Skala von Schwarz bis Weiß. So hat beispielsweise Hellblau eine größere Helligkeit als Dunkelblau oder Dunkelrot, aber ungefähr die gleiche Helligkeit wie Hellrosa.
Hervorhebung	Die Hervorhebung erscheint auf dem Bildschirm heller oder in anderer Farbe als der restliche Hintergrund. Siehe auch *Markiert*.
Hilfe	Die Hilfe von 1-2-3/W ist ein Handbuch in Fensterform. Sie haben gegenüber einem Handbuch den Vorteil, daß Sie menüunterstützt in der Hilfe suchen und sich das Hilfefenster zusammen mit dem 1-2-3/W *Fenster* auf dem Bildschirm anzeigen lassen können, beliebige Ausschnitte des Hilfefensters können Sie drucken oder in die Zwischenablage kopieren.
Hintergrund	Ein auf dem Desktop angezeigtes Bild. Diese Bilder werden üblicherweise in einer Bitmapdatei gespeichert, welche die Erweiterung .BMP hat.
Hoher Speicherbereich (Upper Memory Area - UMA)	Der 384 KB große Speicherbereich direkt oberhalb der 640 KB des konventionellen Speichers. Normalerweise ist dieser Bereich für Ihre Systemhardware, zum Beispiel für Ihren Bildschirm, reserviert, und wird nicht als Teil des insgesamt zur Verfügung stehenden Arbeitsspeichers betrachtet, weil Anwendungsprogramme in diesem Bereich keine Daten speichern können.
Horizontale Grafik	Eine Grafik mit einer horizontalen Y-Achse. Bei einer horizontalen Grafik werden die Achsen um 90 im Uhrzeigersinn gedreht. Sie können ein horizontales Balken-, Aktien-, Linien-, Misch-, XY-Diagramm bzw. ein horizontal gestaffeltes Balkendiagramm erstellen.

Importieren	In 1-2-3 für WINDOWS das Einfügen von Texten, Zahlen oder Stilen in ein aktuelles Arbeitsblatt. Im WINDOWS 3.1 Objekt-Manager das Erstellen eines Pakets, indem eine vorhandene Datei in den Objekt-Manager eingefügt wird. Wenn Sie eine Datei importieren, wird das Symbol des Anwendungsprogramms, mit dem die Datei erstellt wurde, im Darstellungsfenster angezeigt, und die Beschreibung des Inhalts der Datei erscheint im Inhaltsfenster.
Inaktiv	Beschreibt ein nicht aktives Objekt (Tabellenfeld oder *Befehl*).
Inaktives Fenster	auch Hintergrundfenster. Jedes offene Fenster, in dem Sie im Moment nicht arbeiten.
Install-Programm	Das 1-2-3/W Programm, um 1-2-3/W unter WINDOWS oder OS/2 2.0 einzurichten.
Joker	Das Sternchen («*») oder Fragezeichen («?») in einem Dateinamen heißen Joker. Sie stehen stellvertretend für ein einzelnes Zeichen («?») oder eine beliebige Anzahl aufeinanderfolgender Zeichen («*») beim Auflisten von Dateien.
Justierungs-zeichen	Dienen zur *Labeljustierung* von Labels in Zellen: «'» (Apostroph), «"» (Anführungszeichen), «^» (Zirkumflex), «\» (Backslash) und «|» (senkrechter Balken).
Kamerasymbol	Symbol der *Symbolleiste* zum Kopieren von Teilen der Tabelle in die WINDOWS Zwischenablage.
Kassettenschriftart	Eine Schrift, die in einer Kassette enthalten ist, die in Ihren Drucker eingesteckt wird. Schriftartenkassetten werden oft für Laserdrucker, wie z. B. für die Drucker der HP-LaserJet-Familie, verwendet. Sie werden aber auch von einigen Matrixdruckern benutzt. Siehe auch *Schriftartkassette*.
Klicken	auch Anklicken; Kurzzeitiges Drücken einer Maustaste.
Kombinationsfolge	Eine Reihe von Tastenanschlägen (die mit ALT-F1 beginnt), mit der Sie ein LOTUS-Zeichen des *LMBCS*-Zeichensatzes erzeugen, das nicht auf Ihrer Tastatur steht.
Kontrollfeld	auch Kontrollkästchen. Element eines *Dialogfeldes*. Markieren schaltet eine Option ein, nochmaliges Markieren schaltet die sie wieder aus.
Konventioneller Speicher	Die ersten 640 KB des Arbeitsspeichers, die MS-DOS für das Ausführen von Anwendungsprogrammen verwendet.
Kopfzeile	eine Textzeile, die 1-2-3/W an den oberen Rand jeder Seite druckt.
Kopieren	Vervielfältigen von Tabellenbereichen (oder auch *Dateien*) in einen anderen Tabellenbereich, eine andere Tabelle oder ein anderes Verzeichnis bzw. Laufwerk.

Kreisdiagramm	Eine Grafik, mit der die Teile eines Ganzen verglichen werden. In einem Kreisdiagramm entspricht jeder Wert im A-Datenbereich einem Kreissegment. Die Größe jedes Kreissegmentes entspricht dem Prozentsatz, den jeder Wert in diesem Ganzen darstellt.
Kriterien	Daten, die Sie in einen Kriterienbereich eingeben, mit dem 1-2-3/W *Datensätze* in einer *Datenbanktabelle* sucht.
Kriterienbereich	Der Bereich, in dem die *Kriterien* stehen. Der Kriterienbereich muß genaue Kopien der *Feldnamen* aus dem *Eingabebereich* enthalten.
Label	Beliebiger Eintrag in einer Zelle, der mit einem Buchstaben oder mit einem *Justierungszeichen* beginnt.
Labeljustierung	Mit der Labeljustierung wird festgelegt, wie ein Label in einer Zelle ausgerichtet wird: linksbündig, rechtsbündig, zentriert oder in Form von Wiederholungen. Die Labeljustierung wird mit *Justierungszeichen* festgelegt.
Ladbare Schriftart	Eine gesondert erworbene Schriftart, die in Ihrem Computer installiert und zum Drucker gesendet werden muß, bevor sie gedruckt werden kann.
Laden	auch Öffnen; den Inhalt einer *Datei* verfügbar machen. Diese Datei wird bei 1-2-3/W zur *aktuellen Datei* gemacht.
Langes Label	Ein Label, das länger ist als die Spaltenbreite einer Zelle. Sind die Zellen rechts daneben leer, so scheint das lange Label in die nächsten Spalten zu gehen. Sind die Zellen rechts daneben belegt, so zeigt 1-2-3/W nur so viele Zeichen an, wie in die Spalte passen. 1-2-3/W speichert immer das ganze Label, selbst wenn es dieses nicht in der Zelle vollständig darstellen kann.
Laufwerksbuchstabe	Der Buchstabe, mit dem ein Laufwerk bezeichnet wird - zum Beispiel C.
Laufwerkname	Die beiden Zeichen (ein Buchstabe und ein Doppelpunkt), mit denen das Laufwerk gekennzeichnet wird. So ist z. B. C: der Name von Laufwerk C, dem ersten *Festplattenlaufwerk* in Ihrem Computer.
Layout	Unter dem Layout versteht man i.w.S. die Gestaltung des Aussehens eines Textes oder einer Tabelle, d.h. die Festlegung der Ränder, Inhalt von Kopf- und Fußzeile, Hintergrundschattierungen, ...
Leere Zelle	Eine Zelle, die keine Formatierung, die sich von den *Globalparametern* in dem Arbeitsblatt unterscheidet, und keine Daten enthält.
Legende	Die Erläuterung von Mustern, Symbolen, oder Farben, mit denen Datenbereiche in einer Grafik gekennzeichnet werden. Die Legenden und zugehörigen Muster, Symbole oder Farben stehen unter der Grafik.

Lesen	Kopieren einer Datei von der Diskette oder Festplatte in den Arbeitsspeicher.
LICS (Lotus International Character Set)	Die 256 Codes (0 bis 255), mit denen Symphony und 1-2-3 Versionen 1A, 2 und 2.01 Zeichen anzeigt, speichert und ausdruckt. Die LICS-Codes 32 bis 127 entsprechen den *ASCII*- und *LMBCS-Codes* 32 bis 127.
Liniendiagramm	Eine Grafik, in der numerische Werte durch Punkte dargestellt werden, die durch eine Linie verbunden sind. Mit einem Liniendiagramm können insbesondere zeitabhängige Änderungen dargestellt werden.
Listenfeld	Element eines *Dialogfeldes*; aus Listenfeldern wählen Sie Texte oder Werte aus.
Literale Folge	Text (einschließliche Buchstaben, Zahlen, Satzzeichen, Leerstellen und Sonderzeichen) in Anführungszeichen. Literale Folgen werden in *Zeichenfolgeformeln,* @*Funktionen* und *Makros* benutzt.
LMBCS (Lotus International Multibyte Character Set)	Der in 1-2-3 Version 3 und 1-2-3 für WINDOWS benutzte *Zeichensatz*. LMBCS enthält alle Zeichen, die auch in *LICS, ASCII* und den meisten anderen internationalen Zeichensätzen enthalten sind. Siehe auch *ANSI*.
Logische Formel	Eine *Formel*, mit der eine Bedingung mit Hilfe eines *logischen Operators* oder einer *logischen* @*Funktion* ausgewertet wird. Eine logische Formel ergibt einen Wert, den Sie in anderen Berechnungen benutzen können (1 für wahr, 0 für falsch). So ergibt z. B. die Formel +A28 den Wert 1 (wahr), wenn der Wert in A2 größer als 8 ist. Für einen Wert von A2, der kleiner oder gleich 8 ist, liefert die Formel den Wert 0 (falsch).
Logischer Operator	Ein Operator, der in einer logischen Formel zur Bezeichnung von Gleichheit oder Ungleichheit benutzt wird. Die logischen Operatoren sind:
	Gleich (=), kleiner als (<), größer als (>), kleiner als oder gleich (<=), größer als oder gleich (>=), ungleich (<>), logisches NICHT (#NICHT#), logisches UND (#UND#) sowie logisches ODER (#ODER#).
LPT-Anschluß	Siehe *paralleler Anschluß*.
Makro	1. Ein Ablaufprogramm unter 1-2-3/W.
	2. Im Recorder unter WINDOWS eine Reihe aufgezeichneter Aktionen. Sie können den Recorder verwenden, um Makros zu erstellen. Wenn Sie einen Makro ausführen, führt der Recorder alle aufgezeichneten Aktionen durch.
Makroinstruktion	Ein *Tastenfolgebefehl* oder ein höher entwickelter Makrobefehl in einem Makro.

Manuelle Verknüpfung	Eine Verknüpfung, deren Aktualisierungsoption auf manuell eingestellt ist. Wenn das verknüpfte Objekt bearbeitet wird, ist die Änderung erst dann in seiner bildlichen Darstellung ersichtlich, wenn Sie diese aktualisieren.
Markieren	auch hervorheben. Üblicherweise das Auswählen von Text, damit er in die Zwischenablage kopiert werden kann.
Markiert	auch hervorgehoben. Bedeutet, daß ein Objekt oder Text ausgewählt ist und von Ihrer nächsten Aktion beeinflußt wird. Auf Schwarzweiß-Bildschirmen wird markierter Text invertiert, auf Farbbildschirmen auch farbig dargestellt. Hervorgehobene Objekte können eine andere Farbe haben oder von einem Balken-Cursor umgeben sein. Sie können die Farbe der *Hervorhebung* mit der WINDOWS *Systemsteuerung* oder 1-2-3/W ändern.
Markierung erweitern	Das Markieren von mehr als einem Element. Im Datei-Manager können Sie beispielsweise eine Gruppe von Dateien markieren, die Sie verschieben oder kopieren möchten.
Maus	Zeigeinstrument, das es Ihnen ermöglicht, viele Befehle schneller als mit der Tastatur auszuführen.
Mauszeiger	Symbol, das anzeigt, auf welchen Bereich des Bildschirms der nächste Mausbefehl angewendet wird. Die Form des Mauszeigers ändert sich, je nach dem, welchen Arbeitsschritt Sie durchführen.
Menü	Eine Liste verfügbarer Befehle in einem Anwendungsprogrammfenster. Menünamen erscheinen in der Menüleiste oben im Fenster. Sie öffnen ein Menü, indem Sie den betreffenden Menünamen wählen. Anschließend können Sie einen Befehl wählen. Siehe auch *Systemmenü*.
Menüleiste	Die Zeile oben im 1-2-3/W-Bildschirm, in der die *Befehle* aufgelistet sind. Sie können diese Befehle mit der Maus durch Anklicken oder mit der Tastatur mit Hilfe der Richtungstasten oder eines bestimmten Buchstabens zusammen mit der ALT-Taste auswählen (Weiter siehe Befehlsmenü).
Menüzeiger	Die Hervorhebung, mit der eine Menüposition ausgewählt und deren Beschreibung angezeigt wird.
Mischfarbe	Eine Farbe, die durch eine Kombination von Punkten in den *Grundfarben* erzeugt wird. Es kann vorkommen, daß eine Farbe, die auf einem bestimmten Gerät (zum Beispiel auf einem 256-Farben-Bildschirm) eine *Basisfarbe* ist, dies auf einem anderen Gerät nicht ist.
Modus	Eine 1-2-3 Bedingung, in der Sie eine bestimmte Funktion ausführen können. Befindet sich 1-2-3 z. B. im BEREIT-Modus, so ist es für Eingaben oder Befehle bereit.

Modusanzeige	Bereich des Bildschirms, in dem der *aktuelle Modus* angezeigt wird. Die Modusanzeige befindet sich in der rechten Ecke des Bedienfeldes.
MS-DOS-Eingabeaufforderung	auch Prompt. Die Zeichenfolge, die bei MS-DOS auf dem Bildschirm am Beginn der Befehlszeile erscheint und anzeigt, daß der Computer bereit ist, eine Eingabe zu empfangen.
Multitasking	Die Fähigkeit eines Computers, gleichzeitig mehr als ein Anwendungsprogramm auszuführen.
Nebeneinander	Offene Fenster so anordnen, daß sich keine Fenster überlappen und alle ganz sichtbar sind. Jedes Fenster nimmt einen Teil des Bildschirms ein.
Neuberechnung	Neuauswertung von Formeln in aktiven Dateien mit den neuesten Zellwerten.
Neuberechnung im Hintergrund	Eine Funktion, mit der Sie weiterarbeiten können, während 1-2-3/W Formeln neu berechnet.
Neuberechnungsfolge	Eine von drei Reihenfolgen, in denen 1-2-3/W Formeln in aktiven Dateien berechnet. Bei **Natürlicher Folge** werden Werte, von denen eine bestimmte Formel abhängt, neu berechnet, bevor diese Formel berechnet wird. Bei **Spaltenweise** wird die Neuberechnung nach Spalten und bei **Zeilenweise** nach Zeilen vorgenommen.
Neuberechnungsmethode	Eine von zwei Arten, mit denen 1-2-3/W Formeln in aktiven Dateien neu berechnen kann. Mit **Automatisch** werden Formeln nach jeder Eingabe von Daten in einer Zelle neu berechnet, während sie bei **Manuell** nur nach dem Drücken von KALK (F9) neu berechnet werden.
Nicht definierter Bereichsname	Ein Bereichsname, dem im Augenblick kein Bereich zugewiesen ist.
Nicht leere Zelle	Eine Zelle, die eine andere Formatierung als die Globalparameter in dem Arbeitsblatt oder Daten enthält.
Non-WINDOWS-Anwendung	Ein Anwendungsprogramm wie die zeilenorientierten Versionen von 1-2-3, das nicht speziell für WINDOWS entwickelt wurde und daher WINDOWS-Eigenschaften wie z. B. Speicherverwaltung, Benutzeroberfläche oder Datenaustausch nicht voll ausnutzen kann.
Numerische Formel	Ein mathematischer Ausdruck, der *arithmetische Operatoren* oder *@Funktionen* benutzt und einen Zahlenwert ergibt.
Numerischer Wert	Eine Zahl oder eine numerische Formel.
Objekt	Im Zusammenhang mit Verknüpfen und Einbetten von Objekten Informationen wie beispielsweise eine Zeichnung oder ein Diagramm, die verknüpft und eingebettet werden können.

Öffnen	Den Inhalt einer Datei in einem Fenster anzeigen, oder ein Symbol auf ein Fenster vergrößern.
OLE	Siehe *Einbetten und Verknüpfen von Objekten*.
Operator	ein Symbol, mit dem Sie in einer Formel die Beziehung zwischen zwei Werten oder die auszuführende Operation angeben. 1-2-3/W benutzt *logische Operatoren*, den *Zeichenfolgenoperator* («&»), sowie die arithmetischen Standardoperatoren: «+» (Addition), «-» (Subtraktion), «*» (Multiplikation), «/» (Division) und «^» (Potenzierung).
Optimale Neuberechnung	Eine 1-2-3/W Funktion, mit der die *Neuberechnung* beschleunigt wird, indem nur die Formeln neu berechnet werden, die in neuen Arbeitsblättern stehen oder von einer Änderung in einer Datei betroffen sind.
Option	(1) Ein zur Auswahl stehendes Element in einem Dialogfeld.
	(2) Ein Parameter, der in einer MS-DOS-Befehlszeile bestimmt, wie ein Befehl ausgeführt wird. Im allgemeinen wird eine Option mit dem Schrägstrich («/») eingeleitet.
Optionsschaltfläche	auch Optionsfeld. Element eines *Dialogfeldes*; kleiner Kreis vor einer Auswahl im *Dialogfeld*. In einer Gruppe zusammengehöriger Optionsfelder kann jeweils nur eines ausgewählt werden.
Paket	Eine kleine Zeichnung (oder ein Symbol), die ein eingebettetes oder verknüpftes Objekt darstellt. Wenn Sie das Paket wählen, wird das Anwendungsprogramm geöffnet, in dem das eingebettete oder verknüpfte Objekt erstellt wurde, und das Objekt wird angezeigt.
Palette	256 Farben und Graustufen, die von 1-2-3/W unterstützt werden.
Paralleldrucker	Ein Drucker mit einer parallelen Schnittstelle, die Sie an einen parallelen Anschluß anschließen.
Parallele Schnittstelle	Eine Schnittstelle zwischen Computer und einem Drucker, über die der Computer seine Daten in Form von mehreren Bits gleichzeitig an den Drucker sendet. Die parallele Schnittstelle wird auch manchmal Centronics-Schnittstelle genannt. Siehe auch *serielle Schnittstelle*.
Paralleler Anschluß	Ein Anschluß auf einem Computer, normalerweise LPT1, in den Sie das Kabel für einen Paralleldrucker einstecken. WINDOWS unterstützt die parallelen Anschlüsse LPT1 bis LPT3.
Paßwort	Folge von max. 15 Zeichen, die Ihnen ermöglicht, eine Arbeitsblattdatei komplett zu schützen oder die Arbeitsblatt und Schutzparameter der Datei zu sperren.
PC-Satz	siehe DTP
Perspektivische Ansicht	Eine Bildschirmanzeige, bei der drei aufeinanderfolgende Arbeitsblätter rechts hintereinander gestapelt angezeigt werden.
Pfad	Spezifiziert die Position einer Datei innerhalb der Verzeichnisstruktur. Um beispielsweise den Pfad der Datei «TEST.WK3», die sich im

	WINDOWS-Verzeichnis auf Laufwerk C befindet, anzugeben, würden Sie folgendes eingeben: «C:\WINDOWS\TEST.WK3»
Pfadname	Bezeichnung der Stelle, an der sich eine *Datei* innerhalb des Dateibaums eines Laufwerks befindet unter vollständiger Angabe von Laufwerken und allen Verzeichnissen und Unterverzeichnissen, die zu den Dateien führen.
Pfeiltasten	Siehe *Richtungstasten*.
Pixel	Die kleinste Grafikeinheit, die auf dem Bildschirm angezeigt werden kann, normalerweise ein farbiger *Punkt*.
Programm-Manager	Wichtigstes Fenster unter WINDOWS, das alle WINDOWS-Aktivitäten steuert. Beinhaltet Gruppenfenster, Gruppensymbole, Programmsymbole.
Programmdatei	Eine ausführbare Datei, die ein Anwendungsprogramm startet. Eine Programmdatei hat die Dateinamenerweiterung .EXE, .PIF, .COM oder .BAT.
Programme	Die Anwendungsprogramme oder Dokumente, die in WINDOWS eine Gruppe bilden. Programme werden in einem Gruppenfenster als Symbole dargestellt.
Programminformationsdatei (.PIF)	Diese Datei enthält Informationen über die Systemnutzung eines Anwendungsprogramms. Sollte für ein Anwendungsprogramm keine PIF-Datei bestehen, so werden Standard-PIF-Einstellungen verwendet.
Programmsymbol	Das Symbol, das im Programm-Manager ein Anwendungsprogramm oder ein Dokument darstellt. Sie können ein Anwendungsprogramm starten oder ein Dokument öffnen, indem Sie dessen Programmsymbol wählen.
Proportionalschrift	Eine Schriftart, in der die verschiedenen Zeichen unterschiedliche Breiten haben. Siehe auch *Schriftart mit festem Zeichenabstand*.
Prüfen	Kontrollieren der Bezüge in einer Tabelle, um logische Fehler aufzuzeigen.
Puffer	Ein temporärer Speicherbereich für Daten.
Pulldown-Menü	Bezeichnung für die Menüform, die von oben herunter in das *Fenster* klappt.
Punkt	Amerikanische typografische Einheit (1/72 Zoll = 0.351mm)
Punktgröße	Siehe *Schriftgröße*.
Quelldatei	Eine Datei, welche die Zelle bzw. den Bereich enthält, auf die sich eine Formel in einer anderen Datei bezieht; mit Quelldatei wird auch die Datei bezeichnet, die Sie mit dem Translate-Dienstprogramm in ein anderes Dateiformat umsetzen.

Quelldokument	Das Dokument, aus dem ein verknüpftes Objekt stammt. Siehe *DDE* und *OLE*.
Quellverzeichnis	Das Verzeichnis, das die Datei oder Dateien enthält, die Sie kopieren oder verschieben wollen.
Quellzelle	Eine Zelle, die Daten enthält, auf die sich eine Formel in einer anderen Zelle (der Bestimmungszelle) bezieht. Bezieht sich eine Formel auf eine Quellzelle in einer anderen Datei, so sind die Dateien *verbunden*.
RAM (Random Access Memory)	Der temporäre Speicherbereich, in dem der Computer Programme und Daten speichert. Mit dem Ausschalten oder Rebooten des Rechners gehen die Informationen meist verloren. Siehe auch *ROM, virtueller Speicher*.
Rebooten	auch Warmstart. Neustarten des schon laufenden Rechners.
Relative Zelladresse	Bezugnahme in einer Formel auf eine *Zelladresse* oder einen *Bereichsnamen* bzw. auf eine Adresse, die sich beim Kopieren der Formel ändert. Eine relative Zelladresse bezeichnet die relative Position der Originalzelle zu der Originalformel. Von Zelle D1 aus gesehen, bezieht sich die Zelladresse A1 auf den Wert in der Zelle drei Spalten weiter links. Wenn Sie die Zelladresse in die Zelle E2 kopieren, benutzt 1-2-3/W weiter den Wert in der Zelle drei Spalten weiter links - Zelle B2. Soll eine Zell- oder Bereichsadresse beim Kopieren nicht geändert werden, so benutzen Sie eine *absolute Adresse*. Auch *gemischte Zelladressen* sind möglich.
Richtungstasten	auch Pfeiltasten. Die Richtungstasten befinden sich rechts auf der Tastatur Ihres Computers. Sie dienen dazu, den Cursor auf dem Bildschirm zu lenken. Die Namen der einzelnen Richtungstasten entsprechend der Richtung der Pfeilspitzen auf den jeweiligen Tasten.
Rollen	Bewegen des Fensterausschnittes mit Hilfe der Bildlaufleisten.
Rubrikenachse	waagrechte Achse (Ordinatenachse) eines Diagramms (s. auch Größenachse)
ROM (Read Only Memory)	Speicher, der gelesen, aber nicht verändert werden kann.
Sättigung	In der Systemsteuerung die Reinheit einer Farbe, von Grau bis zur reinen Farbe gemessen. Ein sehr dunkles Blau könnte beispielsweise zur Hauptsache aus Schwarz bestehen, mit nur einem geringen Anteil von Blau, und so eine sehr geringe Sättigung haben. Siehe auch *Helligkeit*.
Schalter	Siehe *Option*.
Schaltfläche	WINDOWS-Anwendungen besitzen auf dem Bildschirm kleine dreidimensional erscheinende Knöpfe, die mit Hilfe des Mauszeigers betätigt werden können. Diese Knöpfe werden als Schaltflächen be-

	zeichnet. Häufig kann man sich unter WINDOWS mit Hilfe dieser Schaltflächen bei der Verwendung einer Maus das Eingeben einer Befehlsfolge erleichtern.
Schaltfläche zum Wiederherstellen	Das kleine Feld mit je einem nach oben und unten zeigenden Pfeil, das rechts von der Titelleiste erscheint. Die Schaltfläche für das Wiederherstellen erscheint erst, nachdem Sie ein Fenster auf Vollbild vergrößert haben. Mausbenutzer können auf die Schaltfläche für das Wiederherstellen klicken, um die vorherige Größe des Fensters wiederherzustellen. Tastaturbenutzer wählen dazu den Befehl **Wiederherstellen** aus dem *Systemmenü*.
Schaltflächensymbol	Symbol der *Symbolleiste* zum Einrichten einer *Schaltfläche*.
Schleife	Eine Gruppe von *Makroinstruktionen*, die wiederholt ausgeführt werden. Mit dem höher entwickelten Makrobefehl {FÜR} wird eine Schleife in einem Makro erstellt.
Schließen	Das Entfernen eines Fensters oder das Beenden eines Anwendungsprogramms. Sie können Fenster schließen, indem Sie aus dem *Systemmenü* den Befehl **Schließen** wählen. Wenn Sie ein Anwendungsfenster schließen, beenden Sie das Anwendungsprogramm.
Schlüsselwort	Das erste Wort in einem höher entwickelten Makrobefehl. Mit dem Schlüsselwort wird angegeben, welche Funktion 1-2-3/W ausführen soll. In dem Befehl {ANZEIGE Datenanalyse} ist ANZEIGE das Schlüsselwort. Mit ihm wird 1-2-3/W angewiesen, das Wort Datenanalyse in der *Modusanzeige* anzuzeigen.
Schraffurmuster	Das Muster, mit dem in Balken- und Flächendiagrammen ein Datenbereich vom anderen und in Kreisdiagrammen ein Kreissegment vom anderen unterschieden wird.
Schreibgeschützte Datei	Eine Datei, die Sie zwar lesen, aber nicht ändern können. Das *Attribut* "Schreibgeschützt" bestimmt, ob eine Datei schreibgeschützt ist.
Schreibmarke	Senkrechter Strich, der anzeigt, an welcher Stelle eines Textfeldes die nächste Eingabe erfolgt.
Schriftart	Ein vollständiges Sortiment von Buchstaben, Zahlen, Satzzeichen und Symbolen, die ein bestimmtes Design und eine bestimmte Größe haben.
Schriftart mit festem Zeichenabstand	Eine Schriftart, in der alle Zeichen die gleiche Breite haben. Siehe auch *Proportionalschriftart*.
Schriftartenfamilie	Eine Gruppenbezeichnung, die das allgemeine Erscheinungsbild einer Schriftart beschreibt. So enthält beispielsweise die Schriftartenfamilie "Roman" Schriftarten mit Serifen und variabler Zeichenbreite, zum Beispiel "Times New Roman".

Schriftarten-kassette	Hardware, die in einen Drucker eingesteckt wird, um eine oder mehrere Schriftarten bereit zu stellen.
Schriftartsatz	Eine Gruppe verschiedener Schriftgrößen für eine Schriftart, die einem bestimmten Bildschirm und Drucker angepaßt wurde. Schriftartsätze bestimmen, wie der Text auf dem Bildschirm und gedruckt aussieht.
Schriftgröße	gedruckten Zeichens, in der Maßeinheit *"Punkt"* gemessen. Ein Punkt entspricht 1/72 Zoll.
Schrittfunktion	Eine Funktion, mit der Sie die Tastaturanschläge aus dem *Schrittpuffer* benutzen können, um die Eingabe von Daten und das Erstellen von Makros zu automatisieren.
Schrittpuffer	Ein Bereich im Speicher, der zur Speicherung von 1-2-3/W Tastenanschlägen und Befehlen reserviert ist. Während der Eingabe zeichnet 1-2-3/W die Tastenanschläge und Befehle im Schrittpuffer auf, der eine Kapazität von 512 Bytes hat.
Schützen	Beim Schützen werden Änderungen an einem Arbeitsblatt, einer Datei oder einem Bereich verhindert.
Schutzstatus	Gesamtheit aller Maßnahmen, die ein Lesen oder Überschreiben von Zellen verhindern.
Seitenumbruch	Trennlinie, bei der 1-2-3/W beim Ausdrucken eine neue Seite beginnt.
Serielle Schnittstelle	auch asynchrone oder RS232-Schnittstelle. Eine Schnittstelle zwischen einem Computer und einem Drucker oder anderen Gerät, über die der Computer Daten in einzelnen Bits (d. h. ein Bit nach dem anderen) an das Gerät sendet. Siehe auch *parallele Schnittstelle*.
Serieller Anschluß	Eine Verbindung an einem Computer, im allgemeinen COM1, in die Sie das Kabel für ein serielles Gerät einstecken. Beispiele für serielle Geräte sind Drucker und Modems. WINDOWS unterstützt COM1 bis COM4.
Serieller Drucker	Ein Drucker, der eine serielle Schnittstelle verwendet, die Sie mit einem seriellen Anschluß verbinden.
Sich wiederholendes Label	Ein Label, das über die ganze Breite einer Zelle wiederholt wird. Sie erstellen ein sich wiederholendes Label mit dem *Justierungszeichen* «\» (Backslash). Wenn Sie z. B. «\-» in eine Zelle eingeben, wird in der Zelle eine Folge von Bindestrichen ausgedruckt.
Sicherungsdatei (.BAK)	Eine Datei, die 1-2-3/W erstellt, wenn Sie bei **Datei Sichern** "Sicherungskopie" auswählen. 1-2-3/W gibt der Kopie der Datei auf der Platte die Erweiterung .BAK und speichert die aktive Datei mit dem aktuellen Dateinamen und der aktuellen Erweiterung.
SmartIcon	Symbol, durch dessen Anklicken mit der Maus häufig verwendete Befehle oder Makros aufgerufen werden können. Siehe *Symbolleiste*.

Software	Die Zusammenstellung von Befehlen und Anweisungen, welche die Computer-Hardware veranlassen, Aufgaben durchzuführen, Programme, Betriebssysteme und Anwendungsprogramme sind Software.
Sonderzeichen	Zeichen, die sprachenabhängig und möglicherweise nicht auf der Tastatur ihres Computers enthalten sind.
Sortieren	Beim Sortieren werden die Datensätze in einer Datenbanktabelle in einer bestimmten Reihenfolge je nach Inhalt des Feldes angeordnet. So können Sie z. B. Datensätze in einer Datenbanktabelle mit Mitarbeiterdaten alphabetisch nach Nachnamen oder chronologisch nach Einstellungsdatum sortieren. 1-2-3/W sortiert die Daten in steigender (A bis Z, 0 bis 9) oder abfallender (Z bis A, 9 bis 0) Reihenfolge.
Sortierfolge	Die Reihenfolge, nach der 1-2-3 Zahlen und Symbole ordnet, wenn Sie *alphabetisch sortieren* oder *Zeichenfolgen* vergleichen.
Spalte	Ein vertikaler Block mit 8192 Zellen in einem 1-2-3/W Arbeitsblatt. Eine Spalte hat die Breite einer Zelle und geht über die gesamte Länge des Arbeitsblattes. So enthält z. B. Spalte B die Zellen B1 bis B8192. Ein 1-2-3/W Arbeitsblatt hat 256 Spalten.
Spaltenbreite	Die Anzahl von Zeichen, die 1-2-3/W in einer Spalte anzeigen kann. Die vorgegebene Spaltenbreite beläuft sich auf 9 Zeichen. Allerdings können Sie einer Spalte eine beliebige Breite von 1 bis 240 Zeichen zuweisen. Außerdem können Sie Spalten auch verstecken.
Speicher	Siehe *RAM*.
Speichern	auch Sichern; Übertragen einer neuen oder geänderten *Datei* auf eine Festplatte oder Diskette.
Sprung	Ein Befehl, mit dem die Makroausführung an eine bestimmte Stelle übertragen wird, an welcher der Makro fortgesetzt wird. Im Gegensatz zu den *Unterprogrammaufrufen* wird die Makroausführung bei Sprüngen endgültig an die angegebene Position übertragen. Die Ausführung wird später nicht wieder an die ursprüngliche Stelle zurückgegeben.
Spulprogramm	Programm, das unter WINDOWS automatisch abläuft, wenn in einer der Anwendungen der Druckbefehl erteilt wurde und das Spulprogramm aktiviert ist. Es ermöglicht den Ausdruck von *Dateien* und die Drucksteuerung in einer Warteschlange.
Stammverzeichnis	Das Verzeichnis, welches das Betriebssystem beim Formatieren der Platte erstellt. Das Stammverzeichnis enthält alle anderen Unterverzeichnisse auf einer Platte. So ist z. B. in dem Pfad C:\123W\TEST.WK3 C:\ das Stammverzeichnis. Es enthält das Unterverzeichnis 123W.

Standard	ist ein Befehl, eine Option oder ein Gerät, wenn es in einem Menü oder Dialogfenster bei Drücken der Eingabetaste automatisch gewählt wird. Der Standardwert wird markiert dargestellt. Sie können ihn jederzeit durch Markieren eines anderen Wertes außer Kraft setzen.
Standard-Modus	Ein WINDOWS-Betriebsmodus, der auf 80286-, 80386- oder 80486-Computern verwendet werden kann. Dieser Modus ermöglicht den Zugriff auf den Erweiterungsspeicher und erlaubt Ihnen zudem, zwischen Non-WINDOWS-Anwendungen zu wechseln. Er stellt jedoch keinen virtuellen Speicher zur Verfügung und erlaubt Ihnen auch nicht, Non-WINDOWS-Anwendungen im Hintergrund auszuführen. Siehe auch *erweiterter Modus*.
Standarddrucker	Der Drucker, der verwendet wird, wenn Sie im Datei-Menü den Befehl **Drucken** wählen, ohne zuerst anzugeben, welchen Drucker Sie verwenden möchten. Es kann nur ein Standarddrucker festgelegt sein. Sie können diesen mit Hilfe der Systemsteuerung bestimmen. Der Drucker, den Sie am häufigsten verwenden, sollte zum Standarddrucker gemacht werden.
Standardeinstellungen	Die Einstellungen, mit denen WINDOWS geliefert wird. Wenn Sie beispielsweise ein Dokument ohne Angabe der Seitenränder von WINDOWS ausdrucken, werden die Standard-Seitenrandeinstellungen verwendet.
Starten	Laden eines Anwendungsprogramms (zum Beispiel 1-2-3/W) in den Arbeitsspeicher und anschließendes Ausführen desselben.
Statusanzeige	Eine Anzeige am unteren Ende des Bildschirms, mit der ein Programmstatus oder eine Sondertaste angegeben wird. So wird z. B. mit der Anzeige SCHL auf eine Endlosschleife verwiesen, während mit CAP angegeben wird, daß die Feststelltaste gedrückt wurde.
Stellvertreterzeichen	auch Platzhalter. «?» und «*» stehen in *Dateinamen* oder Dateierweiterungen für ein oder mehrere Zeichen. In Formatcodes werden von 1-2-3/W die Null «0» und das Doppelkreuz «#» als Stellvertreterzeichen für bestimmte Darstellungen von Zahlen verwendet. Siehe auch *Joker*.
Stornierfeld	Feld der *Bearbeitungszeile* zum *Abbrechen* einer Eingabe.
Summensymbol	Symbol der *Symbolleiste* zum automatischen Bilden von Summen
Symbol	*Fenster* können bei WINDOWS zu kleinen Symbolen verkleinert werden, die Sie dann am unteren Rand des Bildschirmes sehen. Das Programm läuft dann im Hintergrund ab.
Symbolfeld	auch Symbolschaltfläche. Das kleine Feld mit dem nach unten zeigenden Pfeil, das sich rechts von der Titelleiste befindet. Mausbenutzer können auf die Symbolschaltfläche klicken, um das Fenster auf Sym-

	bolgröße zu verkleinern. Sie können auch den Befehl **Symbol** aus dem *Systemmenü* wählen. Siehe auch *Vollbildfeld*.
Symbolleiste	1-2-3/W bietet Ihnen bei Verwendung einer Maus die Möglichkeit, bestimmte *Befehle* durch Klicken in eine *Schaltfläche* auszuführen. Auf jeder dieser Schaltflächen ist ein Symbol, das die entsprechende Funktion kennzeichnet. Siehe auch *SmartIcon*.
Systemmenü	Ein Menü, das Befehle enthält, mit dem Sie das zugehörige Fenster manipulieren können. Anwendungsprogrammsymbole und einige Dialogfelder haben ebenfalls ein Systemmenü. Um das Systemmenü zu öffnen, verwenden Sie das *Systemmenüfeld* auf der linken Seite der Titelleiste eines Fensters, oder wählen Sie ein Anwendungsprogrammsymbol.
Systemmenüfeld	Feld im Fenster oben links; durch Klicken in dieses Fenster öffnen Sie das Systemmenü.
Systemsteuerung	Programm unter WINDOWS, durch das sich Grundeinstellungen der Benutzeroberfläche (Farben, Schriftarten, Anschlüsse, Maus, Desktop, Drucker, Uhrzeit, Signalton) verändern lassen.
Systemzeit	Die der internen Uhr Ihres Computers entsprechende Zeit.
Tabellenblatt	Microsoft-Multiplan Begriff für *Arbeitsblatt*
Tabellenfeld	Microsoft-Multiplan Begriff für *Zelle*.
Tabellenkalkulation	Unter Tabellenkalkulation versteht man das Arbeiten mit einem elektronischen Arbeitsblatt, in das Texte und Werte eingetragen werden können und auf dem Berechnungen ausgeführt werden können.
Tabellenmenüleiste	Dies ist die Menüleiste, die Sie sehen, wenn Sie eine Tabelle geöffnet haben. Siehe auch *Grafik-Menüleiste*.
Task-Liste	Ein WINDOWS-Fenster, das alle Anwendungsprogramme anzeigt, die gerade ausgeführt werden, und das Ihnen erlaubt, zwischen den Anwendungsprogrammen zu wechseln. Sie können bei WINDOWS die Task-Liste öffnen, in dem Sie aus dem Systemmenü **Wechseln zu** wählen, oder indem Sie STRG+ESC drücken. Benutzen Sie die Task-Liste, um schnell zwischen 1-2-3/W und anderen Anwendungen umzuschalten.
Tastaturpuffer	Der Puffer, in dem 1-2-3/W die Tastenanschläge speichert, die Sie während der nicht interaktiven Teile eines Makros eingeben.
Tastaturschlüssel	Kurzform der Eingabe von *Befehlen*; Sie wählen einen Befehl und seine Unterbefehle nicht aus der Menüleiste aus, sondern geben für eine bestimmte Kombination von Befehl und Unterbefehl einfach eine Folge oder Kombination von Tasten ein.
Tastenfolgebefehl	Eine *Makroinstruktionen*, der einer Taste auf der Tastatur entspricht und dieselbe Funktion wie diese Taste hat. Wenn 1-2-3/W einen

	Tastenfolgebefehl liest, führt es ihn genau so aus, als hätten Sie die entsprechende Taste gedrückt.
Tasten- kombination	Synonym für *Tastaturschlüssel*
Tasten- kombination für Anwendung	Eine Tastenkombination, die ein Anwendungsprogramm in den Vordergrund bringt. Sie können eine solche Tastenkombination im Programm-Manager oder in einer PIF-Datei zuweisen. Damit können Sie z. B. 1-2-3/W aufrufen, ohne den Programm-Manager und seine Fenster zu verwenden.
Temporäre Datei (.TMP)	Eine Datei, die 1-2-3/W erstellt und nur während der laufenden Arbeit benutzt.
Testen	Durchführung von Korrekturen an einem *Makro*, damit er richtig ausgeführt werden kann.
Textdatei	Datei, die keine Formatierungszeichen, sondern fast ausschließlich lesbare Zeichen im *ASCII-Format* enthält. Siehe auch *Druckdatei*.
Textdatei mit Begrenzungs- zeichen	Eine *Textdatei*, die Zeilen mit Zeichen, literalen Folgen, oder beiden enthält, wobei jede Zahl bzw. jede Zeichenfolge von Begrenzungszeichen eingerahmt ist und jede Zeichenfolge in Anführungszeichen («"») steht. Ein Begrenzungszeichen ist ein Semikolon («;») oder eine Leerstelle. Verwenden Sie den Befehl **Datei Importieren Zahlen**, um eine Textdatei mit Begrenzungszeichen in ein 1-2-3/W Arbeitsblatt einzufügen.
Textfeld	auch Textbox. Element eines *Dialogfeldes*; in Textfelder tragen Sie Text ein.
Textsymbol	Symbol der *Symbolleiste* zum Einrichten einer Textbox.
Tilde (~)	Das Tastaturzeichen, mit dem die Eingabetaste in Makros dargestellt wird. Außerdem wird die Tilde in **Daten Abfrage** Befehlen für Negationen benutzt.
Titel	Zeilen oder Spalten, die am oberen oder linken Rand des Arbeitsblattes festgeschrieben und so auch beim Rollen durch das Arbeitsblatt ständig angezeigt werden.
Titelleiste	oberste Leiste eines jeden *Fensters* unter WINDOWS; diese Leiste enthält den Titel des Fensters (Datei-, Programm- oder Dialogfeldname). Bei 1-2-3/W wird die Titelleiste auch zur Erläuterung von Menübefehlen benutzt.
Translate- Dienst- programm	Das 1-2-3/W Dienstprogramm, mit dem Sie Daten zwischen Dateien von 1-2-3/W und Dateien von anderen Programmen (1-2-3 1.x, 1-2-3 2.x, Symphony, dBASE II, III und III plus u.a.) austauschen können.
Transponieren	Vertauschen von Zeilen und Spalten in einer Tabelle.

TrueType-Schriftarten	Schriftarten, die skalierbar sind und manchmal als Bitmaps oder ladbare Schriftarten erzeugt werden, je nach den Fähigkeiten Ihres Druckers. TrueType-Schriftarten können auf eine beliebige Größe gebracht werden und sehen gedruckt fast genauso aus wie auf dem Bildschirm. Siehe auch *Bildschirmschriftarten, Druckerschriftarten* und *ADOBE TYPE MANAGER*.
Überlappend	Eine Methode, mit der geöffnete Fenster auf dem Desktop so angeordnet werden, daß sie einander überlappen. Die Titelleiste aller Fenster bleibt dabei sichtbar.
Überlappendes Menü	auch Untermenü. Ein Menü, das geöffnet wird, wenn Sie einen Befehl in einem anderen Menü wählen. Ein Menübefehl, der ein überlappendes Menü öffnet, ist von einem nach rechts zeigenden Pfeil gefolgt.
Uhrzeitformat	Eines von vier Formaten zur Anzeige einer Uhrzeit. Mit den Zeitformaten wird die Anzeige der *Zeitseriennummer* festgelegt. Hier ein Beispiel für die vier Uhrzeitformate: 1. HH:MM:SS AM/PM (8:45:23 PM) 2. HH:MM AM/PM (8:45 PM) 3. HH:MM:SS (Lang Int.'l) (20:45:23) 4. HH:MM (Kurz Int.'l) (20:45)
Unterbefehle	Unterbefehle werden aus den *Befehlsmenüs* ausgewählt und führen häufig zum Öffnen eines *Dialogfeldes,* in dem Sie Ausfüllfelder und Auswahllisten vorfinden können.
Unterprogramm	Eine separate Gruppe mit *Makroinstruktionen,* die aus dem Makro ausgeführt werden. Wenn der *Hauptmakro* das Unterprogramm aufruft, geht die Kontrolle an das Unterprogramm. Nachdem 1-2-3/W die Instruktionen im Unterprogramm ausgeführt hat, gibt es die Kontrolle an den Hauptmakro zurück.
Unterprogrammaufruf	Eine *Makroinstruktion,* mit der die Kontrolle an ein *Unterprogramm* übergeben und dieses ausgeführt wird, bevor zur nächsten Makroinstruktion gegangen wird.
Unterverzeichnis	Eine Unterteilung des *Stammverzeichnisses* oder eines anderen *Verzeichnisses.*
Ursprüngliche Parameter	Die *Vorgabeparameter,* mit denen 1-2-3/W geliefert wird. Viele dieser ursprünglichen Parameter können mit 1-2-3/W Befehlen geändert werden.
Variable	Teil einer *Formel,* für den verschiedene Werte eingesetzt werden können.
Verbundene Dateien	Zwei Dateien, die Informationen aus derselben Zelle benutzen: Bezieht sich eine Formel in einer Datei auf eine Zelle in einer anderen Datei, so sind diese beiden Dateien verbunden. Ändern sich die

	Einträge in einer *Quelldatei*, so ändern sich die Zellen in einer aktiven *Zieldatei*, auf die Bezug genommen wird, dementsprechend.
Verkettung	Verbinden von Zeichenfolgen mit einer Zeichenfolgenformel. Die Zeichenfolgenformel «+"Gesamter"&"Umsatz"» verkettet den Text in den Anführungszeichen und erzeugt das Label «Gesamter Umsatz».
Verkleinern auf Symbolgröße	Ein *Anwendungsprogrammfenster* oder *Dokumentfenster* mit Hilfe der Schaltfläche **Symbol** oder des Befehls **Symbol** auf Symbolgröße verkleinern. Das Symbol erscheint am unteren Rand des Desktops. Das Anwendungsprogramm wird weiterhin ausgeführt und kann das aktive Anwendungsprogramm oder Dokument sein.
Verknüpfen	(1) In einem Zieldokument einen Bezug auf ein Quelldokument enthaltenes Objekt erstellen. Wenn Sie ein Objekt verknüpfen, fügen Sie entweder eine bildliche Darstellung des Objekts oder das Symbol des Anwendungsprogramms, mit dem das Objekt erstellt wurde, ein. Wenn das Objekt im Quelldokument geändert wird, sind die Änderungen auch im Zieldokument ersichtlich.
	(2) Im Dateimanager bestimmen, daß eine Dateinamenerweiterung zu einem bestimmten Anwendungsprogramm gehört. Wenn Sie eine Datei mit einer Erweiterung öffnen, die mit einem Anwendungsprogramm verknüpft ist, wird das betreffende Anwendungsprogramm automatisch gestartet. Dateien, die mit einem Anwendungsprogramm verknüpft sind, werden Dokumentdateien genannt. Siehe auch *Dokumentdatei*.
Verknüpftes Objekt	Im Zieldokument eine bildliche Darstellung eines Objekts, oder das Symbol des Anwendungsprogramms, mit dem das Objekt erstellt wurde.
Verknüpfung	Ein Bezug auf ein Objekt in einem Quelldokument.
Verschachteln von Unterprogrammen	Wenn *Unterprogrammaufrufe* in *Unterprogramme* gesetzt werden, so wird dies als Verschachtelung von Unterprogrammen bezeichnet. Stößt 1-2-3/W während der Ausführung eines Unterprogramms auf einen Unterprogrammaufruf, so übergibt es die Kontrolle an das in dem Unterprogrammaufruf angegebene Unterprogramm, führt die dort stehenden Instruktionen aus, kehrt zum ersten Unterprogramm zurück, beendet die Instruktionen in diesem Unterprogramm und kehrt schließlich zu dem *Hauptmakro* zurück.
Verschieben	Wechseln der Position eines *Fensters* auf dem Bildschirm.
Versiegeln	Ein Verfahren, mit dem Benutzer, die mit einer gemeinsam benutzten Datei arbeiten, daran gehindert werden, Änderungen an der Datei vorzunehmen. Dies gilt jedoch nicht für Daten in ungeschützten Zellen, die Position des Zellzeigers und die Fensterparameter.

Versteckte Datei	Eine Datei, die nicht in einer Verzeichnisliste angezeigt werden soll, zum Beispiel Ihre MS-DOS BIOS-Datei. Das Verstecken von Dateien ist nicht so wirksam, wie das *Schützen* durch ein *Paßwort*.
Verzeichnis	Eine Unterteilung auf einem Speichermedium. Sie können ein Verzeichnis erstellen, es benennen und zusammengehörige Dateien in diesem Verzeichnis speichern. Dadurch können die Dateien einfacher gefunden und gelesen werden.
Verzeichnisfeld	auch Dateiauswahlfeld; Ein Feld in einem Dialogfeld, das alle Dateien, Unterverzeichnisse oder Laufwerke enthält, die von einem Befehl betroffen werden können.
Verzeichnisfenster	Ein Datei-Manager-Fenster, das die Verzeichnisstruktur Ihres Datenträgers anzeigt.
Verzeichnisname	Der Name eines Verzeichnisses. In diesem Buch werden die Verzeichnisnamen in einem Pfad mit einem Backslash («\») voneinander und von dem Dateinamen getrennt. So sind z. B. in «C:\123\FEBRUAR\BUDGET.WK3» sind «123» und «FEBRUAR» die Verzeichnisnamen, der Dateiname ist «BUDGET.WK3».
Verzeichnispfad	Siehe *Pfad*.
Verzeichnisstruktur	Im WINDOWS Datei-Manager eine grafische Darstellung der Verzeichnisorganisation eines Datenträgers. Die Verzeichnisse auf dem Datenträger werden als eine sich verzweigende Struktur angezeigt, die einem Baum ähnlich sieht. Das Verzeichnis erster Ebene wird auch als *Stammverzeichnis* bezeichnet.
Virtueller Speicher	Ein Speicherverwaltungssystem, das von WINDOWS im erweiterten Modus für 386-PC verwendet wird. Mit diesem System kann WINDOWS so ausgeführt werden, als sei mehr Speicher vorhanden, als tatsächlich existiert. Der Umfang des virtuellen Speichers entspricht der kombinierten Größe des freien RAM-Speichers und des Speicherplatzes, welcher der Auslagerungsdatei zugewiesen wurde, mit der WINDOWS zusätzlichen RAM-Speicher simuliert. Wenn Sie mit großen 1-2-3/W Daten arbeiten und ihr Computer über wenig RAM verfügt, sollten Sie unter WINDOWS eine große *Auslagerungsdatei* anlegen.
Vollbild	Bei der Einstellung Vollbild nimmt das entsprechende *Fenster* den gesamten Bildschirm ein (s. auch *Symbol*).
Vollbildanwendung	Eine Non-WINDOWS-Anwendung wie die zeilenorientierten 1-2-3/W Versionen, die nicht in einem Fenster angezeigt wird, sondern den ganzen Bildschirm ausfüllt, wenn sie in WINDOWS ausgeführt wird. Wenn Sie WINDOWS im erweiterten Modus des 386-PC ausführen, können Sie durch Modifizieren der PIF-Datei oder mittels des

	Systemmenüs selbst bestimmen, ob ein solches *Anwendungsprogramm* als Vollbild oder in einem Fenster ausgeführt werden soll.
Vollbildfeld	auch Vollbildschaltfläche. Kleines Feld in der Ecke oben rechts eines *Fensters*, mit dem Sie das *Fenster* auf den ganzen Bildschirm vergrößern können (s. auch *Symbolfeld*).
Vordergrund	Der Bereich des Bildschirms, der vom aktiven Fenster eingenommen wird. Siehe auch *Hintergrund*.
Vordergrund-anwendung	Das Anwendungsprogramm, mit dem Sie gerade arbeiten. Die Vordergrundanwendung wird im aktiven Fenster angezeigt. Siehe auch *Hintergrundanwendung*.
Vorgabe-parameter	Ein Parameter, den 1-2-3/W automatisch benutzt, bis Sie ihn ändern. So bleibt die vorgegebene Spaltenbreite (9) z. B. unverändert, bis Sie diese mit **Arbeitsblatt Spaltenbreite** oder **Arbeitsblatt Globale Parameter Spaltenbreite** ändern.
Vorgabe-verzeichnis	Das *Verzeichnis*, das 1-2-3/W automatisch beim Speichern, Lesen oder Auflisten von Dateien benutzt. Sie stellen es mit **Extras Benutzervorgaben** im Textfeld **Arbeitsblattverzeichnis** ein.
Vorrangige Felder	Felder, auf die in anderen Feldern verwiesen oder zurückgegriffen wird.
Wählen	Das Kennzeichnen eines Elements, damit eine nachfolgende Aktion an dem Element vorgenommen werden kann. Normalerweise wählen Sie ein Element mit der Maus oder durch Drücken einer Taste. Nachdem Sie ein Element gewählt haben, bestimmen Sie die Aktion, die sich auf das Element auswirken soll.
Wechseln	Umschalten von einem Standard-Anwendungsprogramm zu einem anderen.
Wenn-Dann-Sonst	Bei der Verarbeitung wird die *Flußsteuerung* in einem *Makro* je nachdem festgelegt, ob eine bestimmte Bedingung wahr oder falsch ist.
Wert	Eine Zahl oder das Ergebnis einer Formel.
Wieder-herstellen	Begriff aus der WINDOWS Fenster-Terminologie; bedeutet die Wiederherstellung der vorigen Fenstergröße (zum Beispiel vom Symbol zurück zum Vollbild).
WINDOWS-Anwendungs-programm	Anwendungsprogramm, das speziell für WINDOWS geschrieben wurde und WINDOWS-spezifische Eigenschaften hat (z. B. die Fenster- und Menüstruktur). Siehe auch *Standard-Anwendungsprogramm*.
WINDOWS-Zeichensatz	Der *ANSI*-Zeichensatz, der verwendet wird, um WINDOWS und WINDOWS-Anwendungen anzuzeigen. Siehe auch *ASCII, LICS* und *LMBCS*.
XY-(Streu-)Diagramme	Wie bei Liniendiagrammen wird mit XY-Diagrammen dargestellt, wie sich Werte im Verhältnis zu anderen Werten ändern. Die XY-Dia-

	gramme benutzen jedoch sowohl eine skalierte X-Achse als auch eine skalierte Y-Achse.
Zeichenfolge	Eine *literale Folge*, eine *Zeichenfolgenformel*, ein *Label* oder die Bezugnahme auf eine Zelle, die ein Label enthält.
Zeichenfolgenformel	Eine *Formel*, die Berechnungen mit *Zeichenfolgen* ausführt. Mit der Zeichenfolgenformel «+"Jährlicher "&"Umsatz"» wird der Text in Anführungszeichen zu dem Label «Jährlicher Umsatz» kombiniert. Siehe auch *Verkettung*.
Zeichenfolgenoperator	Das & (Et-Zeichen) ist der einzige Zeichenfolgenoperator. Mit ihm werden zwei *Zeichenfolgen* in einer Formel kombiniert, verkettet bzw. konkateniert.
Zeigegerät	Ein Eingabegerät, das Sie verwenden, um den Zeiger über den Bildschirm zu bewegen, Befehle und Schaltflächen zu wählen, Text zu markieren, Zeichnungen zu erstellen etc. Die Maus ist ein solches Zeigegerät.
Zeigen	Den Zeiger auf dem Bildschirm auf ein bestimmtes Tabellenfeld weisen lassen und die linke Maustaste einmal drücken (s auch *Doppelklicken* und *Ziehen*).
Zeiger	Siehe *Bytezeiger*, *Zellzeiger* und *Menüzeiger*.
Zeigertasten	Tasten, mit denen die Bewegung des *Zellzeigers*, *Menüzeigers* und des *Cursors* gesteuert werden.
Zeile	Ein horizontaler Block mit 256 Zellen in einem 1-2-3/W Arbeitsblatt. Eine Zeile hat die Höhe einer Zelle und geht über die ganze Breite des Arbeitsblattes. So enthält z. B. Zeile 4 die Zellen A4..IV4. Ein 1-2-3/W Arbeitsblatt hat 8192 Zeilen.
Zeilennummern	Die Nummern 1 bis 8192 in der vertikalen *Arbeitsblattabgrenzung*, mit denen jeweils eine Zeile angegeben wird.
Zeitseriennummer	Eine Dezimalzahl von 0.000000 bis 0.999988, die 1-2-3/W jeder Sekunde in den 24 Stunden von Mitternacht bis 23:59:59 zur Benutzung in Berechnungen zuweist.
Zelladresse	Die Position einer bestimmten Zelle in dem Arbeitsblatt, die mit einem Arbeitsblattbuchstaben, Spaltenbuchstaben, und einer Zeilennummer bezeichnet wird (z. B. A:A25 oder L:BC36). Siehe auch *abgekürzte, gemischte,* und *relative Zelladresse, absolute Adresse* sowie *Bereichsadresse*.
Zelle	1-2-3/W Bezeichnung für die Grundeinheit des Arbeitsblattes, in die Sie Daten eingeben können. Der Schnittpunkt zwischen einer Zeile und einer Spalte eines Arbeitsblatts bildet eine Zelle. Siehe auch *Feld*.
Zellformat	Mit dem Zellformat wird festgelegt, wie 1-2-3/W Werte auf dem Bildschirm anzeigt. Das Zellformat einer Zahl kann sich von dem

Glossar

	eingegebenen Wert unterscheiden. So kann z. B. der Eintrag 25.451 je nach Zellformat auch als 25,45 DM, 2545% oder 25,4 angezeigt werden.
Zellzeiger	Die Hervorhebung, mit der die *aktuelle Zelle* gekennzeichnet wird.
Ziehen	Drücken Sie die linke Maustaste und halten Sie sie nieder. Bewegen Sie nun die Maus. Auf diese Weise können Tabellenbereiche markiert werden.
Zieldatei	Eine Datei mit einer Formel, die sich auf eine *Quellzelle* oder einen Bereich in einer *Quelldatei* bezieht. Mit Zieldatei wird auch die Datei bezeichnet, die Sie mit dem Translate-Dienstprogramm bei der Umsetzung einer Datei in ein anderes Dateiformat erstellen. Siehe auch *Ausgabebereich*.
Zieldokument	Ein Dokument, das eine Verknüpfung zu einem Objekt in einem Quelldokument enthält.
Zielverzeichnis	Das Verzeichnis, in das Sie mit dem WINDOWS-Dateimanager eine oder mehrere Dateien kopieren oder verschieben möchten.
Zielzelle	Eine Zelle, die eine Formel enthält, die sich auf eine andere *Quellzelle* bezieht.
Zoom	auch Komprimierung. Anzeigegröße oder Größe der Druckausgabe von allen Zellen in allen Arbeitsblättern der aktiven Dateien. Die Komprimierung kann bei 1-2-3/W manuell auf 5% bis 1000% der normalen Anzeigegröße festgelegt werden.
Zurücksetzen	Löschen eines Parameters oder Wiederherstellung der *Vorgabeparameter*.
Zweimalklick	Siehe *Doppelklick*.
Zwischenablage	Allen WINDOWS- oder OS/2 2.0-Anwendungen zugänglicher Speicherbereich, der es ermöglicht, Daten in einer Anwendung oder zwischen verschiedenen Anwendungen zu verschieben.

Index

&	
Texte verbinden	285
+	
Formel ankündigen	287
.WK1	373
.WK3	373
.WKS	373
.WR1	373
.WRK	373
1-2-3 Classic Fenster	60
1-2-3 Installieren	16
1-2-3 Makros	394
1-2-3 Version 3.x	60
1-2-3 Versionen	373
1-2-3/W beenden	65
1-2-3/W Fenster	43ff
1-2-3/W Menüs	43ff
1-2-3/W starten	
mit der Maus	23
mit der Tastatur	23
1-2-3/w-Hilfe-Menü	59
@Jahr	359
@Monat	359
@Tag	359

A

Abfrage	462
Abfrage	
dBASE Datei	453
Adobe Type Manager	14
Adressen	
absolute	94
gemischte	96
relative	87
umwandeln	98
Akkustiksignal	18
aktuelle Palette	63
Alternativen	362f
Ändern	
Drehen	260
Externe Datei	462
ANSI-Zeichensatz	232
Anwendungsfenster	46
Anzeigen	
Grafik	260
Arbeitsblatt	
Einfügen	182f,215,298
Globale Parameter	123,127
Löschen	190,192
planen	488
Spaltenbreite	130
Verbergen	154
Wiederanzeigen	154
Zeilenhöhe	133
Arbeitsblatt wechseln	185
Arbeitsblattbereiche	
markieren	41
arbeitsblattübergreifend markieren	43
Arbeitsblattverzeichnis	18
Arbeitsspeicher	6
ASCII-Format	404
Ausgabebereich	
einrichten	314
Ausrichtungszeichen	139
Auswahlsymbol	476
Auswerteoperationen	447ff
Autoexec Makros	18

B

Bearbeiten	
Anmerken	58
Ausschneiden	187,195
Einfügen	89,187
Inhalte Löschen	195
Kopieren	59,89
Schnellkopie	184,215
Selektiv Löschen	193,215
Widerrufen	18,190ff
Zellen Versetzen	187
Bearbeitungszeile	43
Beenden von 1-2-3/W	65
Befehlsmakros	468
Beispiel-Arbeitsblätter	16
Benutzerschnittstelle	35ff
Benutzersymbole	63
Benutzervorgaben	51
International	146
Bereich	
Format	92,142,148
Freigeben	155
Gehe Zu	40
Name	78,82,200
Namen	198
Vertauschen	202
Bereich	
Vertauschen	454
Bereichskommentar	489
Bereichsnamen	77,212
Beschränkungen aufheben	156

Index

Beschriftungen	249
Bewegen durch Ebenen	40
Bildschirm	6
Blocksatz	141

C

CGM-Dateiformat	418
Classic Menü	445
Classic-Menü	5
CorelDRAW	411

D

DANZAHL()	322
Darstellungsgröße	121
Datalens	445
DataLens-Datenbanktreiber	13
DATALENS-Treiber	395
Datei	
Beenden	111
Drucken	99, 166, 213
Drucker Wechseln	158
Extrahieren	172, 400
Format	213
Importieren	405
Kombinieren	215
mit mehreren Arbeitsblättern	239
Öffnen	115
Schließen	110
Seitenansicht	162
Seitenlayout	161
Speichern	106
Speichern Unter	102
Verwaltung	156
Datei Seitenansicht	268
Datei sperren	156
Dateien	
löschen	174
Dateinamen	105
Dateioperationen	301, 445
Dateitypen	
Lotus-	373
Dateiübertragung	20
Dateiverarbeitung	293
Daten	
Abfrage	305
Füllen	233
Sortieren	299

Daten Abfrage	462
Daten Externe Verbindung	448
Datenaustausch	
dynamisch	172
dynamischer	371, 406
mit PASCAL für WINDOWS	421
statisch	172
statischer	371, 399
Datenbank	296
Datenbanken	395ff
Datenbanktreiber	16
dBASE	16
Paradox	16
SQL Server	16
Datensätze	
in eine andere Tabelle kopieren	319
Suchen	312
suchen und kopieren	313
Datenschutz	153
Datenübertragung	
von PASCAL nach Lotus 1-2-3/W	430ff
Datenverknüpfung	261
Datum	150
Datumsfunktionen	358f
Datumsseriennummer	150
dBASE	16
dBASE Dateistruktur	452
dBASE II/III-Formate	376
dBASE III PLUS	395
dBASE IV	395, 443
.MDX Index	444
.NDX Index	444
dBASE IV-Dateien	5
dBASE-Datei abfragen	453
Definieren	
Lesezeichen	59
Diagramm	
drucken	268
Legende#	251
Optionen Schraffuren	253
speichern	268
Typ	248
Überschriften	254
Dialogfeld	251
Dienstprogramm	380
Diskettenlaufwerk	6
Dokumentation	487
Dokumentieren	489

DOS ASCII-Format	404
DR DOS	6
Drehen	260,278
Drucken	
Probleme	168
Drucker	6
einrichten	157
Einrichtungsfenster	159
Druckmanager	158
dynamischer Datenaustausch	406

E

Ebenen	
mehrere	40
Einfügen	
Arbeitsblätter	181ff
Spalten	181
Zeilen	181
Eingabebereich	
festlegen	304
Ellipse	
Zeichnen	278
Enable-Format	375
Ende des Arbeitsblattes	40
Entwurfsmodus	125
Erläuterungen drucken	59
EXCEL 4.0	388
Externe Verbindung	448
Extras	
Benutzervorgaben	18,51,146
Symbolpalette	47
Zielsuche	361

F

Farbe	
von Bereichen	134
Farbeinstellungen	119
Farbpalette	121
Felder einsetzen	452
Fenster	491
anordnen	33,108
Anzeige Optionen	37
Anzeige-Optionen	119
Größe ändern	108
Nebeneinander	107
Teilen	237
verschieben	32

Fenstergröße	29
individuelle	29
Fensterteiler	237
Festplatte	6
Finanzfunktionen	225
Flußdiagramm	479
Format	
.(Punkt)	143
Automatisch	151
Datums-	150
Exponential	143
Fest	143
global	129
Prozent	144
Verborgen	154
Währung	146
Zeit-	152
Zurücksetzen	94
Formatliste	142
Formeln	85
anzeigen	92,213
kopieren	89
mit externen Bezug	238
mit Zellnamen	86
Funktion	
@MITTELWERT	216
@NETAKTWERT	226
@STDABW	221
@STDABWP	221
@SUMME	210
@WENN	228
@ZEICHEN	232
Funktionen	209
finanzmathematische	225
logische	228
mathematische	228
statistische	210
Funktionsliste	216
Funktionsmakros	468
Funktionsregeln	209

G

Geschwindigkeit	494
Grafik	3,245f
Anzeigen	260
Hinzufügen	263
Neu	246
Grafik-Menüs	52

Grafikanwendungen	411ff
Grafikfenster	52, 260, 261
Grafikkarte	6
Grafikmodus	126
Größe Ändern	32
Gruppe	
zuordnen	24
Gruppen-Modus	492
Gruppenmodus	128

H

Hilfe	5
Hilfetexte	58
Hinzufügen	
Grafik	263

I

Importieren	
Text	405
Index	55, 324
INSTALL.EXE	14
Installation	13ff, 443
mit Optionen	13, 377
mit Vorgaben	13, 377
Installationsprogramm	
starten	14
Intel 80286 bis 80486	6
Internationale Optionen	16

J

Journalbuchführung	233
Justierungszeichen	139

K

Kalenderdaten	73
Kommentar	57, 489
bereichsübergreifend	489
Kriterienbereich	
einrichten	311

L

Labels ausrichten	128
Layout	160
Legende	

Diagramm	251
Legendentextfeld	251
Lesezeichen	59
Lieferscheinschreibung	348
Liniendiagramm	247
Löschen	
Arbeitsblattbereiche	190
Arbeitsblätter	190
Grafik	193
Namen	198
Spalten	190
Stil	193
Zahlenformat	193
Zeilen	190
Zellinhalt	193
Lotus 1-2-3	13
Lotus-Anwendungen	17

M

Macro Translate Assistant	394
Makro	490
Makros	18
Maximum	365
Menü Grafik	52
Menüleiste	43, 45
Minimum	365
Mittelwert	216
Mono	126
MS DOS	6
Multiplan	383
Multiplan Sylk Format	384
Multiplan-Format	375

N

Name	
Erstellen	78, 82
kopieren	81
Labels Zuweisen	80
Tabelle Einsetzen	83
Namen	
abfragen	82
ändern	200
löschen	198
Namensliste	218
Namensregeln	77
Nebeneinander	34
neue Gruppe zuordnen	26

Neue Produktinfo	16
Null anzeigen	127

O

ODER-Verknüpfung	310
Operatoren	
logische	228
Optimum	365ff
Organisation	487
Orientieren	35
OS/2 2.0	6

P

Paintbrush	411
Palette verbergen	48
Palettenposition	62
Paradox	16,395
PASCAL	430ff
PASCAL für WINDOWS	421
Paßwort	105,155
Pfad	104
Pfeil	
Zeichnen	255
PIC	418
Planen 1-2-3/W-Anwendung	488
Plausibilitätsprüfung	228ff
Programmeigenschaften	27
Programmgruppe	26
Prozessor	6

Q

Quellformat	379

R

Rahmen	126
RAM	6
Rasterlinien	126
Rationell arbeiten	492
Rechnungsschreibung	354
Rollen	
des Bildschirms	39
mit der Maus	39
mit der Tastatur	39

S

SAA Standard	4
Schaltfläche	
Bestätigen	46
Symbol	30
Vollbild	30
Schaltflächen	
Abbrechen	46
mit Makros	476f
Schlüssel	299
ganzzahlige	336
Schnellkopie	184
Schnittmenge	309
Schraffuren	253
Schriftart	136
Schriftartensatz	124
Schriftattribut	136
Schriftfarbe	136
Schriftgröße	136
Schutz	493
globaler	128,155
Seitenumbruch	125
Serienbriefe	339
Seriennummer	152
Sicherungskopie	491
Sicherungskopien	170
SmartIcon	
Ausschneiden	187,195
Datei Öffnen	117
Drucken	100
Einfügen	91,187
Information über	117
Kopieren	91
Perspektive	184ff
Speichern	106
Summe	91,210
Widerrufen	192
Zentrieren	140
SmartIcons	43
Sortieren	299
Sortierschlüssel	299
Spaltenbreite	122,129
Speichern	102
Speicherverwendung	494
SQL Server	395
SQL-Server	16
Standard-Grafik	245ff
Standardabweichung	220

Standardfenster	29
Standardformat	142
Start	13ff
statischer Datenaustausch	399
Statistische Funktionen	322
Stellvertreterzeichen	308
Steuerung	
des 1-2-3/W-Bildschirms	39
Stil	
Ausrichtung	140
Einrahmung	164
Farbe	134,150
Schriftart	124,136
Suchbegriff	56
Suchen	55
Suchkriterien	306
kombinieren	308
mit Text	307
mit Werten	306
Supercalc-Format	376
Symbol	29f
Symbole	
zum Ebenenwechsel	40
Symbolleiste	43
Symphony-Format	375
Systemmenü	30,33
Systemmenüfeld	43f

T

Tabellenfenster	260f
Tabellenkalkulationsprogramme	3
Tabellenstruktur	453
Task-Liste	34
Tastatur	6
Tastaturschlüssel	30
Text	
eingeben	73
Text ausrichten	128
Textbaustein	
einzeilig	283
mehrzeilig	284
Textbausteindatei	280
Textbausteine	280ff
Textbausteine abrufen	283
Textdatei	172
Texte	
verbinden	285,288
Texthandbuch	280

Textsysteme	399ff
Textvariable	285
Textverarbeitung	272
Titelleiste	32,43ff
Translate	5,172
Translate-Dienstprogramm	16,371,376
Installation	378
Transponieren des Arbeitsblattes	202
Typ	
3D Balken	248
Diagramm	248

U

Überlappend	34
Uhranzeige	18
Uhrzeiten	73
UND-Verknüpfung	309

V

Verbinden	448
Texte	285,288
Verbindung zur externen Tabelle	448
Vereinigungsmenge	310
Verfügbare Symbole	63
Vergleichsoperatoren	306
Vertauschen	
Zeilen/Spalten	454
Verzeichnisbestätigung	19
Visicalc-Format	376
Vollbild	29,30
Vordruck	
Erstellen und Verändern	274ff
VVERWEIS()	344

W

Was wäre wenn Tabelle	363
Widerrufen	18,190ff
WINDOWS	
Benutzerschnittstelle	22ff
Dateimanager	175
Programmanager	14
Systemsteuerung	158
WINDOWS 3.x	6

Z

Zahlen	
eingeben	73
formatieren	142
rote	149
Zeichnen	
Ellipse	278
Pfeil	255
Zeigeinstrument	6
Zeilenbeschränkung	375
Zeilenhöhe	124, 132
Zeitformat	152
Zellinhalt	71
ändern	76
Zellinhalte ändern	196
Zellinhalte ausrichten	139
Zellkommentar	489
Zellnamen	77
Ziehen	32, 42
Ziele des Buches	6
Zielformat	379
Zielsuche	361
Zinsrechnung	358f
Zoom	121, 493

Vieweg Software-Trainer Windows 3.1

von Jürgen Burberg

1992. VIII, 525 Seiten mit Diskette. Gebunden.
ISBN 3-528-05220-1

Alle Features von Windows 3.1 werden dem Leser in diesem Buch sorgfältig vorgestellt und nutzbar gemacht. Das Werk ist reichhaltig illustriert und mit vielfältigen Hintergrundinformationen ausgestattet, die auch fortgeschrittenen Windows-Anwendern effiziente Einsatztechniken von Windows 3.1 erschließen. Inhaltlich ist das Buch so strukturiert, daß dem Anwender ein rascher Zugriff auf spezielle Themen ermöglicht wird.

Verlag Vieweg · Postfach 58 29 · D-6200 Wiesbaden 1

Vieweg Software-Trainer Word für Windows 2.0

von Michael Schwessinger/Thomas Schürmann/Karin Süßer

1992. XVI, 964 Seiten mit Diskette. Gebunden.
ISBN 3-528-05224-4

In einem Einführungskapitel beschreibt das Buch die wesentlichen Zusammenhänge von Windows in der Version 3.1 und Word für Windows 2.0. Das Buch ist reichhaltig illustriert, so daß der Neuling im Umgang mit WinWord stets seine Arbeitsergebnisse kontrollieren sowie die wichtigsten Bedienungselemente der Software kennenlernen kann. Für Fortgeschrittene und professionelle Anwender sind vor allem die umfangreichen Passagen über anspruchsvolle Dokumentgestaltungstechnik mit Hilfe modernster zu WinWord gehörender „Werkzeuge" interessant.

Verlag Vieweg · Postfach 58 29 · D-6200 Wiesbaden

Vieweg Software-Trainer Harvard Graphics 3.0

von Ernst Tiemeyer

1992. XXII, 504 Seiten mit Diskette. Gebunden.
ISBN 3-528-05219-8

Der Benutzer dieses Buches wird recht schnell in die Lage versetzt, anspruchsvolle Geschäftsgrafiken und Präsentationen zu erstellen. Wesentliche Abläufe werden in Checklisten dokumentiert, die ein schnelles Nachschlagen für ausgewählte Problemfälle ermöglichen. Das Lehr- und Übungsbuch eignet sich wegen seiner guten Anschaulichkeit sowie eines klaren didaktischen Konzeptes sowohl für das Selbststudium als auch für den Einsatz in der Aus- und Weiterbildung.

Verlag Vieweg · Postfach 58 29 · D-6200 Wiesbaden

If you have any concerns about our products,
you can contact us on
ProductSafety@springernature.com

In case Publisher is established outside the EU,
the EU authorized representative is:
**Springer Nature Customer Service Center GmbH
Europaplatz 3, 69115 Heidelberg, Germany**

Printed by Libri Plureos GmbH
in Hamburg, Germany